Eberhard Wolff ist als Managing Consultant bei Interface21 tätig, der Firma hinter dem Spring-Framework. Mit Java beschäftigt er sich seit der Version 1.0. Seine Arbeitsschwerpunkte sind Java, Java EE und Komponentenarchitekturen. Er hält regelmäßig Vorträge und schreibt Fachartikel im Java-Umfeld. Als Mitautor war er beteiligt an den Büchern »Server Component Patterns« (2002) und »Java-Persistenz-Strategien« (2004).

***iX*-Edition**
In der *iX*-Edition erscheinen Titel, die vom dpunkt.verlag gemeinsam mit der Redaktion der Computerzeitschrift *iX* ausgewählt und konzipiert wurden. Inhaltlicher Schwerpunkt dieser Reihe sind Standardwerke zu professioneller Datenverarbeitung und Internet.

Eberhard Wolff

Spring 2

Framework für die Java-Entwicklung

2., aktualisierte und erweiterte Auflage

 dpunkt.verlag

Eberhard Wolff
Eberhard.Wolff@gmail.com

Lektorat: René Schönfeldt
Copy-Editing: Melanie Hasselbring, Oldenburg
Satz: Verlagsservice Hegele, Heiligkreuzsteinach
Umschlaggestaltung: Helmut Kraus, www.exclam.de
Druck und Bindung: Koninklijke Wöhrmann B.V., Zutphen, Niederlande

Bibliografische Information Der Deutschen Bibliothek
Die Deutsche Bibliothek verzeichnet diese Publikation in der Deutschen Nationalbibliografie;
detaillierte bibliografische Daten sind im Internet über <http://dnb.ddb.de> abrufbar.

ISBN 978-3-89864-465-5

2., aktualisierte und erweiterte Auflage 2007
Copyright © 2007 dpunkt.verlag GmbH
Ringstraße 19
69115 Heidelberg

Geleitwort

Im Oktober 2002 erschien Rod Johnsons Buch »Expert 1-on-1 J2EE Design and Development« (Wrox, 2002). Als Begleitmaterial war ein Sourcecode-Download verfügbar: die Rohbasis für ein Applikationsframework, dessen Grundlagen im Buch beschrieben wurden. Ich war sowohl vom Buch als auch von diesem Framework-Gerüst begeistert; ich sah großes Potential in den vorhandenen Ansätzen. Leider war dieses Framework aber noch kein ordnungsgemäßes Produkt – was sich auch daran zeigte, dass es noch keinen Namen trug.

Rod sah ebenfalls großes Potential in seinem Framework und ließ sich überzeugen, den Code im Team weiterzuentwickeln. Im Februar 2003 überführten Rod und ich den Code in ein Open-Source-Projekt auf SourceForge, um das Framework in diesem Rahmen warten und weiterentwickeln zu können. Dem Projekt gaben wir zu diesem Zeitpunkt den Namen, der seither zur Marke geworden ist: »Spring Framework«.

Spring ist nicht nur hinsichtlich seiner Entstehungsgeschichte ein ungewöhnliches Produkt; auch Design und Umfang weichen von traditionellen Frameworks ab. Spring bietet ein breites Spektrum an Funktionalität: von Dependency Injection über Transaktionsmanagement bis hin zu Web-Integration. Es ist kein »Single Tier«-Framework, sondern betrachtet die Bedürfnisse einer Applikation im Gesamten. Dabei ist Spring dennoch keine monolithische Lösung; auf die Entkopplung der einzelnen Framework-Komponenten wird höchster Wert gelegt.

Der Schwerpunkt von Spring liegt auf der Konsistenz des Programmiermodells über verschiedenste Laufzeitumgebungen hinweg. Spring läuft im Einklang mit verschiedensten Plattformen und Tools: von J2EE-Servern über Persistenztools wie Hibernate und TopLink bis hin zu Webframeworks wie Struts und JSF. Auch Unit- und Integrationstests werden auf natürliche Art und Weise mit dem vollen Funktionsumfang des Frameworks unterstützt. Diese Offenheit hat sich als besondere Stärke von Spring herauskristallisiert.

Als wir das Projekt im Frühjahr 2003 starteten, konnten wir nicht erahnen, welche Verbreitung es in wenigen Jahren finden würde. Spring wird bereits in einer Vielzahl von Anwendungen eingesetzt: von klassischen

Webapplikationen über verteilte Bankensoftware bis hin zur Steuerung von Teilchenbeschleunigern in der Experimentalphysik. Es ist zum De-facto-Standard im Bereich Java-Applikationsframeworks herangewachsen.

Ein populäres Produkt zieht auch entsprechenden Bedarf an Literatur nach sich. Nach Rods Nachfolgewerk »Expert 1-on-1 J2EE Development without EJB« (Wrox, 2004), bei dem ich als Koautor mitgewirkt habe, erschienen bis Anfang 2006 sechs weitere englischsprachige Bücher über Spring. Dabei blieb es nicht bei Englisch allein: Die ersten Spring-Bücher in anderen Sprachen wurden 2005 für den asiatischen Raum geschrieben.

Mit der ersten Auflage des vorliegenden Buches erschien im Frühjahr 2006 das erste Spring-Buch in deutscher Sprache. Dieser umfassende Leitfaden zu Spring wurde von einem Experten im deutschsprachigen Raum geschrieben: Eberhard Wolff, für seine JavaMagazin-Artikel ebenso bekannt wie für seine Vorträge auf diversen Konferenzen. Die überarbeitete zweite Auflage geht nun vollständig auf das im Herbst 2006 erschienene Spring 2.0 ein und ist damit weltweit eines der ersten Bücher zu Spring 2.0 final.

Dieses Buch ist keine Übersetzung eines bestehenden, englischsprachigen Werkes. Stattdessen folgt es einem originellen, eigenständigen Ansatz: Im Mittelpunkt stehen die Patterns, die Spring implementiert, und ihr Einsatzgebiet in Anwendungsprojekten. Dieses Leitmotiv zieht sich durch das gesamte Buch und bietet einen hervorragenden Einstieg in die verschiedenen Bereiche des Frameworks. Dabei werden die Grundprinzipien und dadurch auch das Design des Frameworks klar verständlich.

Über den Spring Framework Core hinaus geht Eberhard auch auf weitere Projekte im »Spring-Ökosystem« ein: populäre »Special Purpose«-Erweiterungen wie Acegi Security System, Spring Web Flow und Spring Rich Client. Diese Schwesterprojekte wurden in den letzten Jahren zu einem immer wichtigeren Teil des Spring-Gesamtportfolios, aufbauend auf dem Spring Core als gemeinsamer Basis.

Die Lektüre dieses Buches stellt somit einen idealen Einstieg in die Entwicklung von Spring-basierten Anwendungen dar. Auch wenn Sie bereits Erfahrungen mit Spring gesammelt haben, werden Sie in diesem Buch viele neue Sichtweisen und Anregungen kennenlernen. Eberhards langjährige Erfahrung mit Java-Softwarearchitekturen, die an vielen Stellen in das Buch einfloss, macht aus diesem Buch mehr als eine Spring-Einführung: Es ist in vielerlei Hinsicht ein Leitfaden für moderne Java-Softwareentwicklung im Allgemeinen.

Viel Spaß beim Lesen – und willkommen in der Spring-Community!

Jürgen Höller
VP & Distinguished Engineer, Interface21
Co-Founder, Spring Framework

März 2007

Inhaltsverzeichnis

1 Einleitung

1.1 Warum Spring?

Ursprünglich ist Java als einfachere Alternative zu C++ gestartet. Mittlerweile stehen aber Java und insbesondere Java EE, also die Java-Version für Geschäftsanwendungen, in dem Ruf, sehr kompliziert zu sein. Projekte müssen viel Rücksicht auf die Technologie nehmen und entwickeln Code, der mehr damit beschäftigt ist, die APIs zufrieden zu stellen als Geschäftslogik zu implementieren. Dies schlägt sich sowohl auf die Produktivität als auch auf die Motivation der Entwickler nieder. Außerdem ist die Anzahl der APIs und Bibliotheken inzwischen sehr groß, so dass die Einarbeitung aufwändig ist, zumal die Bibliotheken keinen durchgängigen Prinzipien entsprechen. Gleichzeitig sind die Bibliotheken eine große Stärke von Java, da sie viele Einsatzbereiche abdecken.

Häufig entstehen in Java-Projekten eigene Frameworks als Schicht über den verschiedenen Bibliotheken. Solche Frameworks müssen aber langfristig gewartet werden, obwohl sie rein technischer Natur sind und so nicht zu den eigentlichen fachlichen Aufgaben des Projekts beitragen. Außerdem ist eine wesentliche Voraussetzung für die Entwicklung eines guten Frameworks, dass man mit ihm in mehreren Projekten Erfahrungen sammelt und dadurch das Framework iterativ verbessert. Dies ist in einem einzigen Projekt oder Unternehmen kaum möglich, so dass die Qualität der Frameworks oft zu wünschen übrig lässt.

1.2 Was ist Spring?

Das Spring-Framework ist eine Möglichkeit, die Entwicklung mit Java deutlich zu vereinfachen. Es basiert auf drei Elementen:

1. Spring bietet eine vereinfachte und vereinheitlichte API-Schicht über viele Java-SE-APIs, Java-EE-APIs und Open-Source-Frame-

works an. Der wesentliche Grund für die zunehmende Komplexität der Entwicklung mit Java ist nämlich nicht die Sprache selbst, sondern es sind die zahlreichen APIs, die Java anbietet. Diese APIs folgen unterschiedlichen Konzepten und sind oft unnötig schwer zu handhaben. Spring löst dieses Problem.

2. Eine wesentliche Herausforderung bei objektorientierten Systemen ist das Verwalten der Abhängigkeiten zwischen Objekten und zwar insbesondere zwischen jenen, die Geschäftslogik als Services implementieren. Diese Dienste bauen aufeinander auf, so dass man Netze aus solchen Objekten erzeugen muss. Dieses Problem wird oft »irgendwie« im Code gelöst. Spring bietet mit Dependency Injection einen einheitlichen Weg, solche Objektnetze aufzubauen: Den Objekten werden abhängige Objekte anhand einer einfachen XML-Konfiguration zugewiesen (»injiziert«). Die Objekte suchen sich also nicht Referenzen zu anderen Objekten, sondern sind passiv. Dadurch sind sie von der Umgebung unabhängig, da sie diese nicht aktiv benutzen. Sie können flexibel in unterschiedlichen Umgebungen verwendet werden wie z. B. im Application-Server oder in einer »normalen« Java-SE-Umgebung. Außerdem ist durch Dependency Injection jede Spring-Anwendung konfigurierbar. Man kann beispielsweise recht leicht eine andere Datenbank nutzen. Vor allem das Testen wird erleichtert, da man das System leicht in Testumgebungen laufen lassen kann oder den Objekten spezielle Testobjekte mit reduzierter Funktionalität (z. B. Mocks) als abhängige Objekte zuweisen kann.

3. Schließlich bietet Spring eine Unterstützung für AOP (aspektorientierte Programmierung). Normalerweise sind Belange wie Transaktionen, Tracing oder Sicherheit im Code verstreut: Eine Methode eröffnet z. B. eine Transaktion, überprüft, ob der aktuelle Benutzer die nötigen Rechte hat, und implementiert dazwischen die Geschäftslogik. Dieses Vorgehen findet sich in recht vielen Methoden, so dass diese Belange in vielen unterschiedlichen Bereichen des Systems implementiert sind. AOP ermöglicht die zentralisierte und von der Geschäftslogik getrennte Implementierung solcher Belange. Außerdem können durch Aspekte die Annotationen aus JDK 1.5 recht einfach mit einer auszuführenden Logik verbunden werden.

Ein Ziel von Spring ist, dem Entwickler möglichst viele Freiheiten zu lassen. Man kann daher die einzelnen Teile des Frameworks unabhängig voneinander nutzen. Der Entwickler kann z. B. nur die Teile verwenden, die in seinem Projekt einen besonders großen Vorteil bringen. Außerdem muss man mit Spring nicht eine bestimmte Lösung z. B. für

Persistenz verwenden, sondern findet eine breite Palette von in Spring integrierten Frameworks vor. Zudem soll Spring wenig invasiv sein, d. h., der eigene Code hängt nur wenig vom Spring-Framework ab. Eine vollständige Unabhängigkeit lässt sich natürlich nicht immer erreichen.

Durch diese Ansätze richtet sich die Programmierung wieder mehr an Objektorientierung als an den verwendeten APIs aus. So werden Projekte in die Lage versetzt, Lösungen für die jeweiligen Projektziele zu erarbeiten, statt ohne weiteres Nachdenken einem bestimmten Stil zu folgen, der durch die APIs vorgegeben wird. Gleichzeitig kann man mehr auf die eigentliche Logik fokussieren, statt eigene Abstraktionen über die verschiedenen APIs oder anderen Infrastrukturcode zu entwickeln.

Basierend auf Spring sind weitere Frameworks entstanden. Dazu zählen Acegi [Acegi] für Sicherheit oder Spring Rich Client [SpringRichClient] für GUI-Anwendungen sowie unterschiedliche Frameworks für Webanwendungen wie Spring MVC, Spring Web Services [SpringWebServices] oder Spring Web Flow [SpringWebFlow]. Auch eine Portierung von Spring für das .NET Framework existiert [Spring.NET]. Diese Technologien zeigen auf, dass die Spring-Prinzipien auch in anderen Bereichen sinnvoll einsetzbar sind.

1.3   Spring und Java EE

Vorweg: Spring wird oft nur als eine Lösung für Enterprise-Java-Systeme angesehen. Das ist aber nicht der einzige Einsatzbereich: Sogar GUI-Anwendungen kann man mit Spring schreiben – das Spring-Rich-Client-Framework ist ein guter Beweis. Spring ist also ein universeller Ansatz für die Entwicklung beliebiger Java-Anwendungen.

Dennoch stellt sich die Frage, warum man sich mit Spring beschäftigen sollte, wenn Java EE in der Version 5 ähnliche Konzepte verfolgt und sich ebenfalls Vereinfachung zum Ziel gesetzt hat. Wenn man sich an den drei grundlegenden Elementen aus dem letzten Abschnitt orientiert, ist Spring in jedem Bereich dem Java-EE-5-Programmiermodell überlegen:

1. Java EE 5 bietet zwar Vereinfachungen bei einigen APIs, aber im Gegensatz zu Spring keine zusätzliche Abstraktionsschicht für alle APIs und daher keine durchgängige Vereinfachung oder Vereinheitlichung. Außerdem sind viele bewährte Lösungen vor allem aus dem Open-Source-Bereich nicht Teil des Java-EE-Standards.

2. Dependency Injection ist mit Java EE nur für Java-EE-Elemente wie EJBs, Servlets usw. möglich, aber nicht für »ganz normale« Java-Objekte wie bei Spring. Dadurch kann dieses Konzept nicht durchgängig verwendet werden, was den Nutzen verringert.

3. Es gibt in Java EE keine auch nur annähernd mit Spring vergleichbare Unterstützung für AOP. Lediglich in EJB 3 gibt es ein einfaches Interceptor-Konzept.

Dennoch hat Java EE einen wichtigen Vorteil: Es ist ein Standard. Dadurch erreicht man Herstellerunabhängigkeit. Man kann die Java-EE-Implementierung austauschen und die Anwendung bleibt im Idealfall trotzdem ausführbar oder ist zumindest einfach portierbar. Dies ist jedoch eine Eigenschaft der Java-EE-*Umgebung*, nicht des *Programmiermodells*. Wenn man Spring als Abstraktion über einer Java-EE-Umgebung verwendet, profitiert man weiterhin von diesem Aspekt des Java-EE-Standards. Der andere Vorteil eines Standards ist, dass man viel Wissen am Markt über Java EE findet. Aber hier hat Spring keinen prinzipiellen Nachteil, sondern ist auf dem Wege zu einem De-facto-Standard.

Neben der Standardisierung ist ein weiteres Argument für Java-EE-Umgebungen, dass wesentliche Eigenschaften von Enterprise Software wie Skalierbarkeit und Ausfallsicherheit, aber auch Deployment oder Monitoring durch sie abgedeckt werden. Auch hier gilt: Spring kann eine Abstraktion über Java EE anbieten, diese Eigenschaften bleiben dann unverändert. In einigen Bereichen wie Pooling oder Sicherheit bietet Spring eigene Lösungen an. Man kann in diesen Fällen die Spring-Lösung oder die Java-EE-Lösung mit dem Spring-Framework nutzen.

Oft wird Spring vor allem als technologische Alternative zu EJB gesehen. Gerade EJB stand sehr in der Kritik [TCLL03, Wol03], weil es sehr komplex ist, zu schwer testbaren Systemen führt und man viel zusätzlichen Code schreiben muss. Dennoch wird es oft als wesentliches Element von Java-EE-Architekturen verwendet, mit dem man die Geschäftslogik implementieren kann. Spring ist dafür eine sinnvolle Alternative, die die Schwächen von EJB nicht hat. Man kann Spring aber auch an vielen anderen Stellen nutzen, und es ist mit Spring sogar möglich, aus normalen Java-Objekten EJBs zu machen. Daher gibt es keinen echten Gegensatz zwischen Spring und EJB – man kann Spring auch als Framework für die Entwicklung von Java-EE- oder EJB-Anwendungen verwenden. Die Schwächen von EJB 2.1 haben aber zweifellos Spring zu einem guten Start verholfen.

1.4   Woher kommt Spring?

Rod Johnson hat die Grundlagen für das Spring-Framework in [Jo02] dargestellt. Es wurde aus der Praxis verschiedener Java-EE-Projekte geboren und ist somit von Anfang an in konkreten Projekten im Einsatz gewesen. Schließlich wurde Spring zu Open Source. Heute arbeiten kontinuierlich mehrere Committer an Spring und es steht unter der Apache-2.0-Lizenz. Interface21 ist Arbeitgeber der allermeisten Committer und kann so auch kommerziellen Support für Spring anbieten. Spring wird bis heute genau so weiterentwickelt, wie dies bei Frameworks gemacht werden sollte: Anhand des Feedbacks aus verschiedenen Projekten und Anwendungsfällen wird es laufend verbessert.

Die Entwicklung des Spring-Frameworks und der darauf basierenden Technologien wie Spring Web Flow, Spring Web Services, Spring Modules, Spring OSGi oder Acegi wird von der Firma Interface21 vorangetrieben, die zu Spring auch Training, Support und andere Dienstleistungen anbietet.

1.5   Warum dieses Buch?

Dieses Buch gibt eine umfassende Einführung in Spring. Es fokussiert auf die Spring-Lösung eines Problems und stellt nicht zunächst vor, warum eine Lösung ohne Spring weniger gut ist – es wird nicht mit EJB oder Java EE »abgerechnet«, aber Integrationsmöglichkeiten werden natürlich aufgezeigt. Dadurch kann man das Buch auch ohne viel Vorwissen lesen und es fokussiert auf das eigentliche Thema, nämlich Spring.

Ein wesentlicher Teil des Buchs beschäftigt sich mit der Unterstützung von Spring für verschiedene APIs. Dabei wird die Integration dieser APIs in Spring in den Mittelpunkt gestellt, aber man kann sich auch einen Überblick über die Möglichkeiten der APIs verschaffen. So kann die Einsetzbarkeit der APIs bewertet werden. Das vorliegende Buch vermittelt daher auch einen Eindruck der Möglichkeiten von Java vor allem im Enterprise-Bereich.

Zur Illustration wird im gesamten Buch ein durchgängiges Beispiel verwendet. So werden die Ansätze von Spring direkt am Code erläutert.

Ein weiterer wichtiger Aspekt des Buchs ist, dass es neben Spring selbst auch weitere auf Spring aufbauende Technologien erläutert:

■ Das Spring-MVC-Framework bietet eine Alternative bei der Entwicklung von Webanwendungen.

- Spring Web Flow erlaubt die Abbildung von Abläufen auf einer Website und kann dabei nicht nur in das Spring-MVC-Framework, sondern z. B. auch in JSF integriert werden.
- Das Acegi-Sicherheitsframework erlaubt die Absicherung einer beliebigen Java-Webanwendung ohne Eingriff in den Code. Zusammen mit Spring kann auch auf Ebene der Geschäftslogik die Anwendung geschützt werden.
- Außerdem wird auf Spring Web Services und Spring OSGi eingegangen.
- Im Buch wird die Version 2.0 des Spring-Frameworks behandelt.

1.6   Patterns und dieses Buch

Spring basiert auf Prinzipien, die im vorliegenden Buch als Patterns dargestellt werden. Der Begriff des Patterns wurde in den 90er Jahren des vergangenen Jahrhunderts in den Bereich der Softwareentwicklung eingebracht [GHJV94, C2Wiki] und war damals einer der wichtigen neuen Begriffe. Mittlerweile sind Patterns eine wesentliche Grundlage bei der Kommunikation zwischen Entwicklern und eine gute Möglichkeit, um Best Practices in der Softwareentwicklung weiter zu verbreiten.

Pattern-Definition   Obwohl Patterns sehr weit verbreitet sind, soll hier noch einmal kurz der Begriff erläutert werden:

> Jedes Pattern ist eine dreiteilige Regel, die eine Beziehung zwischen einem bestimmten Kontext, einem System von Kräften, die in diesem Kontext häufig auftreten, und einer Softwarekonfiguration ausdrückt, durch die sich die Kräfte aufheben. (nach [Hillside])

Patterns werden also unter den jeweils geschilderten Voraussetzungen häufig eingesetzt, oft ohne dass man dafür einen Namen hat. Daher ist es auch eher so, dass man Patterns in Softwaresystemen findet und benennt und nicht etwa erfindet.

Patterns haben viele Vorteile. Für dieses Buch ermöglichen sie eine explizite Benennung der Prinzipien von Spring. Dies erfolgt in einer einheitlichen Darstellungsform (Abschnitt 4.2.2), die auch außerhalb des vorliegenden Buchs verwendet wird und sich bewährt hat.

Die Patterns treten vor allem bei der Vereinfachung und Vereinheitlichung der verschiedenen APIs auf. Sie werden bei der Behandlung der einzelnen APIs schrittweise eingeführt. Gerade hier ist das Erläutern der Prinzipien wichtig, denn es gibt sehr viele in Spring integrierte APIs. Wenn man aber einmal die Prinzipien anhand der Patterns verstanden hat, ist leicht nachvollziehbar, wie die einzelnen Integrationen funktionieren.

1.7 Wie man das Buch lesen sollte

Die Kapitel 2 und 3 stellen Dependency Injection und aspektorientierte Programmierung dar. Da dies die Grundlagen von Spring sind, sollten diese Kapitel auf jeden Fall gelesen werden.

Wer vor allem im Middle-Tier entwickelt, sollte das Kapitel 4 über Transaktionen, das Kapitel 5 über die Unterstützung von Persistenz mit Spring und schließlich das Kapitel 6 über die Unterstützung von Technologien für die Implementierung verteilter Objekte lesen. Vor

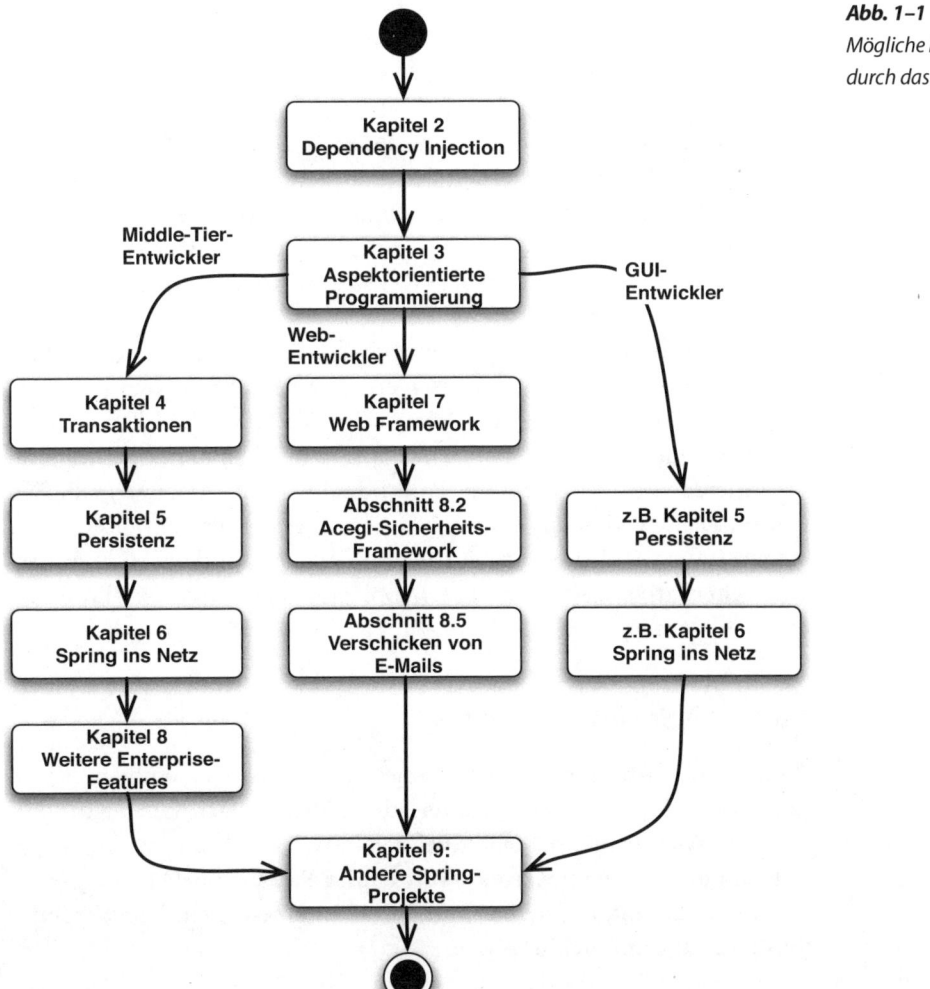

Abb. 1–1
Mögliche Pfade durch das Buch

allem das Kapitel 8 über die Unterstützung der verschiedenen Enterprise APIs kann ebenfalls sehr nützlich sein.

Für Webentwickler ist vor allem das Kapitel 7 hilfreich, das die Ansätze von Spring in diesem Bereich beleuchtet. Abschnitt 8.2 befasst sich mit der Absicherung von Webanwendungen durch das Acegi-Sicherheitsframework. Schließlich stellt der Abschnitt 8.5 noch das Verschicken von E-Mails mit Spring dar.

Für Entwickler von GUI-Anwendungen kann abhängig von den Technologien, die unterhalb der GUI-Ebene verwendet werden, Kapitel 4 über Transaktionen, das Kapitel 5 über die Unterstützung von Persistenz mit Spring und das Kapitel 6 über verteilte Objekte mit Spring relevant sein. Auch einige der in Kapitel 8 vorgestellten Enterprise-APIs können von Interesse sein.

Grundsätzlich sollte man auch einen Blick in Kapitel 9 werfen, um einen Einblick in die auf Spring aufbauenden Frameworks zu bekommen. Die möglichen Lesepfade werden in Abbildung 1–1 dargestellt.

Als Unterstützung zum Buch ist es auf jeden Fall sinnvoll, die Online-Dokumentation des Spring-Frameworks und der verschiedenen anderen Frameworks zu Rate zu ziehen. Dort kann man ergänzend zu den grundlegenden Erläuterungen im Buch detaillierte Informationen finden. Viele Details finden sich in den Beispielen im Buch, deren Sourcecode man von der Website http://www.spring-buch.de/ herunterladen kann.

Zu diesen Beispielen noch ein Hinweis: Sie können als Grundlage für die Implementierung einer eigenen Spring-Anwendung dienen, man muss dabei allerdings vorsichtig sein. Die Beispiele sollen nämlich vor allem zeigen, was man alles mit Spring machen kann. Daher implementieren sie oft dieselbe Funktionalität auf unterschiedlichen Wegen: Das würde man natürlich in einem realen Projekt gerade versuchen zu vermeiden, um zu einem einheitlichen Entwurf zu kommen. Eine Alternative stellt AppFuse [AppFuse] oder Equinox [Equinox] dar.

1.8   Mit Spring entwickeln

Wenn man selber Projekte mit Spring durchführen will, sollte man sich zunächst das Framework herunterladen [Spring]. Darüber hinaus gibt es einige Werkzeuge, die einen bei der Entwicklung mit Spring unterstützen können. Diese werden in Abschnitt 9.2 ausführlich vorgestellt. Gerade die Spring-IDE (Abschnitt 9.2.1) ist eine wesentliche Vereinfachung bei der Entwicklung.

1.9 Danksagung

Natürlich gilt mein Dank in erster Linie den Spring-Entwicklern, insbesondere Rod Johnson und Jürgen Höller, der Spring-Community, und den Entwicklern der darauf aufbauenden Werkzeuge und Bibliotheken. Außerdem möchte ich mich bei den Reviewern bedanken, die mit ihren Kommentaren das Buch wesentlich beeinflusst haben: Berthold Daum, Sven Efftinge, Michael Hunger, Carsten Heyl, Rolf Katzenberger, Markus Kehle, Johannes Link, Marcus Pant, Arjen Poutsma, Peter Rossbach, Arno Schmidmeier und Niko Schmuck.

Schließlich habe ich meinen Freunden, Eltern und Verwandten zu danken, die ich für das Buch oft vernachlässigt habe – insbesondere meiner Freundin. Und natürlich gilt mein Dank auch meinem Arbeitgeber Interface21.

Last but not least möchte ich dem dpunkt.verlag und René Schönfeldt danken, der mich sehr professionell bei der Erstellung des Buchs unterstützt hat.

2 Objekte finden zueinander: Dependency Injection

2.1 Übersicht

In diesem Kapitel wird mit Dependency Injection eines der wesentlichen Konzepte von Spring eingeführt. Zunächst wird dazu die Beispielanwendung erläutert (Abschnitt 2.2), die im gesamten Buch verwendet wird. Da Dependency Injection ein Weg ist, um Objektnetze aufzubauen, werden anschließend die »klassischen« Möglichkeiten aufgezeigt, um solche Netze zu erzeugen (Abschnitt 2.3). Schließlich wird Dependency Injection allgemein eingeführt (Abschnitt 2.4), und der Ansatz von Spring wird näher erläutert (Abschnitt 2.5). Es folgt in Abschnitt 2.6 ein Überblick über die Vorteile von Dependency Injection. Welche Teile eines Systems mit Dependency Injection konfiguriert werden können, zeigt Abschnitt 2.7. Die automatische Erzeugung von Objektnetzen (»Autowiring«) wird in Abschnitt 2.8 erläutert. Abschnitt 2.9 stellt den ApplicationContext vor, der einige andere Dienste neben Dependency Injection anbietet. Dann werden fortgeschrittene Themen im Bereich Dependency Injection in Abschnitt 2.10 erläutert. Schließlich wird die Auswirkung von Dependency Injection auf das Testen als ein wesentlicher Vorteil dargestellt (Abschnitt 2.11).

2.2 Die Beispielanwendung

Um die in diesem Buch erläuterten Konzepte auch gleich in einer praxisnahen Verwendung zu sehen, wird im gesamten Buch ein durchgängiges Beispiel verwendet. Da die meisten individuellen Softwareprojekte im Bereich der Geschäftsanwendungen liegen, steht eine solche Anwendung auch hier im Mittelpunkt. Man kann natürlich nicht erwarten, dass dieses Beispiel den etablierten ERP- oder CRM-Anwendungen das Wasser reichen kann. Daher wird die Anwendung nur eine einfache Version dessen implementieren, was man in einer Geschäftsanwendung vorfindet.

Konkret soll es mit dieser Anwendung möglich sein, Bestellungen zu bearbeiten. Dazu muss zum einen der Bestellprozess modelliert werden und zum anderen die davon betroffenen Business-Objekte, nämlich der Kunde, die Waren und schließlich die Bestellung selbst.

2.2.1   Das fachliche Modell

Das fachliche Modell zeigt Abbildung 2–1. Es gibt die Klasse Kunde mit den Attributen name, vorname und kontostand. Diese Attribute sind in den Implementierungsklassen durch private-Attribute umgesetzt, die public-Zugriffsmethoden haben. Ein weiteres Business-Objekt ist die Bestellung, die eine Komposition aus BestellPositionen ist. Diese haben jeweils Referenzen auf die Waren.

Abb. 2–1
Fachliches Anwendungsmodell: Die fachlichen Klassen Kunden, Waren und Bestellungen

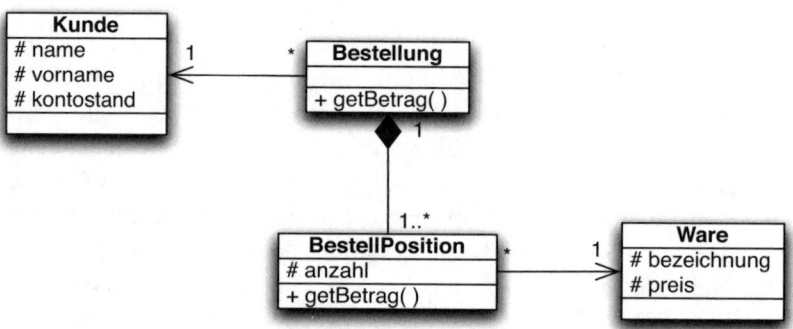

Die fachlichen Klassen haben kaum eigene Logik. Lediglich die Berechnung des Betrags der Bestellung ist hier implementiert. Solche Entwürfe findet man in der Praxis recht häufig: Die Business-Objekt-Schicht dient nur zum Verwalten der Daten und hat wenig echte Logik. Die meiste Logik liegt auf der Ebene der Prozesse und kann daher in den fachlichen Klassen nicht abgebildet werden.

Datenbankzugriff   Die Business-Objekte sollen natürlich dauerhaft in einer Datenbank gespeichert werden. Dazu bekommen die einzelnen Objekte jeweils eine id als Ganzzahl, die als eindeutiger technischer Schlüssel dient.

Ein klassisches Problem bei der Entwicklung von Geschäftsanwendungen ist die Frage, wie man die Objekte in der Datenbank ablegt. Die Datenbanken erzwingen nämlich meist ein relationales Modell: Die Daten müssen in Tabellen gespeichert werden. Einzelne Datensätze haben einen Wert, der sie eindeutig identifiziert (der *Primärschlüssel*). Referenzen zwischen Objekten müssen also durch Beziehungen zu Primärschlüsseln (so genannte *Fremdschlüssel*) ersetzt werden.

Zur Abbildung der Objekte auf die Datenbank-Strukturen wird in der Beispielanwendung das Pattern DATA ACCESS OBJECT (DAO) verwendet. Dies wird im Abschnitt 5.2 ausführlich dargestellt. Hier reicht der Hinweis, dass die DAOs den Zugriff auf die Datenbank vollständig kapseln. Sie erlauben es, einzelne Business-Objekte aus der Datenbank zu lesen, sie dort zu erzeugen und zu aktualisieren sowie Listen von Business-Objekten über geeignete Zugriffsmethoden (Abfragen) bereitzustellen. Einige Technologien für die Implementierung der DAOs zeigt Kapitel 5.

Data Access Object (DAO)

Abb. 2–2
Die DAOs in der Beispielanwendung

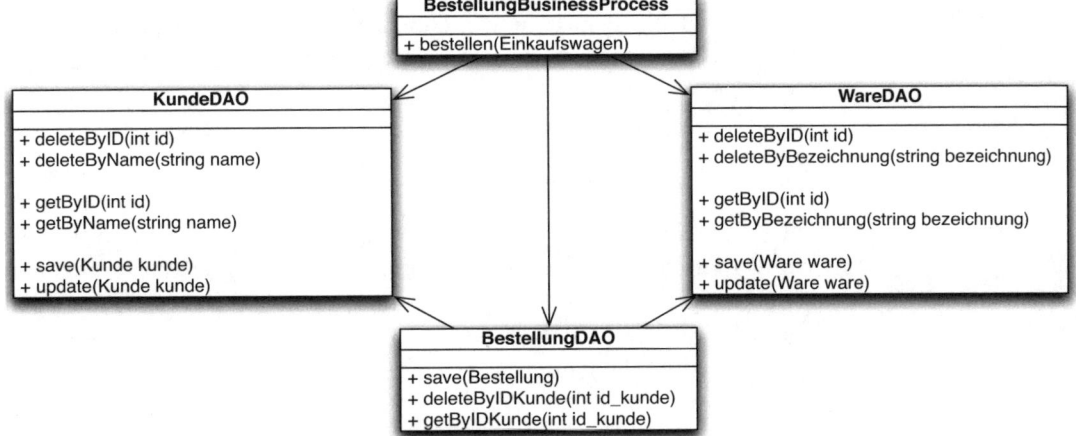

Die DAOs (Abbildung 2–2) sollen möglichst keine Auswirkungen auf die Implementierung der Business-Objekte haben. Die verwalteten Objekte müssen jeweils ein Attribut id für den Primärschlüssel haben, aber darüber hinaus nimmt die Implementierung keine Rücksicht auf die Persistenz. Insbesondere werden beispielsweise Bestellungen gleich mit den Referenzen auf die Kunden und die BestellPositionen ausgestattet. Die Fremdschlüsselbeziehungen werden also in den DAOs aufgelöst. Entsprechend hat das DAO für die Bestellungen auch eine Referenz auf das DAO für die Kunden, um gegebenenfalls Kunden laden oder speichern zu können.

Durch die DAOs sind auch gleich Funktionalitäten implementiert, um neue Kunden oder Waren anzulegen und sie zu verwalten.

2.2.2 Geschäftsprozesse in der Beispielanwendung

Die Beispielanwendung soll als Geschäftsprozess einen der wichtigsten Prozesse jedes Unternehmens abbilden: die Bestellung (»Kunde droht mit Auftrag«). Die Schnittstelle des Geschäftsprozesses (Abbildung 2–2) verwendet den Einkaufswagen. Er enthält Informationen über den Kunden und die bestellten Waren. Dabei werden nur primitive Datentypen verwendet, wie dies bei serviceorientierten Architekturen oder verteilten Systemen oft der Fall ist. So kann man den Dienst verwenden, ohne viel über die dahinter liegenden Business-Objekt-Strukturen zu wissen. Die bestellten Waren und der bestellende Kunde wird also nur durch seine id identifiziert. Entsprechend muss der Geschäftsprozess die Business-Objekte zu diesen ids zusammensuchen und anschließend die Bestellung erzeugen. Dabei soll noch eine Überprüfung stattfinden, ob der Kunde mit seinem derzeitigen Kontostand die Bestellung überhaupt bezahlen kann.

Um auf die persistenten Daten zugreifen zu können, muss man natürlich den Geschäftsprozess mit Referenzen auf die DAOs ausstatten.

2.2.3   Benutzeroberfläche

Die Beispielanwendung kommt ohne Benutzeroberfläche aus. Stattdessen werden die Funktionalitäten durch Tests sichergestellt. Parallel zur Einführung passender Spring-Technologien für Weboberflächen oder grafische Benutzeroberflächen werden später verschiedene Benutzeroberflächen implementiert.

2.3   Objektnetze in OO-Systemen

Das Klassenmodell für die DAOs und den Geschäftsprozess aus dem letzten Abschnitt stellt ein Netz von Objekten dar, die jeweils Dienste implementieren. Insbesondere wird keine Vererbung verwendet. Es kann zwar sein, dass in der Implementierung technisch motivierte Oberklassen z. B. für die DAOs oder auch für die Geschäftsobjekte gebildet werden, aber die konzeptionellen Diagramme enthalten keine einzige Vererbungsbeziehung.

In den meisten objektorientierten Systemen kommen solche Netze von Objekten häufiger vor als Vererbung. Tiefe Vererbungsbeziehungen können sogar ein Zeichen für schlechten Code sein. Solches Design ist z. B. ein häufiger Fehler von Entwicklern, die Objektorientierung neu erlernen und versuchen, alle Probleme durch Vererbung zu lösen.

Die gängigen objektorientierten Programmiersprachen bieten nur eine direkte Unterstützung für Vererbung an. Delegation und Beziehungen zwischen Objekten müssen explizit ausprogrammiert werden, während man eine Vererbungsbeziehung mit einem einfachen Schlüsselwort wie extends bei Java erreicht.

Hinzu kommt, dass gerade bei Java Delegation oft die einzige Möglichkeit ist, um doppelten Code zu vermeiden. Vererbung ist in Java nämlich auf eine Klasse beschränkt, bei Delegation hingegen kann es beliebig viele Delegationsziele geben.

2.3.1   Netze weben

Die interessante Frage ist nun, wie man ein solches Netz von Objekten erzeugt. Dazu gibt es eine breite Auswahl an Patterns, Idioms und Technologien.

Man kann z. B. den einzelnen Objekten die Referenzen von außen zuweisen. Dies könnte im Hauptprogramm geschehen. Will man z. B. dem `BestellungBusinessProcess` eine Referenz auf das `KundeDAO` zuweisen, so könnte der Code wie in Listing 2–1 gezeigt aussehen.

Referenzen von außen zuweisen

```
public static void main() {
    BestellungBusinessProcess bbp =
      new BestellungBusinessProcess();
    bbp.setKundeDAO(new KundeDAO());
}
```

Listing 2–1
Referenzen von außen zuweisen

In großen Anwendungen wird dieser Ansatz meistens nur für Teile des Objektnetzes genutzt, da sonst der Code zu unübersichtlich wird. Zum Erstellen eines sehr kleinen Objektnetzes ist dieses Vorgehen jedoch weit verbreitet, da es einfach zu implementieren ist.

Objekte können andere Objekte selber erzeugen. So könnte in der Beispielanwendung der Bestellung-Geschäftsprozess die abhängigen DAOs selbst erzeugen und auf sie zugreifen. Diese Möglichkeit zeigt Listing 2–2.

Objekte selbst erzeugen

```
public BestellungBusinessProcess() {
    this.kundeDAO = new KundeDAO();
}
```

Listing 2–2
Objekt im Konstruktor selbst erzeugen

Auch dieses Verfahren ist recht einfach zu implementieren. Es hat allerdings den Nachteil, dass man nur durch Änderung des Codes andere Implementierungsklassen verwenden kann. Dazu muss man jedoch nicht nur *eine* Stelle ändern, sondern jede Stelle, an der Instanzen der betroffenen Klasse erzeugt werden. Also ist auch hier die Änderbarkeit und Wartbarkeit nur bedingt gegeben.

Eine bekannte Lösung ist das FACTORY-Pattern [GHJV94]. Dabei werden Objekte nicht direkt mit new, sondern durch eine statische Methode einer Klasse oder von einem dedizierten Objekt mit entsprechenden Instanzmethoden erzeugt (Listing 2–3).

Das Factory-Pattern

Listing 2–3
Erzeugung mit Hilfe
einer Factory

```
public BestellungBusinessProcess() {
    this.kundeDAO = Factory.getKundeDAO();
}
```

Dies hat den Vorteil, dass die Erzeugung an einer zentralen Stelle im Code geschieht und damit leichter änderbar und wartbar ist. So können beispielsweise auch Subklassen der deklarierten Rückgabetypen erzeugt werden. Oder es werden an der FACTORY-Schnittstelle nur *Interfaces* deklariert, so dass irgendeine Implementierung eines solchen Interfaces zurückgegeben werden kann. Dadurch erreicht man eine bessere Entkopplung von der konkreten Implementierung, so dass das System leichter änderbar ist. Man kann dann auch Objekte auf einem Server statt lokaler Objekte verwenden. Das ist notwendig, wenn man das System sowohl mit einem Application-Server als auch in einer Java-SE-Umgebung laufen lassen will, um z. B. Tests ohne Application-Server zu ermöglichen. Für Tests haben die Factories zudem den Vorteil, dass man Mocks in das System einführen kann, also Objekte, die eine reduzierte Funktionalität für Tests implementieren. Erst dadurch kann man einzelne Teile des Codes unabhängig voneinander testen: Man kann die abhängigen Objekte durch Mocks ersetzen. In der Praxis wird wegen dieser Vorteile häufig der Ansatz der Erzeugung mit Hilfe einer FACTORY verwendet, da gerade die Testbarkeit eines Systems erst durch die Factories gewährleistet ist.

Es gibt aber auch Nachteile: Man muss aufpassen, dass das Pattern nicht durch Erzeugung »an der FACTORY vorbei« mit einem einfachen new unterlaufen wird. Dann ist die Änderung in der FACTORY nämlich nicht mehr ausreichend, um wirklich überall ein anderes Objekt zu erzeugen.

Ein weiteres Problem in der Praxis ist die Komplexität, die diese Lösung erreichen kann. Wenn man an der Schnittstelle statisch den richtigen Typ deklarieren will, führt dies zu einer Vielzahl von Methoden, durch die jeweils ein spezielles Produkt erzeugt werden kann. Will man die FACTORIES z. B. um die Möglichkeit erweitern, Mocks zurückzugeben, kann es gut sein, dass man einen erheblichen Aufwand hat, weil man viele FACTORIES im System hat und diese eventuell auch noch eine Vielzahl an Methoden haben.

Alternativ kann die Schnittstelle der FACTORY dynamisch typisiert werden: Man deklariert als Rückgabewert Object und wandelt in den erwarteten Typ um. Dadurch verliert man natürlich die Typsicherheit zur Kompilierungszeit.

In der Beispielanwendung könnte man eine FACTORY für die DAOs definieren. Für jedes DAO könnte die FACTORY eine Methode haben, um ein entsprechendes DAO zu erzeugen. Dadurch wäre sie statisch typisiert. Man kann dann die Persistenzschicht leicht austauschen, indem man die FACTORY so modifiziert, dass sie andere Objekte zurück gibt. Ein Mocking der DAOs müsste allerdings bei der Implementierung der FACTORY beachtet werden: Es müssen Methoden implementiert werden, mit denen man der FACTORY ein Mock »unterschieben« kann, das statt der DAOs ausgeliefert wird. Wahrscheinlich ergibt sich letztendlich ein Design, in dem man für alle FACTORIES im System eine gemeinsame Oberklasse entwickelt.

Das wesentliche Problem des FACTORY-Ansatzes ist, dass bei der Verwendung der FACTORIES die meisten Klassen im System von einer FACTORY abhängen, so dass eine Wiederverwendung einzelner Klassen oder isolierte Änderungen nicht möglich sind – man muss neben der Klasse selbst auch immer die FACTORY wiederverwenden oder ändern. Man hat also eine recht starre Struktur des Systems, aus dem man nicht einfach Teile entfernen oder ersetzen kann.

Es ist vielleicht überraschend, dass auch das SINGLETON-Pattern [GHJV94] in den Bereich des Aufbaus von Objektnetzen fällt. Eigentlich soll durch dieses Pattern nur erreicht werden, dass es genau eine Instanz einer bestimmten Klasse geben kann. Gleichzeitig wird diese Instanz aber an einer wohlbekannten Stelle im System hinterlegt, so dass sie von überall her zugreifbar ist. Dies bedeutet, dass die Abhängigkeiten zum SINGLETON nicht ohne weiteres zu erkennen sind, weil jeder Teil des Systems im Prinzip auf das SINGLETON zugreifen kann.

Das Singleton-Pattern

Wie schon bei den FACTORIES gilt: Wenn man keine Möglichkeiten für das Ersetzen oder Umkonfigurieren des SINGLETONS vorsieht, kann man den Code nur noch schwer testen oder ändern. Aber selbst wenn es solche Möglichkeiten gibt, muss man aufpassen, dass man das SINGLETON auch immer ersetzt, wenn es notwendig ist. Prinzipiell kann jede Klasse von dem SINGLETON abhängen, denn von außen ist nicht erkennbar, welche Klassen das SINGLETON wirklich verwenden.

Bei der Beispielanwendung wären die DAOs ein guter Kandidat für SINGLETONS, da eine Instanz ausreichend ist, um den Datenbankzugriff zu realisieren. Den dazu passenden Code zeigt Listing 2–4: Die Implementierung der Klasse `KundeDAO` gewährleistet, dass es von dieser Klasse nur eine Instanz geben kann. Da der Konstruktor `private` ist, kann von außen keine Instanz erzeugt werden. Die Methode `getInstance()` wiederum erzeugt eine Instanz, falls es noch keine gibt, und gibt diese Instanz zurück.

Listing 2–4
Erzeugung mit Hilfe
eines Singletons

```
public class BestellungBusinessProcess {
  public BestellungBusinessProcess() {
    this.kundeDAO = KundeDAO.getInstance();
  }
  ...
}

public KundeDAO {

  private KundeDAO() {
  }

  private static KundeDAO instance;

  public KundeDAO getInstance() {
    if (instance==null) instance = new KundeDAO();
    return instance;
  }
  ...
}
```

Wenn man ohne Datenbank testen will und daher die DAOs gegen andere Implementierungen austauschen will, ergeben sich bei dieser Implementierung Probleme, weil man die Ersetzbarkeit nicht bei dem Entwurf der SINGLETONS beachtet hat. Es fehlt eine Methode, mit der man ein eigenes Objekt (z. B. ein Mock) in der static-Variable ablegen kann. Das Problem des SINGLETONS ist eng verwandt mit dem Problem der statischen Methoden: Methoden, die als public static definiert sind, können wie ein SINGLETON von überall her aufgerufen werden, was dieselben Nachteile bezüglich Mocking und dem Erkennen von Abhängigkeiten mit sich bringt.

Namenssysteme   In verteilten Systemen sind Namenssysteme wie JNDI (Java Naming and Directory Interface) eine Möglichkeit, verteilte Komponenten innerhalb des Systems bekannt zu machen (Listing 2–5). Java EE verwendet diesen Ansatz in sehr vielen Bereichen.

Listing 2–5
Erzeugung mit Hilfe eines
Namenssystems

```
public BestellungBusinessProcess() {
  InitialContext initialContext =
   new InitialContext(environment);
  KundeDAOHome kundeDAOHome =
   initialContext.lookup("kundeDAO");
  this.kundeDAO = kundeDAOHome.create();
  initialContext.close();
}
```

Namenssysteme stellen einen Sonderfall des FACTORY-Pattern dar. Es wird lediglich ein Name als Parameter mit übergeben. Entsprechend treten auch die für den FACTORY-Ansatz typischen Probleme auf.

Außerdem werden bei einer direkten Verwendung der JNDI-API große Teile des Systems von JNDI abhängig, was das Unterschieben von Mocks und die Änderbarkeit erschwert.

Außerdem ist es grundsätzlich bedenklich, wenn Teile der Geschäftslogik von einer technischen API wie JNDI abhängen. Dies widerspricht nämlich der »Separation of Concerns« (Trennung der Belange), einem grundlegenden Prinzip der Softwareentwicklung. Technische Belange sollten von Geschäftslogik separiert werden, damit die Geschäftslogik auch auf andere Technologien portiert werden kann, und umgekehrt sollten die grundlegenden Technologien auch für andere Geschäftslogiken funktionieren. Nur so kann man ein System z. B. später auf neuere Technologien portieren.

In der Beispielanwendung könnte JNDI eingesetzt werden, wenn die Geschäftsprozesse als EJBs implementiert sind. Dann würde ein Client über JNDI eine Referenz auf die EJB suchen und anschließend auf den EJB zugreifen. Eine andere Stelle könnten die DAOs sein, da über JNDI auch der Zugriff auf `DataSources` geregelt wird, die in Java-EE-Anwendungen die Schnittstelle für Datenbanken darstellen. Hier zeigt sich, dass die Abhängigkeit zu JNDI selbst bei technischen Klassen problematisch ist: Eine Implementierung der DAOs unter Verwendung von JNDI behindert die Portabilität auf Nicht-Java-EE-Umgebungen, was beispielsweise die Testbarkeit negativ beeinflusst, da man vor allem Unit-Tests häufig in Java-SE-Umgebungen durchführt.

Damit nicht alle Klassen von JNDI abhängig werden, hat sich im Java-EE-Umfeld das Pattern SERVICE LOCATOR [ACM01] etabliert. Dabei werden die JNDI-Aufrufe in einer eigenen Klasse gekapselt, so dass die Abhängigkeit zu JNDI auf diese Klasse begrenzt ist, wie dies Listing 2–6 zeigt.

Service-Locator-Pattern

```
public class ServiceLocator {

  public IBestellungBusinessProcess
   getBestellungBusinessProcess() {
    try {
      InitialContext initialContext =
       new InitialContext(environment);
      BestellungBusinessProcessHome home =
       initialContext.lookup("bestellung");
      initialContext.close();
      return home.create();
    } finally {
      initialContext.close();
    }
  }

}
```

Listing 2–6
Implementierung
eines Service Locators

Eine Portierung auf eine Nicht-Java-EE-Umgebung wird dadurch erleichtert, und auch das Einführen von Mocks für Tests wird ermöglicht. Dennoch entsteht eine FACTORY mit den bereits dargestellten Nachteilen. Das Pattern dient der Erleichterung des Umgangs mit Java EE, denn nur der SERVICE LOCATOR verwendet die Java-EE-APIs. Ein SERVICE LOCATOR wäre also in der Beispielanwendung nur sinnvoll, wenn sie eine Java-EE-Anwendung sein soll. Dieses Pattern dient also nicht primär zur Strukturierung der Anwendung, sondern nur zur Vereinfachung des Umgangs mit einer API.

Keine Lösung ...   Viele der gezeigten Ansätze führen zu Schwierigkeiten, weil sie zahlreiche, zum Teil auch noch versteckte Abhängigkeiten einführen und damit den Aufbau einer Testumgebung erschweren. Die Testbarkeit ist aber nur ein Aspekt des eigentlichen Problems: Man handelt sich eine verringerte Flexibilität ein, weil man die Objektnetze nur schwer umkonfigurieren kann. Außerdem werden in einigen Fällen Abhängigkeiten eingeführt, die grundsätzlich bedenklich sind, wie z. B. die Abhängigkeit zu einer technischen API wie JNDI in fachlichen Klassen.

Viel hilft viel   Da alle Ansätze Schwächen, aber auch Stärken haben, ist es in der Praxis meistens so, dass mehrere Ansätze parallel verwendet werden. Dadurch ist das System unnötig komplex. Wenn man an einer Stelle eine flexiblere Lösung, z. B. für die Erleichterung der Tests, gefunden hat, muss man an den anderen Stellen des Systems auch aktiv werden, falls sie eine andere Technik verwenden.

Referenzen und Delegation bisher kaum unterstützt   Dieser Zustand ist eigentlich überraschend, da Referenzen und Delegation diejenigen Elemente der Objektorientierung sind, die am meisten verwendet werden. Sie sind deutlich wichtiger als beispielsweise Vererbung. Während Vererbung jedoch von den objektorientierten Sprachen direkt unterstützt wird, gibt es bei Referenzen und Delegation wie gezeigt zahlreiche Lösungen, die alle mehr oder weniger auf eine manuelle Implementierung hinauslaufen.

2.4   Der neue Ansatz: Dependency Injection

Eine neue Lösung zum Aufbau von Objektnetzen ist Dependency Injection (DI). Wie der Name erkennen lässt, werden die abhängigen Objekte zur Laufzeit »injiziert«, also den Objekten zugewiesen. Die Objekte sind damit zwar immer noch von anderen abhängig, aber die Abhängigkeiten sind explizit an der Schnittstelle durch die entsprechenden set-Methoden zu erkennen. Außerdem ist das Objekt passiv: Ihm werden die abhängigen Objekte zugewiesen, statt sie z. B. bei einer FACTORY aktiv zu erzeugen. Dadurch kann man dem Objekt beliebige andere Objekte zuweisen, z. B. auch Mocks oder für andere Umgebungen angepasste Objekte.

Besonders flexibel wird der Ansatz, wenn die Objekte nur noch von Interfaces abhängen. Dann kann man beliebige Objekte verwenden, die das Interface implementieren. Aber auch wenn die Klasse der Parameter festgelegt ist, kann man beispielsweise Instanzen einer Unterklasse der eigentlich erwarteten Klasse übergeben oder Instanzen, die mit einem anderen Zustand initialisiert wurden.

> Das Programmieren gegen Interfaces statt direkte Implementierungen ist sowieso eine gute Idee. Dadurch hängen die Objekte nur noch von den Interfaces ab und nicht mehr von den Klassen, so dass man leichter die konkrete Implementierung austauschen kann. Nachteil ist natürlich, dass man das zusätzliche Interface auch implementieren muss.

Tipp

Irgendwo muss definiert werden, was den Objekten zugewiesen werden soll. Das kann man z. B. in Java implementieren. Dann ist man aber wieder bei dem in Listing 2–1 dargestellten Zustand, der zu unübersichtlichem Code führt. Das Entscheidende ist, dass es bei den DI-Infrastrukturen üblicherweise eine externe Konfiguration gibt, in der die Beziehungen zwischen den Objekten konfiguriert werden und die Erzeugung selbst wird nicht ausprogrammiert. Die DI-Infrastruktur erzeugt entsprechend der Konfiguration die Objekte und stellt die Verbindungen zwischen den Objekten her. Dadurch sind Probleme wie die Erzeugung in der richtigen Reihenfolge gelöst und die Konfiguration ist auch einfacher und übersichtlicher als der Code für die Erzeugung der Objekte.

DI-Konfiguration

Man kann also beispielsweise in der Konfiguration definieren, dass eine Instanz von `KundeDAO` erzeugt werden soll. Außerdem soll eine Instanz von `BestellungBusinessProcess` erzeugt werden, und der Methode `setKundeDAO()` soll die bereits erzeugte Instanz von `KundeDAO` übergeben werden. In diesem einfachen Fall wäre der entsprechende Java-Code noch eine sinnvolle Alternative zur Konfiguration, aber die Konfiguration erlaubt eine größere Flexibilität ohne direkte Änderungen im Code und man muss eben beispielsweise die Reihenfolge nicht beachten. Es ist aber keine Konfiguration, mit der ein Administrator die Anwendung anpassen würde, da dieser nicht an den Objekten und dem Zusammenspiel interessiert ist, sondern nur an bestimmten technischen Parametern.

Noch ein Wort zu dem Begriff »Dependency Injection«: Das Verfahren ist auch unter dem Namen »Inversion of Control« (IoC) bekannt. Allerdings ist dieser Begriff irreführend, denn es geht nicht

Dependency Injection vs. Inversion of Control

um eine Umkehr des Kontrollflusses in der Anwendung [Fow04]. Die IoC-Eigenschaft hat jedes Framework: Es bildet einen Rahmen, der den Kontrollfluss bestimmt und selbst geschriebenen Code an bestimmten Stellen aufruft. Hier passt der Begriff IoC, weil der eigene Code den Kontrollfluss nicht mehr bestimmt, sondern nur noch passiv aufgerufen wird. Das wirklich Neue z. B. bei Spring ist durch »Dependency Injection« besser ausgedrückt: Objekte bekommen ihre abhängigen Objekte vom Spring-Framework zugewiesen, statt sie sich selbst zu suchen.

2.5   Dependency Injection mit Spring

2.5.1   Die Konfigurationsdatei

In der Spring-Konfigurationsdatei wird das Objektnetz mit XML konfiguriert. Die dort definierten Objekte sind ganz normale Java-Objekte. Man nennt sie auch Spring-Beans, da sie durch Spring erzeugt werden. Die grundlegenden Konfigurationsmöglichkeiten sind:

- Spring-Beans definieren: Man kann Spring-Beans durch das bean-Element anlegen. Sie bekommen einen Namen, und man muss definieren, von welcher Klasse die Spring-Beans sein sollen.
- Mit dem property-Element kann man einer Property einer Spring-Bean einen Wert zuweisen. Dahinter verbirgt sich der Aufruf einer entsprechenden set-Methode. Man kann den Properties einen Wert zuweisen: Damit werden die einzelnen Spring-Beans konfiguriert. Ein Beispiel ist das Setzen des Benutzernamens für eine Datenbankverbindung. Der Wert für die Property wird in einem value-Attribut angegeben. Alternativ kann man Referenzen zwischen Objekten herstellen: Dadurch wird das Objektnetz aufgebaut. Hier wird mit dem ref-Attribut gearbeitet.

Eine Konfiguration nach diesem Schema findet sich bei der Beispielanwendung in der Datei spring-jdbc-beans.xml (Listing 2–7). Wie man sieht, gibt es auch eine passende DTD für die Spring-Konfiguration. Im Beispiel wird die DTD für Spring 2.0 verwendet, davor trugen die DTDs keine Versions-Nummer.

> In den Listings werden Package-Namen oft durch … ersetzt, um die Lesbarkeit und die Übersichtlichkeit zu verbessern. Da moderne Entwicklungsumgebungen meistens das Importieren der Klassen aus den entsprechenden Pakkages automatisieren, muss man den Package-Namen oft auch gar nicht kennen.

```xml
<?xml version="1.0" encoding="UTF-8"?>
<!DOCTYPE beans PUBLIC "-//SPRING//DTD BEAN 2.0//EN"
 "http://www.springframework.org/dtd/spring-beans-2.0.dtd">

<beans>

  <bean name="datasource"
  class="org.apache.commons.dbcp.BasicDataSource"
  destroy-method="close">
    <property name="driverClassName"
    value="org.hsqldb.jdbcDriver" />
    <property name="url"
    value="jdbc:hsqldb:file:springbuchhsqldb" />
    <property name="username"
    value="sa" />
    <property name="password"
    value="" />
  </bean>

  <bean name="kundeDAO" class="springjdbcdao.KundeDAO">
    <property name="datasource" ref="datasource"/>
  </bean>

  <bean name="bestellungDAO"
   class="springjdbcdao.BestellungDAO">
    <property name="datasource" ref="datasource"/>
    <property name="kundeDAO"   ref="kundeDAO"/>
    <property name="wareDAO"    ref="wareDAO"/>
 </bean>

  <bean name="wareDAO" class="springjdbcdao.WareDAO">
    <property name="datasource" ref="datasource"/>
  </bean>

  <bean name="bestellung"
   class="….BestellungBusinessProcess">
    <property name="bestellungDAO"
     ref="bestellungDAO"/>
    <property name="kundeDAO">
     ref="kundeDAO"/>
    <property name="wareDAO"
     ref="wareDAO"/>
  </bean>

</beans>
```

Listing 2–7

Die Spring-
Konfigurationsdatei
spring-jdbc-beans.xml
für die
Beispielanwendung

Bei der Konfiguration der DataSource sieht man, wie man einem
Objekt mit dem value-Attribut direkt Konfigurationswerte zuweisen

XML Schema

kann. Den DAOs wird mit dem `ref`-Attribut jeweils eine Referenz auf die `DataSource` zugewiesen, die zum Zugriff auf die Datenbank notwendig ist. Zusätzlich werden die Beziehungen zwischen den DAOs konfiguriert, und schließlich bekommt der Geschäftsprozess alle DAOs zugewiesen. Damit ist also definiert, wie man Objekt-Netze und Objekt-Konfigurationen mit Hilfe von Spring festlegen kann.

Übrigens hat Spring bis einschließlich Version 1.1.x statt der `value`- und `ref`-Attribute nur das `value`- bzw. `ref`-Element bei den `property`-Elementen unterstützt:

```
<property name="driverClassName">
    <value>org.hsqldb.jdbcDriver</value>
</property>
```

bzw.

```
<property name="datasource">
    <ref bean="datasource"/>
</property>
```

Diese Schreibweise führt zu wesentlich längeren Konfigurationsdateien, so dass man sie nicht mehr verwenden sollte. Allerdings kann man beim `value`-Element mit Hilfe des XML-Konstrukts `CDATA` auch Zeichen verwenden, die nicht XML-konform sind.

Seit Spring 2.0 gibt es neben der DTD auch ein XML Schema [XMLSchema] für Spring-Konfigurationen. XML Schemas bieten im Vergleich zu DTDs weit bessere Möglichkeiten für die Definition eigener Typ-Systeme. Das macht für den Spring-Nutzer zunächst wenig Unterschied, denn es ändern sich lediglich einige XML-Deklarationen (Listing 2–8). Aufbauend auf XML Schemas gibt es es aber für einige Spring-Features vereinfachte Konfigurationen mit eigenen Schemas, wie in den folgenden Kapiteln noch erläutert werden wird. Intern werden für die DTD-basierte und die XML-Schema-basierte Konfiguration dieselben Datenstrukturen verwendet, so dass die beiden Möglichkeiten austauschbar sind und miteinander integriert werden können.

Mit Hilfe der XML-Schemas wird eine Möglichkeit geschaffen, die Spring-Konfiguration mit eigenen Ausdrucksmöglichkeiten zu erweitern. Das ist jedoch typischerweise vor allem für technische Konfigurationen sinnvoll. Es wäre zwar denkbar für bestimmte fachliche Einsatzkontexte eigene Konfigurationsmöglichkeiten zu definieren, aber das ist eher ungewöhnlich. Als Benutzer des Spring-Frameworks wird man kaum in die Verlegenheit kommen, eigene Erweiterungen für die Spring-Konfiguration zu schreiben. Das wäre aber ohne weiteres möglich. Dazu muss man einen `NamespaceHandler` implementieren.

```
<?xml version="1.0" encoding="UTF-8"?>
<beans
 xmlns="http://www.springframework.org/schema/beans"
 xmlns:xsi="http://www.w3.org/2001/XMLSchema-instance"
 xsi:schemaLocation=
  "http://www.springframework.org/schema/beans
   http://www.springframework.org/schema/beans/spring-beans-2.0.xsd">
</beans>
```

Listing 2–8
Verwendung von XML
Schemas statt DTDs

Tipp

In dem hier gezeigten Beispiel werden die Spring-Beans durch das `name`-Attribut mit einem Namen versehen. Stattdessen kann man auch das `id`-Attribut verwenden. Dann wird eine XML-ID verwendet. Der Vorteil der XML-ID ergibt sich beim Referenzieren: Wenn man eine Bean-Referenz auf eine XML-ID statt durch das `ref`-Attribut durch das `idref`-Element mit dem `local`-Attribut definiert, findet bereits der XML-Parser Fehlkonfigurationen. Gute XML-Editoren können solche Fehler auch darstellen. Hier ein Beispiel:

```
<bean id="datasource" …>
…
</bean>

<bean id="kundeDAO"…>
  <property name="datasource">
    <idref local="datasource"/>
  </property>
</bean>
```

Üblicherweise ist daher das `id`-Attribut dem `name`-Attribut vorzuziehen. Nur wenn man Zeichen verwenden will, die in dem `id`-Attribut nicht erlaubt sind, sollte man zu dem `name`-Attribut greifen. Ein weiterer Vorteil des `name`-Attributs ist, dass man mehrere, durch Komma oder Semikolon getrennte Namen vergeben kann.

Es ist auch möglich, dass man weder `id` noch `name` deklariert. Dann wird als `id` automatisch der Klassenname verwendet. Ausschließlich so vorzugehen ist allerdings nicht zu empfehlen, weil man dann von einer Klasse nur eine einzige Instanz in der Konfiguration haben kann. Außerdem ergeben sich so keine sprechenden Namen.

Man kann später noch Beans mit einem Alias-Namen versehen, also einen zusätzlichen Namen angeben:

```
<bean id="originalName"></bean>
<alias name="originalName" alias="aliasName" />
```

Dadurch kann man Spring-Beans zusätzliche sprechende Namen geben oder die Konfiguration flexibel halten, indem man mehrere Referenzen nicht direkt auf eine Bean zeigen lässt, sondern auf einen Alias, den man leicht umkonfigurieren kann. Außerdem kann man so andere Bean-Konfigurationen integrieren, bei denen die Bean-Namen nicht wie erwartet gewählt wurden.

Einfachere Konfiguration mit dem p-Namespace

Eine weitere Möglichkeit für die Konfiguration ist die Verwendung des p-Namespaces. An dem Namen kann man schon erkennen, worum es geht: Kürze. Im Gegensatz zu den anderen Konfigurationsmöglichkeiten wird in diesem Fall jede Property nur durch ein Attribut des bean-Elements definiert und nicht durch ein eigenes Element. Ein Beispiel zeigt Listing 2–9. Wie man sieht, kann man durch das p-Präfix mit einem XML-Attribut die Property einer Spring-Bean setzen. Wenn man noch ein -ref anhängt, kann man so auch Referenzen setzen. Dadurch wird die Konfiguration noch kompakter.

Listing 2–9
Konfiguration mit dem p-Namespace

```
<beans xmlns="http://www.springframework.org/schema/beans"
  xmlns:xsi="http://www.w3.org/2001/XMLSchema-instance"
  xmlns:p="http://www.springframework.org/schema/p"
  xsi:schemaLocation="http://www.springframework.org/schema/beans
   http://www.springframework.org/schema/beans/spring-beans-2.0.xsd">

  <bean id="datasource"
   class="….BasicDataSource"
   destroy-method="close"
   p:driverClassName="org.hsqldb.jdbcDriver"
   p:url="jdbc:hsqldb:file:springbuchhsqldb"
   p:username="sa"
   p:password="" />

  <bean id="kundeDAO"
   class="….KundeDAO"
   p:dataSource-ref="datasource" />

</beans>
```

2.5.2   Die *BeanFactory*

Um im Code auf die konfigurierten Spring-Beans zugreifen zu können, bietet Spring die BeanFactory an. Dieser muss zunächst die Konfigurationsdatei übergeben werden, und anschließend kann man sich von der BeanFactory eine Referenz auf Spring-Beans zurückgeben lassen. Listing 2–10 zeigt den dazu notwendigen Code.

Listing 2–10
Auslesen eines Objekts aus der Spring-Konfiguration

```
ClassPathResource res =
  new ClassPathResource("beans.xml");
BeanFactory beanFactory =
  new XmlBeanFactory(res);
BestellungBusinessProcess bestellung;
bestellung = (BestellungBusinessProcess)
  beanFactory.getBean("bestellung");
```

Die Klasse `ClassPathResource` ist eine Spring-eigene Implementierung einer Ressource, die aus dem Classpath ausgelesen wird. Alternativ könnte man hier auch eine `FileSystemResource` verwenden, bei der die Spring-Konfiguration aus dem Dateisystem ausgelesen wird (Abschnitt 2.9.1).

Hinter den Kulissen wird die Konfiguration eingelesen, und es werden die notwendigen Objekte erzeugt, in diesem Fall also der Geschäftsprozess selbst, die abhängigen DAOs und schließlich die `DataSource`. Würde jetzt ein zweites Mal ein `BestellungBusinessProcess` ausgelesen, so wird dasselbe Objekt zurückgegeben. Die Spring-Beans sind also SINGLETONS.

Tipp

Eigentlich widerspricht das Auslesen eines Objekts dem Prinzip der Dependency Injection, da hier eine FACTORY verwendet wird. Daher sollte es möglichst sparsam verwendet werden, also nur in der `main()`-Methode. Außerdem sollte man möglichst wenige Objekte auslesen. Im Beispiel muss man auf jeden Fall den Geschäftsprozess auslesen, um ihn zu nutzen. Die DAOs sind z. B. bei Testfällen für den Aufbau der Testdaten ebenfalls unumgänglich. Ein direkter Zugriff auf die `DataSource` hingegen ist kaum zu rechtfertigen. Abschnitt 2.7 beschäftigt sich noch detailliert damit, wann man Dependency Injection verwenden kann, denn man kann das Auslesen der Objekte weitestgehend vermeiden – in der Praxis ist es nur in wenigen Ausnahmefällen notwendig.

2.5.3   Constructor Dependency Injection

In der Datei wurde die Konfiguration dadurch vorgenommen, dass die abhängigen Objekte als Properties gesetzt werden, also durch den Aufruf von set-Methoden (Setter Dependency Injection). Spring bietet als Alternative die Möglichkeit, die Referenzen als Parameter an den Konstruktor zu übergeben. Dies nennt man Constructor Dependency Injection. Dann muss man die Konfigurationdatei anpassen. Listing 2–11 zeigt die Konfiguration einer Spring-Bean aus der Beispielanwendung mit Constructor Dependency Injection.

Listing 2–11
Bean-Konfiguration mit Constructor Dependency Injection: ein Ausschnitt der jdbc-beans-construktor.xml-Datei aus dem Beispiel. Auch hier gibt es eine abkürzende Schreibweise und die alte Schreibweise mit einem ref-Element.

```
<bean id="bestellung"
  class="….BestellungBusinessProcess">

  <constructor-arg>
    <ref bean="bestellungDAO"/>
  </constructor-arg>
  <constructor-arg ref="kundeDAO"/>
  <constructor-arg ref="wareDAO"/>
</bean>
```

Die Reihenfolge, in der die Konstruktorparameter angegeben werden, spielt keine Rolle. Die Parameter werden anhand des Typs erkannt und in die richtige Reihenfolge gebracht. Das kann natürlich nur funktionieren, wenn die Typen der Konstruktorparameter sich auch unterscheiden. Sonst kann man die Reihenfolge explizit mit dem index-Attribut angeben. Bei dem ersten Parameter wäre dies der Index 0:

```
<constructor-arg index="0" ref="bestellungDAO"/>
```

Ein weiteres Problem tritt auf, wenn man primitive Datentypen verwendet. Dann ist es nämlich auch nicht eindeutig, von welchem Typ der Ausdruck überhaupt ist. In diesem Fall kann man den Typ explizit angeben. Dazu verwendet man das type-Attribut:

```
<constructor-arg index="0"
  type="int"
  value="42" />
<constructor-arg index="1"
  type="java.lang.String"
  value="42" />
```

Tipp

> Konstruktor-DI ist sinnvoll, wenn die Spring-Beans ohne abhängige Objekte nicht benutzbar sind. Der Vorteil von Constructor Dependency Injection ist, dass man immer nur Spring-Beans mit allen notwendigen abhängigen Objekten erzeugen kann und dadurch Fehlkonfigurationen ausschließt. In der Beispielanwendung gilt dies unter anderem für die DAOs: Ohne Referenz auf die DataSource kann man sie nicht verwenden. Optionale Konfigurationen oder Referenzen können hingegen durch Setter-DI eingefügt werden.
>
> Setter-DI hat auch einige Vorteile: Durch die JavaDoc-Kommentare der set-Methoden sind die einzelnen Properties leicht zu dokumentieren. Außerdem kann man Vorgabewerte definieren, und die Properties werden auch an Subklassen vererbt.
>
> Natürlich können beide Verfahren in einer Spring-Konfiguration beliebig kombiniert werden.

2.5.4   Erzeugung mit Factories

Gerade bei der Umstellung von vorhandenem Code auf Spring kommt es vor, dass der alte Code bereits FACTORIES verwendet. In diesen Fällen funktionieren die bisher vorgestellten Vorgehensweisen zur Erzeugung der Spring-Beans mit Hilfe eines Konstruktors nicht. Spring bietet für vorhandene FACTORIES eine Lösung, da man auch die Erzeugung von Spring-Beans mit Factories konfigurieren kann.

Nehmen wir z. B. an, dass in der Beispielanwendung bisher die Erzeugung der DAOs durch statische Methoden in der Klasse `StaticDAOFactory` gelöst worden ist und die Anwendung nun auf Spring umgestellt werden soll. In diesem Fall könnte folgende Konfiguration für ein DAO erfolgen:

Factories mit statischen oder Instanzmethoden

```
<bean id="kundeDAO"
      class="jdbcdao.StaticDAOFactory"
      factory-method="createKundeDAO"/>
```

Die Spring-Bean wird nun also durch die Methode `createKundeDAO()` der Klasse `StaticDAOFactory` erzeugt. Es ist ebenfalls möglich, statt einer Klasse ein Objekt als FACTORY zu verwenden. Wenn also die Erzeugung nicht durch eine statische Methode, sondern durch eine Instanzmethode stattfindet, würde man folgende Konfiguration verwenden:

```
<bean id="DAOFactory"
      class="jdbcdao.InstanceDAOFactory"/>
<bean id="kundeDAO"
      factory-bean="DAOFactory"
      factory-method="createKundeDAO"/>
```

Es wird zuerst eine Instanz von `InstanceDAOFactory` erzeugt und an dieser wird `createKundeDAO()` aufgerufen. Das Ergebnis ist dann der Spring-Bean kundeDAO. Man kann mit dem `constructor-arg`-Element auch Parameter für die Factory Methode definieren.

Diese Art der Integration von Factories hat allerdings einige Nachteile. So sind Typinformationen über die Spring-Beans nur zu bekommen, indem man eine Spring-Bean mit Hilfe der FACTORY erzeugt und anschließend den Typ überprüft. Daher werden Autowiring-Methoden (Abschnitt 2.8), bei denen aufgrund von Typinformationen die Beziehungen zwischen den Spring-Beans automatisch hergestellt werden, mit solchen FACTORIES nicht unterstützt. Auch verliert man Informationen darüber, ob die FACTORY immer dasselbe Objekt zurückgibt, also ein SINGLETON implementiert. Dadurch kann Spring solche Objekte nicht wie andere SINGLETONS behandeln. Sie werden also z. B. nicht beim Aufruf von `preInstantiateSingletons()` an der `BeanFactory` instanziiert.

Die FactoryBean

Spring definiert daher ein Interface, das FACTORIES implementieren sollten, die Spring selbst verwaltet (Listing 2–12). Man nennt solche Objekte `FactoryBeans`. Neben der eigentlichen Erzeugung durch die `getObject()`-Methode liefern `FactoryBeans` auch Informationen über die erzeugten Objekte. Die `getObjectType()`-Methode liefert den Typ der erzeugten Objekte und `isSingleton()` die Information, ob immer dasselbe Objekt zurückgegeben wird. Dadurch kann Spring beispielsweise Autowiring implementieren. FactoryBeans sind ein recht mächtiges Werkzeug, um Schnittstellen zu anderen FACTORY-Mechanismen wie beispielsweise JNDI zu implementieren.

Listing 2–12
Interface für Spring
FactoryBeans

```
public interface FactoryBean {
   Object getObject() throws Exception;
   Class getObjectType();
   boolean isSingleton();
}
```

In der Konfiguration wird die FactoryBean wie sonst die Klasse einer Spring-Bean angegeben. Spring stellt dann fest, dass diese Klasse eine FactoryBean ist und erzeugt dann zunächst eine Instanz der Factory-Bean. Sie wird anschließend verwendet, um die eigentliche Spring-Bean zu erzeugen. Wenn man eine Referenz der FactoryBean einem anderen Objekt per DI zuweist, wird hinter den Kulissen also eine neue Spring-Bean erzeugt und der anderen Spring-Bean zugewiesen. Die folgende Konfiguration zeigt, wie das DAO für die Kunden von einer Factory-Bean KundeDAOFactoryBean erzeugt werden könnte:

```
<bean id="kundeDAO"
      class="KundeDAOFactoryBean"/>
```

Es wird in diesem Fall eine Instanz der Klasse KundeDAOFactoryBean erzeugt. An dieser Instanz wird getObject() aufgerufen, wenn irgendwo eine Referenz auf kundeDAO in der Konfiguration existiert. Anschließend wird es entsprechend den DI-Regeln weiterverarbeitet, also z. B. per set-Methode einer Property zugewiesen.

Ein Zugriff auf die FactoryBean selbst ist also nicht ohne weiteres möglich. Man bekommt ja jedes Mal nur ein Produkt geliefert, nicht die FactoryBean selbst. Um dennoch eine Referenz auf die FactoryBean zu bekommen, kann man der BeanFactory beim Aufruf von getBean() beim Namen noch ein kaufmännisches Und (»&«) vor dem Namen der FactoryBean übergeben. In diesem Fall bekommt man tatsächlich eine Referenz auf die FactoryBean und nicht auf ein Produkt:

```
BeanFactory beanFactory = …
FactoryBean factoryBean =
   beanFactory.getBean("&kundeDAO");
```

Tipp

Die Erzeugung mit Hilfe von statischen Methoden oder Instanzmethoden ist vor allem für die Integration von älterem Code oder Bibliotheken sinnvoll. Man kann allerdings auch jeweils eine passende FactoryBean-Implementierung schreiben. Wenn man in der Verlegenheit ist, eine FACTORY in einer Spring-Anwendung selbst zu entwickeln, sollte man das FactoryBean-Interface auf jeden Fall implementieren, da die Verwendung in der Konfiguration einfacher ist und Spring-Features wie Autowiring (Abschnitt 2.8) nur so nutzbar sind. Eine `FactoryBean` kann auch je nach Konfiguration unterschiedliche Produkte erzeugen. Daher werden `FactoryBeans` für den konfigurierbaren Zugriff auf generische FACTORY-Mechanismen wie JNDI verwendet. Eine einzige `FactoryBean`-Klasse ist dann als Schnittstelle ausreichend. Für JNDI bietet Spring passende Klassen wie z. B. die `Jndi-ObjectFactoryBean` an. Der `FactoryBean`-Mechanismus ist also eine mächtige Möglichkeit, andere Technologien in Spring zu integrieren.

In Spring sind einige interessante `FactoryBeans` integriert:

- Die `MethodInvokingFactoryBean` bietet eine Alternative zum factory-method-Attribut im bean-Element. In der Property `targetMethod` wird die aufzurufende Methode festgelegt und in der Property `argument` die Parameter. Die Property `targetObject` definiert die aufzurufende Spring-Bean. Statische Methodenaufrufe sind auch möglich, dazu dient die Property `targetClass`. Das Ergebnis dieses Aufrufs darf im Gegensatz zum factory-method-Attribut des bean-Elements in der Spring-Konfiguration auch `null` oder `void` sein. Man kann also mit diesem Mechanismus Methodenaufrufe in einer Spring-Konfiguration festlegen.

- Mit Hilfe der `FieldRetrievingFactoryBean` ist es möglich, statische Felder oder Felder von Spring-Beans auszulesen und als Spring-Beans anzubieten. Dazu kann man im einfachsten Fall der Spring-Bean als Namen den Namen der Java-Klasse geben und den Namen des statischen Felds anhängen. Alternativ kann man diesen Ausdruck auch der Property `staticField` zuweisen. Eine andere Möglichkeit ist es, der Property `targetObject` die Spring-Bean zuzuweisen bzw. der Property `targetClass` die Klasse. Dann muss man lediglich in der Property `targetField` noch den Namen des Felds festlegen.

- Die `ServiceLocatorFactoryBean` bietet die Möglichkeit, ein vorhandenes Interface zum Erzeugen von Objekten zu verwenden und die Aufrufe dann an die `BeanFactory` zu delegieren. Dazu muss man das Interface der Property `serviceLocatorInterface` zuweisen. Die Factory Bean erzeugt dann die Implementierung der Klasse. Wenn nun ein Aufruf an eine Methode aus diesem Interface geschieht, wird bei einem Aufruf ohne Parameter oder mit `null` bzw. leerem String einfach ein typkompatibles Spring-Bean aus der Konfiguration herausgesucht und zurückgegeben. Sonst wird der Parameter in einen String umgewandelt und es wird eine Spring-Bean mit diesem Namen aus der Spring-Konfiguration ausgelesen. Mit dieser Klasse ist es also möglich, eine vorhandene Anwendung mit einem SERVICE LOCATOR auf Spring umzustellen: Man verwendet statt der alten Factory eine ServiceLocatorFactoryBean, die das Interface des bisherigen SERVICE LOCATOR implementiert und die Aufrufe an die BeanFactory delegiert. Die Anwendung selbst merkt dann nicht, dass statt des alten SERVICE LOCATORS in Wirklichkeit eine BeanFactory verwendet wird.

2.6   Vorteile von DI

2.6.1   Wir rufen Sie an ...

Durch die Konfiguration mit Hilfe der Spring-BeanFactory erreicht man, dass der Code einer Klasse nicht mehr direkt von der Umgebung abhängt, da alle Beziehungen zur Umgebung durch die BeanFactory hergestellt werden.

In der Beispielanwendung betrifft das sowohl die Beziehungen der Objekte, die Services anbieten, wie z. B. die DAOs und der Geschäftsprozess, als auch die Beziehungen zu technischen Objekten wie z. B. der DataSource. DI ist die Umkehrung des sonst üblichen Prinzips, bei dem jedes Objekt die Beziehungen zu anderen Objekten selbst aufbaut. Eine Metapher für DI ist das Hollywood-Prinzip: Am Ende des Vorstellungsgesprächs eines Schauspielers für einen Film steht meistens die Aussage: »Rufen Sie uns nicht an, wir rufen Sie an.« Genauso ist es hier mit den Objekten: Sie rufen nicht aktiv die Umgebung auf, sondern werden von ihr mit den notwendigen Referenzen versehen. Wobei hier – im Gegensatz zu den Hollywood-Gesprächen – der Anruf tatsächlich erfolgt.

Das ergibt den Vorteil, dass die Objekte von zwei Aufgaben befreit sind, nämlich der Konfiguration und dem Aufbau der Umgebung. Dadurch wird der Code völlig unabhängig von der Umgebung. Das entspricht dem Ziel von Spring, möglichst wenig invasiv zu sein, also den Code möglichst wenig zu beeinflussen. Aus Dependency Injection ergeben sich aber noch weitere Vorteile.

2.6.2   Flexibilität

Ein Vorteil dieses Vorgehens ist die erhöhte Flexibilität. So wird durch die externe Konfiguration der Austausch einer Implementierung trivial. In der Beispielanwendung kann dies an verschiedenen Stellen von Vorteil sein:

▪ Die Persistenz ist in den DAOs vollständig gekapselt. Wenn man eine neue Implementierung der DAOs mit einer anderen Technologie entwickelt, muss man für den Einsatz dieser neuen Persistenzschicht lediglich die Konfiguration so modifizieren, dass die neuen DAOs verwendet werden.

▪ Der Zugriff auf die `DataSource` erfolgt im Moment durch die Erzeugung einer eigenen `DataSource` (Listing 2–7). In einem Java-EE-Kontext hinterlegt der Application-Server die `DataSource` im JNDI-Namenssystem, und man muss sie dort unter einem vorgegebenen Namen auslesen. Will man eine Spring-Anwendung auf einem Application-Server laufen lassen, muss man lediglich in der Konfiguration die passenden Änderungen vornehmen. Dazu kann eine `FactoryBean` (Abschnitt 2.5.4) verwendet werden, die das Objekt aus dem JNDI-Kontext ausliest (Listing 2–13). Dadurch kann also die Anwendung ohne Änderung des Quellcodes in einer anderen technischen Umgebung ablauffähig gemacht werden.

```
<bean id="datasource"
  class="….JndiObjectFactoryBean">
  <property name="jndiName"
    value="java:comp/env/jdbc/DB" />
</bean>
```

Listing 2–13
Auslesen eines Objekts aus dem JNDI-Namenssystem mit Spring

▪ Da die Klassen ihre Abhängigkeiten zugewiesen bekommen, ist es ohne weiteres möglich, die Klassen sogar völlig ohne eigene Infrastruktur – also auch ohne Spring-Framework – zu testen. Dazu kann man einen Testrahmen entwickeln, der z. B. mit EasyMock [EasyMock] aufgesetzt wird. Dies wird in Abschnitt 2.10 näher erläutert.

2.6.3 Eingebaute Konfigurierbarkeit

Die Spring-Konfigurationsdatei ist recht fein granular: Sie definiert die Beziehungen zwischen Objekten, also den kleinsten Einheiten eines objektorientierten Systems. Für einen Entwickler ist das ideal, aber es ist nicht das, was beispielsweise ein Administrator für Änderungen an einer Anwendung verwenden will. Wie Abschnitt 2.10 zeigt, gibt es aber Möglichkeiten, Konfigurationen aufzuteilen oder mit Hilfe von Property-Dateien nur jene Einstellungen konfigurierbar zu halten, die ein Administrator bei seiner Arbeit auch ändern muss (Listing 2–29 und Listing 2–30).

Auf jeden Fall ist durch Spring ein Konfigurationsmechanismus vorhanden, den man nicht selbst entwickeln muss. Die Spring-Beans müssen sich nur die Einstellungen zuweisen lassen. Außerdem ist der Konfigurationsmechanismus konsistent für die gesamte Anwendung. Die Konfiguration einer FACTORY mit einer Konfigurationsdatei ist auch in Projekten üblich, die Spring nicht nutzen, um die Produkte der

FACTORY leichter ändern zu können. Wenn jedoch mehrere FACTORIES im System vorhanden sind, führt dies häufig zu einer großen Anzahl von Konfigurationsdateien, die einzeln verwaltet werden müssen und oft auch eine unterschiedliche Syntax haben.

2.6.4   Das Singleton-Pattern

In Spring sind alle Spring-Beans zunächst SINGLETONS: Es gibt nur eine Instanz. Das ist vielleicht überraschend, denn in den üblichen objekto-rientierten Programmiersprachen ist das Gegenteil der Fall: Man kann beliebig viele Instanzen einer Klasse erzeugen. Man muss schon das SINGLETON-Pattern anwenden, um dies zu ändern. Aber wenn man sich die Beispielanwendung anschaut, sieht man, dass die Objekte dort zum größten Teil nur Dienste anbieten und daher eine Instanz voll-kommen ausreichend ist. Sie haben typischerweise keinen Zustand, der spezifisch für einen Client ist, sondern alle notwendigen Informati-onen werden als Parameter übergeben. Hätten sie einen eigenen Zustand, könnten sie nur als SINGLETON implementiert werden, wenn sie Thread-sicher sind. Dies ist der Fall, wenn parallele Zugriffe nicht zu irgendwelchen Konflikten führen können. Solche parallelen Zugriffe sind natürlich bei Server-Anwendungen eher die Regel als die Ausnahme. Dennoch sind die meisten Objekte Thread-sicher, zumin-dest wenn sie wie im Beispiel Dienste anbieten, so dass sie alle Infor-mationen als Parameter übergeben bekommen und keinen eigenen Zustand haben.

Kann tatsächlich eine Spring-Bean nicht als SINGLETON verwendet werden, gibt es einige Möglichkeiten, mit diesem Problem umzugehen (Abschnitt 3.6.3). Man kann außerdem die Spring-Beans für Web-anwendungen z. B. in der HTTP-Session oder dem HTTP-Request unterbringen (Abschnitt 7.11).

Prototypes statt Singletons   Eine weitere Möglichkeit ist es, die Spring-Bean als Prototype zu definieren. Das bedeutet, dass bei jedem Aufruf von getBean() auf der BeanFactory bzw. für jede Verwendung der Spring-Bean in der Spring-Konfiguration eine neue Instanz erzeugt wird. Das ist allerdings nur in einigen Ausnahmefällen sinnvoll, z. B. wenn man für jede Abarbeitung eines Requests eine neue Spring-Bean erzeugen will oder wenn man Domänen-Objekte durch Spring erzeugen lassen will. Insbesondere hilft es nicht bei Multi-Threading-Problemen. Würde man im Beispiel das bestellungDAO als Prototype definieren, würde sich sogar gar nichts ändern: Nur der BestellungBusinessProcess hat eine Referenz auf die-ses DAO, so dass nach wie vor nur eine Instanz erzeugt wird. Es wür-den immer noch mehrere Threads diese eine Instanz verwenden, so dass dieselben Probleme entstehen würden, wenn das `bestellungDAO` nicht Thread-sicher ist.

Um eine Spring-Bean als Prototype zu definieren, muss man in das bean-Element das Attribut `scope` einführen:

```
<bean id="prototype-bean" scope="prototype" />
```

Gibt man dieses Attribut nicht an, so wird `scope="singleton"` angenommen. In Spring 1.x wurde statt dem scope-Attribut ein `singleton`-Attribut verwendet, das die Werte `true` oder `false` haben konnt. Nutzt man jedoch die DTD Version 2.0 (Listing 2–7) oder XML Schema für die Konfiguration, steht diese Möglichkeit nicht mehr zur Verfügung, weil in Spring 2.0 ein flexibleres Konzept eingeführt wurde, dass z. B. auch die Definition eigener Scopes erlaubt. Das ist übrigens bisher die einzige nicht rückwärtskompatible Änderung in der Spring-Konfiguration.

Singleton ohne Nebenwirkungen

Bei Spring führt die Anwendung des SINGLETON-Patterns nur dazu, dass es genau eine Instanz des gewählten Objekts gibt. Das normale SINGLETON-Pattern verletzt nämlich Prinzipien der Objektorientierung, weil man die Instanz an einem wohlbekannten Ort findet und dadurch überall verwenden kann. Das ist praktisch dasselbe wie eine globale Variable in imperativen Sprachen. Das SINGLETON wird typischerweise durch eine statische Methode zugreifbar. Dadurch können alle Klassen Referenzen auf das SINGLETON haben, ohne dass es unmittelbar zu erkennen ist. Bei dem Spring-Vorgehen ist die Verwendung eines normalen Objekts oder eines SINGLETONS gleich: Die Spring-Bean wird in beiden Fällen durch Dependency Injection zugewiesen. Das bedeutet, dass SINGLETONS durch eine einfache Änderung der Konfiguration zu »normalen« Objekten mit mehreren unterschiedlichen Instanzen gemacht werden können.

Instanzmethoden statt statischer Methoden

Außerdem wird es einem Entwickler durch den einfachen Umgang mit SINGLETONS erleichtert, Logik in Instanzmethoden zu implementieren, auch wenn die Objekte keinen eigenen Zustand haben und man daher die Logik auch in statischen Klassenmethoden hätte implementieren können. So kann man auch solche Methoden für Tests durch Mocks ersetzen oder Unterklassen bilden, in denen die Methoden überschrieben werden. Das ist bei statischen Methoden nicht möglich.

Weniger Instanzen

Oft werden auch unnötig viele Instanzen eines Objekts erzeugt, obwohl sie keinen eigenen Zustand haben. Auch hier profitiert man davon, dass Objekte bei Spring ohne weitere Konfiguration SINGLETONS sind. Dadurch kann man bei solchen zustandslosen Objekten mit dieser einen Instanz auskommen. Natürlich darf dabei nicht im Mittelpunkt die Optimierung der Instanz-Anzahl stehen, sondern die Sicherheit der Anwendung, zumal man durch die geringere Anzahl an Instanzen keinen großen Performance-Gewinn erreichen wird.

Ingesamt kann man also SINGLETONS durch Spring mit weniger Problemen nutzen, da sie auf die Eigenschaft, dass sie nur eine Instanz haben, reduziert sind und keine anderen Seiteneffekte haben. Außerdem wird man durch die einfachere Implementierung des SINGLETON-Patterns dazu animiert, Logik nicht in statischen Methoden zu implementieren, sondern in einem SINGLETON. Das hat den Vorteil, dass die Methoden leicht durch Unterklassen überschrieben werden können, was das System flexibler macht und auch eher objektorientierten Vorstellungen entspricht.

2.6.5   Das Factory-Pattern

Bereits in Abschnitt 2.5.4 wurde gezeigt, wie man vorhandene FACTORIES in Spring-Anwendungen integrieren kann und mit FactoryBeans elegant eigene FACTORIES für Spring-Anwendungen implementieren kann.

Objekterzeugung an die BeanFactory delegieren   Manchmal möchte man aber die Erzeugung eines Objekts entsprechend dem FACTORY-Pattern an Spring delegieren, statt selber das Objekt zu erzeugen. Ein Grund kann die bessere Konfigurierbarkeit sein. Dazu könnte man die BeanFactory selbst aufrufen, z. B. indem man sich die Referenz auf die BeanFactory übergeben lässt (das Interface BeanFactoryAware im Abschnitt 2.10.2). Das hat jedoch einige Nachteile. So wird dadurch die Klasse von Spring abhängig, da sie ein von Spring definiertes Interface implementiert und sich darauf verlässt, Zugriff auf die Spring-BeanFactory zu bekommen. Zudem verletzt man das Dependency-Injection-Prinzip, da man sich die Spring-Bean nicht injizieren lässt, sondern selber ausliest.

Innerhalb der Beispielanwendung ist die Erzeugung der Geschäftsobjekte, die beispielsweise einen Kunden modellieren, nicht mit Spring implementiert. Sie müssen mit new erzeugt werden und können z. B. der save()-Methode eines DAOs übergeben werden. Dieses Vorgehen ist bei Spring-Anwendungen gebräuchlich, denn es gibt meistens keinen Grund, die Verwaltung solcher Objekte dem Spring-Framework zu überlassen. Spring fokussiert auf die Verwaltung von Objekten, die Dienste erbringen, wie die DAOs oder die Geschäftsprozesse.

Method Injection   Sollte man allerdings entscheiden, dass auch diese fachlichen Objekte durch Spring kontrolliert werden sollen, um beispielsweise zu konfigurieren, welche Klasse instanziiert wird, oder um auch diese Objekte mit Aspekten aus dem Spring-AOP-Framework (Kapitel 3) versehen zu können, bietet Spring die Möglichkeit an, eine Methode innerhalb einer Klasse so zu überschreiben, dass sie entsprechende Produkte aus der Spring-Konfiguration erzeugt. Das wird auch Method Injection genannt:

```
<bean id="BestellungBusinessObject"
  class="businessobjects.Bestellung"
  scope="prototype" />


<bean id="bestellungDAO"
  class="dao.BestellungDAO" >
  <lookup-method
    name="createBestellung"
    bean="BestellungBusinessObject" />
</bean>
```

Mit dieser Konfiguration wird also im Objekt bestellungDAO die Methode createBestellung() so überschrieben, dass sie jeweils eine neue Instanz der Klasse businessobjects.Bestellung zurückgibt. Dazu wird eine Subklasse von BestellungDAO mit der passenden Methoden-Implementierung erzeugt, so dass die Original-Klasse nicht final sein darf. Außerdem muss man bei der Verwendung von Methoden wie getClass() vorsichtig sein, da sie ein anderes Ergebnis liefern.

Der Vorteil dieses Vorgehens ist, dass man zwar das Objekt durch die BeanFactory erstellen lässt, aber im Code keine Abhängigkeiten zur BeanFactory hat, sondern alles läuft im Verborgenen ab. Somit können also auch die Stellen, an denen man sonst möglicherweise das FAC-TORY-Pattern ausimplementieren würde, durch die BeanFactory mit abgedeckt werden.

Objekte unter die Kontrolle von Spring zu bringen ist auch anders möglich (Abschnitt 2.10.5), dann aber nicht mit Hilfe eines FACTORY-Ansatzes.

2.7   Die Grenzen von Dependency Injection

Wie im vorausgegangenen Abschnitt erläutert, ist es besser, ein Objekt-netz mit Hilfe von Dependency Injection aufzubauen als die Objekte selbst zu erzeugen oder aus der BeanFactory auszulesen. Irgendwo im System wird man dies jedoch tun müssen. Die Frage ist, wo genau man Dependency Injection nicht mehr verwenden kann und Spring-Beans aus der BeanFactory auslesen muss.

Es sollte bereits klar sein, dass die Schichten mit Serviceobjekten komplett durch Dependency Injection aufgebaut werden können. Im Beispiel sind dies die Geschäftsprozesse und die DAOs. Sie kann man auf jeden Fall durch DI verwalten. Aber diese Schichten muss man ja irgendwo aufrufen, typischerweise an einem Frontend. Die Frage ist also, ob auch das Frontend mit Dependency Injection verwaltet werden kann. Dann kann der Zugriff auf die Logikschichten durch Dependency Injection erfolgen.

Bei den Frontends gibt es verschiedene Möglichkeiten:

- Bei einem GUI-Frontend z. B. mit Swing [Swing] wird man typischerweise an irgendeiner Stelle ein Hauptfenster erzeugen und sichtbar machen. Es wäre natürlich schön, das Fenster durch eine BeanFactory erzeugen zu lassen. Genau das kann man erreichen, indem man das Fenster als SINGLETON in der Spring-Konfiguration definiert. Man muss dann nur noch preInstantiateSingletons() aufrufen. Im Hauptprogramm werden also keine Spring-Beans explizit angesprochen, sondern es wird nur eine BeanFactory erzeugt. Wenn man dann die SINGLETONS instanziiert, wird dadurch auch die Benutzeroberfläche erzeugt. Man muss also keine Spring-Beans aus der Factory auslesen. Listing 2–14 zeigt beispielhaft eine Spring-Konfiguration, die ein Swing-Fenster erzeugt. Eine weitergehende Konfiguration von GUIs ist zwar möglich, aber keine echte Erleichterung gegenüber Java-Code, und sie wird teilweise dadurch erschwert, dass die Swing- und AWT-Klassen nicht die Java-Beans-Konventionen einhalten. So gibt es zwar oft add…()-Methoden, aber keine set-Methode für die dahinter liegende Collection, so dass eine Konfiguration schwierig wird.

- Eine Webanwendung mit einem von Spring unterstützten Webframework kommt ebenfalls ohne Aufrufe an der BeanFactory aus, da die Elemente aus dem Webframework durch Spring verwaltet werden können. Der Spring-Dependency-Injection-Mechanismus wird also durch das Webframework initialisiert und auch zur Konfiguration des Webframeworks genutzt. Die Liste der unterstützten Frameworks ist recht lang, so dass man meistens ohne den Aufbau einer BeanFactory im Code auskommt. Die Implementierung von Webanwendungen wird in Kapitel 7 näher beleuchtet.

- Server-Anwendungen, die z. B. als Web Services oder als EJBs zur Verfügung gestellt werden, kommen ebenfalls meistens mit einer reinen Dependency-Injection-Lösung aus. Spring bietet z. B. Servlets an, um Spring-Beans in der Anwendung zur Verfügung zu stellen. In Kapitel 6 wird dies detaillierter beschrieben.

Listing 2–14
Ein Swing-Fenster mit Spring erzeugen

```
<beans>
  <bean id="frame" class="javax.swing.JFrame">
    <property name="visible" value="true" />
    <property name="title" value="Spring Demo" />
  </bean>
</beans>
```

Man kommt also in den meisten Fällen ohne das Aufbauen einer BeanFactory aus, sondern kann alle Objekte in der Anwendung durch Springs Dependency-Injection-Mechanismus verwalten. Das Auslesen einer Spring-Bean aus der BeanFactory ist also eine Ausnahme und ist nur selten tatsächlich notwendig. Meistens kann man sich dadurch helfen, dass man SINGLETONS instanziiert, so dass man dort dann eine Art »Hauptprogramm« unterbringen kann.

BeanFactories kaum im Code genutzt

Bei der Beispielanwendung wird ein mit dem Spring-MVC-Framework entwickeltes Web-Frontend (Kapitel 7) verwendet. Dort steht in der Konfiguration der Webanwendung, welche Spring-Konfiguration verwendet werden soll, und dadurch werden alle Objekte der Webanwendung aufgebaut. Bei einer GUI-Anwendung kann im Hauptprogramm eine Spring-Konfiguration geladen werden, die das komplette Objektnetz einschließlich der Oberfläche aufbaut. Es wird dann keine Spring-Bean explizit ausgelesen. Stattdessen wird das komplette System einschließlich der GUI durch Spring erzeugt und auch zur Anzeige gebracht. Wenn man nämlich ein Hauptfenster als Spring-Bean definiert, wird es automatisch instanziiert und dadurch auch angezeigt. In der Beispielanwendung ist das explizite Auslesen von Spring-Beans aus der BeanFactory also gar nicht notwendig.

DI-Grenzen bei der Beispielanwendung

Nachdem geklärt ist, in welchen Schichten Dependency Injection verwendet wird, stellt sich natürlich als Nächstes die Frage, welche Objekte in den Schichten durch Dependency Injection verwaltet werden. Objekte, die im Wesentlichen Dienste anbieten, sind klare Kandidaten für die Verwaltung durch Dependency Injection. Im Beispiel sind dies die DAOs: Sie bieten Dienste zum Zugriff auf die Datenbank. Das andere Beispiel sind die Geschäftsprozesse, die einen solchen Prozess als Dienst anbieten.

Dienste mit DI

Objekte, die nicht durch Dependency Injection verwaltet werden, sind z. B. Klassen, die fachliche Geschäftsobjekte repräsentieren. Sie werden an der Schnittstelle der Dienste entgegengenommen und zurückgegeben. In der Beispielanwendung betrifft das die Parameter der DAOs, die Repräsentationen der Datensätze in der Datenbank sind, und die Parameter der Geschäftsprozesse, die fachliche Daten darstellen. Diese Objekte werden einfach von der Anwendung mit new erzeugt.

Fachliche Geschäftsobjekte ohne DI

Die Übergänge sind allerdings fließend, und so ist z. B. die Frage, wie man einem Geschäftsobjekt eine Referenz auf einen Dienst mitgibt. Eine Lösung wäre es, den Datenbehälter nicht mehr mit new zu erzeugen, sondern durch das Überschreiben einer Methode von der BeanFactory erzeugen zu lassen (Abschnitt 2.6.5). Seit Spring 2.0 gibt es hier auch andere Möglichkeiten (Abschnitt 2.10.5).

2.8   Wir kennen uns: Autowiring

Wie schon in Abschnitt 2.4 erwähnt, kann man bei Dependency Injection die Abhängigkeiten auch automatisch auflösen lassen (»Autowiring«). Auch Spring bietet dieses Verfahren an.

Listing 2–15 zeigt eine Konfiguration der Beispielanwendung mit den verschiedenen Autowiring-Möglichkeiten. Es werden für die einzelnen Spring-Beans unterschiedliche Verfahren verwendet:

- byName: Hier wird in der Konfiguration für jede Property der Spring-Bean nach einer Spring-Bean gesucht, die den gleichen Namen wie die Property als id oder im name-Attribut hat. Im Beispiel wird dieses Verfahren für die Property des kundeDAO mit dem Namen dataSource verwendet, dem eine DataSource zugewiesen werden soll. Da es genau eine Bean mit dieser id gibt, wird sie dem kundeDAO zugewiesen. Falls es keine solche Bean gegeben hätte, wäre die set-Methode nicht aufgerufen worden und der Code hätte zur Laufzeit einen Fehler erzeugt. Dieser Fehler würde erst bei dem Versuch des Zugriffs auf die DataSource und damit nach dem Erzeugen der BeanFactory auftreten. Es wird nicht als Fehler gewertet, wenn eine Property nicht gesetzt wird.
- byType: Hier entscheidet sich die Konfiguration anhand des Typs der Property. Bei dem bestellungDAO gibt es eine Property, die als Typ eine DataSource erwartet. Da es in der Konfiguration nur eine DataSource gibt, funktioniert hier das byType-Autowiring. Falls es mehr als eine geben würde, würde bei der Konfiguration ein UnsatisfiedDependencyException ausgelöst werden. Gibt es gar kein typkompatibles Objekt, so wird die Property einfach nicht gesetzt, und man würde den Fehler erst beim Versuch des Zugriffs auf das Objekt bemerken.
- constructor: Hier werden die Parameter für den Konstruktor aus der Konfiguration automatisch ausgewählt. Die Auswahl der Objekte geschieht dabei nach dem Typ der Parameter des Konstruktors. Wird nicht für jeden Parameter des Konstruktors genau ein Objekt gefunden, das typkompatibel ist, wird ein Fehler ausgelöst, und zwar zum Zeitpunkt der Erzeugung der BeanFactory.
- autodetect: Falls es einen Konstruktor ohne Parameter gibt, verhält es sich wie byType, sonst wie constructor.

```
<beans>
  <bean id="dataSource">
  ...
  </bean>

  <bean id="kundeDAO"
    class="jdbcdao.KundeDAO"
    autowire="byName"/>

  <bean id="bestellungDAO"
      class="jdbcdao.BestellungDAO"
      autowire="byType"/>

  <bean id="wareDAO"
      class="jdbcdao.WareDAO"
      autowire="constructor"/>

  <bean id="bestellung"
      class="businessprocess.BestellungBusinessProcess"
      autowire="autodetect"/>

</beans>
```

Listing 2–15
Ausschnitt aus jdbc-beans-autowire.xml aus der Beispielanwendung zur Illustration des Autowiring

Eines der Hauptprobleme beim Autowiring ist, dass Fehlersituationen entstehen können, weil nicht alle Abhängigkeiten erfüllt werden. Der Fehler tritt häufig erst dann auf, wenn man versucht, auf das nicht zugewiesene Objekt zuzugreifen. Dieses Problem kann man lösen, wenn man die in Abschnitt 2.9.4 skizzierten Features nutzt oder wenn man das dependency-check-Attribut der Spring-Bean setzt:

Konfiguration mit Dependency Checks validieren

```
<bean id="bestellungDAO"
      class="jdbcdao.BestellungDAO"
      autowire="byType"
      dependency-check="object"/>
```

Dadurch kontrolliert Spring, ob die Properties der Spring-Bean gesetzt worden sind. Für dieses Attribut gibt es folgende Werte:

- none: Keine Prüfungen. Ohne weitere Konfiguration ist diese Option aktiv.
- simple: Es wird kontrolliert, ob die Properties, die primitive Typen (int, double, ...) haben, gesetzt worden sind.
- object: Es wird kontrolliert, ob alle Objekte gesetzt worden sind. Diese Einstellung ist zusammen mit Autowiring besonders sinnvoll.
- all: Sowohl object als auch simple.

Die in Listing 2–15 dargestellte Konfiguration ist nicht typisch, da man eher die gesamte Konfiguration durch Autowiring vornehmen wird und natürlich auch durch ein einheitliches Autowiring-Konzept. Dazu kann man die gesamte Konfiguration mit entsprechenden Default-Werten versehen:

```
<beans
   default-autowire="byName"
   default-dependency-check="objects">
   <bean id="datasource" />

   <bean id="kundeDAO" />
</beans>
```

Dadurch wird die gesamte Konfiguration durch Autowiring vorgenommen – in diesem Fall byName. Es sind dieselben Werte gültig wie bei der Einstellung auf Ebene der einzelnen Spring-Beans. Die Konfiguration einer einzelnen Spring-Bean kann diese Default-Werte überschreiben. Wenn man beispielsweise ein bestimmtes Objekt nicht durch Autowiring konfigurieren will, so kann man das mit autowire="no" festlegen.

Tipp

Autowiring ist zunächst verführerisch, und einige DI-Implementierungen wie PicoContainer [PicoContainer] verwenden ausschließlich diese Art von DI. Der Grund ist, dass die Konfiguration der Objekte sich drastisch vereinfacht. Ein Nachteil, auf den bereits eingegangen wurde, ist, dass sich leicht Fehler in die Konfiguration einschleichen. Man kann zwar versuchen, dies mit dem Dependency Checker oder Constructor Dependency Injection unter Kontrolle zu halten. Ein Problem bleibt jedoch: Gerade bei großen Konfigurationen wird es schwer zu erkennen, welche Spring-Beans welche anderen Spring-Beans referenzieren. Wenn man Autowiring nach Namen verwendet, kann es außerdem die Wahl der Namen der Spring-Beans beeinflussen, was die Wahl sprechender Namen verhindern kann. Allerdings kann man sich hier damit behelfen, den Spring-Beans mit dem alias-Element zusätzliche Namen zu geben.

Bei Autowiring nach Typ gibt es diese Nachteile nicht, jedoch kann man dann nur eine Spring-Bean von jedem Typ definieren. Man kann jedoch Spring-Beans von Autowiring ausnehmen, indem man in der Bean-Definition ein autowire-candidate="false" als Attribut einfügt. Diese Bean kann durchaus selbst durch Autowiring konfiguriert werden.

Es ist empfehlenswert, Autowiring eher sparsam zu verwenden, da man dann keine Überraschungen über die Entscheidungen der BeanFactory beim Autowiring erlebt. Außerdem kann man so auch den Aufbau des Systems kommunizieren und dokumentieren. Autowiring ist eher etwas für kleine Systeme oder Prototypen.

2.9 Die bessere BeanFactory: Der ApplicationContext

Mit der BeanFactory stehen die wesentlichen Elemente von Dependency Injection zur Verfügung. Wenn man nur Dependency Injection verwenden will, reicht die BeanFactory auch völlig aus. Der Vorteil dieses Vorgehens ist es, dass man von Spring nur das Archiv spring-beans.jar benötigt, was das Deployment erleichtert und beispielsweise helfen kann, Bandbreite für das Herunterladen einer Anwendung einzusparen. Wenn man jedoch ein so zentrales Element der Infrastrukur wie die BeanFactory definiert hat, ist es sinnvoll, neben Dependency Injection auch andere Features dort zu implementieren. Genau das macht der ApplicationContext. Außerdem werden beim ApplicationContext z. B. SINGLETONS automatisch initialisiert.

Warum gibt es die BeanFactory überhaupt?

Abb. 2–3
Klassendiagramm für den ApplicationContext

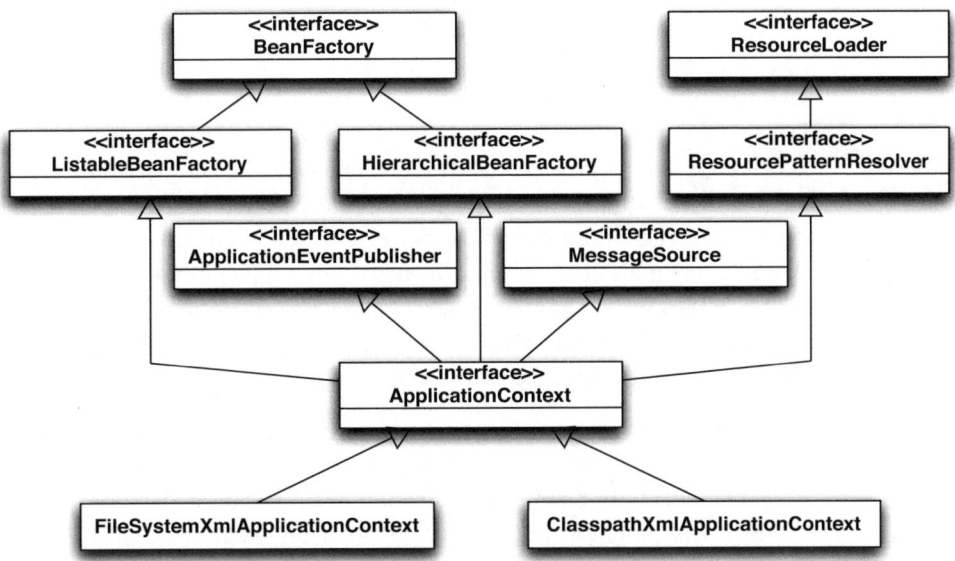

Wie man in Abbildung 2–3 sehen kann, implementiert der ApplicationContext neben den von BeanFactory abgeleiteten Interfaces ListableBeanFactory und HierarchicalBeanFactory auch noch zahlreiche andere Interfaces, die sich mit dem Zugriff auf Ressourcen (ResourceLoader, ResourcePatternResolver), dem Verschicken von Events (ApplicationEventPublisher) und der Bereitstellung von internationalisierten Nachrichten (MessageSource) beschäftigen. Diese Features werden im Rest des Abschnitts genauer erläutert.

Üblicherweise verwendet man als konkrete Implementierung des ApplicationContext-Interfaces entweder den FileSystemXmlApplicationContext oder den ClasspathXmlApplicationContext, je nachdem, ob

ApplicationContext-Implementierungen

die XML-Datei aus dem Dateisystem oder dem Klassenpfad ausgelesen wird. Außerdem gibt es eine eigene ApplicationContext-Imple-
mentierung für Webanwendungen. Das Klassendiagramm zeigt die
Klassenhierarchie nicht vollständig, d. h., es gibt zwischen dem Appli-
cationContext-Interface und FileSystemXmlApplicationContext sowie
ClasspathXmlApplicationContext weitere Klassen und Interfaces, die
aber zum Verständnis zunächst wenig beitragen.

2.9.1   Zugriff auf Ressourcen

Mit dem ApplicationContext kann eine Spring-Bean auf Ressourcen
zugreifen, statt sie z. B. selber aus einer Datei zu lesen. Ressourcen sind
alles, was Daten liefern kann, also z. B. Dateien, byte-Arrays oder
InputStreams. Spring bietet eine eigene Abstraktion an, die den Zugriff
auf Ressourcen z. B. aus dem Klassenpfad, aus dem Archiv einer Webanwendung, einer URL oder aus dem Dateisystem vereinheitlichen.
Der wesentliche Vorteil ist, dass die Anwendung selber nur mit den
Daten arbeitet und nicht mehr von der Herkunft der Daten abhängt.
Dadurch kann man z. B. recht leicht eine Anwendung so umstellen,
dass sie die Daten nicht mehr aus dem Dateisystem liest, sondern aus
dem Inhalt des Webarchives. So kann derselbe Code sowohl in Webanwendungen als auch in Java-SE-Anwendungen genutzt werden.

Das Resource-Interface Diese Ressourcen implementieren das Interface org.springframe-
work.core.io.Resource. Dies bietet eine Vielzahl von Methoden, von
denen hier die wichtigsten vorgestellt werden sollen:

- getInputStream(): Liefert einen Java-InputStream zurück, mit dem
  man auf die Daten aus der Ressource zugreifen kann.
- getFile(): Gibt eine Repräsentation der Ressource als File zurück,
  falls dies möglich ist. Andernfalls wirft die Methode eine IOExcep-
  tion.
- isOpen(): Der Name der Methode ist etwas irreführend. Sie gibt nicht
  etwa wahr zurück, wenn die Ressource geöffnet ist sondern nur, wenn
  der InputStream gerade gelesen wird, und es nicht möglich ist, nebenläu-
  fig ebenfalls von dem InputStream zu lesen.
- exists(): Mit dieser Methode kann man herausfinden, ob die Ressource überhaupt existiert.
- getDescription(): Diese Methode gibt eine Beschreibung der Ressource zurück, die man z. B. nutzen kann, wenn man dem Anwender eine Fehlermeldung präsentieren will. Sie gibt den Typ und
  gegebenenfalls den Dateinamen oder die URL an.

Um Zugriff auf eine Ressource zu bekommen, kann man einen `Resour`-`ceLoader` verwenden. Jeder `ApplicationContext` implementiert dieses Interface und kann somit für den Zugriff auf Ressourcen verwendet werden. Logischerweise verwendet der `ApplicationContext` dabei eine Strategie, die davon abhängt, wie er seine Konfigurationsdatei eingelesen hat. Der `FileSystemXmlApplicationContext` liest die Ressourcen aus dem Dateisystem und der `ClassPathXmlApplicationContext` liest sie aus dem Klassenpfad. Man muss nur noch den Namen der Ressource an die `getResource()`-Methode aus dem `ResourceLoader`-Interface übergeben und bekommt die passende Ressource zurückgeliefert. Jeder `ApplicationContext` muss auch das Interface `ResourcePatternResolver` implementieren. Dahinter versteckt sich die Möglichkeit, mehrere Ressourcen auf einmal einzulesen. Dabei übergibt man der Methode `getResources()` einen String mit Wildcards und bekommt ein Array von Resource-Objekten zurück. Der `ApplicationContext` hat das Auflösen der Wildcard entsprechend dem STRATEGY-Pattern [GHJV94] in eine eigene Klasse ausgelagert, so dass man flexibel entscheiden kann, wie die Wildcards aufgelöst werden können.

Verschiedene ResourceLoader

Will man Ressourcen ohne einen `ApplicationContext` verwenden, so kann man Klassen wie den `FileSystemResourceLoader` oder den `ServletResourceContextLoader` verwenden. Eine weitere Möglichkeit ist, den `DefaultResourceLoader` zu verwenden, der die Ressourcen von einer URL lädt, falls der übergebene String eine URL ist, und sonst aus dem Klassenpfad. Man kann auch die Ressourcen direkt über den Konstruktor erzeugen. Dazu gibt es beispielsweise die Klassen `File`-`SystemResource` oder `ClassPathResource`.

Ressourcen ohne ApplicationContext

Meistens wird man allerdings nicht direkt mit dem `ResourceLoader` zu tun haben, sondern er verrichtet seine Dienste hinter den Kulissen. Wenn man z. B. in der Spring-Konfiguration eine Datei angibt, nimmt im Hintergrund der `ApplicationContext` als `ResourceLoader` die Arbeit auf und lädt die Datei mit der jeweils passenden Strategie.

In der Beispielanwendung gibt es zunächst keine Verwendung von Ressourcen. Sie werden erst z. B. bei der Verwendung von Properties-Dateien für die Konfiguration (Abschnitt 2.10.6) verwendet.

Ein Codebeispiel für die Verwendung des `ResourceLoaders` und der Resource zeigt Listing 2–16. Zunächst wird mit Hilfe des `ResourceLoa`-ders eine Resource anhand eines Dateinamens erzeugt. Wenn ein `File`-`SystemResourceLoader` verwendet wird, wird die Datei direkt aus dem Dateisystem gelesen. Bei einem `ClassPathResourceLoader` wird sie aus dem Klassenpfad gelesen. Der Code ist also unabhängig von der Art, wie die Datei tatsächlich gelesen wird.

Ein kleines Beispiel …

Anschließend werden einige Metainformationen über die Resource zurückgegeben, nämlich die Beschreibung der Resource und ob die Resource existiert. Zuletzt wird der InputStream für die Resource verwendet und der Inhalt der Resource ausgegeben.

Listing 2–16
Verwendung des
ResourceLoaders

```
ResourceLoader resourceLoader = …;
Resource resource =
 resourceLoader.getResource("resourceloader.xml");
System.out.println("Description: " +
 resource.getDescription());
System.out.println("Exisitert  : " +
 resource.exists());
System.out.println("Inhalt");
InputStream inputStream = resource.getInputStream();
BufferedReader reader = new BufferedReader(
 new InputStreamReader(inputStream));
while (reader.ready()) {
  System.out.println(reader.readLine());
}
```

2.9.2   Events

Ein recht häufig angewandtes Pattern ist der OBSERVER [GHJV94]. Dabei wird ein Objekt von Zustandsänderungen eines anderen Objekts informiert, ohne dass die beiden direkt voneinander abhängig sind. Der Empfänger muss nur allgemein dazu in der Lage sein, Nachrichten über Zustandsänderungen zu verarbeiten, und der Sender muss eine Möglichkeit anbieten, sich bei ihm für solche Nachrichten zu registrieren. So müssen Empfänger und Sender zwar mit Nachrichten umgehen können, um miteinander zu kommunizieren, aber sie hängen nicht direkt voneinander ab.

Das OBSERVER-Pattern ist in der Java-GUI-Bibliothek Swing [Swing] implementiert: Man muss sich z. B. bei einem JButton mit addActionListener() anmelden, wenn man informiert werden will, wenn der Button gedrückt wird. Dazu muss man das ActionListener-Interface implementieren. Wird der Button tatsächlich gedrückt, wird die in ActionListener-Interface definierte Methode bei jedem registrierten Objekt aufgerufen. Der Button hängt nicht direkt von der informierten Klasse ab, sondern nur von dem ActionListener-Interface. Gleiches gilt für die informierte Klasse: Sie muss nur das ActionListener-Interface implementieren und hängt nicht direkt von dem JButton ab.

Events in Spring

Bei Swing verwaltet jeder Sender seine Empfänger selbst. Bei Spring ist das etwas anders: Der ApplicationContext steht allen Spring-

Beans zur Verfügung, um Events zu verschicken. Das bedeutet natürlich auch, dass die Events nur an Spring-Beans in demselben `Application-Context` geschickt werden können. Dazu erweitert das `Application-onContext`-Interface das `ApplicationEventPublisher`-Interface. Dieses Interface definiert die Methode `publishEvent()`, der man ein `ApplicationEvent` übergeben kann. Der Event wird vom `ApplicationContext` an alle Spring-Beans übergeben, die das `ApplicationListener`-Interface implementieren. Diese Spring-Beans werden gleich bei der Erzeugung vom `ApplicationContext` registriert, so dass sie die Events automatisch bekommen. Das Interface definiert nur die Methode `onApplicationEvent()`, der ein `ApplicationEvent` übergeben wird, auf das die Spring-Bean dann geeignet reagieren kann. Durch die Implementierung des `ApplicationListener`-Interfaces werden die Spring-Beans natürlich von Spring abhängig.

Spring definiert drei Events, die vom `ApplicationContext` selbst ausgelöst werden können:

Vordefinierte Events

- ▨ `ContextRefreshedEvent`: Dieser Event wird ausgelöst, wenn der `ApplicationContext` zur Verfügung steht oder gerade dynamisch neu erzeugt worden ist.
- ▨ `ContextClosedEvent`: Mit diesem Event zeigt der `ApplicationContext` an, dass er gerade geschlossen wird.
- ▨ `RequestHandledEvent`: Dieser Event wird nur bei Webanwendungen ausgelöst, und zwar dann, wenn der HTTP-Request bearbeitet worden ist.

Neben diesen vordefinierten Events kann man natürlich auch eigene Events implementieren und mit Hilfe von Spring verschicken.

In der Beispielanwendung gibt es keine sinnvolle Verwendung für das Verschicken von Events. Im Allgemeinen hat dieser Mechanismus den Vorteil, dass man die Implementierung des OBSERVER-Patterns in Spring wiederverwenden kann. Allerdings werden die Events in demselben Thread verarbeitet wie die eigentliche Logik. Dadurch leidet die Performance, aber es ist anders nicht implementierbar, da bei einer Java-EE-Plattform, auf der Spring-Anwendungen auch laufen können, das Starten eigener Threads nicht erlaubt ist. Auch werden die Events nicht über das Netzwerk weitergegeben. Für solche Problemstellungen muss man JMS-Nachrichten verwenden (Abschnitt 8.3), die man aber über den hier vorgestellten Event-Mechanismus innerhalb eines `ApplicationContext` weiterschicken könnte.

Events in der Beispielanwendung

```
public class ApplicationListenerDemo
  implements ApplicationListener {

  public void onApplicationEvent(
    ApplicationEvent event) {
    System.out.println(event);
  }

  public static void main(String[] args) {
    ApplicationContext applicationContext =
      new ClassPathXmlApplicationContext("events.xml");
    applicationContext.publishEvent(new
    MyEvent(applicationContext));
  }

}
```

Ein Beispiel für die Verwendung der Events zeigt Listing 2–17. Da die Klasse das Interface `ApplicationListener` implementiert, wird die Spring-Bean automatisch mit allen Events versorgt. In der `main`-Methode wird an dem `ApplicationContext` ein Event ausgelöst, der allen Beans zugestellt wird, die das `ApplicationListener`-Interface implementieren.

2.9.3   Internationalisierung

Internationalisierung ist eine Anforderung, mit der sich heutzutage sehr viele Anwendungen vor allem für das Web beschäftigen müssen. Gemeint ist die Möglichkeit, eine Anwendung mit Oberflächen in verschiedenen Sprachen zu versehen, ohne den Code zu ändern.

Java selbst bietet schon die Möglichkeit an, abhängig vom `Locale` (eine Kombination aus einer Sprache und einem Land z.B. en_US für Englisch/USA) Nachrichten jeweils aus einer anderen Datei zu laden. Wenn man für jedes zu unterstützende `Locale` eine solche Datei anlegt, kann man eine Internationalisierung der Nachrichten in der Anwendung realisieren. Solche Nachrichten können verwendet werden, um die Texte einer Anwendung in den Log-Files, in den Weboberflächen oder auch bei der Beschriftung von GUI-Elementen den verschiedenen Sprachen anzupassen.

Die MessageSource   Spring bietet für diese Features eine vereinfachte Schnittstelle. Das `MessageSource`-Interface bietet im Wesentlichen die Methode `getMessage()` an, mit der man unter Angabe des `Locale` als String und einem Code zur Identifizierung der Message die Nachricht für den `Locale` als String zurückbekommt. Es gibt auch die Möglichkeit, eine Default-

Nachricht zu übergeben, die zurückgeliefert wird, wenn die Message-Source keine Nachricht findet. Ebenfalls kann man Argumente angeben, die an den definierten Stellen in der Nachricht ersetzt werden. Ein Aufruf zum Auslesen einer Message könnte also folgendermaßen aussehen:

```
messageSource.getMessage("welcome",
  new Object[] {"Spring"}, "Willkommen zu {0} !",
  Locale.GERMAN);
```

Dadurch wird eine Nachricht unter dem Schlüssel welcome gesucht, und die Zeichenkette Spring wird als einziges Argument für das Ersetzen verwendet. Es wird in den deutsch lokalisierten Dateien gesucht (Locale.GERMAN). Falls nichts gefunden wird, wird die übergebene Zeichenkette verwendet. An Stelle des {0} wird das Argument verwendet, so dass das Ergebnis in diesem Fall "Willkommen zu Spring" ist, falls die Default-Nachricht verwendet wird.

Außerdem kann man die Parameter für das Heraussuchen einer Nachricht auch als eine Instanz des Interfaces MessageSourceResolvable übergeben. Es enthält die möglichen Codes, die Argumente und eine Vorgabenachricht, also die Parameter aus dem Methodenaufruf. Der Vorteil dieses Interfaces ist, dass z. B. eine Exception die Informationen über die Nachricht, die ausgegeben werden soll, gespeichert haben kann und trotzdem noch eine Internationalisierung möglich ist.

MessageSource-Resolvable-Interface

Der ApplicationContext implementiert das MessageSource-Interface. Die Frage ist natürlich, wie der ApplicationContext an die internationalisierten Nachrichten kommt. Dazu wird die Konfiguration nach einer Spring-Bean mit dem Namen messageSource durchsucht, die das MessageSource-Interface implementieren muss. An diese Spring-Bean werden die Aufrufe an das MessageSource-Interfaces des ApplicationContext delegiert.

Woher die Nachrichten kommen …

Eine mögliche Implementierung ist die ResourceBundleMessage-Source. Sie kann man mit der Property basenames, einem String-Array, so konfigurieren, dass sie die Nachrichten aus den angegebenen Dateien ausliest (Listing 2–18). Dabei wird an den Dateinamen der Locale angehängt. Im Beispiel also für Deutsch messages_de.properties. Die Datei enthält Schlüssel/Wert-Paare, die durch ein Gleichheitszeichen getrennt sind.

Listing 2–18

Beispiel für die Konfigu-
ration einer
ResourceBundle-
MessageSource

```
<beans>
  <bean id="messageSource"
    class="….ResourceBundleMessageSource">
    <property name="basenames">
      <list>
        <value>messages</value>
        <value>errors</value>
      </list>
    </property>
  </bean>
</beans>
```

Wenn eine Nachricht z. B. mit `ctxt.getMessage("welcome", null,`
`Locale.GERMAN)` ausgelesen wird, so werden die Dateien `messages_`
`de.properties` und `errors_de.properties` nach dem Schlüssel `welcome`
durchsucht und die darunter abgelegte Nachricht zurückgegeben.
Wird der Schlüssel dort nicht gefunden, durchsucht Spring auch die
Dateien `messages.properties` und `errors.properties`.

Diese Spring-Features sind nur eine Abstraktion über die in Java
bereits enthaltenen Features. Der Vorteil ist, dass es eine Einbettung in
die Spring-Konfiguration gibt, so dass auch dieser Aspekt einer
Anwendung einheitlich konfiguriert werden kann.

2.9.4   Objekte nachbearbeiten

Man kann mit einem `ApplicationContext` auch dafür sorgen, dass alle
Spring-Beans noch einmal »nachbearbeitet« werden. Dazu gibt es das
Interface `BeanPostProcessor`, das die beiden Methoden `postProcessBe-`
`foreInitialization()` und `postProcessAfterInitialization()` definiert. Diesen Methoden werden die Spring-Beans und ihre Namen
übergeben. Der `BeanPostProcessor` kann die modifizierte Spring-Bean
oder sogar ein anderes Objekt an ihrer Stelle als Ergebnis zurückgeben.
Listing 2–19 zeigt als Beispiel einen `BeanPostProcessor`, mit dem die
Anzahl der erzeugten Instanzen gezählt werden kann.

Listing 2–19

Einfacher BeanPost-
Processor zum Zählen der
Bean-Instanzen

```
public class InstanceCountBeanPostProcessor
  implements BeanPostProcessor {

  private int count;
  public int getCount() {
    return count;
  }
```

```
public Object postProcessBeforeInitialization(
  Object bean, String beanName)
 throws BeansException {
  count++;
  return bean;
}

public Object postProcessAfterInitialization(
  Object bean, String beanName)
 throws BeansException {
  return bean;
}

}
```

Diese Möglichkeit zum Nachbearbeiten der Spring-Beans ist z. B. die Basis der AOP-Implementierung in Spring (Kapitel 3), denn mit Hilfe eines BeanPostProcessors kann man die Spring-Beans um Aspekte erweitern. Das ist ein eindrucksvoller Beweis, dass durch die BeanPost-Processors eine einfache und mächtige Möglichkeit zur Erweiterung der BeanFactory existiert.

BeanPostProcessors lassen sich nicht nur mit dem ApplicationContext, sondern auch mit der BeanFactory verwenden, aber dann muss man sie explizit mit addBeanPostProcessor() registrieren, während der ApplicationContext die Spring-Konfiguration automatisch nach Bean-PostProcessors durchsucht und diese für das Nachbearbeiten der Beans verwendet.

Benutzung in der BeanFactory

Neben den Spring-Beans kann man auch die BeanFactory selbst bzw. den ApplicationContext mit Hilfe eines BeanFactoryPostProces-sors verändern. Auch hier gilt, dass der ApplicationContext die Bean-FactoryPostProcessors automatisch findet und entsprechend einbindet, während man sonst die BeanFactory der postProcessBeanFactory()-Methode der einzelnen BeanFactoryPostProcessors übergeben muss.

Nun fragt man sich natürlich, was man an einer BeanFactory überhaupt ändern kann. In Abschnitt 2.10.6 wird man sehen, dass man mit diesem Vorgehen die Konfiguration einer Spring-Bean noch nachträglich verändern kann. Dies wird z. B. dazu genutzt, um Konfigurations-werte aus einer Properties-Datei statt aus der Spring-Konfiguration einzulesen. Der BeanFactoryPostProcessor arbeitet auf BeanDefiniti-ons, die die Konfigurationen der Spring-Beans enthalten. Dadurch kann die Konfiguration geändert werden, bevor die Beans tatsächlich erzeugt werden.

Man wird eher selten in die Verlegenheit kommen, selbst einen BeanPostProcessor oder einen BeanFactoryPostProcessor zu schreiben, aber das Verständnis dieser Features ist wichtig, um zu verstehen, wie die weitergehenden Features von Spring implementiert sind. Außerdem ist Spring mit diesen Mitteln erweiterbar. Man kann in die Bean-Factory eigene Mechanismen einbauen, indem man einfach entsprechende `BeanPostProcessors` oder `BeanFactoryPostProcessors` definiert. Letztendlich dienen diese Features dazu, die Flexibilität von Spring zu erhöhen. Wenn man z. B. ein vorhandenes System mit FACTORIES nach Spring migrieren will, kann man mit einem `BeanPostProcessor` die Spring-Beans auch in der vorhandenen Factory registrieren, so dass sie sowohl als Spring-Beans als auch als Produkte der FACTORY zur Verfügung stehen.

@Required und der
RequiredAnnotationBean
PostProcessor

Ein recht gutes Beispiel für die Verwendung von `BeanPostProcessors` ist der `RequiredAnnotationBeanPostProcessor`. Er ist dafür verantwortlich, zu kontrollieren, ob alle notwendigen Properties der Spring-Beans gesetzt sind. Dazu versieht man die set-Methoden der Spring-Beans mit der `@Required`-Annotation:

```
@Required
public void setWareDAO(IWareDAO wareDAO) {…}
```

Man muss dann nur noch den `RequiredAnnotationBeanPostProcessor` in der Spring-Konfiguration eintragen. Wenn nun die Abhängigkeiten nicht richtig gesetzt werden, gibt es bei der Erzeugung des `ApplicationContext` eine Exception. Es ist also eine gute Alternative zu dem dependency-check-Attribut der Bean-Konfiguration (Abschnitt 2.8).

Übrigens zeigt die Implementierung des `RequiredAnnotationBeanPostProcessor` auch, dass man in einem `BeanPostProcessor` nicht nur eine Spring-Bean nachbearbeiten kann, sondern dass man sogar die Erzeugung der Bean verhindern kann. Der `RequiredAnnotationBeanPostProcessor` löst dazu im Fehlerfall eine `BeanInitializationException` aus.

2.10 Fortgeschrittene Techniken

2.10.1 Spring-Konfiguration ohne XML

Dependency Injection und insbesondere die Spring-Konfiguration sind nicht von XML abhängig – auch wenn man leicht den Eindruck gewinnt. Letztendlich werden alle Konfigurationen zu `BeanDefinitions`, die dann ausgewertet werden und aus denen dann die Spring-Beans erzeugt werden. Eine andere Möglichkeit zur Konfiguration setzt direkt auf Java auf. Dabei werden die Spring-Beans zwar mit Java erzeugt, aber Spring ist immer noch in der Lage, in die Erzeugung einzugreifen und z. B. Properties der Spring-Beans durch Autowiring zu setzen. Durch dieses Vorgehen ist es möglich, die Features einer Programmierumgebung und des Java-Compilers wie Typ-Checks oder Code-Vervollständigung auch bei der Entwicklung von Spring-Konfigurationen zu verwenden. Damit stehen Möglichkeiten zur Verfügung, die Spring-Konfiguration mit den Mitteln von Java weiter zu strukturieren, also z. B. in mehrere Klassen aufzuteilen.

Listing 2–20
Spring-Konfiguration mit Java

```java
@Configuration
public class SpringConfiguration {

  @Bean
  public DataSource dataSource() {
    BasicDataSource dataSource = new BasicDataSource();
    dataSource.setDriverClassName(
      "org.hsqldb.jdbcDriver");
    dataSource.setUrl(
      "jdbc:hsqldb:file:springbuchhsqldb");
    dataSource.setUsername("sa");
    dataSource.setPassword("");
    return dataSource;
  }

  @Bean
  public PlatformTransactionManager
   transactionManager() {
    return
    new DataSourceTransactionManager(dataSource());
  }

  @Bean
  public IKundeDAO kundeDAO() {
    return new KundeDAO(dataSource());
  }

  @Bean
  public IWareDAO wareDAO() {
    return new WareDAO(dataSource());
  }

  @Bean
  public IBestellungDAO bestellungDAO() {
    return
    new
    BestellungDAO(dataSource(),kundeDAO(),wareDAO());
  }
```

```
@Bean
public IBestellungBusinessProcess bestellung() {
  return
  new
  BestellungBusinessProcess(bestellungDAO(),
  kundeDAO(),wareDAO());
}


}
```

Listing 2–20 zeigt ein Beispiel für eine Spring-Konfiguration, die mit Java implementiert wurde. Dabei wird die @Configuration-Annotation verwendet, um die Klasse als eine Spring-Konfiguration zu kennzeichnen. Die einzelnen Methoden, die Spring-Beans zurückgeben, werden mit der @Bean-Annotation markiert. Diese Annotation kann auch noch zusätzliche Konfigurations-Parameter aufnehmen, wie z. B., ob Autowiring genutzt werden soll. Übrigens sind alle hier definierten Spring-Beans SINGLETONS, d. h. es gibt nur eine Instanz – der Aufruf einer Methode wie wareDAO() liefert also dank des Spring-Dependency-Injection-Containers immer dieselbe Instanz.

Hinweis Die Java-Konfiguration für Spring ist ein eigenes Projekt, das unter http://www.springframework.org/javaconfig zu finden ist. Es wird voraussichtlich in Spring 2.1 integriert.

Um die Konfiguration tatsächlich zu nutzen, kann man mit

```
new AnnotationApplicationContext(
  SpringConfiguration.class.getName())
```

einen ApplicationContext mit der übergebenen Konfiguration erzeugen. Die Alternative ist, die Java-Spring-Konfiguration in einer XML-Spring-Konfiguration zu verwenden. Dazu wird die Java-Spring-Konfiguration als Spring-Bean in der XML-Spring-Konfiguration integriert. Damit sie auch tatsächlich ausgewertet wird, wird ein BeanPostProcessor verwendet (Abschnitt 2.9.4) und zwar der ConfigurationPostProcessor. Dieser BeanPostProcessor fügt die Bean aus der Java-Klasse in die Spring-Konfiguration ein. Ein Beispiel zeigt Listing 2–21. Dort würde der ConfigurationPostProcessor alle Spring-Beans untersuchen und erkennen, dass die Klasse SpringConfiguration als Spring-Konfiguration annotiert ist. Die Konfiguration dieser Klasse würde er dann untersuchen und die Spring-Beans zu den Spring-Beans aus der XML-Konfiguration hinzufügen.

Nun stellt sich natürlich die Frage, wie man auf Beans aus der XML-Konfiguration in der Java-Konfiguration zugreifen kann. Dazu sollte die Java-Konfigurations-Klasse von `ConfigurationSupport` erben, die einige Basismethoden enthält. So z. B. die Methode `getBean()`, mit der man auf die anderen Spring-Beans zugreifen kann.

```
<beans>
  <bean class="….SpringConfiguration" />
  <bean class="….ConfigurationPostProcessor"></bean>
</beans>
```

*Listing 2–21
Einbetten der Java-Spring-Konfiguration in die XML-Spring-Konfiguration*

2.10.2 Komplexe Datentypen als Werte setzen

Bisher haben die Konfigurationen nur primitive Datentypen oder Strings als Werte gehabt. Es gibt aber auch die Möglichkeit, einer Spring-Bean einen komplexen Wert für ein Attribut zuzuweisen. Dazu gibt es die folgenden Tags:

■ Mit `<list>` kann man eine Liste (`java.util.List`) definieren:

```
<bean id="eineBean" class="komplexetypen.EineBean">
  <property name="map"
   value-type="java.lang.Integer">
    <list>
      <value>18</value>
      <value>42</value>
    </list>
  </property>
</bean>
```

Das Beispiel zeigt auch ein Problem mit der Notation: Es ist nicht klar, ob der Typ der Werte ein String, ein Integer, ein Long oder ein Float sein soll. In diesen Situationen kann man mit dem `value-type`-Attribut den Typ der Werte explizit festlegen.

■ Das set-Element beschreibt eine Menge (`java.util.Set`). Die Verwendung ist analog zum `list`-Element.

■ Durch das `map`-Element kann man eine `java.util.Map` erzeugen:

```
<bean name="eineBean" class="komplexetypen.EineBean">
  <property name="list">
    <map>
      <entry key="schluessel" value="wert" />
      <entry key="nullString"><null/></entry>
      <entry>
        <key><value>schluessel2</value></key>
        <value>wert2</value>
      </entry>
      <entry key="einKey" value-ref="eineBean"/>
```

```
    <entry key-ref="eineBean">
     <bean class="Klasse"/>
    </entry>
   </map>
  </property>
 </bean>
```

Man sieht im Beispiel auch, dass man mit <null/> eine null-Referenz erzeugen kann. Neben der Verwendung der key- und value-Attribute kann man auch eingebettete key- und value-Elemente verwenden. Außerdem ist es in den komplexen Datentypen wie Map möglich, mit dem key-ref- oder value-ref-Attribut Referenzen auf andere Spring-Beans als Schlüssel oder Wert zu verwenden. Man kann auch Spring-Beans direkt als einen Wert für ein bestimmtes Attribut definieren wie hier beim Schlüssel einBean. Dieses Vorgehen kann immer dann angewendet werden, wenn Attribute definiert werden können, also beispielsweise auch in property-Elementen von Spring-Bean-Definitionen.

Bei einer Map kann man den Typ der Schlüssel mit dem key-type-Attribut und den Typ der Werte mit dem value-type-Attribut festlegen.

Auch java.util.Properties sind mit <props> möglich:

```
<bean id="eineBean" class="komplexetypen.EineBean">
  <property name="properties">
   <props>
     <prop key="einString">0</prop>
     <prop key="nochEinString">1</prop>
   </props>
  </property>
 </bean>
```

Diese Konfigurations-Möglichkeiten lassen allerdings einige Lücken offen. So kann man die zu verwendenden Klassen nicht festlegen – List, Map und Set sind ja nur Interfaces. Außerdem kann man die Instanzen nicht selbst als Spring-Beans konfigurieren, sondern nur den Attributen einer Spring-Bean zuweisen.

Alternative: Der util-Namespace

Ein möglicher Lösungsansatz für diese Einschränkungen ist die Verwendung von FactoryBeans (Abschnitt 2.5.4), die Spring-Beans herstellen, die eine bestimmte Implementierung der Interfaces verwenden. Dazu gibt es im Package org.springframework.beans.factory.config Klassen (z.B. ListFactoryBean oder MapFactoryBean), die genau das ermöglichen.

util-Namespace

Eine elegantere Möglichkeit ist jedoch die Nutzung des util-Namespace. Dazu muss dieser in die XML-Definition des beans-Elements eingebunden werden (Listing 2–22).

```xml
<?xml version="1.0" encoding="UTF-8"?>
<beans
 xmlns="http://www.springframework.org/schema/beans"
 xmlns:xsi="http://www.w3.org/2001/XMLSchema-instance"
 xmlns:util="http://www.springframework.org/schema/util"
 xsi:schemaLocation="
 http://www.springframework.org/schema/beans
  http://www.springframework.org/schema/beans/spring-beans-2.0.xsd
 http://www.springframework.org/schema/util
  http://www.springframework.org/schema/util/spring-util-2.0.xsd">

 …

</beans>
```

Listing 2–22
Deklaration des util-
Namespace

Dadurch stehen verschiedene Möglichkeiten zur Konfiguration komplexer Datentypen zur Verfügung:

- Mit `<util:list>` kann man eine `List` als eigenständige Spring-Bean erzeugen. Durch das `list-class`-Attribut kann man auch die zu verwendende Klasse festlegen:
  ```xml
  <util:list id="zahlen"
   list-class="java.util.ArrayList">
     <value>18</value>
     <value>42</value>
  </util:list>
  ```

  Eine Referenz auf diese Spring-Bean kann nun in andere Spring-Beans injiziert werden:
  ```xml
  <bean id="eineBean"
   class="komplexetypen.EineBean">
    <property name="list" ref="zahlen" />
  </bean>
  ```

- Die Definition eines `java.util.Set` ist mit dem `util:set`-Element möglich, das in der Benutzung vollkommen analog zum `util:list`-Element ist.

- Mit dem `util:map`-Element kann man eine `java.util.Map` erzeugen.
  ```xml
  <bean id="eineBean"
   class="komplexetypen.EineBean">
    <property name="map">
      <util:map map-class="java.util.TreeMap">
        <entry key="schluessel" value="wert" />

        …

      </util:map>
    </property>
  </bean>
  ```

Wie man sieht, kann man dieses Element wie eine ganz normale Spring-Bean in die Konfiguration anderer Beans einbetten. Das gilt für alle Elemente aus dem util-Namespace. Wenn also eine Datenstruktur, die mit Hilfe des util-Namespace erzeugt wird, nur an einer Stelle verwendet wird, ist dieser Ansatz etwas einfacher als die Definition einer eigenen Spring-Bean.

▪ Bei java.util.Properties kann man mit Hilfe des util-Namespace die Properties direkt aus einer Datei einlesen:

```
<util:properties id="sampleproperties"
  location="classpath:properties.properties" />
```

Konstanten und Werte anderer Spring-Beans verwenden

Neben diesen Konfigurationen für komplexe Typen bietet der util-Namespace auch Möglichkeiten, um auf Konstanten oder Werte anderer Beans zuzugreifen:

▪ Mit <util:constant> kann man eine Konstante auslesen, also ein public static final Feld einer Klasse. Man gibt einfach das Feld und die Klasse an:

```
<property name="level">
  <util:constant
    static-field="org.apache.log4j.Level.INFO" />
</property>
```

Für Klassen wie die hier verwendete Level-Klasse könnte man auch direkt INFO als value angeben, da es wie eine Enumeration behandelt wird:

```
<property name="level" value="INFO" />
```

Die Property level muss dafür vom Typ Level sein. Es ist dann klar, dass mit INFO ein static Feld der Level-Klasse gemeint ist. Dies wird im nächsten Abschnitt noch weiter verdeutlicht.

▪ Es ist ebenfalls möglich, Werte aus anderen Spring-Beans auszulesen und dadurch wiederzuverwenden:

```
<bean id="eineAndereBean"
  class="komplexetypen.EineBean">
  <property name="list">
    <util:property-path
      path="eineBean.list" />
  </property>
</bean>
```

Hier wird also aus der Spring-Bean eineBean die Property list ausgelesen und der Property list der Spring-Bean eineAndereBean zugewiesen.

2.10.3   Wie Properties genau konfiguriert werden

Spring verwendet für Dependency Injection Properties. Dieser Begriff entstammt eigentlich dem Java-Beans-Komponentenmodell und bezeichnet eine set- und eine get-Methode, die zum Lesen und Schreiben einer Property verwendet werden können. Dabei kann bei Properties, die nur gelesen oder nur geschrieben werden können, auch eine der beiden Methoden fehlen. Der Name der Property ergibt sich aus dem Methodennamen – logischerweise ohne das get oder set. Der erste Buchstabe wird in Kleinschreibung umgewandelt. Aus `getSize()` ergibt sich also als Name der Property `size`. Den Properties können in Spring Referenzen auf andere Spring-Beans (`ref`) oder Werte (`value`) zugewiesen werden.

Die in einem `value`-Attribut angegebenen Daten sind Zeichenketten und daher eigentlich Strings. Sie müssen auf irgendeine Weise in die Daten des richtigen Typs umgewandelt werden. Dazu werden bei Spring `PropertyEditors` genutzt. Diese Konfigurationsmöglichkeiten waren ursprünglich dazu gedacht, GUI-Komponenten, die als Java-Beans implementiert sind, in Java-Entwicklungsumgebungen zu konfigurieren. Dabei hat man auch das Problem, dass man eine Zeichenkette eingibt und anschließend ein Objekt oder primitiver Datentyp daraus entstehen muss, der für die Konfiguration einer Java-Bean verwendet wird.

Spring bringt eine Vielzahl von `PropertyEditors` mit, so dass man üblicherweise die Spring-Beans ohne großen Aufwand konfigurieren kann. Die `PropertyEditors` sind z. B. dafür verantwortlich, dass die Zeichenkette `true` in ein `boolean` gewandelt wird. Der Entwickler merkt davon nichts: In der Konfiguration trägt man die Zeichenkette true ein und hinter den Kulissen wird durch einen `PropertyEditor` diese Zeichenkette in ein `boolean` umgewandelt.

Folgende `PropertyEditors` liefert Spring mit:

- `ByteArrayPropertyEditor`: Wandelt den String mit der Methode `String.getBytes()` in ein byte-Array um.
- `CharacterEditor`: Wandelt den String in ein char bzw. Character um.
- `ClassEditor`: Gibt die Klasse zurück, dessen Name durch den String angegeben wird.
- `CustomBooleanEditor`: `PropertyEditor` für die Definition von Boolean. Er kann an verschiedene Repräsentationen für `true` und `false` angepasst werden.

▓ CustomCollectionEditor: Dieser PropertyEditor sorgt dafür, dass Collections von einem bestimmten Collection-Typ in einen anderen konvertiert werden können, z. B. von Set in SortedSet.

▓ CustomNumberEditor: Diese Klasse ist dafür zuständig, die unterschiedlichen Datentypen für Zahlen aus Zeichenketten zu erzeugen. Ohne weitere Konfiguration verwendet Spring diese Klasse, sie kann aber überschrieben werden.

▓ FileEditor: Diese Klasse wertet die Zeichenkette als Dateinamen aus und gibt die Datei zurück.

▓ InputStreamEditor: Die Zeichenkette wird mit Hilfe eines ResourceEditor in eine Ressource umgewandelt, deren Inhalt als InputStream zur Verfügung gestellt wird.

▓ LocaleEditor: Die bekannte Notation eines Locales (z. B. en_US) wird hiermit in ein Locale umgewandelt.

▓ PropertiesEditor: Hiermit kann man einen String, der Properties in dem für Properties-Dateien typischen Format enthält, in eine Instanz der Klasse Properties umwandeln. Außerdem kann dieser PropertyEditor auch die Werte einer Map in Properties umwandeln.

▓ ResourceEditor: Mit Hilfe eines ResourceLoaders (Abschnitt 2.9.1) kann diese Klasse eine Resource aus einer Zeichenkette mit ihrem Pfad erzeugen.

▓ StringArrayPropertiesEditor: Dieser PropertyEditor wandelt einen Komma-separierten String in die einzelnen Strings um.

▓ StringTrimmerEditor: Dieser PropertyEditor gibt das Ergebnis von String.trim() zurück. Optional kann er noch Zeichen aus dem String entfernen und einen leeren String in null umwandeln. Er muss explizit registriert werden.

▓ URLEditor: Übernimmt eine URL als String und gibt eine Instanz der Klasse URL zurück. Dabei wird intern ein ResourceEditor verwendet, so dass auch die Spring-spezifischen URL-Notationen wie classpath: verwendet werden können (Abschnitt 2.9.1).

▓ CustomDateEditor: Verwendet die JDK-Standard-Klasse DateFormat zur Konvertierung in ein Date. Dadurch ist eine Anpassung an verschiedene Datumsformate möglich. Der PropertyEditor ist zunächst nicht registriert. Man muss ihn also wie unten beschrieben manuell registrieren.

Installation eines PropertyEditor Normalerweise hat man mit den PropertyEditors nicht direkt zu tun, da sie ihre Arbeit im Hintergrund verrichten. Dennoch gibt es Situationen, in denen man eigene installieren will, und auch die vordefinierten sind nicht alle registriert. Dazu muss man einen BeanFactoryPostProcessor registrieren, der in das Einlesen der Konfigurationsdatei eingreifen kann. Auch hier bringt der ApplicationContext Vorteile, weil die BeanFactoryPostProcessors automatisch aktiviert werden. In diesem Fall wird der CustomEditorConfigurer verwendet, dem man eine Map übergibt, in der für jede Klasse ein PropertyEditor als Bean definiert werden kann. Listing 2–23 zeigt, wie man für ein java.util.Date einen CustomDateEditor registriert.

```
<bean class="….CustomEditorConfigurer">
  <property name="customEditors">
    <map>
      <entry key="java.util.Date">
        <bean class="….CustomDateEditor">
          <constructor-arg>
            <bean class="java.text.SimpleDateFormat">
              <constructor-arg value="dd.MM.yyyy" />
            </bean>
          </constructor-arg>
          <constructor-arg value="false" />
        </bean>
      </entry>
    </map>
  </property>
</bean>
```

Listing 2–23
Registrierung eines
CustomeDateEditors
mit Hilfe eines
CustomEditorConfigurer

Für die Implementierung eigener PropertyEditors lohnt sich ein Blick auf die Klasse java.beans.PropertyEditorSupport, die auch von den Spring-PropertyEditors verwendet wird. Sie vereinfacht die Implementierung eines PropertyEditors erheblich.

Eigenen PropertyEditor
entwickeln

Übrigens funktioniert auch der Zugriff auf Java 5 enums recht einfach: Man gibt den Namen des gewünschten Werts der enum als value an. Als Beispiel möge die Enumeration javax.persistence.FetchType dienen. Man kann einer Property von diesem Typ einfach einen Wert zuweisen:

Enumerations

```
<property name="fetchType" value="LAZY" />
```

Vor Java 5 hat man solche Enumerations als Klassen mit einigen Konstanten implementiert. Diese Konstanten legen dann die Werte fest, welche die Enumeration annehmen kann. Dieses Schema wird bei einer Spring-Konfiguration genauso wie ein enum behandelt. Ein Level für log4j kann man also folgendermaßen definieren:

```
<property name="level" value="INFO" />
```

Dadurch wird der Property level der Wert des statischen Felds INFO der Klasse Level zugewiesen.

2.10.4   Lebenszyklus

Der Lebenszyklus einer Spring-Bean unterscheidet sich kaum von dem jedes anderen Java-Objekts: Sie wird erzeugt (meistens von der BeanFactory), und falls aus irgendwelchen Gründen irgendwann keine Referenzen auf die Spring-Bean mehr existieren, fällt sie dem Garbage Collector zum Opfer.

Allerdings haben die meisten Komponentensysteme, zu denen man Spring auch zählen kann, einen Lebenszyklus für die Komponenten, der komplexer ist [VSW02]. Auch bei Spring ist ein Lebenszyklus vorhanden. Allerdings muss die Unterstützung für den Lebenszyklus von Spring-Bean-Entwickler nur optional implementiert werden.

Explizite Abhängigkeiten   Schon vor dem eigentlichen Erzeugen der Bean greift Spring ein. Man kann nämlich bei einer Spring-Bean definieren, dass sie von einer anderen Spring-Bean abhängt und erst nach dieser initialisiert werden darf. Dazu dient das depends-on-Attribut. Die Verwendung des Attributs ist aber nur selten notwendig, da normalerweise Spring die Abhängigkeiten schon durch Dependency Injection bekannt sind. Das betrifft jedoch nur die Abhängigkeit von einer konkreten Objekt-Instanz. Wenn z. B. eine Spring-Bean eine static-Variable liest, die eine andere Spring-Bean gesetzt haben muss, kann man das durch depends-on ausdrücken. Ein Beispiel zeigt Listing 2–24. Die Spring-Bean static-leser muss eine statische Variable lesen, die static-schreiber vorher beschrieben haben muss. Also muss zuerst static-schreiber initialisiert werden.

Listing 2–24
depends-on-Beispiel

```
<bean id="static-leser" class="StaticLeser"
  depends-on="static-schreiber" />
<bean id="static-schreiber" class="StaticSchreiber" />
```

Tipp   Natürlich sollte man in Situationen, die ein depends-on erfordern, darüber nachdenken, ob man nicht den Code durch ein Refactoring so ändert, dass der Einsatz des Attributs nicht mehr nötig ist. Letztendlich weist es auf eine versteckte Abhängigkeit hin, die man beseitigen sollte.

Die anderen Teile des Lebenszyklus bestehen vor allem aus Methodenaufrufen, die durch die BeanFactory ausgelöst werden und der Spring-Bean Zugriff auf ihre Umgebung erlauben. Dabei werden folgende Methoden in der hier angegebenen Reihenfolge aufgerufen:

1. BeanNameAware.setBeanName():
   Diese Methode wird nur an Objekten aufgerufen, die das Interface BeanNameAware implementieren. Dadurch bekommt die Spring-Bean ihren eigenen Bean-Namen zugewiesen.

2. `BeanFactoryAware.setBeanFactory()`:
   Mit dieser Methode bekommt die Spring-Bean eine Referenz auf die `BeanFactory`, die sie erzeugt hat.

3. `ResourceLoaderAware.setResourceLoader()`:
   Wie bereits in Abschnitt 2.9.1 dargestellt, gibt es in Spring das Konzept der Ressourcen, um von den verschiedenen Quellen für Ressourcen zu abstrahieren. Hier bekommt eine Spring-Bean eine Referenz auf einen `ResourceLoader`, mit dem sie Ressourcen laden kann. Der übergebene `ResourceLoader` ist typischerweise der `ApplicationContext`.

4. `ApplicationEventPublisherAware.`
   `setApplicationEventPublisher()`:
   Hier erhält die Spring-Bean eine Referenz auf einen `Application-EventPublisher`. Dadurch kann die Spring-Bean entsprechend dem in Abschnitt 2.9.2 vorgestellten Verfahren anderen Teilen der Anwendung Events schicken.

5. `MessageSourceAware.setMessageSource()`:
   Mit der übergebenen `MessageSource` kann die Spring-Bean internationalisierte Texte auslesen (Abschnitt 2.9.3). Meistens ist das übergebene Objekt der `ApplicationContext` selbst, der auch das `MessageSource`-Interface implementiert.

6. `ApplicationContextAware.setApplicationContext()`:
   Hier bekommt die Spring-Bean eine Referenz auf den `ApplicationContext`, der sie erzeugt hat.

7. `ServletContextAware.setServletContext()`:
   Mit dieser Methode bekommt die Spring-Bean den `ServletContext` übergeben. Das funktioniert natürlich nur, wenn die Anwendung in einem Servlet-Container, d. h. in einem Webserver, läuft

8. `BeanPostProcessor.postProcessBeforeInitialization()`:
   Nun werden für alle konfigurierten `BeanPostProcessor` (Abschnitt 2.9.4) die Methode vor der Initialisierung der Spring-Bean aufgerufen.

9. `InitializingBean.afterPropertiesSet()`:
   Wenn die Spring-Bean dieses Interface implementiert, wird sie darüber informiert, dass sie vollständig konfiguriert ist und noch eine eigene Initialisierung vornehmen kann. Hier kann also der Teil der Initialisierung implementiert werden, der nur erfolgen kann, wenn die abhängigen Objekte zugewiesen sind. Denkbar wäre auch eine Überprüfung der Konfiguration der Spring-Bean.

10. Init-Methoden:
    Wenn in der Spring-Konfiguration das `init-method`-Attribut gesetzt ist, wird diese Methode aufgerufen.

11. `BeanPostProcessor.postProcessAfterInitialization()`:
Zum Abschluss werden an allen konfigurierten `BeanPostProcessors` (Abschnitt 2.9.4) die Methoden für das Nachbearbeiten nach der Initialisierung der Spring-Bean aufgerufen.

Diese Vielfalt an Methoden lässt sich grob unterteilen:

▪ Schritte 1–7 geben der Spring-Bean nach und nach Zugriff auf die durch Spring zur Verfügung gestellte Umgebung, sofern die entsprechenden Interfaces implementiert sind.

▪ Schritt 8 ist die erste Möglichkeit für einen `BeanPostProcessor`, die Spring-Bean zu verändern.

▪ Schritte 9 und 10 sind die Möglichkeiten der Spring-Bean, eigene Initialisierungen vorzunehmen, die erst möglich sind, wenn alle Referenzen auf andere Spring-Beans und die Umgebung aufgebaut sind.

▪ Schritt 11 ist schließlich die Möglichkeit für einen `BeanPostProcessor`, noch etwas an der Konfiguration der Spring-Bean zu ändern.

Ende des Lebenszyklus
Das Ende des Lebenszyklus ist wesentlich einfacher: Es wird zunächst die Methode `destroy()` aufgerufen, falls die Spring-Bean das `DisposableBean`-Interface implementiert. Anschließend wird noch die durch das `destroy-method`-Attribut definierte Methode aufgerufen. Diese Methoden werden aufgerufen, wenn die umgebende `BeanFactory` zerstört wird, also z. B., weil eine Webanwendung heruntergefahren wird. Sie werden nur aufgerufen, wenn die Spring-Beans als SINGLETON konfiguriert sind.

Tipp

Das Implementieren von Spring-Interfaces macht die Klassen von Spring abhängig. Wenn man auf die Initialisierung oder das Aufräumen einer Spring-Bean reagieren will, kann man die Abhängigkeit vermeiden, wenn man eine `init-method` bzw. `destroy-method` deklariert, statt das `InitializingBean`- bzw. `DisposableBean`-Interface zu implementieren. Auf diese Weise kann man auch Methoden zum Initialisieren oder Aufräumen bei Objekten aufrufen, die ohne Spring entworfen worden sind, so z. B. die `close()`-Methode der Jakarta-Commons-`DataSource` (Listing 2–7).

Man sollte `ApplicationContextAware` oder `BeanFactoryAware` möglichst selten implementieren. Ein Zugriff auf den `ApplicationContext` oder die `BeanFactory` dient meistens dem Auslesen eines Objekts. Das ist aber ein Verstoß gegen Dependency Injection. Daher sollte man prüfen, ob man nicht mit einem der anderen Interfaces wie `ResourceLoader` auskommt. Auch Zugriffe auf den `ServletContext` wollen wohl überlegt sein, da die Bean sich dann darauf verlässt, in einer Servlet-Umgebung zu laufen bzw. sich in einer Servlet-Umgebung anders verhält.

Wie man sieht, ist der Lebenszyklus der Objekte eigentlich nur in den Bereich der Initialisierung und der Zerstörung aufgeteilt. Vergleicht man ihn mit dem Lebenszyklus einer EJB, ist er ausgesprochen trivial. Ein wesentlicher Grund dafür ist, dass kein Pooling unterstützt wird. Im Abschnitt 3.6.3 wird erläutert, wie man mit Hilfe des Spring-AOP-Frameworks solche Features dennoch nutzen kann.

Spring-Lebenszyklen sind einfach

2.10.5 Fachliche Klassen mit @Configurable konfigurieren

In den bisherigen Beispielen haben die Spring-Beans Dienste implementiert, die Geschäftsobjekte entgegennehmen, zurückgeben oder auch erzeugen. Diese Geschäftsobjekte werden typischerweise nicht mit Spring konfiguriert. Sie werden einfach mit new erzeugt und sind daher nicht unter der Kontrolle der Spring-BeanFactory.

Mit der @Configurable-Annotation gibt es eine Möglichkeit, um auch Instanzen solcher Klassen durch Spring konfigurieren zu lassen. Ein Beispiel zeigt Listing 2–25.

Konfiguration von Geschäftsobjekten

```
@Configurable("kunde")
public class Kunde {

  private KundeDAO kundeDAO;

  public void setKundeDAO(KundeDAO kundeDAO) {
    this.kundeDAO = kundeDAO;
  }

  public void save() {
    kundeDAO.save(this);
  }

  …
}
```

Listing 2–25
Eine mit Spring 2.0 konfigurierte fachliche Klasse

Man muss lediglich die @Configurable-Annotation in das Geschäftsobjekt einfügen. Dieser Annotation wird der Name der Spring-Bean-Konfiguration übergeben. Wird kein Name übergeben, so dient der Name der Klasse als Vorgabewert. Die Spring-Konfiguration wird dann nach einer Spring-Bean-Definition mit dem angegebenen Namen durchsucht.

Konfiguration

```
<beans>
  <bean id="kunde" scope="prototype">
    <property name="kundeDAO" ref="kundeDAO" />
  </bean>
  <bean id="kundeDAO" class="….KundeDAO" />
  <bean
    class="….AnnotationBeanConfigurerAspect"
    factory-method="aspectOf" />
</beans>
```

Listing 2–26
Spring-Konfiguration für die Verwaltung von fachlichen Klassen

Listing 2–26 zeigt eine passende Spring-Konfiguration. Wie man sieht, wird für die Spring-Bean kunde die Beziehung zum kundeDAO definiert. Der AnnotationBeanConfigurerAspect ist die Spring-Bean, die fachliche Klassen konfiguriert. Sie implementiert das BeanFactoryAware-Interface. Daher muss sie in der Spring-Konfiguration definiert werden, um so eine Referenz auf die BeanFactory zu bekommen. Alternativ kann man auch das aop:spring-configured Element in der Konfiguration eintragen, das hinter den Kulissen denselben Aspekt konfiguriert.

Implementierung mit AspectJ

Für die Implementierung dieses Features wird AspectJ verwendet (Abschnitt 3.8). Mit AspectJ ist es möglich, bei der Erzeugung neuer Instanzen aktiv zu werden und die passenden Properties zu setzen. Die Erzeugung der Objekte findet also nach wie vor mit dem new-Operator statt, aber durch AspectJ kann Spring aktiviert werden. Übrigens kann man durch @Configurable(autowire=Autowire.BY_TYPE) auch Autowiring verwenden. Ebenfalls ist es mit @Configurable(dependencyCheck=true) möglich, zu überprüfen, ob alle abhängigen Objekte tatsächlich gesetzt werden.

Tipp

Dieses Feature bringt den Vorteil mit sich, dass das fachliche Klassenmodell »intelligenter« wird. Man kann direkt an den Geschäftsobjekten Funktionalitäten aufrufen, die sonst z. B. am DAO aufgerufen werden müssten. Bei einem objektorientierten System sollten Funktionalitäten im Mittelpunkt stehen und zusammen mit den Daten eine Einheit bilden. Daher ist die Aufteilung z. B. in DAOs, die ein Objekt speichern können, und das Geschäftsobjekt als Datenmodellierung eigentlich keine gute objektorientierte Herangehensweise. Durch das vorgestellte Vorgehen mit der @Configurable-Annotation kann man dieses Problem beheben.

Außerdem kann man mit dieser Annotation nun auch Objekte durch Spring verwalten lassen, bei denen man keine Kontrolle über die Erzeugung hat. Das kann vor allem bei Frameworks interessant sein, in denen man lediglich eine Klasse implementiert und das Framework erzeugt dann Instanzen dieser Klasse. Nur mit @Configurable hat man eine Chance, solche Objekte durch Spring und Dependency Injection verwalten zu lassen.

Dennoch hat die Verwendung dieser Annotation Nachteile. Zum einen macht man sich zumindest indirekt von Spring und AspectJ abhängig, denn nur wenn Spring mit Hilfe von AspectJ die Annotation auswertet, kann man die fachlichen Klassen nutzen. Außerdem werden gerade fachliche Klassen oft serialisiert, um sie z. B. in einer HTTP-Session zu halten oder sie von einem Server zu einem Client zu schicken. In diesem Fall müssten die referenzierten Spring-Beans mit übertragen werden. Das macht in dem gezeigten Beispiel keinen Sinn, weil die DAOs nur sinnvoll auf dem Server mit der dort vorhandenen Datenbankverbindung funktionieren können. Also würde man diese Spring-Beans typischerweise nicht mit übertragen, was aber die Verwendbarkeit der fachlichen Klassen nach der Übertragung auf den Client oder nach der Deserialisierung einschränkt.

Ein anderes Problem ist, dass der Aspekt eine Referenz auf den `ApplicationContext` benötigt, die er in einer `static` Variablen hält. Daher kann der Aspekt nur einen `ApplicationContext` verwalten – wenn mehrere ClassLoader verwendet werden einen `ApplicationContext` pro ClassLoader. In Szenarien, die mehrere `ApplicationContexte` enthalten wie z. B. Webanwendungen muss man also aufpassen, wie man die Konfiguration genau vornimmt.

Man sollte also dieses Feature mit Bedacht nutzen, denn es führt trotz der Eleganz zu einigen Problemen.

2.10.6   Konfigurationen handhaben

Spring-Konfigurationen können sehr groß werden und dadurch schwer wartbar sein. Allerdings gibt es Möglichkeiten, mit diesem Problem umzugehen.

Konfigurationen modularisieren

So kann man auf der Ebene der Konfiguration von Spring-Beans abstrakte Definitionen verwenden. Dabei wird eine Spring-Bean definiert, die lediglich als Schablone für andere Spring-Beans dient. Listing 2–27 zeigt dies für die Beispielanwendung. Die Konfiguration der `DataSource` ist hier in die Schablone `dataSourceTemplate` ausgelagert worden. Für diese Spring-Bean wird kein `class`-Attribut angegeben, so dass auch keine Java-Klasse für die Spring-Bean definiert ist und diese Spring-Bean nicht erzeugt werden kann. Um anzuzeigen, dass die Spring-Bean nicht erzeugt werden kann, wurde das Attribut `abstract` auf `true` gesetzt. Die Beans, die diese Schablone verwenden, müssen sie im Attribut `parent` angeben.

Abstrakte Spring-Bean-Definitionen

```
<beans>

    <bean id="dataSourceTemplate" abstract="true">
      <property name="datasource" ref="datasource"/>
    </bean>

    <bean id="kundeDAO" class="jdbcdao.KundeDAO"
      parent="DataSourceTemplate"/>

    <bean id="wareDAO" class="jdbcdao.WareDAO"
      parent="DataSourceTemplate"/>

    <bean id="bestellungDAO"
      class="jdbcdao.BestellungDAO"
      parent="DataSourceTemplate">
      <property name="kundeDAO" ref="kundeDAO"/>
      <property name="wareDAO" ref="wareDAO"/>
    </bean>

</beans>
```

Listing 2–27
Eine Konfiguration mit abstrakten Spring-Bean-Definitionen jdbc-beans-abstract.xml

Mit Hilfe abstrakter Spring-Beans ist es möglich, Vorgabewerte für mehrere Beans festzulegen. Das können nicht nur die Festlegungen von Properties sein, sondern auch die Einstellung für Autowiring und andere Features.

Ein Problem ergibt sich bei der Definition von Collections. Man muss entscheiden können, ob die Werte aus dem abstrakten Spring-Bean überschrieben werden sollen oder ob man Werte hinzufügen will. Zwischen diesen beiden Möglichkeiten kann mit dem merge-Attribut der Elemente für Collection (<map>, <list>, <set> und <prop>) wählen. Ein Beispiel zeigt Listing 2–28. Es wird eine abstrakte Spring-Bean definiert (parent). Sie hat eine Property vom Typ java.util.List, für die einige Werte definiert werden. Bei der Bean child-ohne-merge wird ein neuer Wert für die List ohne eigenes merge-Attribut angegeben. Dadurch wird die List überschrieben, so dass nur noch der Wert aus der konkreten Bean-Definition übrig bleibt. Bei child-mit-merge werden in der konkreten Bean-Definition neue Werte hinzugefügt, so dass die List sowohl die Elemente aus der abstrakten Spring-Bean-Definition wie auch aus der konkreten enthält. Man kann im beans-Element auch einen Default-Wert für das merge-Attribut angeben. Zur Illustration wird im Beispiel false genutzt – das ist eigentlich unnötig, da false sowieso der default-Wert ist.

Listing 2–28
Beispiel für merge

```
<beans default-merge="false">
  <bean id="abstrakt" abstract="true"
  class="merge.MergeDemo">
    <property name="list">
      <list>
        <value>Wert</value>
        <value>Noch ein Wert</value>
      </list>
    </property>
  </bean>

  <bean id="child-ohne-merge" parent="abstrakt">
    <property name="list">
      <list>
        <value>Einziger Wert</value>
      </list>
    </property>
  </bean>

  <bean id="child-mit-merge" parent="abstrakt">
    <property name="list">
      <list merge="true">
        <value>hinzugefuegter Wert</value>
```

```
    </list>
   </property>
  </bean>

</beans>
```

Man kann also durch abstrakte Spring-Bean-Konfigurationen die Spring-Konfiguration modularisieren und dabei können Collections – wie dargestellt – bezüglich des Mergen gesondert behandelt werden.

Eine weitere Möglichkeit zur Modularisierung ist, die Konfiguration in mehrere Dateien aufzuteilen. Dieses Prinzip der Modularisierung hat sich auch in anderen Bereichen der Softwareentwicklung bewährt.

Grundsätzlich gibt es für die Aufteilung zwei unterschiedliche Möglichkeiten. Die erste ist, statt nur einer XML-Datei bei der Erzeugung der BeanFactory bzw. des ApplicationContext mehrere Dateien anzugeben:

Mehrere Dateien für eine BeanFactory

```
BeanFactory beanFactory = new
 ClassPathXmlApplicationContext(
 "dao.xml","businessprocess.xml");
```

Man kann dabei auch Wildcards verwenden:

```
BeanFactory beanFactory = new
 ClassPathXmlApplicationContext("*.xml");
```

Dabei sind Ant-Wildcards verwendbar, ,**' signalisiert also beliebige Unterverzeichnisse:

```
BeanFactory beanFactory = new
 ClassPathXmlApplicationContext("**/*.xml");
```

Man kann auch den classpath*-Präfix verwenden:

```
BeanFactory beanFactory = new
 ClassPathXmlApplicationContext(
 "classpath*:config.xml");
```

Dadurch werden alle config.xml-Files aus den verschiedenen JAR-Files aus dem Klassenpfad kombiniert. So kann jedes JAR seinen eigenen Ausschnitt der Konfiguration mitbringen, die dann beim Start der Application zur vollständigen Konfiguration kombiniert werden.

Die Konfigurationsdateien lassen bei diesem Vorgehen nicht erkennen, dass sie eigentlich zusammengehören – außer, man verwendet eine Namenskonvention. So kann man die Konfigurationsdateien beliebig kombinieren. Der Nachteil ist, dass die Konfiguration nicht nur in den Konfigurationsdateien definiert wird. Welche Dateien genutzt werden, steht im Programmcode, was die Konfigurierbarkeit verschlechtert. Man kann sich z. B. dadurch behelfen, dass man die Namen der zu verwendenden Dateien als System-Properties an die Anwendung übergibt.

Als Alternative kann man auch Dateien in die Spring-Konfiguration importieren:

Konfigurationen importieren

```
<beans>
  <import resource="dao.xml" />
  <import resource="businessprocess.xml" />
</beans>
```

Die importierten Dateien müssen vollständig gültige Spring-Konfigurationen sein, also insbesondere eine XML-Definition enthalten und das beans-Root-Element haben. Sie werden relativ zu der importierenden Datei gesucht, selbst wenn der Dateiname mit einem Schrägstrich (»/«) beginnt. Spring-Beans können dabei Spring-Beans aus den anderen Dateien referenzieren.

Abb. 2–4
Typische Hierarchie für BeanFactories bei Webanwendungen

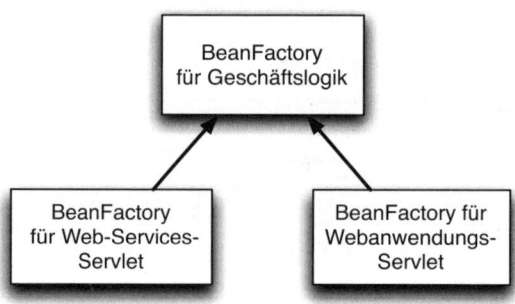

BeanFactory-Hierarchien

Eine weitere Möglichkeit ist, Hierarchien von BeanFactories anzulegen. Das ist vor allem nützlich, wenn Teile der Anwendung von mehreren anderen Teilen verwendet werden. Ein typisches Beispiel werden wir bei den Spring-Webanwendungen kennen lernen: Die Geschäftslogik kann mit einem Servlet als Web Service bereitgestellt werden, und mit einem anderen Servlet kann man sie als Webanwendung verwenden. In diesem Fall zwingt sich eine solche Hierarchie auf: Eine BeanFactory ist für die Geschäftslogik verantwortlich, eine andere für das Web-Services-Servlet und schließlich eine dritte für die Webanwendung (Abbildung 2–4). Will man selber eine solche Hierarchie aufbauen, muss man folgenden Code schreiben:

```
ApplicationContext daoCtx = new
  ClassPathXmlApplicationContext("logik.xml");
ApplicationContext webserviceContext = new
  ClassPathXmlApplicationContext(
    "webservice.xml",daoCtx);
```

Man sollte die Konfiguration frühzeitig modularisieren, damit sie wartbar bleibt. Die Modularisierung kann sich an den Modulen oder Schichten der Software orientieren. Man kann beispielsweise die Konfiguration der Persistenzschicht in eine Datei zusammenfassen. Mit dem `import`-Element in der Spring-Konfiguration zu arbeiten hat den Vorteil, dass im Code nur eine einzige Konfigurationsdatei referenziert wird und man die Anwendung ohne Codeänderungen vollständig umkonfigurieren kann. Hierarchien können sinnvoll sein, wenn die Module in einer hierarchischen Beziehung zueinander stehen.

Tipp

Will man über verschiedene Dateien Objekte durch das `id`-Attribut referenzieren, muss man beachten, dass man statt

id-Referenzen über Dateien hinweg

```
<idref local="idInAndererDatei" />
```

Folgendes verwenden muss:

```
<idref bean="idInAndererDatei" />
```

Es ist natürlich gerade bei großen Projekten mit vielen Konfigurationsdateien notwendig, einheitliche Namensregeln für die Spring-Beans zu verwenden und dann möglichst auch gleich zu definieren, ob man das `name`- oder das `id`-Attribut zur Benennung verwenden will. Ebenfalls sollte die Verwendung von Features wie Autowiring oder Dependency-Checks einheitlich gehandhabt werden. Vorstöße kann man mit dem `alias`-Element reparieren, indem man den Spring-Beans einen zusätzlichen Namen gibt.

Tipp

Ebenfalls wichtig ist die Auslagerung von Konfigurationselementen in Properties-Dateien. Die Spring-Konfigurationsdateien enthalten mehr Informationen als klassische Konfigurationen, da sie das komplette Objektnetz definieren. Ein Administrator ist aber typischerweise nur daran interessiert, an einigen Stellen Konfigurationen zu ändern und auch nicht auf der Granularitätsebene, die ihm eine Spring-Konfiguration bietet. Zur Verwendung von Properties-Dateien kann man den `PropertyPlaceholderConfigurer` verwenden. Die Klasse liest eine Properties-Datei ein und ersetzt bestimmte Teile der Konfiguration durch die Werte aus dieser Datei. Man kann die Werte alternativ auch als Java System Properties z. B. in der Kommandozeile der JVM mit der Option -D übergeben.

Konfiguration in Properties-Dateien auslagern

```
...
<bean
 class="…PropertyPlaceholderConfigurer">
  <property name="location" value="db.properties" />
</bean>

<bean id="datasource"
 class="org.apache.commons.dbcp.BasicDataSource"
 destroy-method="close">
```

Listing 2–29
Ausschnitt aus der Konfigurationsdatei java-beans-properties.xml. Die Teile der Konfiguration, die durch die Properties-Datei definiert werden, sind in »${« und »}« eingeschlossen.

```
        <property name="driverClassName" value="${db.driverClassName}" />
        <property name="url" value="${db.url}" />
        <property name="username" value="${db.username}" />
        <property name="password" value="${db.password}" />
    </bean>
    …
```

Der `PropertyPlaceholderConfigurer` ist ein `BeanFactoryPostProcessor`. Er verändert also die Konfiguration einer `BeanFactory` bzw. eines `ApplicationContext`. Wenn man einen `ApplicationContext` verwendet, werden, wie in Abschnitt 2.9.4 dargestellt, alle Spring-Beans, die das Interface `BeanFactoryPostProcessor` implementierten, automatisch aufgerufen, um Änderungen an der `BeanFactory` bzw. dem `ApplicationContext` vorzunehmen. Andernfalls muss man die Methode `postProcessBeanFactory()` selber aufrufen und die `BeanFactory` als Argument übergeben. Aus diesem Grund ist es sinnvoll, bei der Verwendung eines `PropertyPlaceholderConfigurers` einen `ApplicationContext` statt einer `BeanFactory` zu verwenden.

Die Konfiguration zeigt 2–29: Hier werden die Einstellungen für die Datenbankverbindung aus einer Properties-Datei geladen, und es wird auch gleich der `PropertyPlaceholderConfigurer` konfiguriert. Eine passende Properties-Datei zeigt Listing 2–30.

Listing 2–30
Properties aus der Datei
db.properties,
die in Listing 29 zur
Konfiguration verwendet
wurde

```
db.driverClassName=org.hsqldb.jdbcDriver
db.url=jdbc:hsqldb:file:springbuchhsqldb
db.username=sa
db.password=
```

Eine Alternative zu dem Einsatz des `PropertyPlaceholderConfigurers` ist es, den `PropertyOverrideConfigurer` zu verwenden. Dieser ist von der Verwendung her sehr ähnlich: Man definiert ihn in der Spring-Konfiguration und legt fest, welche Properties-Datei er einlesen soll. Der wesentliche Unterschied ist, dass man nicht mehr explizit angeben muss, wo Werte aus der Properties-Datei eingesetzt werden sollen, sondern man definiert direkt Werte für die einzelnen Spring-Beans. Die Notation ist dabei `springBeanName.property=Wert`. Man könnte also bei dem in Listing 2–29 gezeigten Beispiel mit `datasource.user=wolff` den Benutzernamen für die Datenbankverbindung setzen.

Tipp

Verwenden Sie den `PropertyOverrideConfigurer` mit Vorsicht! Es sieht zwar zunächst verlockend aus, in der Spring-Konfiguration die Werte aus der Properties-Datei nicht mehr explizit zu definieren, und man ist dadurch auch wesentlich flexibler. Wenn Sie aber einmal eine Fehlersuche beendet haben, bei der das Problem war, dass die Konfiguration z. B. durch einen `PropertyOverrideConfigurer` hinter Ihrem Rücken geändert wurde, denken Sie anders darüber.

Dynamische Rekonfigurierbarkeit

Man kann `BeanFactories` auch zur Laufzeit dazu bringen, die Konfiguration erneut einzulesen. Dabei kommt ein `AbstractRefreshableApplicationContext` zum Einsatz, dem man mit `setResource()` eine Spring-Konfigurationsdatei zuweist. Danach kann man `refresh()` aufrufen, so dass die Konfiguration erneut eingelesen wird. Hinter den Kulissen wird eine neue `BeanFactory` mit der neuen Konfiguration erzeugt, so dass letztendlich das gesamte Objektnetz durch ein neues ersetzt wird und nicht etwa einzelne Teile neu konfiguriert werden. Dieses in einem Produktionssystem zu machen ist keine besonders gute Idee, da dabei die Anwendung im Prinzip einmal komplett neu gestartet wird. Ein besserer generischer Ansatz für dynamische Rekonfiguration ist aber auch kaum denkbar, da es dabei komplexe Herausforderungen gibt. Wenn man z. B. die Konfiguration einer `DataSource` ändern will, stellt sich die Frage, ob die bestehenden Datenbank-Verbindungen sofort unterbrochen werden sollen oder ob man das Ende der laufenden Transaktion abwarten will. Spring könnte nun durchaus die Konfiguration der `DataSource` ändern, aber das konkrete Verhalten hängt von der verwendeten `DataSource` ab. Wahrscheinlich soll aber die Konfiguration der `DataSource` gar nicht dynamisch änderbar sein. Dann sollte man aber im Projekt ermitteln, welche Konfigurationen dynamisch änderbar sein sollen und für diese einen Mechanismus implementieren.

Spring bietet z. B. eine Unterstützung für die JMX-API (Abschnitt 8.8), die zum Management von Anwendungen verwendet werden kann und einen sinnvollen Ansatzpunkt bietet, um die Konfiguration der Anwendungen dynamisch anzupassen. Ein Problem ist dabei allerdings, dass diese Änderungen nicht automatisch persistent werden, so dass man beim Neustart der Anwendung möglicherweise Überraschungen erlebt.

2.10.7 Dynamische Sprachen mit Spring

Neben Java kann man mit Spring auch Spring-Beans mit anderen Sprachen implementieren. Es werden JRuby, Groovy und BeanShell als Implementierungs-Sprachen unterstützt. Diese Sprachen sind dynamisch typisiert. Das bedeutet, dass man nicht den Typ einer Variablen deklarieren muss und dass Typ-Fehler erst zur Laufzeit auftreten. Dadurch sind einige Tricks möglich, die mit einer statisch typisierten Sprache wie Java nicht implementierbar sind. Außerdem ist bei dynamischen Sprachen kein Kompilierungsschritt notwendig.

Zur Konfiguration von Beans, die in solchen Sprachen implementiert sind, kann man die Elemente `lang:groovy`, `lang:jruby` und `lang:bsh` verwenden. Properties solcher Bean können dann mit `lang:property` konfiguriert werden. Ein Beispiel zeigt Listing 2–31.

Listing 2–31
Beispielhafte
JRuby-Spring-Bean

```
<lang:jruby id="kundeDAO"
    refresh-check-delay="5000"
    script-interfaces="dao.IKunde"
    script-source="classpath:KundeDAO.rb">
    <lang:property name="dataSource" ref="dataSource" />
</lang:jruby>
```

Man kann wie gewohnt den Namen der Spring-Bean mit dem `id`-Attribut festlegen. Da die Implementierung nicht typisiert ist, kann man mit dem `script-interface`-Attribut im Nachhinein noch den Typ der Spring-Bean angeben. Das `script-source`-Attribut gibt an, wo man den Code für die Spring-Bean findet. Besonders interessant ist das `refresh-check-delay`-Attribut: Damit kann man festlegen, wie groß die Intervalle sind, nach denen kontrolliert wird, ob sich der Sourcecode geändert hat. Falls er sich tatsächlich geändert hat, wird er erneut geladen. So kann man das System zur Laufzeit ändern, indem man einfach den Sourcecode ändert – eine Kompilierung ist nicht notwendig. Gerade in der Entwicklungsphase kann das ein Vorteil sein, weil man das System schneller ändern lann.

Bei der Konfiguration per Dependency Injection muss man das `lang:property`-Element verwenden, ansonsten ist das Vorgehen wie bei Java-Spring-Beans. Im Rahmen dieses Buchs wird die Unterstützung dynamischer Sprachen nicht detailliert dargestellt, da das Buch auf Java fokussiert. Mehr Informationen finden sich z. B. in der Spring-Dokumentation. Außerdem enthält das Spring-Framework eine Beispielanwendung im Verzeichnis `samples/showcases/dynamvc`, das vor allem die Verwendung von dynamischen Sprachen im Kontext von Webanwendungen zeigt.

2.11 Tests mit Spring

Wie schon erwähnt, führt Spring typischerweise zu einem Design der Anwendung, das erhebliche Vereinfachungen in Bezug auf das Testen ergibt. Anhand der Beispielanwendung soll dies verdeutlicht werden. In diesem Abschnitt werden die Konzepte für das Testen von Applikationen nur kurz angerissen und in Bezug auf Spring näher erläutert. Ausführliche Darstellungen zum Thema Testen finden sich z. B. in [Lin05] oder [Wes05].

Im Rahmen dieses Kapitels sollen vier Arten von Tests unterschieden werden:

- Unit-Tests testen isoliert einzelne Klassen. Sie gewährleisten, dass sich die einzelne Klasse korrekt verhält. Durch Unit-Tests würde also z. B. nur die Klasse `BestellungBusinessProcess` ohne die dazugehörigen DAOs getestet werden.
- Integrationstests überprüfen das Zusammenspiel verschiedener Klassen. In der Beispielanwendung könnte man z. B. den `BestellungBusinessProcess` zusammen mit den DAOs testen und vielleicht auch das Zusammenspiel mit einer Datenbank.
- Funktionale Tests dienen dazu, die fachlichen Anforderungen so zu formulieren, dass eindeutig getestet werden kann, ob sie erfüllt sind. Sie sind sozusagen ausführbare Anforderungsdokumente. Bei diesem Test wird beispielsweise festgelegt, was passieren soll, wenn der Kontostand eines Kunden für eine Bestellung nicht ausreicht.
- Der System-Test schließlich testet die gesamte Anwendung. Hier würde also beispielsweise eine Weboberfläche für den Zugriff auf den `BestellungBusinessProcess` verwendet, um konkrete Bestellungen zu testen. Der Test findet auf einer produktionsnahen Infrastruktur statt, d. h., die Anwendung wird auf einem Webserver oder Application-Server installiert. Ergebnis ist eine Aussage, ob die Anwendung auf dem Produktionssystem funktioniert. Zum Teil ist für diese Tests der Begriff Integrationstest gebräuchlich.

Diese Tests betrachten nur die funktionalen Aspekte der Anwendung, also ob fachliche Fehler in der Anwendung sind. Darüber hinaus muss man natürlich auch die nichtfunktionalen Aspekte wie Performance, Sicherheit oder den Betrieb der Anwendung testen. Das wird hier jedoch nicht weiter betrachtet.

2.11.1 Spring und Unit Tests

Voraussetzung für Unit-Tests ist ein Framework wie JUnit [JUnit]. Mit diesem Framework ist es möglich, Tests in Java zu schreiben und auszuführen. Die Tests werden von der Klasse `TestCase` aus dem Framework abgeleitet, und Methoden, deren Name mit `test` beginnt, werden als Testfall aufgefasst. Zum Einrichten der Testumgebung und dem anschließenden Aufräumen kann man die Methoden `setUp()` bzw. `tearDown()` implementieren. Das Ziel der Tests ist es, die einzelnen

Klassen in Isolation zu testen. Es geht also nur darum, zu gewährleisten, dass jede einzelne Klasse für sich funktioniert.

Tests mit Mocks   Jede nicht triviale Klasse verwendet aber andere Klassen, so dass man viele Klassen eigentlich gar nicht isoliert testen kann. Also müssen die verwendeten Klassen ersetzt werden. Zur Lösung dieses Problems gibt es verschiedene Ansätze [Lin05]:

▪ Ein *Stub* stellt eine rudimentäre Implementierung dar, die später durch die eigentliche Klasse ersetzt wird.

▪ Bei einem *Dummy* wird die eigentliche Klasse für Tests durch eine andere Implementierung ersetzt, um ein bestimmtes Verhalten zu simulieren.

▪ Ein *Mock* unterscheidet sich von einem Dummy dadurch, dass man das Verhalten konfigurieren kann.

Im Weiteren wird der Mock-Ansatz gezeigt, weil er der mächtigste ist. Allerdings ist er auch der komplexeste, so dass man für eigene Tests überlegen sollte, ob ein Dummy- oder Stub-Ansatz ausreichend ist. In einem solchen Fall kommt man mit einer Klasse aus, die gegebenenfalls auch von der tatsächlichen Implementierung erben kann.

In jedem Fall wird den Objekten eine andere Implementierung statt der in Produktion erwarteten Klassen zugewiesen. Spring bietet den Vorteil, dass ein solches Vorgehen leicht möglich ist, weil den Spring-Beans alle abhängigen Objekte durch set-Methoden zugewiesen werden können. Man kann also bei einer Spring-Bean ohne größere Umstände alle abhängigen Objekte z. B. durch Mocks ersetzen. Ohne Spring ist dies meist nicht so einfach möglich, da z. B. ein SINGLETON über eine statische Methode erzeugt werden könnte, oder es wird eine FACTORY mit statischen Methoden verwendet. Auch könnte die Klasse benötigte Objekte direkt selbst erzeugen. In diesen Fällen hat man das Problem, dass man dem Code andere Klassen unterschieben müsste, was dann aber nicht immer möglich ist.

Listing 2–32
Ein Unit-Test nur mit
Mocks und ohne
Verwendung einer
BeanFactory

```
public class BestellungTestOhneSpring extends TestCase {

    private MockControl wareDAOControl;
    private IWareDAO wareDAOMock;
    private Ware ware;
    private BestellungBusinessProcess bestellung;

    protected void setUp() throws Exception {
        super.setUp();
        wareDAOControl =
            MockControl.createControl(IWareDAO.class);
        wareDAOMock = (IWareDAO) wareDAOControl.getMock();
```

```
    ware = new Ware("iPod",20.0);
      // Set-Up der restlichen Mocks ausgelassen
    bestellung = new BestellungBusinessProcess();
    bestellung.setWareDAO(wareDAOMock);
      // Zuweisung der anderen Mocks ausgelassen
  }


  private void initWareMock() {
    wareDAOMock.getByID(ware.getId());
    wareDAOControl.setReturnValue(ware);
    wareDAOControl.replay();
  }


  private void initKundeMock() {
    … // analog zu initWareMock()
  }


  public void testZuTeureBestellung() {
    initKundeMock();
    initWareMock();
    Einkaufswagen einkaufswagen =
      new Einkaufswagen(kunde.getId());
    einkaufswagen.add(ware.getId(), 3);
    try {
      bestellung.bestellen(einkaufswagen);
      fail("Exception erwartet");
    } catch (BestellungException e) {
    }
    kundeDAOControl.verify();
    wareDAOControl.verify();
  }


}
```

In Listing 2–32 sieht man am Beispiel des BestellungBusinessProcess, wie ein Test einer Spring-Bean mit Mocks funktionieren kann. In der setUp()-Methode werden die benötigten Mocks mit Hilfe des Easy-mock-Frameworks [Easymock] bereitgestellt. Dabei wird zunächst ein MockControl für das benötigte Interface erzeugt. Dies ist eine Art Fern-bedienung für das eigentliche Mock, das man sich im nächsten Schritt von dem MockControl holt. In der setUp()-Methode werden alle benö-tigten Mocks angelegt und dem Business-Prozess zugewiesen, der getestet werden soll.

Für den konkreten Testfall in der Methode testZuTeureBestel-lung() wird zunächst durch initWareMock() das Mock-Objekt initialisiert. Das Mock-Objekt befindet sich zunächst in einem »Aufnahme-modus«. Wenn jetzt eine Methode wie in diesem Beispiel getByID() an dem Mock aufgerufen wird, wird dieser Methodenaufruf in den internen Datenstrukturen des Mocks gespeichert. An dem MockControl (der »Fernbedienung«) kann man, wie im Beispiel gezeigt, mit setReturnValue() einen Rückgabewert für diesen Methodenaufruf definieren. Alternativ kann man auch bestimmen, dass eine Exception geworfen werden soll. Schließlich wird mit einem Aufruf von replay() an der MockControl-»Fernbedienung« das Mock-Objekt in den Abspielmodus versetzt. Es erwartet nun, dass die vorher definierten Methodenaufrufe auch tatsächlich stattfinden und gibt dann die vorher aufgenommenen Werte bei den Methodenaufrufen zurück.

Da das Mock-Objekt dem zu testenden Geschäftsprozess schon zugewiesen worden ist, kann man gleich direkt mit dem Test beginnen. Am Ende des Tests sollte man noch mit einem Aufruf von verify() an der MockControl-»Fernbedienung« überprüfen, ob die zuvor aufgenommenen Methodenaufrufe tatsächlich stattgefunden haben.

Für den Test wären natürlich auch Mocks der anderen DAOs nötig. Da dies jedoch nichts zum Verständnis beiträgt, enthält der Code nur den Mock für das KundenDAO.

Mocks bieten einige Vorteile:

- Einzelne Klassen können tatsächlich isoliert getestet werden. Bei einem Test ohne Mocks würde der Verbund aus Geschäftsprozess und DAOs getestet. Bei dem Test mit den Mocks wird tatsächlich nur der Geschäftsprozess getestet, da alle abhängigen Klassen durch Mocks ersetzt sind.
- Die Tests sind im Allgemeinen schneller, da keine Datenbank oder andere Systeme involviert sind.
- Es ist wesentlich leichter, bestimmte Fehlersituationen zu provozieren. So kann man mit Mocks z. B. recht leicht eine Situation erzeugen, wie sie sich ergeben würde, wenn die Datenbank nicht zur Verfügung stünde. Die Mocks müssen nur die passende Exception werfen. In der Realität ist das Testen solcher Situationen schwer, vor allem, wenn es automatisiert sein soll.

Der Vorteil, den Spring in diesem Bereich bietet, ist vor allem, dass man eine Spring-Bean recht leicht mit Mocks umgeben kann, da alle externen Referenzen durch set-Methoden zuweisbar sind. Man muss sich schon anstrengen, um Spring-Beans so zu entwerfen, dass sie nicht mit Mocks testbar sind.

JNDI-Mocks   Ein weiterer Vorteil ist, dass Spring Möglichkeiten bietet, Klassen aus einigen Java-EE-APIs durch Mocks zu ersetzen. Das ist zwar auch mit Easymock möglich, die Spring-Klassen sind jedoch oft einfacher. Die Klassen für das Mocken der JNDI-API liegen im Package `org.springframework.mock.jndi`. Dazu dient vor allem die Klasse `SimpleNamingContextBuilder`: Mit `bind()` kann man dort Objekte unter einem bestimmten Namen registrieren. Anschließend kann der JNDI-Kontext mit `activate()` aktiviert werden. Die statische Methode `getCurrentContextBuilder()` gibt Zugriff auf den derzeit aktiven Kontext. Dadurch kann man den existierenden JNDI-Kontext für einige Tests ändern, und mit der statischen Methode `emptyActivatedContextBuilder()` kann man den aktiven Kontext auch leeren.

Im Package `org.springframework.mock.web` finden sich Klassen, die *Servlet-Mocks* Interfaces aus der Servlet-API implementieren. Man kann dadurch recht einfach Anfragen an eine Webanwendung für Tests simulieren. Wenn man diese z. B. dem zentralen Spring-Servlet (das `DispatcherServlet`, Abschnitt 6.3) übergibt, kann man so Spring-MVC-Anwendungen testen.

2.11.2 Integrationstests

Der erste Vorteil von Spring für einen Integrationstest ist, dass man mit Spring leicht eine andere Konfiguration z. B. mit einer Testdatenbank statt der Produktionsdatenbank verwenden kann. Vor allem durch eine Modularisierung der Konfiguration (Abschnitt 2.10.6) kann das recht einfach realisiert werden. Man sollte die Konfiguration so aufteilen, dass die technischen Belange wie die Ablaufumgebung in einer Datei abgelegt sind. Dann muss für das Umstellen zwischen Test- und Produktionsumgebung nur diese eine Datei durch eine andere ersetzt werden.

Will man bestimmte Teile der Konfiguration durch Mocks ersetzen, weil beispielsweise andere Systeme wie Mainframes nicht zur Verfügung stehen, so kann man das ebenfalls durch eine Änderung der Konfiguration ermöglichen. Auch hier hilft es, wenn man die Konfiguration so modularisiert hat, dass einzelne Teile des Systems jeweils in einer eigenen Datei konfiguriert werden. Dann kann man nämlich durch das Auswechseln einer Datei einen Teil des Systems durch einen Mock ersetzen. Alternativ ist es auch denkbar, einen `BeanPostProcessor` zu verwenden, um einige Spring-Beans durch Mocks zu ersetzen.

Schön wäre es natürlich, wenn man den `ApplicationContext` gleich *Spring-Klassen für* zur Verfügung hätte und nicht noch umständlich erzeugen müsste. *Integrationstests* Genau für diesen Zweck gibt es die abstrakte Klasse `AbstractDependencyInjectionSpringContextTests`, die vom JUnit-`TestCase` erbt. Man muss nur noch eine Subklasse schreiben, um die Methode getConfig-

Locations() zu implementieren. In der Beispielanwendung wurde dazu die Klasse SpringTestCase implementiert, die die zu verwendende Konfigurationsdatei anhand einer System-Property ermittelt. Die Tests selber entsprechen JUnit-Tests bis auf einige wenige Ausnahmen: Statt setUp() und tearDown() stehen die Methoden onSetUp() und onTearDown() bereit.

In den Testfällen muss man natürlich auf Spring-Beans zugreifen. Eine Möglichkeit wäre es, mit Hilfe der Instanzvariable applicationContext direkt Spring-Beans auszulesen: Sie wird durch Spring auf den entsprechenden ApplicationContext gesetzt. Das durchbricht jedoch Dependency Injection: Das Ziel ist es ja gerade, möglichst nicht selbst die Objekte auszulesen.

Dependency Injection in Testfällen

Spring verwendet daher in den Testfällen Autowiring nach Typ (Abschnitt 2.8). Man muss also in den Testfällen nur noch set-Methoden für die benutzten Spring-Beans implementieren. Sie werden mit einer Spring-Bean des passenden Typs aus der Spring-Konfiguration versehen. Außerdem bieten die Klassen ein Caching des ApplicationContext. Dadurch wird die Umgebung nur einmal aufgebaut, und Spring-Beans, die als SINGLETONS konfiguriert werden, werden nicht neu erzeugt. Man könnte hier Probleme erwarten, falls ein Test die Umgebung in einem unsauberen Zustand hinterlässt. Da die SINGLETONS und der ApplicationContext sowieso zustandslos sind, sollten sich aber keine Probleme ergeben. Falls das aber doch der Fall ist – beispielsweise weil eine Spring-Bean gegen ein anderes Java-Objekt ausgetauscht wurde –, kann man mit einem Aufruf der setDirty()-Methode den ApplicationContext neu aufbauen lassen.

Listing 2–33
Integrationstest mit Spring

```
public class BestellungTestMitSpring
  extends SpringTestCase {

  private IKundeDAO kundeDAO;
  private IBestellungDAO bestellungDAO;
  privated IWareDAO wareDAO;

  private IBestellungBusinessProcess bestellung;

  private Kunde kunde;
  private Ware ware;

  public void setBestellung(
   IBestellungBusinessProcess bestellung) {
    this.bestellung = bestellung;
  }
  public void setBestellungDAO(IBestellungDAO b) {
    this.bestellungDAO = b;
  }
```

```
public void setKundeDAO(IKundeDAO kundeDAO) {
  this.kundeDAO = kundeDAO;
}
public void setWareDAO(IWareDAO wareDAO) {
  this.wareDAO = wareDAO;
}


protected void onSetUp() throws Exception {
  kunde = new Kunde("Eberhard", "Wolff", 42.0);
    // Parameter: Name, Vorname, Kontostand
  kunde = kundeDAO.save(kunde);
  ware = new Ware("iPod", 20);
  ware = wareDAO.save(ware);
}


public void testZuTeureBestellung() {
  Einkaufswagen einkaufswagen =
   new Einkaufswagen(kunde.getId());
  einkaufswagen.add(ware.getId(), 3);
  try {
    bestellung.bestellen(einkaufswagen);
    fail("Exception erwartet");
  } catch (BestellungException e) {
  }
}


protected void onTearDown() throws Exception {
  bestellungDAO.deleteByIDKunde(kunde.getId());
  kundeDAO.deleteByID(kunde.getId());
  wareDAO.deleteByID(ware.getId());
}

}
```

Listing 2–33 zeigt einen Integrationstest, der mit Spring implementiert worden ist. Wie man sieht, definiert er nur einige set-Methoden für die DAOs und den BestellungBusinessProcess. In den Methoden onSetUp() und onTearDown() wird die Testumgebung mit den Testdaten aufgebaut bzw. wieder aufgeräumt. Dabei werden die Daten in diesem Fall in der Datenbank abgelegt und am Ende wieder entfernt. Der Code in der Testmethode testZuTeureBestellung() scheint auf den ersten Blick dem Unit-Test sehr ähnlich zu sein, bewirkt aber etwas ganz anderes: Es werden durch den Geschäftsprozess und die DAOs tatsächlich Daten in die Datenbank geschrieben. In dem Test wird also das komplette Objektnetz getestet, was ja auch typisch für einen Integrationstest ist.

Persistente Daten als
Problem für Tests

Ein Problem bei einem Integrationstest ergibt sich dadurch, dass die Ergebnisse des Tests meistens in einer Datenbank abgelegt werden. Wenn man einen anderen Test startet oder denselben Test noch mal ausführen will, kann dies zu Problemen führen, da sich mittlerweile der Zustand in der Datenbank geändert hat. Daher können die Ergebnisse anders sein und Tests fehlschlagen, obwohl in Wirklichkeit sich nur die Daten geändert haben.

Ausgangszustand durch
Rollback wiederherstellen

Eine mögliche Lösung ist, wie onTearDown()-Methode in Listing 2–33 Code in den Tests zu integrieren, der den Zustand der Datenbank wieder aufräumt. Das Problem ist dabei jedoch, dass z. B. bei einer Exception die Datenbank möglicherweise nicht aufgeräumt wird, so dass sie nach dem Test in einem inkonsistenten Zustand ist oder man hinterlässt Testdaten, die andere Tests behindern können. Alternativ kann man einfach die Transaktion (Kapitel 4) mit einem Rollback beenden und dadurch die Daten nicht in die Datenbank schreiben. Das macht die Tests einfacher, da sie die Daten nicht mehr aufräumen müssen. Außerdem kann so garantiert werden, dass die Daten auch tatsächlich vollständig wieder beseitigt werden.

Der Nachteil ist jedoch, dass die Daten eben nicht in die Datenbank geschrieben werden. Dadurch vergrößert sich der Unterschied zwischen Produktionscode und Testcode. Das kann vor allem ein Problem sein, wenn z. B. Constraints in der Datenbank erst überprüft werden, wenn die Transaktion mit einem Commit beendet wird. Meistens ist es aber wesentlich empfehlenswerter, mit diesen Nachteilen zu leben, statt den möglicherweise komplexen Code zum Aufräumen der Datenbank zu schreiben.

Spring-Klassen für Tests
mit Rollbacks

Spring unterstützt dieses Vorgehen durch die Klasse `Abstract-TransactionalSpringContextTests`. Dazu muss man in der Spring-Konfiguration eine Spring-Bean definieren, die das `PlatformTransactionManager`-Interface implementiert (Kapitel 4). Spring bietet eine solche Klasse für praktisch alle transaktionalen Systeme an. Im Test kann man in die Transaktion eingreifen: Mit `setComplete()` kann man definieren, dass die Transaktion mit einem Commit statt einem Rollback beendet wird. Außerdem kann man mit `endTransaction()` die Transaktion vorzeitig beenden.

Verwendet man eine `DataSource` und damit JDBC, kann man von der Klasse `AbstractTransactionalDataSourceSpringContextTests` erben. In der Instanzvariable `jdbcTemplate` ist ein `JdbcTemplate` (Abschnitt 5.3.1) vorbereitet, das man zum manuellen Aufräumen der Datenbank verwenden kann. Außerdem kann mit `deleteFromTables()` der Inhalt der als `String[]` übergebenen Tabellen gelöscht werden. Da diese Klasse von `AbstractTransactionalSpringContextTests` erbt, kann man am Anfang eines Tests Tabellen löschen, ohne dabei Auswirkungen auf die Datenbank zu befürchten, denn die Änderungen werden durch das Rollback am Ende des Tests rückgängig gemacht. Dadurch ist es möglich, dem Test den Eindruck zu geben, dass einige Tabellen leer sind, während sie in Wirklichkeit mit Daten gefüllt sind und nur in der aktuellen Transaktion geleert wurden.

Im Allgemeinen sind Datenbanken und die dort gespeicherten Daten immer ein Problem, weil die Tests eben die Daten verändert haben könnten, so dass die nächsten Tests beeinflusst werden. Die hier vorgestellten Ansätze zeigen verschiedene Möglichkeiten auf, wie man damit umgehen kann. Der einzige Weg, dieses Problem tatsächlich zu lösen, wäre, die Datenbank vor jedem Test komplett neu aufzubauen, was aber für praktische Anwendungen viel zu langsam ist.

2.11.3   Funktionale Tests

Durch funktionale Tests wird sichergestellt, dass die entwickelten Features auch tatsächlich jene sind, die der Anwender haben will. Mittlerweile haben sich dafür spezialisierte Tools etabliert [Wes05] wie z. B. Fit oder FitNesse. Bei beiden entwirft man eine HTML-Seite, in der in Tabellen bestimmte Testbedingungen formuliert werden. Bei FitNesse [FitNesse] sind die Webseiten in einem Wiki abgelegt, bei Fit [Fit] werden HTML-Seiten verwendet. Es lohnt sich auf jeden Fall, auf die Webseiten dieser Werkzeuge zu schauen oder [Wes05] zu Rate zu ziehen.

In Abbildung 2–5 kann man sehen, wie ein funktionaler Test für die Beispielanwendung aussehen kann. Es werden zunächst Kunden mit einem bestimmten Kontostand angelegt und dann einige Waren. Anschließend wird eine Bestellung ausgeführt. Sie ist aber nur erfolgreich, wenn der Wert der bestellten Waren den Kontostand nicht übersteigt.

Hinter den Tabellen stehen jeweils einfache Java-Klassen. Die Spalten ohne Fragezeichen werden auf `public`-Instanzvariablen abgebildet, jene mit Fragezeichen auf Methoden. Als Beispiel zeigt Abbildung 2–5 die Implementierung der Klasse zum Anlegen und Aufräumen von Waren.

Code für den Test

Abb. 2–5

*Ein Beispiel für einen
funktionalen Test mit
FitNesse*

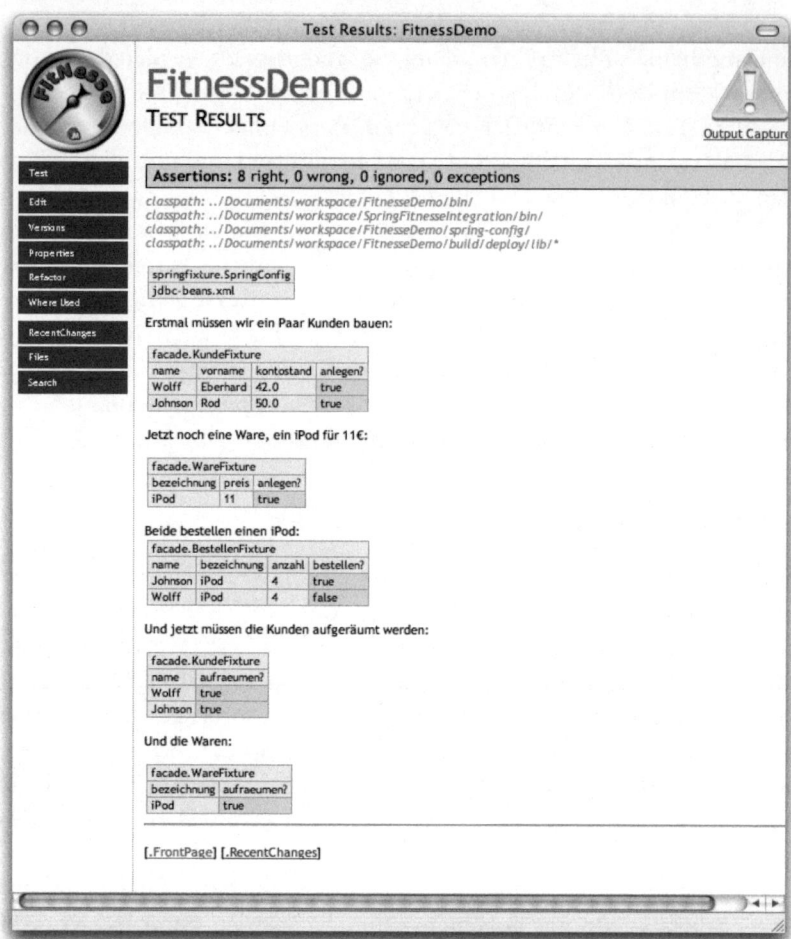

Listing 2–34

*Ein Teil eines funktionalen
Tests mit Spring*

```java
@Configurable
public class WareFixture extends ColumnFixture {

    public String bezeichnung;
    public double preis;
    private IWareDAO wareDAO;

    public boolean aufraeumen() {
        wareDAO.deleteByBezeichnung(bezeichnung);
        return true;
    }

    public boolean anlegen() {
        Ware ware = new Ware(bezeichnung, preis);
        wareDAO.save(ware);
        return true;
    }
}
```

```
public void setWareDAO(IWareDAO wareDAO) {
  this.wareDAO = wareDAO;
}


}
```

Wenn man für diese Art von Tests Spring nutzen will, ist es natürlich schön, wenn auch hier die abhängigen Objekte durch Spring zugewiesen werden. Dazu kann man wie hier im Beispiel die `@Configurable`-Annotation verwenden. Die Spring-FitNesse-Integration [SpringFitNesse] bietet noch einige andere Möglichkeiten, bei denen teilweise das Schreiben einer eigenen Klasse nicht notwendig ist.

Es entsteht ein Design, in dem auf den Spring-Beans noch eine dünne Schicht aus FitNesse-spezifischen Klassen aufgesetzt wird. Sie haben die Aufgabe, die Daten aus den FitNesse-Tests entgegenzunehmen und an die richtigen Spring-Beans weiterzuleiten. Sie konvertieren also nur die Daten, um die funktionalen Tests in den HTML-Tabellen ablegen zu können.

Dünne FitNesse-Schicht

Spring kann hier also auch helfend zur Seite stehen. Obwohl die wesentliche Leistung von Tools wie FitNesse oder Fit erbracht wird, hat Spring den positiven Effekt, dass die Spring-Beans in unterschiedlichen Umgebungen laufen können, also auch in einer FitNesse-Testumgebung, die nicht unbedingt auf einem Application-Server läuft. Und man kann recht leicht eine andere Schicht als die sonst übliche GUI- oder Web-Schicht auf die Spring-Beans setzen, da sie generische fachliche Dienste anbieten.

2.11.4 Systemtests

Der Systemtest unterscheidet sich kaum von dem produktiven Einsatz der Anwendung. Es wird wahrscheinlich nur eine kleiner dimensionierte Umgebung verwendet und die Tests werden automatisiert durchgeführt, sofern dies möglich ist. Auch solche Tests des vollständigen Systems werden durch Spring unterstützt. Ein Vorteil auch an dieser Stelle ist die einfache Änderung der Konfiguration. So kann man leicht verschiedene Datenbanken mit unterschiedlichen Test- oder Produktionsdaten verwenden oder ein komplett anderes Backend. Außerdem wird in Abschnitt 3.4.2 erläutert, wie man in einem auf Spring basierenden System durch eine Änderung der Konfiguration nachträglich zusätzliche Ausgaben für Tracing, Performance-Angaben usw. anzeigen lassen kann. Dadurch wird in einem Systemtest die Fehlersuche in einer Spring-Anwendung wesentlich vereinfacht. Vorteil ist also die leichte Rekonfigurierbarkeit der Anwendung, mit der man mehr Informationen aus der Anwendung auslesen kann.

2.12 Fazit

Dieses Kapitel hat zum einen deutlich gemacht, was Dependency Injection ist und warum es ein so wichtiges Konzept ist. So hat es z. B. positive Auswirkungen auf die Testbarkeit einer Anwendung. Außerdem wurde die Beispielanwendung eingeführt, die auch in den weiteren Kapiteln des Buchs eine Rolle spielen wird. Schließlich wurden Features des `ApplicationContexts` vorgestellt wie Events, Internationalisierung und der Zugriff auf Ressourcen. Die weiteren Konfigurationsmöglichkeiten haben den Abschluss gebildet. Schließlich ist dann noch verdeutlicht worden, dass Dependency Injection vor allem beim Testen Vorteile bringt.

Dependency Injection ist eine wichtige Technologie, weil so Abhängigkeiten in der Anwendung verwaltet werden können. Das ist eine der wichtigsten Herausforderungen in der Architektur einer Anwendung. Vor allem führen die flexiblere Konfigurierbarkeit und das leichte Einführen von Mocks zu einer deutlich verbesserten Testbarkeit. Da die Testbarkeit die Qualität einer Software wesentlich beeinflusst, kann dieser Aspekt von Spring alleine die Entwicklung wesentlich verbessern.

Die Dependency-Injection-Implementierung von Spring hat vor allem den Vorteil, dass sie dem Entwickler viele Freiheiten lässt. In Spring können Abhängigkeiten durch set-Methoden zugewiesen werden. Alternativ können Abhängigkeiten auch durch Constructor Dependency Injection direkt bei der Erzeugung der Spring-Beans übergeben werden oder durch Method-Injection-Methoden innerhalb der Bean so überschrieben werden, dass sie Spring-Beans erzeugen. Man kann außerdem optional Autowiring oder Dependency Checks verwenden. So ist es möglich, z. B. mit Autowiring und Constructor Dependency Injection eine sehr kleine Konfiguration zu erzeugen, bei der auch das Schreiben von set-Methoden nicht notwendig ist. Häufig verwendet man in Spring-Systemen kein Autowiring, sondern Dependency Injection mit set-Methoden. Das hat den Vorteil, dass die Abhängigkeiten explizit in der Konfiguration zu erkennen sind. Beides ist möglich – der Entwickler muss sich lediglich entscheiden. Durch diese Flexibilität wird auch die Umstellung vorhandener Systeme auf Spring vereinfacht, da man die vor Spring genutzten Prinzipien weiter verwenden kann.

3 Aspektorientierte Programmierung mit Spring

3.1 Übersicht

Im Mittelpunkt dieses Kapitels steht die aspektorientierte Programmierung (AOP), die neben Dependency Injection das Fundament des Spring-Frameworks bildet. AOP schafft die Voraussetzung dafür, Aspekte wie Logging, Transaktionen oder Sicherheit unabhängig vom Rest des Codes zu implementieren, so dass die einzelnen Klassen immer noch einfache Java-Klassen sind, die nur Geschäftslogik enthalten. AOP und DI bilden also die Basis, damit Spring-Anwendungen aus einfachen Java-Klassen aufgebaut werden können.

In diesem Kapitel wird zunächst erläutert, was Aspekte überhaupt sind und warum sie gerade in Enterprise-Anwendungen sinnvoll eingesetzt werden können (Abschnitt 3.2). Anschließend wird in Abschnitt 3.3 auf die Grundlagen der Implementierung von Aspekten in Spring eingegangen.

Zunächst wird dann in Abschnitt 3.4 die Spring-eigene AOP-Syntax erläutert. Um nur bestimmte Teile einer Anwendung mit Aspekten zu versehen, gibt es Pointcuts (Abschnitt 3.4.1). Spring bietet für Fehlersuche und die Untersuchung von Performance zahlreiche vorbereitete Aspekte an, die in Abschnitt 3.4.2 im Mittelpunkt stehen. Schließlich wird in Abschnitt 3.4.3 auf die Konfiguration von Aspekten mit Hilfe von Annotationen eingegangen. Abschnitt 3.4.4 zeigt die Verwendung von Jakarta Commons Attributes, 3.4.5 die Verwendung von JDK-1.5-Annotationen. Ein weiteres interessantes Feature ist die nachträgliche Implementierung von Interfaces, die in Abschnitt 3.4.6 erläutert wird.

Eine andere Syntax für AOP ist die AspectJ-Syntax, die in Abschnitt 3.5 diskutiert wird. Sie ist wesentlich einfacher und mächtiger und sollte daher der Spring-eigenen AOP-Syntax vorgezogen werden. In Abschnitt 3.5.1 wird zunächst erläutert, wie man auf Aspekte, die mit der Spring-eigenen AOP-Syntax implementiert worden sind, mit AspectJ-Pointcuts zusammen verwenden kann. Abschnitt 3.5.2 zeigt auf, wie man eigene Aspekte mit Annotationen implementieren kann. Ein wesentlicher Vorteil der AspectJ-Syntax ist das wesentlich ausgefeiltere Pointcut-Konzept, dass in Abschnitt 3.5.3 detailliert beschrieben wird. Zum Abschluss zeigt Abschnitt 3.5.4, wie man auch mit der AspectJ-Syntax Interfaces nachträglich implementieren kann.

Abschnitt 3.6 zeigt einige fortgeschrittene Techniken in Bezug auf Spring AOP. Zunächst zeigt Abschnitt 3.6.1, wie man die Reihenfolge der Ausführung der Aspekte beeinflussen kann. In Abschnitt 3.6.2 geht es darum, wie man auf Objekte, die durch Spring AOP erweitert worden sind, so zugreifen kann, dass man z. B. zusätzliche Aspekte zu dem Objekt hinzufügen kann. Spring kann mit den Mitteln, die zur Implementierung von Aspekten verwendet werden, auch Objektreferenzen zur Laufzeit ändern und dadurch unter anderem Objekt-Pooling implementieren. Außerdem kann man nachträglich Interfaces implementieren oder Methoden überschreiben. Diese Möglichkeiten zeigen Abschnitt 3.6.3 und 3.6.4.

Die konkrete Verwendung von Aspekten in der Beispielanwendung zeigt Abschnitt 3.7. Spring bietet neben der eigenen AOP-Implementierung auch eine Integration von AspectJ und seit Spring 2.0 sind in Spring AOP auch einige Möglichkeiten von AspectJ vorhanden. Das erläutert Abschnitt 3.8, vor allem unter dem Gesichtspunkt, wie man eine Anwendung von Spring auf AspectJ migrieren kann (Abschnitt 3.8.1) und wie man AspectJ-Aspekte mit Spring konfigurieren kann (Abschnitt 3.8.2).

3.2   Was sind Aspekte?

Eine Leitlinie für Softwareentwicklung ist DRY (Don't Repeat Yourself, Wiederhole Dich nicht) [HT03]. Ziel ist, dass man nie Code dupliziert, sondern jeder Teil des Systems wird genau einmal an einer passenden Stelle implementiert. Dadurch wird der Code kompakter, leichter verständlich und letztendlich besser wartbar.

DRY in der Objektorientierung   In der Objektorientierung gibt es Mechanismen wie z. B. Delegation oder Vererbung, um DRY gerecht zu werden. In beiden Fällen kann man eine Klasse wiederverwenden, und dadurch vermeidet man, dass man den Code der Klasse duplizieren muss. Bei Delegation ruft man ein anderes Objekt auf und überträgt ihm die Verantwortung für bestimmte Funktionalitäten. Durch Vererbung kann man Hierarchien bilden, bei denen man Klassen spezialisiert, und allgemeine Konzepte in einer Oberklasse implementiert. Viele Refactorings [Fow99], die zur

Optimierung der Struktur des Codes ohne Änderung der Funktionalitäten dienen, zielen darauf ab, doppelten Code zu vermeiden.

Dennoch kann man mit objektorientierten Mitteln nicht immer das Ergebnis erreichen, jedes Teilproblem eines Systems genau an einem Ort zu lösen. Ein klassisches Beispiel dafür ist Tracing. Im objektorientierten Ansatz enthält fast jede Methode Code für das Tracing, so dass das DRY-Prinzip verletzt wird: In den Methoden wiederholt sich der Programmierer, da er immer wieder Code für denselben Belang schreibt. Andere klassische Beispiele sind Sicherheit, denn in jeder Methode muss man den Benutzer und seine Berechtigungen überprüfen, und Transaktionen, deren Bearbeitung sich ebenfalls über den Code verteilt.

Grenzen der Objektorientierung

Solche Teile eines Systems nennt man Querschnittsbelange (Cross Cutting Concerns). Sie sind mit Mitteln der objektorientierten Programmierung nicht an einer Stelle zentral implementierbar. An dieser Stelle setzen Aspekte und aspektorientierte Programmierung an. Abbildung 3–1 zeigt das konzeptionell für das Beispiel des Tracings: Jede Methode hat am Anfang und am Ende ein Stück Code, das eine Trace-Nachricht ausgibt und dadurch so das Tracing implementiert. Durch die Aspektorientierung soll der Code für das Tracing zentral in einem einzigen Aspekt abgelegt werden.

Cross Cutting Concerns

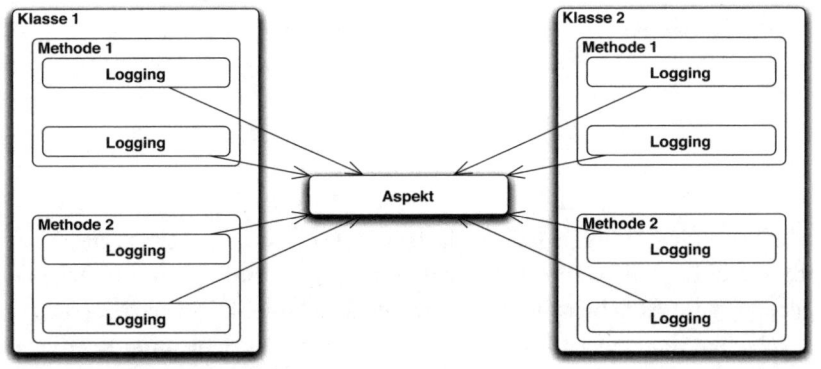

Abb. 3–1
Das »Hallo Welt!« der aspektorientierten Programmierung: Tracing

Um dieses Ziel zu erreichen, ermöglichen Aspekte bei Methodenaufrufen einzugreifen und zusätzlichen Code auszuführen.

3.3   Aspekte mit Spring: Grundlagen

Ein wesentlicher Teil eines Aspekts ist der Code, der von ihm ausgeführt wird. Man spricht auch von einem Advice (etwa: Ratschlag). Die Implementierung eines Advices für den Tracing-Aspekt zeigt Listing 3–1. Die dort gezeigte Klasse implementiert das Interface

MethodInterceptor. Daran wird deutlich, was die Klasse macht: Sie fängt (to intercept) den Aufruf einer Methode ab und führt ihn einer veränderten Bearbeitung zu. Der ursprüngliche Methodenaufruf kann ergänzt werden oder auch vollständig abgefangen werden, so dass er überhaupt nicht mehr stattfindet. Das kann sinnvoll sein, wenn man einen Cache als Aspekt implementieren will. In dem Fall würde man den ersten Methodenaufruf an das eigentliche Objekt weiterleiten und die folgenden Aufrufe innerhalb des Advices abarbeiten, indem man die Ergebnisse aus dem Cache ausliest.

Listing 3–1
Die Implementierung des
Tracing- Interceptors

```
public class DebugInterceptor
  implements MethodInterceptor {

  public Object invoke(MethodInvocation invocation)
    throws Throwable {
    // Eintritt in die Methode tracen
    try {
      Object rval = invocation.proceed();
      // Ende der Methode tracen
      return rval;

    } catch (Throwable ex) {
      // Exception loggen

      throw ex;

    }
  }

}
```

Advice-Typen

Mit Hilfe der übergebenen MethodInvocation ist es möglich, Informationen über den Methodenaufruf abzufragen und – wie im Beispiel gezeigt – die Abarbeitung der Methode gegebenenfalls fortzusetzen.

Neben dem MethodInterceptor gibt es verschiedene andere Advice-Typen (Abbildung 3–2). Alle Advices erben von dem Interface Advice, das allerdings keine Methoden definiert und nur als Supertyp aller Advices dient. Für den Entwickler interessant sind die folgenden Interfaces:

▨ AfterReturningAdvice: Hiermit kann man nach der Ausführung der Methode zusätzliche Logik ausführen lassen. Allerdings ist es im Gegensatz zum MethodInterceptor nicht möglich, den Rückgabewert der Methode zu modifizieren. Der Advice wird nur aufgerufen, wenn die Methode keine Exception geworfen hat.

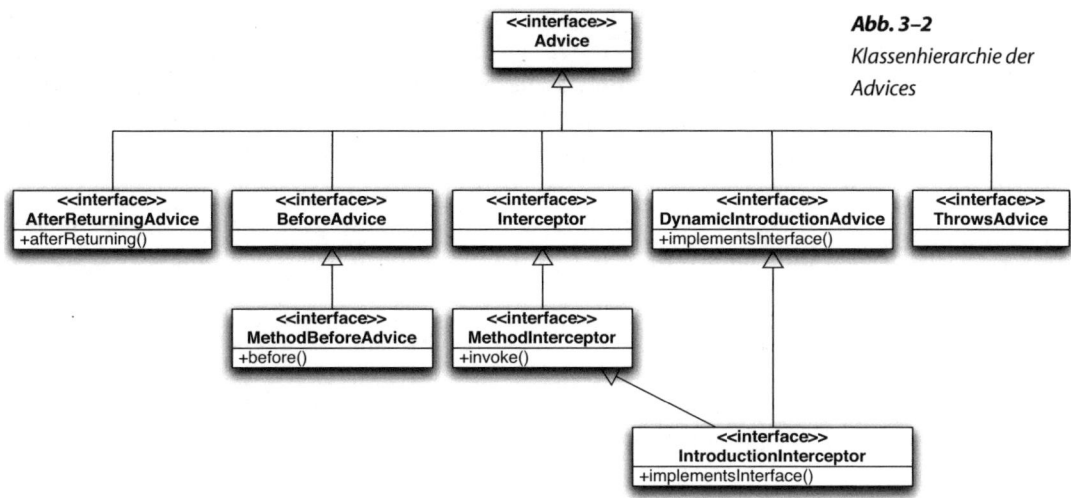

Abb. 3–2

Klassenhierarchie der Advices

- MethodBeforeAdvice: Dieser Advice wird vor dem eigentlichen Methodenaufruf ausgeführt. Danach wird die Methode aufgerufen, es sei denn, der Advice hat eine Exception geworfen. Das Interface BeforeAdvice, von dem MethodBeforeAdvice erbt, ist in Spring enthalten, falls in späteren Versionen die Ausführung von Advices nicht nur vor Methodenaufrufen, sondern auch vor anderen Programmkonstrukten möglich wird.
- MethodInterceptor: Wie erwähnt, muss dieses Interface von Advices implementiert werden, die um den eigentlichen Methodenaufruf herum aktiv werden sollen. Dieses Interface ist das einzige Subinterface von Interceptor.
- ThrowsAdvice: Dieser Advice wird aktiviert, wenn eine Exception im Code geworfen wird. Das Interface definiert keine Methoden, sondern man muss in der Implementierung des Interfaces eine Methode mit dem Name afterThrowing() anlegen. Diese kann optional nähere Informationen darüber erhalten, wo die Exception aufgetreten ist. Dazu kann sie die ausgeführte Methode, die Argumente und das Zielobjekt als Parameter übergeben bekommen. Diese Parameter müssen in genau dieser Reihenfolge in der Deklaration der Methode definiert werden. Der einzige Parameter, der immer deklariert werden muss, ist das Throwable als letzter Parameter. Man kann auch einen Subtypen von Throwable (beispielsweise NullPointerException) deklarieren. In diesem Fall wird der Advice nur aktiviert, wenn dieser Subtyp als Exception auftritt. Ebenfalls ist es möglich, mehrere afterThrowing()-Methoden in einer Klasse zu implementieren, die jeweils in den entsprechenden Fehlersituationen aufgerufen werden.

Beispiel für ein
ThrowsAdvice

Ein Beispiel für die Implementierung eines `ThrowsAdvice` zeigt Listing 3–2. Die erste Methode des Advice wird bei jeder `SQLException` aufgerufen und bekommt keine weiteren Informationen über die verursachende Methode oder das verursachende Objekt. Die zweite Methode wird bei jeder `IllegalArgumentException` aufgerufen und bekommt die auslösende Methode, die Parameter und das auslösende Objekt übergeben. Falls eine Implementierung von `afterThrowing()` nicht alle Informationen benötigt, kann sie auch nur einige dieser Parameter deklarieren.

Listing 3–2
Implementierung eines
ThrowsAdvice

```
public class EinThrowsAdvice implements ThrowsAdvice {

    public void afterThrowing(SQLException ex)
     throws Throwable {
       System.out.println("SQL Exception");
    }

    public void afterThrowing(Method m, Object[] args,
     Object target, IllegalArgumentException ex) {
       System.out.println("Objekt "+target);
       System.out.println("Methode "+m);
       System.out.println("Exception "+ex);
    }

}
```

Die AOP Alliance

Die Interfaces `Advice`, `Interceptor` und `MethodInterceptor` stammen von der AOP Alliance [AOPAlliance]. Das Ziel dieses Gremiums ist, die Implementierung von Aspekten so zu standardisieren, dass man sie in den verschiedenen AOP-Implementierungen verwenden kann. Mittlerweile ist allerdings Spring AOP die bei weitem wichtigste Implementierung aus diesem Gremium, so dass durch die Standardisierung kein echter Nutzen mehr besteht.

Spring-AOP-
Implementierung mit
Dynamic Proxies

Nachdem erläutert worden ist, wie man Advices definieren kann, stellt sich die Frage, wie Spring die Spring-Beans um diese Advices ergänzt. Dazu muss Spring den Methodenaufruf abfangen, dann die Advices ausführen und schließlich gegebenenfalls die eigentliche Methode ausführen.

Wenn man gegen Interfaces und nicht direkt gegen Klassen programmiert, kann man eine Lösung implementieren, die auf Dynamic Proxies basiert. Das JDK erlaubt es, zur Laufzeit unter Angabe eines Interfaces ein Objekt zu erzeugen. Die Methodenaufrufe an dieses Objekt werden von einem `InvocationHandler` bearbeitet, der die übergebenen Informationen wie z. B. die aufgerufene Methode verwenden kann, um irgendwelche Logik auszuführen.

Mit diesem Mechanismus ist es recht einfach, Advices zur Ausführung einer Methode hinzuzufügen: Man erzeugt einen Dynamic Proxy, der die Methodenaufrufe entgegennimmt, die Advices ausführt und dann den Aufruf an das eigentliche Objekt weitergibt. Diese Ideen sind schon länger etabliert [Blo00]. Allerdings funktioniert das Vorgehen nur, wenn man gegen Interfaces programmiert. Das ist aber nicht immer der Fall. Und außerdem ist es eines der Prinzipien von Spring, dem Entwickler möglichst viele Freiheiten zu geben, auch die Freiheit, nicht gegen Interfaces zu programmieren.

Also muss es eine Alternative zu diesem Vorgehen geben. Mit Hilfe der CGLIB-Bibliothek ist es möglich, dieselben Effekte wie Dynamic Proxies für beliebige Klassen zu erreichen, ohne dass dazu Interfaces notwendig sind. Dabei wird zur Laufzeit eine Subklasse der eigentlichen Klasse generiert, die die Möglichkeit bietet, Methodenaufrufe abzufangen. Dadurch bleiben als Problemfälle nur noch final-Klassen übrig, weil man von diesen nicht erben kann. Allerdings sollten solche Fälle recht selten sein, und es ist auch durchaus im Sinne des Entwicklers z. B. der String-Klasse, dass man diese nicht durch Advices ergänzen kann, da man sie ja auch nicht durch Bildung von Subklassen erweitern können soll. Ein anderes Problem ist, dass beispielsweise das Ergebnis von getClass() bei einer durch CGLIB generierten Klasse natürlich anders ist als bei der ursprünglichen. Ebenfalls gibt es Probleme, falls andere Klassen direkt auf Instanzvariablen zugreifen. Und beim Starten der Anwendung müssen zunächst die Klassen generiert werden, was z. B. Unit-Tests erheblich verlangsamen kann.

AOP mit CGLIB

Um eine Spring-Bean mit einem Advice zu erweitern, muss man die Spring-Konfiguration anpassen. In Listing 3–3 wird das BestellungDAO um einen DebugInterceptor ergänzt. Zu diesem Zweck wird die abstrakte Spring-Bean-Definition debugProxyTemplate als Schablone verwendet (Abschnitt 2.10.6). Sie konfiguriert eine ProxyFactoryBean, eine spezielle FactoryBean (Abschnitt 2.5.4). Diese Klasse erzeugt einen Dynamic Proxy bzw. eine CGLIB-Klasse und stellt sie den anderen Spring-Beans zur Verfügung. Man spricht auch allgemein von einem Proxy. Mit der Property proxyTargetClass kann man bestimmen, ob der Advice mit Hilfe von CGLIB (true) integriert werden soll oder durch einen Dynamic Proxy. Die Property interceptorNames definiert die Namen der einzubindenden Advices. Im Beispiel ist das nur der DebugInterceptor. Außerdem kann man mit der Property optimize definieren, dass Optimierungen vorgenommen werden sollen. Das bedeutet, dass statt dem Dynamic-Proxy-Ansatz CGLIB auch verwendet wird, wenn man Interfaces mit Advices versehen will. Das Bilden von Subklassen mit CGLIB bietet nämlich meistens eine bessere Perfor-

Spring-Bean um Advice erweitern

mance als der Dynamic-Proxy-Ansatz (Abschnitt 8.9). Eine weitere wichtige Property ist scope. Damit kann man definieren, ob für alle Instanzen der Spring-Bean dieselbe Instanz des Advices verwendet wird (scope="singleton") oder ob für jede neue Bean-Instanz auch eine neue Instanz des Advices erzeugt werden soll (scope="prototype"). Die Voreinstellung ist, dass immer dieselbe Instanz verwendet wird. Das muss man ändern, wenn im Advice Informationen zu einer spezifischen Instanz abgespeichert werden sollen, also z. B. Statistiken für einzelne Objektinstanzen.

Durch das Setzen der Property frozen auf true kann man die ProxyFactoryBean »einfrieren«. Es ist dann nicht mehr möglich, zu der ProxyFactoryBean dynamisch zusätzliche Advices hinzuzufügen. Schließlich kann man mit der Property exposeProxy definieren, dass die Spring-Bean mit der Methode AopContext.currentProxy() Zugriff auf ihren Proxy bekommen kann (Abschnitt 3.6.2).

Listing 3–3
Konfiguration für Aspekte
mit dem ProxyFactory-
Bean (jdbc-beans-
proxyfactory.xml)

```
<beans>
  <bean id="bestellungDAOTarget"
    class="jdbcdao.BestellungDAO" >
  …
  </bean>

  <bean id="debugInterceptor"
   class="….DebugInterceptor"/>

  <bean id="debugProxyTemplate" abstract="true"
   class="….ProxyFactoryBean">
    <property name="proxyTargetClass" value="true" / >
    <property name="interceptorNames">
      <list>
        <value>debugInterceptor</value>
      </list>
    </property>
  </bean>

  <bean id="bestellungDAO" parent="debugProxyTemplate">
    <property name="target"
     ref="bestellungDAOTarget" />
  </bean>

  …

</beans>
```

In Listing 3–3 wird mit dem debugProxyTemplate als abstrakte Spring-Bean-Definition unabhängig von der eigentlichen Spring-Bean zunächst die ProxyFactoryBean und dadurch nur die Advices definiert. In Abbildung 3–3 ist diese Konfiguration grafisch dargestellt. Die Verbindung zur Spring-Bean wird hergestellt, indem man zunächst die Spring-Bean bestellungDAOTarget ohne Advices definiert. Diese Spring-Bean nennt man auch das Target. Anschließend schreibt man eine konkrete Definition, die von der abstrakten Spring-Bean-Definition abgeleitet ist. Im Beispiel leitet die Spring-Bean bestellungDAO von der Schablone debugProxyTemplate für die Definition der Advices ab und ergänzt diese Definition um die Referenz auf das bestellung-DAOTarget.

Abb. 3–3
Objekt-Diagramm der Spring-Konfiguration

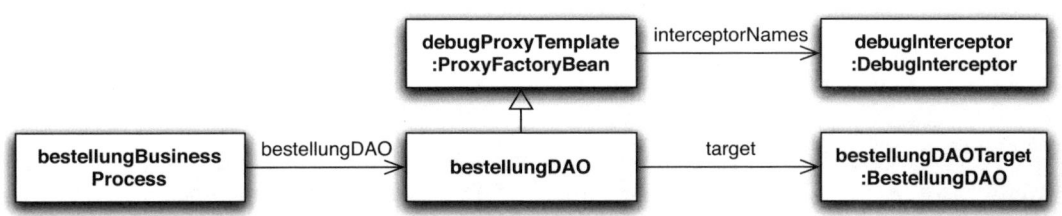

Wenn man eine Referenz auf bestellungDAO aus der BeanFactory ausliest, bekommt man statt der eigentlichen Implementierung, die als Spring-Bean bestellungDAOTarget konfiguriert ist, eine Referenz auf den Proxy. Bei einem Aufruf wird erstmal der Dynamic Proxy oder die durch CGLIB erweiterte Klasse aufgerufen (Abbildung 3–4). Anschließend wird der Advice ausgeführt, der den Aufruf an das Target weiterleitet.

Dependency Injection und AOP: Synergien

Hier zeigt sich der Vorteil von Dependency Injection für den AOP-Ansatz von Spring: Durch Dependency Injection ist das Erzeugen der Objekte in die BeanFactory ausgelagert. Sie kann statt der eigentlich erwarteten Spring-Beans auch einen Proxy zurückgeben. Durch Dependency Injection gibt es also eine Stelle im System, die sich hervorragend eignet, um Aspekte einzuführen. Dependency Injection und AOP haben also einen Synergie-Effekt. Außerdem kann man durch Dependency Injection die Advices konfigurieren, so dass der Synergie-Effekt weiter verstärkt wird.

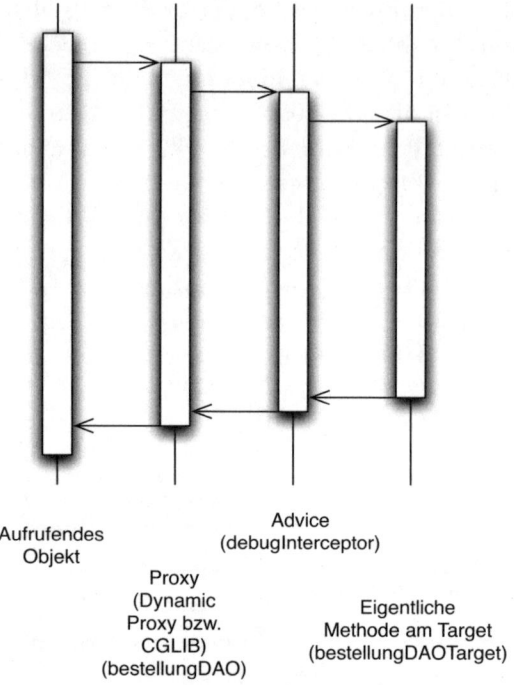

Abb. 3–4
*Dies Sequenz-Diagramm
zeigt, was beim Aufruf
einer Methode einer
Spring-Bean passiert, die
um Advices ergänzt
wurde.*

Aufrufendes
Objekt

Advice
(debugInterceptor)

Proxy
(Dynamic
Proxy bzw.
CGLIB)
(bestellungDAO)

Eigentliche
Methode am Target
(bestellungDAOTarget)

Tipp

Ein Ziel von Spring ist es, dem Entwickler möglichst viele Freiheiten zu lassen. Trotz der Synergien von AOP und DI ist es möglich, Spring AOP ohne DI zu verwenden. Dazu gibt es die Klasse `ProxyFactory`. Der Konstruktor übernimmt ein beliebiges Objekt. Mit `addAdvice()` kann man Advices hinzufügen und mit `getProxy()` erhält man das Proxy-Objekt. `ProxyFactory` und `ProxyFactoryBean` haben dieselbe Oberklasse `AdvisedSupport`, so dass man die meisten Konfigurationsmöglichkeiten der `ProxyFactoryBean` auch bei der `ProxyFactory` hat. Dieses Vorgehen ist allerdings nur sinnvoll, wenn es gute Gründe gibt, auf die Dependency Injection zu verzichten. So kann es eine Möglichkeit sein, in ein bereits vorhandenes Projekt Spring AOP einzuführen, ohne es auf Dependency Injection umstellen zu müssen.

3.4 Spring-AOP-eigene Syntax

3.4.1 Pointcuts in Spring

Die gerade gezeigte Konfiguration hat den Nachteil, dass man für jede einzelne Spring-Bean eine zusätzliche Spring-Bean erstellen muss, wenn man sie durch Advices erweitern will. Um generell zu definieren, wann ein Advice aktiv werden soll, gibt es das Konzept der Pointcuts. Pointcuts können bei Spring AOP nur bei Methodenaufrufen aktiv werden. In der aspektorientierten Programmierung hat sich für die möglichen Punkte, an denen Aspekte eingreifen können, der Begriff Joinpoint eingebürgert. Die einzigen möglichen Joinpoints in Spring sind also Methodenaufrufe. Neben Methodenaufrufen wäre z. B. auch der Zugriff auf Felder ein möglicher Joinpoint.

Pointcuts in Spring sind eine Komposition aus einem ClassFilter und einem MethodMatcher. Der ClassFilter kann auf Klassenebene entscheiden, ob ein Advice aktiv werden soll. Die Entscheidung ist meistens statisch. Sie muss also beim Erzeugen der Spring-Bean durch die BeanFactory beim ClassFilter abgefragt werden. Dadurch entsteht nur beim Erzeugen der Spring-Bean für die Auswertung der Pointcuts ein Overhead. Falls eine Klasse für keinen Pointcut interessant ist, kann man sogar das Erzeugen des Proxys wegoptimieren. Der MethodMatcher kann mit der match()-Methode anhand der Klasse und der Methode entscheiden, ob er aktiv werden will. Auch dies ist typischerweise eine statische Entscheidung.

Pointcuts in Spring

Der MethodMatcher kann aber auch dynamische Entscheidungen zur Laufzeit treffen, was aber zu einem Overhead bei jedem Methodenaufruf führt. Dazu muss er als Ergebnis von isRuntime() true zurückgeben. Wenn er an den Methoden bestimmter Klassen bereits Interesse angemeldet hat, wird in diesem Fall vor jedem Aufruf noch mal match() mit der Klasse, der Methode und den Parametern des aktuellen Methodenaufrufs aufgerufen und man kann entscheiden, ob man bei diesem konkreten Methodenaufruf aktiv werden will.

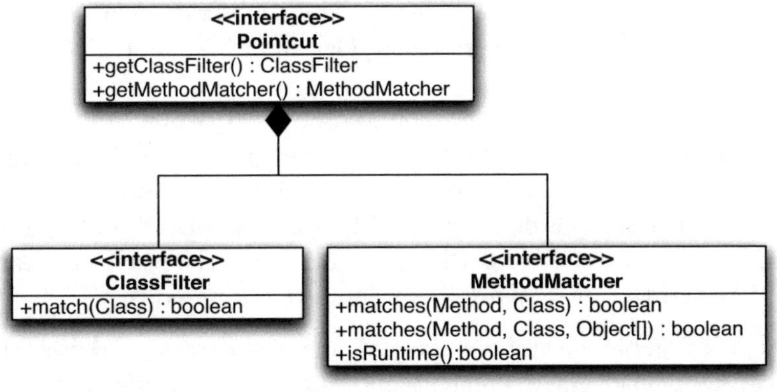

Dynamische und statische Pointcuts

Abb. 3–5
Klassendiagramm der Pointcuts

Die Klasse DynamicMethodMatcherPointcut ist ein guter Startpunkt für die Implementierung eines dynamischen Pointcuts. Für statische Pointcuts gibt es StaticMethodMatcherPointcut als Basis.

Spring bietet bereits zahlreiche vordefinierte Pointcuts an, die man durch einfache Konfiguration in eigenen Anwendungen verwenden kann. Die meisten sind statisch. Dazu gehören:

- `JdkRegexpMethodPointcut`: Dieser Pointcut verwendet eine Zeichenkette, die aus dem Namen des Package, der Klasse und der aufgerufenen Methode besteht. Durch die Property `patterns` (ein String-Array) oder `pattern` (ein String) kann man einen oder mehrere reguläre Ausdrücke definieren, bei denen der Pointcut aktiv werden soll.

- `Perl5RegexpMethodPointcut`: Dieser Pointcut entspricht `JdkRegexpMethodPointcut`, verwendet allerdings eine Bibliothek aus dem Apache-Projekt, die als Syntax für reguläre Ausdrücke jene aus der Programmiersprache Perl verwendet.

- `NameMatchMethodPointcut`: Dieser Pointcut wird bei einem konfigurierten Methodennamen (Property `mappedName`) oder mehreren (Property `mappedNames`) aktiv. Er kann den Wildcard »*« am Anfang oder am Ende eines Strings verarbeiten. Die Klasse spielt für diesen Pointcut keine Rolle.

- `TruePointcut`: Dieser Pointcut wird immer aktiv.

- `UnionPointcut`: Dieser Pointcut befragt zwei andere, ihm übergebene Pointcuts. Falls einer aktiv wird, wird er selber auch aktiv. Er implementiert also eine Vereinigungsmenge der beiden ursprünglichen Pointcuts.

- `ComposablePointcut`: Dieser Pointcut bietet Methoden an, um Schnittmengen oder Vereinigungen mit anderen `Pointcuts`, `Method-Matchers` oder `ClassFilter` zu bilden. Er muss allerdings typischerweise im Code konfiguriert werden.

- `ControlFlowPointcut`: Mit diesem Pointcut kann man bei allen Methoden, die von einer Klasse oder einer bestimmten Methode innerhalb einer Klasse aufgerufen werden, einen Advice aktivieren. In der Beispielanwendung könnte man also diesen Pointcut am Geschäftsprozess konfigurieren und er würde für alle Methoden, die aus dem Geschäftsprozess heraus aufgerufen werden, aktiviert werden. Dazu würden z.B. die Methoden der DAOs, die JDBC-Methoden usw. zählen. Dieser Pointcut ist dynamisch und kann daher erhebliche Auswirkungen auf die Laufzeit haben.

Pointcut + Advice = Advisor

Um in Spring mit einem Pointcut zu definieren, wann ein Advice aktiv wird, kann man einen Pointcut und ein Advice zu einem Advisor zusammenfassen.

Die einfachste Möglichkeit ist, einen `DefaultPointcutAdvisor` zu verwenden. Er bietet die Möglichkeit, einen Advisor aus einem Pointcut und einem Advice zusammenzusetzen.

```
<beans>

...

  <bean id="debugInterceptor"
   class="….DebugInterceptor"/>


  <bean id="regExpPointcut"
   class="….JdkRegexpMethodPointcut">
    <property name="pattern" value="dao.*" />
  </bean>


  <bean id="debugAdvisor"
   class="….DefaultPointcutAdvisor">
    <property name="advice"   ref="debugInterceptor"/>
    <property name="pointcut" ref="regExpPointcut"/>
  </bean>



  <bean id="autoProxyCreator"
   class="….DefaultAdvisorAutoProxyCreator" />

</beans>
```

Listing 3–4
Konfiguration eines Aspekts mit einem Advisor. Der Ausschnitt ist aus der Datei debug.xml, die in jdbc-beans-debug.xml eingebunden wird.

Listing 3–4 zeigt eine Konfiguration mit einem `DefaultPointcutAdvisor`. Wie man sieht, muss man den `DefaultPointcutAdvisor` nur mit den Referenzen zum Advice und Pointcut ausstatten, um das gewünschte Ergebnis zu erzielen.

Damit die Spring-Beans automatisch durch die Advisors ergänzt werden, gibt es den `DefaultAdvisorAutoProxyCreator`. Dabei handelt es sich um einen `BeanPostProcessor` (Abschnitt 2.9.4), also eine Spring-Bean, die andere Spring-Beans nachbearbeiten kann. Da ein `ApplicationContext` solche Spring-Beans automatisch aktiviert, reicht es bei der Verwendung eines `ApplicationContext` aus, den `DefaultAdvisorAutoProxyCreator` in der Spring-Konfiguration zu hinterlegen. Wenn man eine `BeanFactory` verwendet, muss man ihn explizit aktivieren. Eine Alternative zum `DefaultAdvisorAutoProxyCreator` ist der `BeanNameAutoProxyCreator`, dem man Namen von Spring-Beans übergeben kann, die durch einen Proxy erweitert werden sollen.

Advisor automatisch aktivieren

`AutoProxyCreator` sorgen dafür, dass Spring-Beans gegebenenfalls durch das Erzeugen von Proxys überhaupt um Advisors ergänzt werden können. Außerdem binden sie die Advisors ein, wenn der Pointcut auf die Klasse der Spring-Bean passt. Dadurch wird die Konfiguration natürlich entschieden vereinfacht. Die Konfiguraton in Listing 3–4 ist also ausreichend, um die definierten Aspekte tatsächlich zu aktivieren, da der `DefaultAdvisorAutoProxyCreator` die Spring-Beans mit den konfigurierten Advices erweitern wird.

Tipp   Die Konfiguration mit einem `AutoProxyCreator` ist der Konfiguration auf Spring-Bean-Ebene aus Abschnitt 3.3 vorzuziehen, weil sie wesentlich einfacher handhabbar ist. Außerdem kann man durch einfache Änderungen an den Pointcuts andere Spring-Beans durch einen Aspekt abdecken.

3.4.2   Aspekte-Werkzeugkasten

Spring bietet für die meisten technischen Anwendungsfälle von AOP Advices an, die man nur noch durch eine Konfiguration in die eigene Anwendung integrieren muss:

- `SimpleTraceInterceptor`/`TraceInterceptor`: Diese beiden Klassen haben dieselbe Funktionalität: Sie loggen den Anfang und das Ende eines Methodenaufrufs mit dem Namen der aufgerufenen Methode und der dazugehörigen Klasse. Gegebenenfalls werden auch aufgetretene Exceptions geloggt. Dazu wird Commons Logging aus dem Apache-Projekt verwendet, das wiederum z. B. log4j verwenden kann.
- `DebugInterceptor`: Dieser Advice wurde schon in dem Beispiel im letzten Abschnitt verwendet. Er gibt im Gegensatz zum `TraceInterceptor` auch die Parameter mit aus und gibt an, wie oft eine Methode aufgerufen worden ist.
- `CustomizableTraceInterceptor`: Dieser Advice bietet die Möglichkeit, die Zeichenketten individuell zu konfigurieren, die beim Eintritt in die Methode, nach der Abarbeitung der Methode und im Falle einer Exception ausgegeben werden.
- `ClassLoaderAnalyzerInterceptor`: Dieser Interceptor gibt den jeweils gültigen `ClassLoader` aus, was bei Problemen in diesem Bereich eine große Hilfe sein kann.
- `ConcurrencyThrottleInterceptor`: Hiermit lässt sich durch Setzen der Property `concurrencyLimit` die Anzahl der parallelen Zugriffe auf eine Spring-Bean begrenzen. Eine Begrenzung auf nur einen Thread lässt sich auch durch das synchronized-Schlüsselwort erreichen. Dieser Interceptor ist also eine Erweiterung der Möglichkeiten, die man mit diesem Schlüsselwort hat.
- `PerformanceMonitorInterceptor`: Dieser Interceptor misst die Zeit, die ein Methodenaufruf benötigt, und gibt sie im Log aus.
- `JamonPerformanceMonitorInterceptor`: Auch bei diesem Interceptor wird die Zeit gemessen, die ein Methodenaufruf benötigt. Allerdings wird in diesem Fall JAMon [JAMon] als Werkzeug zum Verwalten der Performance-Daten verwendet.

Wie man sieht, gibt es für die typischen technischen Anwendungsfälle von Aspekten in Spring passende Implementierungen. Ehe man also beginnt, die Ausgabe von Trace-Nachrichten oder eigene Performance-Messwerkzeuge zu implementieren, sollte man einen Blick auf die hier aufgeführten Interceptoren werfen. Wenn man sie mit einem Pointcut kombiniert, der sich an den Methodennamen orientiert, kann man sehr schnell detaillierte Informationen über das System oder Teile des Systems ermitteln.

In der Beispielanwendung kann man – wie gezeigt – spezifisch einzelne Schichten wie z. B. die DAO-Schicht mit Debug-Ausgaben versehen, und auf demselben Weg könnte man auch Performance-Daten messen oder ClassLoader-Probleme analysieren. Im Wesentlichen stellen die Advices, die hier vorgestellt wurden, also eine Vereinfachung bei der Fehlersuche dar.

3.4.3 Metadaten und Annotationen

Bisher wurde in der Spring-Konfiguration geregelt, welche Spring-Beans von einem bestimmten Aspekt zu bearbeiten sind. Dies ist allerdings nicht immer optimal. Oft möchte man eine Klasse oder eine Methode im Quellcode markieren, damit sie von einem Aspekt in einer bestimmten Art und Weise bearbeitet wird.

Das Microsoft .NET-Framework hat eine solche Funktionalität mit Attributen implementiert, die es einem Entwickler erlauben, Klassen und andere Programmkonstrukte zu markieren. XDoclet [XDoclet] ist ein Generator, mit dem diese Möglichkeiten auch bei Java zur Verfügung stehen. Er wird vor allem im EJB-Umfeld verwendet. Allerdings wird bei XDoclet als Ergebnis der Markierungen Code generiert; sie werden also nicht für Aspekte verwendet. In Java gibt es seit JDK 1.5 Annotationen, mit denen man Methoden oder Klassen markieren kann. Für die früheren Java-Versionen bietet Spring die Jakarta Commons Attributes an.

3.4.4 Jakarta Commons Attributes

Bei Jakarta Commons Attributes ist eine Annotation eine einfache Java-Klasse, mit der auch Daten gespeichert werden können. Um eine Methode mit einer Annotation zu markieren, muss man einen Java-Doc-ähnlichen Kommentar an die Methode schreiben.

Listing 3–5
Beispiel für das Markieren einer Methode mit Jakarta Commons Attributes

```
public class BeanCommons {

    /** @@annotations.DebugCommonsAnnotation() */
    public void annotatedCommons() {
    }
}
```

Listing 3–5 zeigt das an einem Beispiel. Methoden sollen so markiert werden können, dass Informationen über sie von einem DebugInterceptor ausgegeben werden. Dazu wurde die Klasse DebugCommonsAnnotation geschrieben, die zur Markierung von Methoden mit Hilfe von Jakarta Commons Attributes genutzt wird.

Der Annotationen-Compiler

Damit die Annotationen zur Laufzeit für die Aktivierung von Aspekten zur Verfügung stehen, muss man einen eigenen Compiler bemühen. Dazu ist es sinnvoll, einen Ant Task zu verwenden. Listing 3–6 zeigt das beispielhaft. Der Commons Attributes Compiler wird mit eigenen Properties für die Konfiguration ausgeliefert, die man mit dem passenden Classpath einbinden muss. Der Compiler-Schritt generiert aus den mit Annotationen versehenen Java-Klassen zusätzliche Klassen, in denen die Informationen über die Annotationen abgelegt werden.

Listing 3–6
Der Commons Attributes Compiler im Ant Build-File

```
<taskdef
 resource=
 "org/apache/commons/attributes/anttasks.properties">

  <classpath>
    <fileset dir="${spring.home}/lib/jakarta-commons">
      <include name="commons-attributes-compiler.jar" />
      <include name="commons-attributes-api.jar" />
      <include name="commons-collections.jar" />
    </fileset>
    <fileset dir="${spring.home}/lib/xdoclet">
      <include name="*.jar" />
    </fileset>
  </classpath>
</taskdef>

<target name="compileAttributes">
  <attribute-compiler destdir="${build.gen}">
    <fileset dir="${src.dir}"
     includes="**/*Commons.java" />
  </attribute-compiler>
</target>
```

Um auf die Annotationen zuzugreifen, kann man in der Spring-Konfiguration eine Spring-Bean anlegen, die eine Instanz der Klasse CommonAttributes ist. Anschließend kann man sich der Entwicklung des Advisors zuwenden, der bei den markierten Methoden aktiv werden soll. Da sich die Markierungen zur Laufzeit nicht ändern können, erbt er von StaticMethodMatcherPointcutAdvisor. Listing 3–7 zeigt die Implementierung. Der Advisor verlässt sich darauf, dass ihm per Dependency Injection eine Referenz auf eine Attributes-Implementierung zugewiesen wird, in diesem Fall die Jakarta-Commons-Attributes-Implementierung. In der Methode findDebugCommonsAnnotation() werden aus den Annotationen jene herausgesucht, die den richtigen Typ haben. Die matches()-Methode wird dadurch trivial: Sie muss nur noch mit findDebugCommonsAnnotation() überprüfen, ob es ein solches Attribut bei der Methode gibt. Wenn man den Advisor in der Spring-Konfiguration mit einer Referenz auf die Attributes-Implementierung und den Interceptor versorgt, ist die Lösung lauffähig.

```
public class DebugCommonsAnnotationAdvisor
  extends StaticMethodMatcherPointcutAdvisor {

  private Attributes attributes;

  public void setAttributes(Attributes attributes) {
    this.attributes = attributes;
  }

  protected DebugCommonsAnnotation
    findDebugCommonsAnnotation(Method m) {
    Collection annotations =
      attributes.getAttributes(m);
    if (annotations == null) {
      return null;
    }
    DebugCommonsAnnotation debugCommonsAnnotation =
      null;

    Iterator itr = annotations.iterator();
    while (itr.hasNext() &&
           debugCommonsAnnotation == null) {
      Object att = itr.next();
      if (att instanceof DebugCommonsAnnotation) {
        debugCommonsAnnotation =
            (DebugCommonsAnnotation) att;
      }
    }
```

Listing 3–7

Implementierung des Advisors für Common Attributes

```
        return debugCommonsAnnotation;
      }


      public boolean
         matches(Method method, Class targetClass) {
         return
           (findDebugCommonsAnnotation(method) != null);
      }


    }
```

3.4.5   JDK-1.5-Annotationen

Alternativ kann man auch JDK-1.5-Annotationen verwenden. Listing
3–8 zeigt die Implementierung der Annotation. Die Annotation wird
mit @interface markiert. Da sie zur Laufzeit für den Advisor zur Verfügung stehen muss, wird durch die Annotation @Retention die passende Verfügbarkeit gewählt.

Listing 3–8
Implementierung einer
Annotation mit dem
JDK 1.5

```
@Retention(
   java.lang.annotation.RetentionPolicy.RUNTIME
)
public @interface DebugJDKAnnotation {
}
```

Ein eigener Compiler-Schritt wie bei den Jakarta Commons Attributes
ist bei den JDK-1.5-Annotationen nicht notwendig. Die Implementierung des Advisors wird wesentlich einfacher, da die benötigten Annotationen direkt an den Method- bzw. den Class-Objekten zur Verfügung
stehen.

Listing 3–9
Implementierung des
Advisors mit JDK 1.5

```
public class DebugJDKAnnotationAdvisor
   extends StaticMethodMatcherPointcutAdvisor {

   public boolean
      matches(Method method, Class targetClass) {
      return
      (method.getAnnotation(DebugJDKAnnotation.class)
      != null);
   }


}
```

Tipp

Die Implementierung mit JDK-1.5-Annotationen ist wesentlich einfacher und benötigt auch keinen eigenen Compiler. Zudem werden JDK-1.5-Annotationen von vielen IDEs unterstützt. Allerdings legt man sich damit auf JDK 1.5 oder höher fest. Eine Abstraktion von der konkreten Annotationen-Implementierung, die ein einfaches Umkonfigurieren zur Verwendung einer anderen Annotationen-Implementierung erlaubt, gibt es nicht, so dass man sich für einen Weg entscheiden muss. Die in Spring enthaltenen Aspekte z. B. für Transaktionen sind aber meistens über beide Wege konfigurierbar.

3.4.6 Introductions: Interface nachträglich implementieren

Eine weitere Möglichkeit, die Spring AOP bietet, sind Introductions. Damit kann eine Klasse um die Implementierung eines Interfaces ergänzt werden. Als Beispiel soll hier ein Zähler für die Methodenaufrufe implementiert werden. Man könnte dies auch als einen normalen Advice implementieren. Der Vorteil der Implementierung mit Hilfe einer Introduction ist, dass man im Code später die Spring-Beans in das passende Interface umwandeln kann. So ist auch dort der Zugriff auf den Zähler einfach möglich, während man bei der Implementierung in einem Advice nur innerhalb des Advices auf den Zähler zugreifen könnte oder Zugriff auf den Advice bräuchte.

Als Erstes muss man die Funktionalität der Introduction als Interface definieren. Das zeigt Listing 3–10.

Introduction-Interface

```
public interface CallCounter {
  int getCounter();
}
```

Listing 3–10
Das Interface der Introduction

Der nächste Schritt ist, eine Implementierung des Interface zu implementieren, die auch gleichzeitig von DelegatingIntroductionInterceptor erbt. Sie kann die Methode invoke() geeignet implementieren. Dies zeigt Listing 3–11.

```
public class CallCounterMixin
 extends DelegatingIntroductionInterceptor
 implements CallCounter {

  private int counter = 0;

  public int getCounter() {
    return counter;
  }
}
```

Listing 3–11
Implementierung des DelegatingIntroduction-Interceptor für den Aufrufzähler

```
public Object invoke(MethodInvocation mi)
 throws Throwable {
  counter++;
  return super.invoke(mi);
 }
}
```

Schließlich muss eine Klasse von DefaultIntroductionAdvisor abgeleitet werden, um einen Advisor zu erzeugen, der den DelegatingIntroductionInterceptor an eine Spring-Bean bindet. Die Implementierung ist recht trivial (Listing 3–12): Man muss nur dem Konstruktor der Superklasse mitteilen, welches Mixin instanziiert werden soll.

Listing 3–12
Der Advisor zum Ergänzen der Objekte um die Introduction

```
public class CallCounterAdvisor
 extends DefaultIntroductionAdvisor {

 public CallCounterAdvisor() {
  super(new CallCounterMixin());
 }

}
```

In der hier vorliegenden Implementierung wird der Advisor für jede Spring-Bean aktiv, so dass diese alle in das CallCounter-Interface umgewandelt werden können. Durch Codemodifikation am Advisor könnte man ihn auch auf einige Spring-Beans einschränken. Der DefaultIntroductionAdvisor implementiert das ClassMatcher-Interface und durch ein Überschreiben der Methode match() kann man ihn auf bestimmte Klassen einschränken.

Tipp

> Die Introductions sind eine weitere Möglichkeit, Aspekte der Anwendung zu modularisieren. Sie können die Fälle abdecken, in denen man Spring-Beans mit Features erweitern will, die an den Spring-Beans selbst implementiert sein müssen. Das ist im Prinzip eine Form der Mehrfachvererbung, ein so genanntes »Mixin«: Eine Klasse wird um einige Funktionalitäten erweitert, indem man Teile »hineinerbt«. Gegenüber Mehrfachvererbung z.B. in C++ ist dieser Ansatz jedoch sauberer, da die Introductions bzw. Mixins nicht in der eigentlichen Vererbungshierarchie auftauchen. Man kann also sozusagen eine Klasse als Basis verwenden und einige Features als Mixins hinzufügen.

3.5   AspectJ-Syntax mit Spring AOP

In Spring 2.0 wurden im Bereich AOP vollkommen neue Möglichkeiten eingeführt, die zum großen Teil auf Technologien aus AspectJ (Abschnitt 3.8) basieren. Dabei steht eine einfachere und mächtigere

Konfiguration der Aspekte im Mittelpunkt. So wurde von AspectJ die Sytnax für die Definition der Pointcuts übernommen. Sie hat große Ähnlichkeit mit der Syntax für die Deklaration von Methoden in Java. So ist `void save(Kunde)` eine gültige Beschreibung für eine Methode. Sie passt auf alle Methoden, die als Parameter eine Instanz von `Kunde` haben, save heißen und bei denen als Rückgabetyp void deklariert ist. Optional kann man die Sichtbarkeit, den Klassennamen und auch die geworfene Exception hinzufügen: `public void KundeDAO.save(Kunde) throws SomeException`. Für alle Teile kann man auch Wildcards verwenden. Dabei steht »*« für eine beliebige Zeichenkette. So passt `* *.*(Kunde)` auf Methoden aus beliebigen Klassen mit beliebigen Rückgabewerten und Namen, die `Kunde` als Parameter haben, und `* dao.*.*(..)` passt auf Methoden mit beliebigen Rückgabewerten (erstes Sternchen) aus beliebigen Klassen (zweites Sternchen) aus dem Package dao. Die Methoden dürfen beliebige Namen (drittes Sternchen) und beliebige Parameter (die zwei Punkte) haben. Würde man neben dem Package dao auch Subpackages zulassen wollen, müsste man `* dao..*.*(..)` verwenden. Der zweite Punkt hinter dao signalisiert, dass auch Subpackages zulässig sind. Der Ausdruck `void hallo(*)` passt auf alle Methoden, die void als Rückgabewert haben, hallo heißen und einen beliebigen Parameter haben. `void hallo(*,*)` hingegen passt auf Methoden mit zwei beliebigen Parametern und `void hallo(..)` schließlich auf Methoden mit einer beliebigen Anzahl von Parametern.

3.5.1 Verwendung klassischer Spring-Aspekte mit AspectJ-Pointcuts

Zunächst soll gezeigt werden, wie man diese AspectJ-Pointcuts mit Aspekten verwenden kann, die nach der alten Spring AOP API entwickelt worden sind.

Die erste Möglichkeit ist, den `AspectJExpressionPointcut` als Pointcut für einen Spring-AOP-Aspekt zu benutzen. Dies zeigt Listing 3–13. Dieser Pointcut soll passend zu dem Beispiel aus Abschnitt 3.4 bei allen Aufrufen einer Methode aus dem Package dao aktiviert werden.

Der AspectJExpression-Pointcut

```
<beans>

  <bean id="debugInterceptor"
    class="….DebugInterceptor" />

  <bean id="aspectjPointcut"
    class="….AspectJExpressionPointcut">
    <property name="expression"
     value="execution (* dao.*.*(..))" />
  </bean>
```

Listing 3–13
Verwendung der
AspectJ-Pointcut-Syntax
für Spring AOP

```
<bean id="debugAdvisor"
  class="….DefaultPointcutAdvisor">
  <property name="advice" ref="debugInterceptor" />
  <property name="pointcut" ref="aspectjPointcut" />
</bean>

<bean id="autoProxyCreator"
  class="….DefaultAdvisorAutoProxyCreator" />

</beans>
```

Wie man sieht, muss man lediglich die bereits erläuterte Methoden-definition noch mit execution() umgeben. Damit wird ausgedrückt, dass der Aspekt bei der Ausführung der Methode aktiv werden soll. Alternativ hätte man auch den AspectJExpressionPointcutAdvisor verwenden können, statt im DefaultPointcutAdvisor den Pointcut und den Advice einzeln anzugeben.

Konfiguration
mit XML Schemas

Ebenfalls in Spring 2.0 wurde die Konfiguration von Aspekten mit Hilfe von XML Schemas vereinfacht. Listing 3–14 zeigt ein Beispiel.

Listing 3–14
Konfiguration von
Aspekten mit XML
Schemas

```
<?xml version="1.0" encoding="UTF-8"?>
<beans xmlns="http://www.springframework.org/schema/beans"
  xmlns:xsi="http://www.w3.org/2001/XMLSchema-instance"
  xmlns:aop="http://www.springframework.org/schema/aop"
  xsi:schemaLocation="
  http://www.springframework.org/schema/beans
    http://www.springframework.org/schema/beans/spring-beans-2.0.xsd
  http://www.springframework.org/schema/aop
    http://www.springframework.org/schema/aop/spring-aop-2.0.xsd">

<bean id="debugInterceptor"
  class="….DebugInterceptor" />

<aop:config proxy-target-class="true">
  <aop:pointcut id="bestellenPointcut"
  expression="execution (* dao.*.* (..))" />
  <aop:advisor advice-ref="debugInterceptor"
  pointcut-ref="bestellenPointcut" />
</aop:config>

</beans>
```

Nach der Definition des zu verwendenden XML Schemas und der passenden XML-Namespaces beginnt der Abschnitt mit der Spring-AOP-Konfiguration. Die Konfiguration wird durch das aop:config-Element eingeleitet. Dort kann mit dem proxy-target-class-Attribut konfiguriert werden, ob man CGLIB (`true`) oder Dynamic Proxies (`false`) verwenden will. Das Attribut ist allerdings nur dann notwendig, wenn man die Nutzung von CGLIB erzwingen will, auch wenn gegen Interfaces programmiert wird und Dynamic Proxies verwendet werden können. Falls eine Klasse mit einem Proxy versehen werden muss, wird sowieso CGLIB genutzt.

Mit dem `aop:pointcut`-Element kann ein Pointcut definiert werden. Dabei wird mit dem `type`-Attribut ausgewählt, ob die `expression` nach AspectJ-Syntax (`aspectj`) oder als regulärer Ausdruck (`regex`) ausgewertet werden soll. Das `aop:advisor`-Element kann einen Advice und einen Pointcut zu einem Advisor zusammenfassen. Statt der Referenzen auf einen Pointcut mit dem `pointcut-ref`-Attribut kann man mit dem `pointcut`-Attribut auch direkt einen AspectJ-Pointcut-Ausdruck für den Advisor angeben. Im Beispiel wird aber das `aop:pointcut`-Element zusammen mit dem `pointcut-ref`-Attribut verwendet. Der Vorteil ist, dass man so denselben Pointcut für verschiedene Advices verwenden kann. Im vorliegenden Beispiel wird der Pointcut-Ausdruck aber nur an einer Stelle genutzt, so dass man mit dem einfachen `pointcut`-Attribut zu einer einfacheren Konfiguration gekommen wäre.

Man kann also einen Aspekt, der nach der in Abschnitt 3.3 dargestellten Spring-AOP-API implementiert ist, entweder mit Hilfe des `AspectJExpressionPointcutAdvisor` mit AspectJ-Pointcut-Ausdrücken versehen oder mit Hilfe des `aop:advisor`-Elements in der Spring-Konfiguration. Auf diese Weise ist es möglich, auch den Aspekt-Werkzeugkasten (Abschnitt 3.4.2) mit AspectJ-Pointcut-Ausdrücken zu verwenden. Für die Implementierung eigener Aspekte bietet Spring auch von AspectJ entliehene Möglichkeiten, die in den nächsten Abschnitten detailliert dargestellt werden.

3.5.2   Aspekte mit Annotationen markieren

Eine von AspectJ entliehene Möglichkeit ist die Verwendung von JDK-1.5-Annotationen für das Markieren von Aspekten. Diese Annotationen sind eigentlich ein Teil von AspectJ, aber seit Spring 2.0 wird eine Untermenge auch von Spring AOP unterstützt.

Um eine Klasse zu einem Aspekt zu machen, muss sie lediglich mit der `@Aspect`-Annotation versehen werden. Normalerweise wird genau eine Instanz der Klasse erzeugt. Sie ist also ein SINGLETON und muss so in der Spring-Konfiguration konfiguriert werden.

Listing 3–15 zeigt, wie man einen Aspekt für Tracing mit Hilfe von AspectJ-Annotationen implementieren kann. Die Klasse selbst muss

Around-Advice mit Annotationen

mit der @Aspect-Annotation versehen werden. Zudem muss man die einzelnen Klassen annotieren, die als Teil des Aspekts aufgerufen werden sollen.

Listing 3–15

Implementierung
eines eigenen
DebugInterceptors mit
@Aspect-Annotationen

```
@Aspect()
public class AspectJAroundDebugInterceptor {

  @Around("execution(* dao.*.*(..))")
  public Object invoke(ProceedingJoinPoint pjp)
   throws Throwable {
    log.trace("Entering "+
    pjp.getStaticPart().toLongString());
    try {
      return pjp.proceed();
    } catch (Throwable ex) {
      log.trace("Exception" + ex.toString());
      throw ex;
    } finally {
      log.trace("Exiting "+
      pjp.getStaticPart().toLongString());
    }
  }

}
```

Im konkreten Beispiel soll die invoke()-Methode aufgerufen werden. Sie soll alle Methoden aus dem dao-Package mit einem Around-Advice versehen. Ein Around-Advice ist mit einem Spring-AOP-MethodInterceptor (Abschnitt 3.3) vergleichbar. Der Methodenaufruf wird also abgefangen und an den Around-Advice übergeben. Der kann die eigentliche Methode aufrufen oder eine beliebige andere Funktionalität implementieren. Dazu wird der Methode eine Instanz von ProceedingJoinPoint übergeben. Mit dieser Instanz ist der Aufruf der eigentlichen Methode möglich, indem an ihr die Methode proceed() aufgerufen wird. In Listing 3–15 kann man außerdem erkennen, dass durch den ProceedingJoinPoint weitere Informationen übergeben werden wie z.B. der Name der aufgerufenen Methode.

Tipp

Aspekte sind zunächst Singletons und im Allgemeinen kommt man mit dem SINGLETON-Ansatz aus. Für die Ausnahmen kann für jedes Objekt, das einen bestimmten Pointcut ausführt, eine Instanz anlegen lassen. So führt @Aspect("pertarget(execution (void hallo()))") dazu, dass für jede Spring-Bean, an der die Methode hallo() ausgeführt wird, eine neue Instanz des Aspekts angelegt wird. Dadurch kann der Aspekt spezifische Informationen für jede Instanz sammeln.

> `pertarget` bedeutet, dass für jede Spring-Bean, an der die Methode aufgerufen wird, eine neue Instanz des Aspekts erzeugt wird. Eine Alternative ist `perthis`. Der Name leitet sich daraus ab, dass für jede Belegung der Variable `this` eine neue Instanz des Aspekts erzeugt wird. Bei AspectJ kann das mit einigen Pointcuts zu anderen Ergebnissen als `pertarget` führen. Spring AOP unterstützt nur `execution`-Pointcuts, und daher führen beide Optionen zu demselben Ergebnis. Die Variable `this` enthält bei der Ausführung der Methode gerade auch das Ziel (`target`) des Methodenaufrufs. Die Unterscheidung ist also nicht für Spring AOP so sinnvoll, aber erhöht die Kompatibilität mit AspectJ.

Advices mit der AspectJ-Syntax kann man ebenfalls zu einem normalen Java-Objekt hinzufügen, ohne dass man Spring Dependency Injection nutzen muss. Dadurch ist es möglich, Spring AOP mit AspectJ-Annotation unabhängig vom Rest des Spring-Frameworks zu verwenden. Ein Beispiel dafür zeigt Listing 3–16. Das ursprüngliche Objekt wird durch eine `AspectJProxyFactory` mit einem Proxy umgeben, dem dann Aspekte hinzugefügt werden können.

AspectJ Advices ohne Dependency Injection nutzen

```
BestellungBusinessProcess bestellung =
  new BestellungBusinessProcess();
AspectJProxyFactory aspectJProxy =
  new AspectJProxyFactory(bestellung);
aspectJProxy.setProxyTargetClass(true);
aspectJProxy.addAspect(
  new AspectJAroundDebugInterceptor());
bestellung = aspectJProxy.getProxy();
```

Listing 3–16
Nutzung von Advices mit AspectJ-Annotationen ohne Spring Dependency Injection

Neben Around-Advices unterstützt die AspectJ-Notation auch Before- und After-Advices. Ein Before-Advice wird durch die `@Before`-Annotation gekennzeichnet und wird vor der Ausführung der eigentlichen Methode aufgerufen. Für After-Advices steht die `@After`-Annotation zur Verfügung. Ein solcher Advice wird unabhängig davon aufgerufen, ob die Methode erfolgreich beendet wurde oder eine Exception geworfen wurde. Will man nur bei einer fehlerfreien Methodenausführung aktiv werden, so kann man `@AfterReturning` nutzen. Mit `@AfterThrowing` kann man nur dann aktiv werden, wenn Exceptions ausgelöst werden.

Andere Advices

Die Advices für das Tracing kann man genauso gut mit Before- und After-Advices implementieren. Das zeigt Listing 3–17.

Listing 3–17

*Implementierung eines
Tracing-Aspekts mit After-
Advices*

```java
@Aspect()
public class AspectJBeforeAfterDebugInterceptor {

    @Pointcut("execution(* dao.*.*(..))")
    public void debugPointcut() {}

    @Before("debugPointcut()")
    public void before(JoinPoint jp) {
        log.trace("Entering "+
            jp.getStaticPart().toLongString());
    }

    @AfterReturning("debugPointcut()")
    public void afterReturning(JoinPoint jp) {
        log.trace("Exiting "+
            jp.getStaticPart().toLongString());
    }

    @AfterThrowing(pointcut="debugPointcut()",
     throwing="ex")
    public void afterThrowing(JoinPoint jp, Exception ex) {
        log.trace("Exception in "+
            jp.getStaticPart().toLongString()+" "+ex);
    }

}
```

*Pointcuts mit
Annotationen definieren*

Im Beispiel wird die Möglichkeit genutzt, mit @Pointcut einen Pointcut außerhalb einer Advice-Annotation zu konfigurieren. Die @Pointcut-Annotation wird einer Methode zugeordnet und mit einem Pointcut-Ausdruck versehen. Danach kann man in den Advices jeweils auf den Pointcut mit dem Namen der annotierten Methode referenzieren, im Beispiel debugPointcut(). Die Methode hat nur die Funktion, die @Pointcut-Annotation zu tragen und enthält keinen Code.

Die @Before-, @AfterReturning- und @AfterThrowing-Annotation können mit Methoden ohne Parameter verwendet werden. In Listing 3–17 haben die annotieren Methoden jedoch einen Parameter vom Typ JoinPoint, der mit den Daten des jeweiligen Methodenaufrufs gefüllt wird und zur Ausgabe der Tracing-Nachrichten verwendet wird. Bei diesen Before- und After-Advices wird im Gegensatz zum Around-Advice kein ProceedingJoinPoint übergeben, weil die weitere Ausführung der Methode automatisch geschieht – schließlich greifen die Advices nur vor und nach der Ausführung der Methode ein. Daher besteht keine Möglichkeit, die Ausführung explizit fortzusetzen.

Bei der @AfterThrowing-Annotation ist erwähnenswert, dass man mit dem throwing-Ausdruck festlegen kann, in welchem Parameter der annotierten Methode die geworfene Exception enthalten sein soll. Analog kann man bei der @AfterReturning-Annotation mit einem returning-Ausdruck festlegen, welcher Parameter der annotierten Methode den Rückgabewert enthalten soll.

Um die Aspekte zu aktivieren, muss in der Spring-Konfiguration jeweils eine Instanz der entsprechenden Klasse als Spring-Bean konfiguriert werden. Außerdem muss man in der Spring-Konfiguration eine Spring-Bean vom Typ AnnotationAwareAspectJAutoProxyCreator einrichten. Er untersucht alle Spring-Beans auf AspectJ-Annotationen und erzeugt passende Proxys oder CGLIB-Klassen. Eine Alternative ist die Verwendung der Konfiguration mit XML Schemas. In diesem Fall reicht es, das Element <aop:aspectj-autoproxy/> in der Konfiguration anzugeben.

Aktivierung der Aspekte

Es ist also möglich, Advices als einfache Java-Klassen mit Annotationen zu implementieren – das Implementieren eines Interfaces ist dann nicht notwendig. Man kann allerdings sogar noch einen Schritt weitergehen und selbst Java-Klassen ohne Annotationen zu Advices machen. An den Klassen ist dann nicht zu erkennen, dass sie Advices sind. Dazu muss man lediglich in Listing 3–15 und Listing 3–17 die Annotationen entfernen. Anstatt der Annotationen muss die Aktivierung der Advices in der Spring-Konfiguration geschehen.

Normale Klassen als Advices

Die Konfiguration für den Around-Advice zeigt Listing 3–18. Der Advice wird als normale Spring-Bean unter dem Namen aroundAdvice erzeugt. Die Implementierung der Spring-Bean ist mit Listing 3–15 identisch – bis auf die nun überflüssigen Annotationen. Der Methode wird auch weiterhin der ProceedingJoinPoint übergeben, um die Abarbeitung der eigentlichen Methode zu ermöglichen.

In der Spring-Konfiguration erfolgt die AOP-Konfiguration. Das aop:config-Element und aop:pointcut-Element wurde schon in Listing 3–14 verwendet. Neu ist nur das aop:aspect-Element. Damit wird aus der Spring-Bean ein Advice. Die Spring-Bean wird durch das ref-Attribut festgelegt. Mit dem aop:around-Element wird die aufzurufende Methode durch das method-Attribut festgelegt und der zu verwendende Pointcut durch das pointcut-ref-Element. Alternativ hätte man den Pointcut-Ausdruck auch direkt im aop:around-Element mit einem pointcut-Attribut angeben können.

Listing 3–18

Konfiguration des
Around-Advices

```
<beans>

...

    <bean id="aroundAdvice"
     class="aop.AspectJAroundDebugInterceptor" />

    <aop:config>
      <aop:pointcut id="debugPointcut"
       expression="execution (* dao.*.*(..))" />
      <aop:aspect ref="aroundAdvice">
        <aop:around method="invoke"
         pointcut-ref="debugPointcut" />
      </aop:aspect>
    </aop:config>

</beans>
```

Soweit zu den Around-Advice. Die Konfiguration für den After-Advice aus Listing 3–17 zeigt Listing 3–19. In der XML-Konfiguration werden die XML-Elemente aop:before, aop:after-returning und aop-afterthrowing verwendet, deren Verwendung analog zu dem aop:around-Element ist. Außerdem kann man erkennen, dass bei dem aop-afterthrowing-Element der Parametername der Exception mit dem throwing-Attribut festgelegt wird. Die Implementierung der Klassen entspricht dem Code aus Listing 3–17 – nur die Annotationen sind natürlich überflüssig.

Listing 3–19

Konfiguration des
After-Advices

```
<beans>

...

    <bean id="advice"
     class="aop.AspectJBeforeAfterDebugInterceptor" />

    <aop:config>
      <aop:pointcut id="debugPointcut"
        expression="execution (* dao.*.*(..))" />
      <aop:aspect ref="advice">
        <aop:before method="before"
         pointcut-ref="debugPointcut" />
        <aop:after-returning method="afterReturning"
         pointcut-ref="debugPointcut" />
        <aop:after-throwing method="afterThrowing"
         throwing="ex"
         pointcut-ref="debugPointcut" />
      </aop:aspect>
    </aop:config>

</beans>
```

Mit den gezeigten Möglichkeiten kann man normale Java-Klassen entweder mit Annotationen oder durch die Spring-Konfiguration zu
Advices machen. Der Vorteil der Konfiguration in den XML-Dateien
ist, dass man diese schneller ändern kann, weil keine Kompilierung
notwendig ist. Gerade bei dem hier gezeigten Tracing-Aspekt kann
dies ein deutlicher Vorteil sein, da man das Tracing dann recht einfach
umkonfigurieren kann. Ein weiterer Vorteil ist, dass die Einstellung in
den XML-Dateien auch mit JDK 1.4 und 1.3 funktioniert, während
man bei Annotationen auf JDK 1.5 angewiesen ist. Der Einsatz von
Annotationen ist aber durchaus sinnvoll, da die Einstellungen in den
Pointcuts meistens den Status von Programmcode haben. Sie sind ein
wesentlicher Teil des Aspekts. Eine Änderung in den Annotationen
schlägt sich nämlich nur dann nieder, wenn man den Code neu übersetzt, aber dafür ist der Aspekt in einer einzigen Java-Klasse vollständig implementiert, so dass man nicht noch zusätzlich in die Spring-
Konfiguration schauen muss, um zu sehen, wo der Aspekt ansetzt.

3.5.3   Mehr über AspectJ Pointcuts

Wie schon erwähnt, ist die AspectJ-Pointcut-Sprache sehr mächtig. Bis
jetzt wurde nur der `execution()`-Pointcut-Bezeichner verwendet, um
bei der Ausführung einer Methode aktiv zu werden. Es gibt aber
wesentlich mehr Möglichkeiten:

- Mit `within()` kann man den Pointcut anhand der Stellen einschränken, in denen der ausgeführte Code deklariert worden ist. Entsprechend ist der Parameter ein Pattern für einen Typ.
  `within(hibernatedao.*)` würde also auf alle Methodenausführungen passen, bei denen der Code aus dem `hibernatedao`-Package
  kommt – das Sternchen steht für eine beliebige Klasse.
  `within(dao.*)` hingegen passt auf gar keinen Code, da im `dao`-
  Package nur Interfaces und kein ausführbarer Code definiert werden.
- Man kann auch durch die Parameter des Methodenaufrufs einen
  Pointcut definieren. Dazu dient der `args`-Pointcut-Bezeichner.
  `args(businessobject.Bestellung)` passt auf alle Methoden, die als
  einzigen Parameter eine Instanz von Bestellung übernehmen. Auch
  hier kann man mit Aufzählungen und mehreren Parametern arbeiten. So passt `args(businessobject.Bestellung, ..)` auf alle Methoden, bei denen der erste Parameter vom Typ `Bestellung` ist.
  Häufiger wird `args()` jedoch verwendet, um die Argumente des
  abgefangenen Methodenaufrufs an einen Parameter des Advices zu
  binden. Beispielsweise wird in Listing 3–20 durch den `execution`-

Pointcut-Bezeichner der Pointcut ausgewählt und durch das arg() wird das erste Argument der Methode an den Parameter bestellung der Methode gebunden. Der Pointcut wird außerdem nur dann aktiviert, wenn der erste Parameter tatsächlich den Typ Bestellung hat. Man sieht in Listing 3–20 auch, dass man boolesche Operatoren für die Kombination von Pointcuts nutzen kann. Die erlaubten Operatoren umfassen die komplette Palette der in Java gültigen booleschen Operatoren.

Listing 3–20

Verwendung von args zum Binden von Paramtern des Advices

```
@Before("execution(* dao.IBestellungDAO.*(..) ) "+
  "&& args(bestellung, ..)")
  public void before(Bestellung bestellung) {…}
```

Die Verwendung solcher boolescher Operatoren in XML-Dateien ist etwas kompliziert, da Zeichen wie das kaufmännische Und (»&«) dort schon eine andere vorbelegte Semantik haben. Daher gibt es in der XML-Konfiguration auch die Möglichkeit, die Operatoren durch »and«, »or« usw. anzugeben (Listing 3–21).

Listing 3–21

Verwendung boolescher Operatoren in der Spring-XML-Konfiguration

```
<aop:config>
  <aop:aspect ref="aspekt">
    <aop:before method="before"
      pointcut=
      "execution(* dao.IBestellungDAO.*(..) ) and args(arg, ..)" />
  </aop:aspect>
</aop:config>
```

▨ Durch this() kann man einen Pointcut anhand des Typs der Variable this einschränken, also anhand des Typs des Spring-AOP-Proxys. Dabei sind nur konkrete Typen erlaubt und keine Pattern. this(dao.IBestellungDAO) würde auf alle Methodenausführungen passen, bei denen der Proxy das IBestellungDAO-Interface implementiert. this(hibernatedao.BestellungDAO) wäre nur dann sinnvoll, wenn der Proxy von dieser Klasse erbt. Das ist nur dann der Fall, wenn CGLIB genutzt wird, weil dann eine Subklasse generiert wird. Bei der Verwendung von Dynamic Proxies hingegen würde der Proxy nur IBestellungDAO implementieren und nicht von der Klasse erben. Auch this() kann man zum Binden von Parametern des Advices verwenden.

▨ Wenn man Pointcuts durch den Typ des Spring-AOP-Proxys festlegen kann, bietet es sich natürlich an, auch nach dem Typ des Targets Pointcuts definieren zu können. Dazu gibt es den target-Pointcut-Bezeichner, der in der Verwendung dem this-Pointcut-Bezeichner ähnelt. target(hibernatedao.BestellungDAO) würde also alle Methodenausführungen auswählen, bei denen das Target-

Objekt vom Typ `hibernatedao.BestellungDAO` ist. Auch diesen Pointcut-Bezeichner kann man für die Bindung von Variablen verwenden.

- Man kann auch anhand von Annotationen Pointcuts definieren. `@target()` reagiert auf Annotationen des Target-Objekts, `@args()` auf Annotationen bei den Argumenten der Methode und `@within` darauf, dass die Klasse, in der der ausgeführte Code geschrieben worden ist, mit einer Annotation versehen ist. Außerdem bietet `@annotation` die Möglichkeit, sich auf mit einer bestimmten Annotationen markierte Methoden zu begrenzen. Ein Beispiel zeigt Listing 3–22. Hier wird bei jeder Methode, die eine passende Annotation hat, der Advice aktiviert. Wie man sieht, wird die Annotation als voll qualifizierter Klassenname ohne ein @ angegeben.

```
@Around("@annotation(debug.DebugJDKAnnotation)")
public Object debug(ProceedingJoinPoint pjp)
  throws Throwable {

    …

    return pjp.proceed();
}
```

Listing 3–22
Annotationen für die
Definition von Pointcuts
verwenden

Außerdem kann man bei einem Type-Pattern zum Beispiel in einem Execution-Pointcut auch immer eine Annotation mit angeben. So kann man z. B. Folgendes schreiben:

```
execution (* (@DebugJDKAnnotation *).*(..))
```

Dieser Pointcut wird dann bei jedem Typ aktiviert, der mit der `DebugJDKAnnotation` annotiert wird.

`execution (@DebugJDKAnnotation * *.*(..))` hingegen passt auf alle Methoden, bei denen die Deklaration der Methode die `DebugJDKAnnotation` trägt. Der Unterschied zu `@annotation` ist subtil: `@annotation` besagt eigentlich, dass der Joinpoint, an dem der Pointcut aktiviert wird, mit der Annotation markiert sein soll. Da Spring AOP aber nur Methoden-Ausführungen als Joinpoint erlaubt, sind die beiden Möglichkeiten identisch. Bei AspectJ, das auch andere Joinpoints erlaubt, wäre dies anders.

3.5.4   Interfaces nachträglich implementieren mit AspectJ-Syntax

In Abschnitt 3.4.6 wurde dargestellt, wie man mit Spring AOP ein Interface mit Hilfe einer Introduction nachträglich implementieren kann. Genau dasselbe ist mit der AspectJ-Syntax ebenfalls möglich. Als Beispiel soll wie schon in Abschnitt 3.4.6 das `CallCounter`-Interface mit der Klasse `CallCounterMixin` implementiert werden und diese Implementierung soll zu Spring-Beans hinzugefügt werden. Listing 3–23 zeigt den dafür notwendigen Aspekt. Wesentlich ist die @DeclarePa-rents-Annotation. Sie steht an einer statischen Variable, deren Typ das Interface definiert, das durch die Introduction zu den Klassen hinzuge-fügt werden soll. Im Beispiel ist es das CallCounter-Interface. Mit der Annotation legt man durch das value-Attribut fest, welche Typen erweitert werden sollen, und das defaultImpl-Attribut definiert die zu verwendende Implementierungs-Klasse. Im Beispiel wird lediglich die Klasse introductions.Bean erweitert und als Implementierung wird die CallCounterMixin-Klasse verwendet. Dieser Aspekt wird dann in der Konfiguration durch ein aop:aspectj-autoproxy-Element aktiviert.

Listing 3–23
Implementierung mit
@Aspect-Syntax

```
@Aspect
public class CallCounterIntroduction {

  @DeclareParents(value = "introductions.Bean",
   defaultImpl = CallCounterMixin.class)
  public static CallCounter callCounter;

  @After("execution(* introductions.Bean.*()) &&"
   + "this(callCounter)")
  public void incCounter(CallCounter callCounter) {
    callCounter.incCounter();
  }

}
```

Der in Listing 3–23 außerdem vorhandene After-Advice verwendet die Introduction: Er reagiert auf Methodenaufrufe der Klasse introduc-tions.Bean. Diese ist durch die Introduction um eine Implementierung des CallCounter-Interfaces ergänzt worden. Der After-Advice macht sich dies zu Nutze. Er hat einen Parameter von diesem Typ, der durch den Pointcut an das aktuell aufgerufene Objekt gebunden wird. Als Typ wird das CallCounter-Interface genutzt, so dass der Zähler des CallCounter-Interfaces durch den After-Advice bei jeder Methodenaus-führung erhöht werden kann.

Neben dieser Möglichkeit mit Hilfe von Annotationen kann man dasselbe auch mit einer Spring-Konfiguration erreichen (Listing 3–24). Es wird nur eine andere Syntax verwendet, um dasselbe auszudrücken. Das aop:declare-parents-Element enthält ein Typ-Pattern durch das type-matching-Attribut, das alle zu erweiternden Klassen definiert. Das implement-interface-Attribut legt fest, welches Interface implemen-tiert wird und das default-impl-Attribut legt die Implementierungs-Klasse des Interfaces fest. Übrigens zeigt das Listing auch, wie man durch das proxy-target-class-Attribut des aop:config-Elements die Nutzung von CGLIB erzwingen kann.

```
<aop:config proxy-target-class="true">
  <aop:aspect ref="introduction">
    <aop:declare-parents
      types-matching="introductions.Bean"
      implement-interface="introductions.CallCounter"
      default-impl="introductions.CallCounterMixin" />

    <aop:before
      pointcut="execution(* introductions.Bean.*()) and this(callCounter)"
      method="incCounter" />
  </aop:aspect>

</aop:config>
```

Listing 3–24
XML-Syntax für
Introductions

3.6   Fortgeschrittene Techniken mit Spring-Aspekten

Bis jetzt wurde die Verwendung von Aspekten für typische AOP-Anwendungen gezeigt. Mit Spring AOP kann man auch andere Dinge machen, die sonst schwer oder gar nicht implementierbar sind. Da zwischen dem Target und dem Aufrufer durch den Proxy sowieso das Spring-AOP-Framework aktiv ist, kann man auch weitergehende Funktionen implementieren. Außerdem gibt es einige nicht so offensichtliche Punkte, die man bei Spring AOP beachten muss.

3.6.1   Reihenfolge der Advices

Manchmal kommt es bei Advices darauf an, in welcher Reihenfolge sie ausgeführt werden. So sollte die Messung von Performance-Werten mit Hilfe eines Aspekts zuerst in der Aufruf-Reihenfolge kommen, so dass die Performance-Messungen auch die anderen Aspekte in Betracht ziehen.

Innerhalb eines Aspekts, der mit der @Aspect-Annotation definiert wurde, werden die einzelnen Advices in der Reihenfolge der Definition im Quelltext ausgeführt. Was weiter oben steht, erhält eine höhere Priorität.

Wenn nun mehrere Aspekte an demselben Joinpoint aktiv werden, reicht das jedoch nicht mehr aus, weil auch die Aspekte in eine Reihenfolge gebracht werden müssen. Spring bietet für Situationen, in denen mehrere Dinge in eine Ordnung gebracht werden müssen, das Ordered-Interface an. Dieses Interface definiert nur eine Methode, getOrder(). Sie gibt ein int zurück. Das Interface kann sowohl für Advisor beim klassischen Spring-AOP-Stil wie auch für Aspekte, die mit den @AspectJ-Annotationen markiert sind, genutzt werden.

3.6.2   Das Advised-Interface und Zugriff auf den Proxy

Man kann zur Laufzeit jeden Spring-AOP-Proxy in das Advised-Interface umwandeln. Dieses Interface bietet einige Methoden wie addAdvice() oder addAdvisor(), mit denen man zur Laufzeit weitere Advices und Advisor zu dem Proxy hinzufügen kann. Es ist ebenfalls möglich, Advisor und Advices zu entfernen oder Informationen über die aktuell aktiven Advisor und Advices zu bekommen. In der Praxis verwendet man das Interface jedoch nur selten, da meistens eine statische Konfiguration ausreicht.

Besondere Beachtung verdient die setExposeProxy()-Methode. Wenn man sie mit dem Parameter true aufruft, kann man auch von innerhalb des Targets auf den Proxy zugreifen. Die Methode gibt es auch bei der ProxyFactoryBean, der ProxyFactory und bei der AspectJ-ProxyFactory, so dass man auch dort eine entsprechende Konfiguration vornehmen kann. Nur ein Methodenaufruf an den Proxy führt auch die Advices aus, ein Methodenaufruf direkt an das Target wird hingegen die Spring AOP Advices nicht mit ausführen. Listing 3–25 zeigt ein Beispiel für die Verwendung dieser Funktionalität.

Listing 3–25
Zugriff auf den Proxy von
innerhalb der Spring-Bean

```
// keine Spring AOP Advices werden ausgeführt:
this.bestellen(einkaufswagen);
// Proxy auslesen
// Voraussetzung: setExposeProxy(true) wurde
// auf dem Advice-Interface aufgerufen
BestellungBusinessProcess proxy =
 (BestellungBusinessProcess) AopContext.currentProxy();
// Spring AOP Advices werden aussgeührt:
proxy.bestellen(einkaufswagen);
```

3.6.3   Zielobjekte austauschen

Ein weiteres Feature von Spring AOP ist es, das Target hinter dem Proxy gegen ein anderes auszutauschen und dadurch beispielsweise das Pooling von Objekten zu implementieren. Dazu kann man das TargetSource-Interface verwenden. An ein solches Objekt delegiert der ProxyFactoryBean die Erzeugung des Objekts, das von dem Proxy aufgerufen wird.

Die HotSwappable-
TargetSource

Wenn man hier ein HotSwappableTargetSource verwendet (Listing 3–26), kann man zur Laufzeit die Referenz auf ein anderes Objekt »umbiegen«. Die Konfiguration definiert die eigentliche Spring-Bean mit dem Namen swappable. Diese wird einer HotSwappableTargetSource übergeben, die der ProxyFactoryBean zugewiesen wird.

```
<beans>
  <bean id="swappable" class="EineKlasse"/>

  <bean id="hotSwappableTargetSource"
   class="….HotSwappableTargetSource">
    <constructor-arg ref="swappable"/>
  </bean>

  <bean id="swapper"
    class="….ProxyFactoryBean">
    <property name="target" ref="swappable"/>
    <property name="targetSource"
     ref="hotSwappableTargetSource"/>
  </bean>

</beans>
```

Listing 3–26
Beispiel für eine
HotSwappableTarget-
Source

Die Benutzung zeigt Listing 3–27. Es wird zunächst der Proxy aus dem ApplicationContext ausgelesen. Anschließend wird die HotSwappable-TargetSource mit einem anderen Objekt versehen. Der nun folgende Aufruf objekt.doIt() wird an diese neue Instanz weitergeleitet.

```
ApplicationContext context = new
  ClassPathXmlApplicationContext("targetsource.xml");
EineKlasse objekt =
  (EineKlasse) context.getBean("swapper");
objekt.doIt();
HotSwappableTargetSource swap =
  (HotSwappableTargetSource) context
   .getBean("hotSwappableTargetSource");
swap.swap(new EineKlasse("42"));
objekt.doIt();
```

Listing 3–27
Benutzung der Hot-
SwappableTargetSource

Abbildung 3–6 zeigt den Ablauf als Sequenz-Diagramm. Wie man sieht, wird der Aufruf an die Spring-Bean zunächst durch den Proxy abgefangen. Der ruft an der TargetSource die Methode getTarget() auf, um das Target zu erhalten. An diesem Objekt wird die Methode aufgerufen. Die TargetSource kann also bei jedem Methodenaufruf ein anderes Objekt zurückliefern, ohne dass andere Objekte die Referenz auf den Proxy ändern müssen.

Auf den ersten Blick erscheint das eher wie eine Spielerei, die kaum praktische Anwendungen hat. In Wirklichkeit ist diese Möglichkeit eine sehr interessante Grundlage für verschiedene wichtige Ansätze für Enterprise-Systeme.

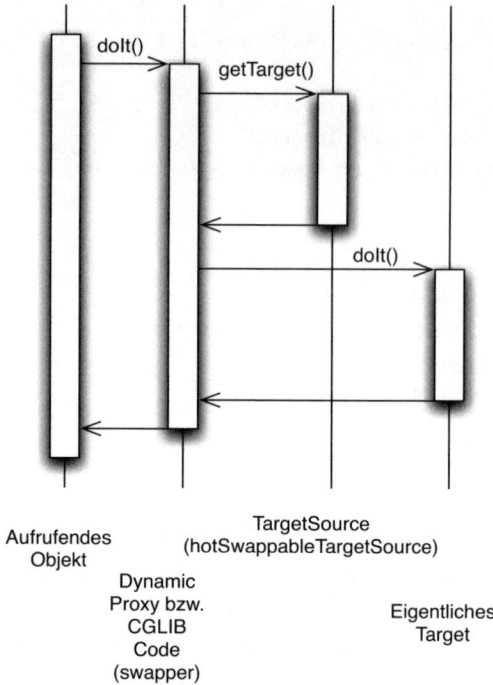

Abb. 3–6
Ablauf als
Sequenz-Diagramm

Aufrufendes
Objekt

Dynamic
Proxy bzw.
CGLIB
Code
(swapper)

TargetSource
(hotSwappableTargetSource)

Eigentliches
Target

TargetSource-
Implementierungen

Dazu bietet Spring folgende Implementierung einer TargetSource an:

- PrototypeTargetSource: Durch diese TargetSource wird bei jedem Methodenaufruf eine neue Instanz der dahinter liegenden Spring-Bean erzeugt. Dies kann durch die Optimierungen in modernen JVMs effizienter als Objekt-Pooling sein.

- CommonsPoolTargetSource: Mit dieser TargetSource wird das Objekt aus einem Pool von Instanzen ausgelesen. Damit kann man die Arbeit auf mehrere Instanzen verteilen, ohne dass man für jeden Benutzer der Spring-Bean eine eigene Instanz erzeugen muss. Es ist also eine Möglichkeit, die zwischen dem SINGLETON-Ansatz und dem Ansatz angesiedelt ist, bei jedem Aufruf der Spring-Bean grundsätzlich eine neue Instanz zurückzugeben.

- ThreadLocalTargetSource: Diese TargetSource sorgt dafür, dass eine Instanz der Spring-Bean mit dem Thread assoziiert wird und bei jedem Auslesen in demselben Thread auch die gleiche Spring-Bean geliefert wird. Dadurch kann man einen impliziten Zustand modellieren, der in jeder Methode innerhalb des Threads verwendet werden kann. Dazu können Informationen zählen wie der aktuelle Benutzer oder die aktuelle Transaktion.

- JndiObjectTargetSource: Mit dieser TargetSource kann die Spring-Bean aus dem JNDI-Namenssystem ausgelesen werden. Das ist sinnvoll, wenn entweder bei jedem Zugriff auf die Spring-Bean ein neues Objekt ausgelesen werden soll oder wenn das Objekt erst aus dem JNDI-Baum ausgelesen werden soll, wenn zum ersten Mal tatsächlich auf die Spring-Bean zugegriffen wird.

Eine weitere Möglichkeit, die `TargetSource` bieten, ist, die Spring-Bean erst zu erstellen, wenn sie tatsächlich benötigt wird. Dazu dient das Attribut `lazy-init`. Dies kann man bei einer Spring-Bean setzen, so dass sie erst erzeugt wird, wenn sie auch tatsächlich benötigt wird:

Faule Initialisierung

```
<bean id="wareDAO"
      class="jdbcdao.WareDAO"
      lazy-init="true" />
```

Man kann den Wert auch für alle Spring-Beans in der Konfiguration setzen, indem man das `default-lazy-init`-Attribut des beans-Elements auf true setzt. Um diese Funktionalität wirklich zum Leben zu erwecken, muss man außerdem eine entsprechende `TargetSource` konfigurieren.

```
<beans>

    <bean id="eagerBean" class="lazyinit.EagerBean" />

    <bean id="lazyBean" class="lazyinit.LazyBean"
     lazy-init="true"/>

    <bean
     class="….BeanNameAutoProxyCreator">
      <property name="customTargetSourceCreators">
        <list>
          <bean
            class="….LazyInitTargetSourceCreator"/>
        </list>
      </property>
      <property name="beanNames">
        <list>
          <value>*</value>
        </list>
      </property>
    </bean>
</beans>
```

Listing 3–28
Späte Initialisierung
mit Hilfe eines
AutoProxyCreators

In Listing 3–28 wird nicht der Weg der Konfiguration über den `Pro-xyFactoryBean` gewählt, sondern es wird ein `BeanNameAutoProxyCreator` verwendet. Auch hier kann man eine `TargetSource` definieren. Wie bereits erläutert, kann man mit einem `BeanNameAutoProxyCreator` die

TargetSource und Bean-NameAutoProxyGenerator

Spring-Beans automatisch mit einem Proxy versehen. Dies kann man durch einen regulären Ausdruck, der sich auf den Namen bezieht, auf einige Spring-Beans beschränken. Im Beispiel wird jede Bean mit einem Proxy versehen. Die Erzeugung der `TargetSource`, die in den Proxys zum Einsatz kommt, wird an einen `TargetSourceCreator` delegiert, und im Beispiel wird durch die Konfiguration ein `LazyInitTargetSource-Creator` verwendet. Außerdem kann man durch das `Advised`-Interface sogar die `TargetSource` zur Laufzeit ändern.

Einfache TargetSource-Konfiguration

Es gibt neben diesem `TargetSourceCreator` noch andere, die es erlauben, das Erzeugen bestimmter `TargetSources` zu vereinfachen. Die Erzeugung der `TargetSource` wird durch Markierungen an den Spring-Beans konfiguriert:

- `AttributesPoolingTargetSourceCreator`: Mit diesem `TargetSource-Creator` werden Spring-Beans mit einer `PoolingTargetSource` versehen, wenn sie das `PoolingAttribute` haben. Dies entspricht der in Abschnitt 3.4.3 dargestellten Konfiguration von Aspekten mit Hilfe von Attributes. In diesem Fall werden Jakarta Commons Attributes verwendet.

- `AttributesThreadLocalTargetSourceCreator`: Dieser `TargetSource-Creator` erzeugt ein `ThreadLocalTargetSource`, wenn das `ThreadLocalAttribute` vorhanden ist.

- `AttributesPrototypeTargetSourceCreator`: Hiermit wird eine `PrototypeTargetSource` erzeugt, wenn die Klasse mit dem `PrototypeAttribute` gekennzeichnet ist.

- `QuickTargetSourceCreator`: Während die anderen `TargetSourceCreator` auf Attributen basieren, verwendet dieser den Namen der Bean, um eine passende `ThreadSource` zu erzeugen. Dabei werden Spring-Beans, deren Name mit »:« beginnt, mit einer `CommonsPoolTargetSource` versehen, während ein »%« eine `ThreadLocalTargetSource` erzeugt und »!« eine `PrototypeTargetSource`.

Mit Hilfe dieser Features kann man einen Proxy so konfigurieren, dass bei jedem Methodenaufruf eine neue Instanz des Targets erzeugt wird, für jeden Thread eine Instanz vorgehalten wird oder ein Pool von Instanzen existiert, um die Methodenaufrufe zu bearbeiten. Dabei legt Spring eine an Attributen orientierte Programmierung nahe, die es erlaubt, flexibel für einzelne Spring-Beans die vorgestellten Features zu konfigurieren.

Beim Entwurf der Architektur muss man entscheiden, ob man in diesem Bereich Spring einsetzen will oder auf die Features der Infrastruktur aufsetzt. Instance Pooling wird z. B. auch von EJB-Containern angeboten. Wenn man allerdings plant, die Anwendung in einem Webcontainer ablaufen zu lassen oder z. B. für Tests in einer Java-SE-Umgebung, ist man auf Features wie die hier vorgestellten angewiesen, da in diesen Fällen kein EJB-Application-Server zur Verfügung steht. Man kann aufgrund der Mächtigkeit, die Spring durch diese Features gewinnt, auch EJB durch Spring ersetzen und erhält zudem noch flexiblere Konfigurationsmöglichkeiten. Beispielsweise ist Instance Pooling nicht an eine bestimmte Art von Komponente gebunden, mit der man sich auch gleich andere Features mit einhandelt. Man kann das Feature einzeln nutzen. Möglichkeiten wie das Erzeugen einer neuen Instanz bei jedem Aufruf oder die einfache Definition von `ThreadLocals` sind bei EJB gar nicht möglich.

Tipp

3.6.4 Methoden ersetzen

Man kann mit den Mechanismen, die Spring AOP verwendet, auch nachträglich einzelne Methoden einer Klasse überschreiben. Dazu muss man einen `MethodReplacer` implementieren (Listing 3–29).

```
public class EinMethodReplacer
  implements MethodReplacer {

  public Object reimplement(Object obj, Method method,
    Object[] args)
    throws Throwable {
    System.out.println(obj+" "+method+" "+args);
    return null;
  }

}
```

Listing 3–29
Beispiel für einen
MethodReplacer

In der Spring-Konfiguration muss man nur noch den `MethodReplacer` konfigurieren (Listing 3–30).

```
<beans>
  <bean id="methodreplacer"
   class="methodreplacement.EinMethodReplacer" />
  <bean id="originalbean"
   class="methodreplacement.Bean" />
  <bean id="replaced" class="methodreplacement.Bean">
    <replaced-method name="doIt"
     replacer="methodreplacer" />
  </bean>
</beans>
```

Listing 3–30
Konfiguration des
MethodReplacer

Wenn man die Bean mit dem Namen originalbean aus der BeanFactory ausliest, bekommt man die Implementierung der doIt()-Methode aus der Bean-Klasse. Wenn man hingegen die Bean mit dem Namen replaced verwendet, wird der MethodReplacer aktiviert. Hinter den Kulissen geschieht dies mit Hilfe von CGLIB.

Tipp

Das Überschreiben von Methoden ist natürlich auch durch Vererbung möglich. Es stellt sich also die Frage, wozu man die hier gezeigte Art des Überschreibens überhaupt benötigt. Es gibt tatsächlich nur wenige Gelegenheiten, bei denen sich dieses Vorgehen rechtfertigen lässt. In Abschnitt 2.6.5 wurde schon gezeigt, dass man durch das Überschreiben von Methoden in Spring-Beans Objekte durch die BeanFactory erzeugen lassen kann, ohne dass man von ihr abhängt: Man implementiert eine Methode, welche die erwarteten Objekte zurückgibt und lässt sie mit einer Erzeugung durch die BeanFactory überschreiben. Das ist ein Beispiel für ein Szenario, in dem dieser Mechanismus sinnvoll nutzbar ist.

3.7   Aspekte in der Beispielanwendung

Nach der Theorie über aspektorientierte Programmierung soll nun gezeigt werden, wie man Aspekte in der Beispielanwendung sinnvoll benutzen kann. Eine Möglichkeit hat Abschnitt 3.4.2 schon gezeigt: Mit Hilfe der in Spring enthaltenen Aspekte werden die Fehlersuche und auch Performance-Untersuchungen unterstützt, da man den Code recht leicht mit entsprechenden Aspekten erweitern kann. Außerdem ist Spring AOP z. B. die Basis für die Behandlung von Transaktionen, wie man in Abschnitt 4.5 sehen wird, und man kann zusammen mit Acegi auch Sicherheit damit implementieren, wie man in Abschnitt 8.2 sehen wird.

Kein Objekt-Pooling nötig   Man könnte in der Beispielanwendung auch das Objekt-Pooling von Spring verwenden. Das wurde nicht getan. In der Architektur der Anwendung wurde entschieden, dass man lieber die einzelnen Spring-Beans Thread-sicher implementieren will, um mit nur einer Instanz auszukommen. Da die Spring-Beans sowieso zustandslose Dienste anbieten, ist Thread-Sicherheit einfach zu gewährleisten und ein Pooling daher nicht sinnvoll. Für den Fall, dass man die Thread-Sicherheit der Spring-Beans nicht gewährleisten kann, wäre Objekt-Pooling eine sinnvolle Möglichkeit gewesen, damit umzugehen. Selbst dann kann es sinnvoll sein, statt einem Pool jedes Mal ein neues Objekt zu erzeugen, da mittlerweile die Garbage Collection der JVM solche Objekte sehr effizient wieder beseitigt, so dass das Ausfassen aus dem Pool länger dauert [Hotspot].

Als Erstes muss man nun für die Beispielanwendung entscheiden, welche AOP-Technologie man nutzen will. Man könnte entweder die alten Spring-AOP-Möglichkeiten (Abschnitt 3.3) nutzen, oder aber die AspectJ-Notation entweder mit Annotationen oder der XML-Konfiguration (Abschnitt 3.5). Für die Beispielanwendung hat man sich für die AspectJ-Annotationen entschieden, da man sowieso JDK 1.5 benutzen wollte und die Einschränkung auf dieses JDK wegen der Verwendung von Annotationen daher kein Problem ist. Wenn man ein älteres JDK nutzen wollte, hätte man auch die AspectJ-Syntax in der XML-Spring-Konfiguration nutzen können. Dann wäre allerdings die Implementierung eines Aspekts aufgeteilt zwischen dem reinen auszuführenden Code in einem Java-File und der Definition in der Spring-Konfiguration, wo welche Methoden aufgerufen werden. Außerdem kann man die Annotationen auch mit dem AspectJ-Compiler verwenden, was die spätere Migration zu AspectJ erleichtert. Für die Verwendung der alten Spring-AOP-Syntax gibt es keine guten Gründe, die AspectJ-Syntax ist eleganter und mächtiger.

Welche AOP-Technologie?

Um nun die Beispielanwendung mit Aspekten zu versehen, bietet es sich an, eine Menge an Pointcuts zu definieren, die man für verschiedene Aspekte wiederverwenden kann. Sinnvollerweise sollte sich die Definition dieser Pointcuts an der Systemarchitektur orientieren. Dazu wurde eine Sammlung von Pointcuts definiert, die man in Listing 3–31 findet. Hier wird festgelegt, dass man unter dem DAO-Layer alle Klassen verstehen will, die von Interfaces oder Klassen aus dem Package dao oder Subpackages erben. Der Pointcut daoLayer() wird dann bei allen Methodenausführungen aus diesen Klassen aktiviert. Der Business-Process-Layer soll alle Klassen aus dem Package businessprocess und Subpackages umfassen und wird durch den Pointcut businessProcessLayer() definiert. Man hätte alternativ die Systemarchitektur z. B. dadurch ausdrücken können, dass man die Klassen mit Annotationen wie z. B. @BusinessProcess versieht.

Defintion der System-architektur durch Pointcuts

```
@Aspect
public class SystemArchitektur {

    @Pointcut("execution (* dao..*+.*(..))")
    public void daoLayer() {}

    @Pointcut("execution (* businessprocess..*.*(..))")
    public void businessProcessLayer() {}


}
```

Listing 3–31
Definition von Pointcuts anhand der System-architektur

Mit diesen Pointcuts kann man im Code selber mit Hilfe von AOP über die Systemarchitektur »adressieren«.

Durch AOP können technische Aspekte wie Tracing implementiert werden. In der Beispielanwendung wird AOP genutzt, um Performance-Monitoring zu implementieren. Dabei soll die Zeit für jeden Service-Aufruf und jeder Aufruf eines DAOs ausgegeben werden. Eine passende Konfiguration zeigt Listing 3–32. Wie man sieht, kann man auch in der Spring-Konfiguration die in der Klasse SystemArchitektur definierten Pointcuts verwenden. Der PerformanceMonitorInterceptor wird der Einfachheit halber verwendet, für den Einsatz in realen Projekten sollte man den JamonPerformanceMonitorInterceptor verwenden. Die durch den JamonPerformanceMonitorInterceptor erhobenen Statistiken kann man vor allem bei einer Webanwendung recht leicht mit einer JSP-Seite auswerten. Außerdem ist es mit JAMon [JAMon] recht einfach möglich, weitere Statistiken neben den Performance-Daten der Spring-Anwendung zu erheben. So gibt es einen Servlet-Filter, mit dem man die Zeit stoppen kann, die für die Bearbeitung eines HTTP-Requests verwendet wird, und es ist auch recht einfach möglich, die Dauer der Datenbank-Zugriffe zu stoppen. Durch dieses Vorgehen kann man also die Performance der Anwendung monitoren und zwar so, dass man weiß, in welcher Schicht der Anwendung die meiste Zeit verloren geht.

In diesem Fall wurde also ein vorbereiteter technischer Aspekt aus dem Spring-Framework verwendet. Da dieser Aspekt mit dem älteren Spring-AOP-Modell implementiert worden ist, muss man ihn in der Spring-Konfiguration konfigurieren und zur Konfiguration das aop:advisor-Element (Abschnitt 3.5.1) verwenden. Man kann auch für diesen Aspekt die definierten Pointcuts wiederverwenden. Wegen der XML-Konfiguration kann man andere Teile der Anwendung monitoren, indem man einfach in der Spring-Konfiguration den Pointcut-Ausdruck ändert und die Anwendung neu startet. Wäre der Pointcut in einer Klasse mit einer Annotation definiert, müsste man neu kompilieren und deployen, was einen deutlich höheren Aufwand bedeutet.

Listing 3–32
Performance-Monitoring
mit Spring AOP

```
<bean id="performanceMonitor"
 class="….PerformanceMonitorInterceptor" />
<aop:config>
  <aop:advisor advice-ref="performanceMonitor"
    pointcut="aop.SystemArchitektur.daoLayer() or ↵
aop.SystemArchitektur.businessProcessLayer()" />
</aop:config>
```

Umgang mit Exceptions

Neben diesem technischen Aspekt wurden in der Beispielanwendung auch Teile dessen, was sonst in einem Architektur-Dokument festgelegt wurde, mit Hilfe von Spring AOP direkt implementiert. So wurde für die Architektur der Beispielanwendung entschieden, dass `Runtime-Exceptions`, die bei einem Business-Process-Aufruf entstehen, geloggt werden müssen. Normalerweise müsste man nun in jedem Business-Process den dazu notwendigen Code implementieren und die Einhaltung dieser Regel kontrollieren. Dies könnte sogar zu einem weiteren Layer über den Business-Processes führen, der die Aufrufe vornimmt und die `RuntimeExceptions` loggt. Mit Hilfe von Spring AOP muss man lediglich einen Aspekt definieren (Listing 3–33). Man könnte ähnliche Aspekte implementieren, um z. B. `DataAcessExceptions` aus dem DAO-Layer zu loggen oder bei bestimmten Fehlern automatisch einen Administrator zu benachrichtigen. Es zeigt sich also, dass man mit Spring AOP Architektur-Entscheidungen direkt in Code umsetzen kann und zwar genau an einer Stelle – und dieser Code ist eine recht direkte Umsetzung der Architektur-Entscheidung.

```
@Aspect
public class RuntimeExceptionLogger {

  Log log=
   LogFactory.getLog(RuntimeExceptionLogger.class);

  private boolean activated = true;

  public void setActivated(boolean activated) {
    this.activated = activated;
  }

  @AfterThrowing(
   value="SystemArchitektur.businessProcessLayer()",
   throwing="ex")
  public void logException(RuntimeException ex) {
    if (activated) {
      log.error("Exception in Business Process",ex);
    }
  }

}
```

Listing 3–33
Logging von
RuntimeExceptions aus
den Business Processes mit
Hilfe eines Aspekts

Ein Problem behebt dieser Aspekt jedoch nicht: Die Entgegennahme einer Bestellung sollte eigentlich vorläufig sein – man muss genau genommen abwarten, ob die eingegebene Kreditkarte gültig ist. Dieses Problem wird im nächsten Kapitel mit Transaktionen gelöst, aber eine andere Möglichkeit wäre, die Bestellung mit einem Aspekt nur vorläufig entgegenzunehmen und erst später tatsächlich zur Bearbeitung weiterzureichen oder bei einem Fehler in der Autorisierung der Kreditkarte die Bestellung durch eine geeignete Stornierung zu kompensieren. Dazu müsste man sich die ausgeführten Aktionen merken und bei einem Fehler in der Kreditkarten-Autorisierung abhängig von diesen Aktionen entsprechende Maßnahmen ergreifen. Üblicherweise würde man dazu ein COMMAND-Pattern [GHJV94] implementieren: Für jeden Methodenaufruf legt man ein Objekt an, das die entsprechenden Parameter aufnimmt. Die Ausführung des COMMANDS könnte man dann verzögern oder zusätzlich zur Ausführung des COMMANDS eine Kompensation anbieten. Aber in diesem Fall würde man über den Business-Processes noch einen Layer einführen und man müsste die zusätzlichen COMMAND-Klassen implementieren – wahrscheinlich sogar für jede Methode jedes Business-Process. Eine Alternative skizziert Listing 3–34: Man implementiert einen Around-Advice, der Aufrufe an den Business-Service-Layer speichert. In der Implementierung ist die Methode saveServiceCall() nicht implementiert, aber man kann sich vorstellen, dass man dort die Aufrufe in einer Datenstruktur, einem ThreadLocal oder in einer HTTP-Session speichert, so dass sie später zur Verfügung stehen. Ein Problem ist, dass ein ProceedingJoin-Point nicht serialisierbar ist, so dass man ihn nicht auf einer Festplatte oder in einer Datenbank direkt speichern kann. Das ist nicht überraschend, weil er eben einen Methodenaufruf repräsentiert, der direkt nicht speicherbar ist. Wenn man ihn z. B. durch die Parameter, den Namen der aufgerufenen Spring-Bean und Methode repräsentiert, könnte man ihn tatsächlich auch dauerhaft speichern.

Listing 3–34
Speichern von Business-Process-Aufrufen

```
@Aspect
public class ServiceCallsBuilder{

    @Around("SystemArchitektur.businessProcessLayer()")
    public Object registerMethod(ProceedingJoinPoint pjp)
     throws Throwable {
      saveServiceCall(pjp);
      return pjp.proceed();
    }
}
```

Fazit   Mit Spring AOP kann man durch Pointcuts Teile der System-Architektur ansprechbar machen. Dazu ist es sinnvoll, eine Klasse mit Pointcuts für die System-Architektur zu definieren. Diese kann man dann in einzelnen Aspekten wiederverwenden. Durch die Nutzung von Spring AOP können ganze Layer eingespart werden, die keine Geschäftslogik enthalten, sondern nur technische Aspekte implementieren – wie z. B. das Logging von Exceptions oder die Umwandlung von Methodenaufrufen in COMMANDS. Prinzipiell könnte man auch fachliche Aspekte mit Spring AOP implementieren – diese muss man jedoch in der Analyse erstmal identifizieren, was außerhalb des Bereichs dieses Buchs liegt.

3.8 AspectJ

AspectJ ist eine der ältesten AOP-Implementierungen und hatte ursprünglich einen etwas anderen Ansatz als Spring AOP: Es verwendet nämlich eine Syntaxerweiterung für Java, um Advices und Pointcuts zu definieren. Mittlerweile können aber sowohl AspectJ als auch Spring AOP mit AspectJ-Annotationen umgehen. Während Spring AOP mit dem normalen Java-Compiler auskommt, verwendet AspectJ einen eigenen Compiler oder modifiziert den Bytecode, wenn er geladen wird. Dadurch kann AspectJ mit einer wesentlich besseren Performance aufwarten (Abschnitt 8.9). Allerdings ist dadurch das AOP-Modell auch sehr unterschiedlich: Bei AspectJ werden die Aspekte direkt in den Bytecode hineinkompiliert, so dass jede Instanz einer Klasse durch die Aspekte erweitert wird und zwar auch stets mit denselben Aspekten. Spring AOP hingegen ist auf Spring-Beans eingeschränkt und man kann dynamisch zu einzelnen Spring-Beans weitere Aspekte hinzufügen oder vorhandene entfernen. Außerdem kann Spring nur bei Methodenaufrufen an Spring-Beans aktiv werden, während AspectJ auch bei Feld-Zugriffen, Konstruktoraufrufen, der Initialisierung der Klassen, statischen Methoden usw. aktiv werden kann.

Grundsätzlich gilt, dass man in den meisten Fällen mit Spring AOP ausreichend viele Möglichkeiten hat, AOP-Features zu nutzen. Da die Verwendung einfacher ist als die Verwendung von AspectJ sollte man also trotz der größeren Mächtigkeit von AspectJ das Werkzeug nur dann nutzen, wenn man es wirklich benötigt.

3.8.1 Migration von Spring AOP nach AspectJ

Im Prinzip kann man Anwendungen, die AspectJ-Annotationen verwenden, einfach von Spring AOP auf AspectJ migrieren, indem man aus der Spring-Konfiguration das aop:aspectj-autoproxy-Element entfernt und den AspectJ-Compiler nutzt. Ganz so einfach ist es dann aber doch nicht, denn es gibt einige semantische Unterschiede. AspectJ greift bei allen Instanzen der Klassen ein, nicht nur bei Spring-Beans. Wenn man also einen Pointcut wie execution * service.*.*(..) verwendet, so trifft dieser plötzlich auf wirklich alle Methodenaurufe – seien sie public, private oder static. Ähnliches gilt für within(): Der Pointcut wird bei AspectJ nicht nur durch Methodenausführungen, sondern auch durch Methodenaufrufe an andere Objekte oder durch Feld-Zugriffe aktiviert.

Da durch AspectJ nicht nur Spring-Beans, sondern jede Art von Java-Objekt durch Aspekte erweitert werden können, bietet AspectJ gute Möglichkeiten, um auch bei Domänen-Objekte Aspekte zu verwenden. Normalerweise werden solche Objekte einfach durch den new-Operator erzeugt und nicht mit Hilfe von Spring, so dass sie dem Zugriff von Spring AOP entzogen sind – außer als Parameter bzw. Rückgabewerte von Methoden. Bei AspectJ ist ein Eingreifen von Aspekten in solche Objekte aber kein Problem.

AspectJ hat auch als Alternative zu den @Aspect-Annotationen eigene Syntax-Erweiterungen zu Java, so dass nicht mehr wesentliche Elemente des Codes in Annotationen im Java-Code stehen, sondern alles im eigentlichen Programmcode steht. Allerdings ist dadurch die Portierung zwischen AspectJ und Spring AOP nicht mehr so einfach möglich. Das Wissen z. B. über die AspectJ-Pointcut-Sprache kann man allerdings ohne weiteres wiederverwenden.

Außerdem ist natürlich das Advised-Interface nicht mehr verfügbar und auch die Unterscheidung zwischen Proxy- und Target-Objekt gibt es nicht mehr, da kein Proxy mehr verwendet wird. Statt einem Abfangen der Methodenaufrufe durch einen Proxy wird bei AspectJ Bytecode-Manipulation verwendet.

3.8.2 AspectJ-Aspekte mit Spring konfigurieren

Bei der Verwendung von Spring AOP sind die Aspekte auch Spring-Beans, die man dann durch Dependency Injection konfigurieren kann. Bei AspectJ-Aspekten ist das so nicht mehr möglich, da die Aspekte ähnlich wie Klassen Teile des normalen Programmcodes werden.

Spring Dependency Injection bietet aber auch für AspectJ-Aspekte eine Unterstützung an. In dem in Listing 3–33 vorgestellten Aspekt zum Loggen von RuntimeExceptions gibt es z. B. die Property activated, die durch Spring konfiguriert werden soll. Listing 3–35 zeigt einen Ausschnitt aus einer Spring-Konfigurationsdatei mit einer passenden Konfiguration. Man muss nur die factory-method angeben, um Zugriff auf den AspectJ-Aspekt zu bekommen.

Listing 3–35
Ausschnitt aus einer Spring-Konfiguration für einen AspectJ-Aspekt

```
<bean id="runtimeExceptionLogger"
 class="aop.RuntimeExceptionLogger"
 factory-method="aspectOf" >
  <property name="activated" value="false" />
</bean>
```

Dieser Abschnitt sollte nur einen kurzen Einblick in die Integration von AspectJ in Spring geben. Genauere Ausführungen über AspectJ enthält z. B. [Böh05].

3.9   Fazit

Dieses Kapitel hat vor allem erläutert, wie AOP in Spring implementiert ist und wie es sich gegen AspectJ abgrenzt. Konkrete Anwendungen, die in diesem Kapitel gezeigt wurden, sind die Unterstützung der Fehlersuche und die Suche nach Performance-Engpässen. Außerdem wurde dargestellt, wie man eigene Aspekte implementieren kann und welche neuen Möglichkeiten Spring 2.0 bietet.

Die wichtigsten Anwendungen von Aspekten werden aber erst in den folgenden Kapiteln deutlich. Dort wird klar werden, dass man mit Hilfe von AOP den funktionalen Code von technischen Belangen wie Transaktionen oder Sicherheit nahezu frei halten kann. Und genau aus diesem Grund ist Spring AOP eine wesentliche Basistechnologie des Spring-Frameworks. Es ermöglicht, das auf einfachen Java-Objekten basierende Spring-Programmiermodell umzusetzen, bei dem die Java-Klassen frei von technischen Belangen sind. Daher ist AOP auch eine der Basis-Technologien von Spring. Das bedeutet auch, dass man Spring AOP in vielen Szenarien nutzen wird – in einigen ist es nicht notwendig, dass man jedes Detail von AOP versteht, da es nur zur Umsetzung z. B. von Transaktionen genutzt wird.

Spring bietet also einen recht klar definierten Pfad zum Einstieg in AOP: Man kann zunächst AOP nutzen, ohne das überhaupt zu merken, z. B. bei der Verwendung der Unterstützung für Transaktionen. Wenn man möchte, kann man dann die vorbereiteten technischen Aspekte von Spring nutzen. Dann kann man eigene Aspekte implementieren – seien sie technisch oder fachlich. Wenn dann irgendwann die Features von Spring AOP nicht mehr ausreichen, kann man auf AspectJ umsteigen – und den Code übernehmen.

Übrigens zeigt die »versteckte« Nutzung von AOP z. B. bei Springs Unterstützung für Transaktionen, wie man in einem Projekt mit AOP umgehen kann: Ein Team definiert Aspekte und implementiert sie, während andere Teams die Aspekte nur nutzen müssen. Dadurch muss nicht das gesamte Teams jedes Detail von AOP verstehen.

4 Transaktionen

4.1 Übersicht

Dieses Kapitel gibt einen Überblick über die Unterstützung von Transaktionen in Spring. Außerdem werden anhand des Beispiels der Transaktionen einige grundlegende Mechanismen für die Unterstützung und Integration von APIs in Spring dargestellt.

In Abschnitt 4.2 wird zunächst auf den Transaktionsmanager eingegangen, der die Basis für Spring-Abstraktionen über die verschiedenen Transaktions-APIs darstellt. Er bietet eine einheitliche Schnittstelle zu allen Transaktionssystemen im Java-Bereich. An diesem Beispiel wird das EXCEPTION ÜBERSETZER-Pattern eingeführt, mit dem die Vereinheitlichung heterogener APIs und eine Vereinfachung in Bezug auf die Fehlerbehandlung ermöglicht wird. Abschnitt 4.3 führt das `PlatformTransactionManager`-Interface ein, mit dem man in Spring direkten Zugriff auf den jeweiligen Transaktionsmanager hat.

Anschließend wird in Abschnitt 4.4 gezeigt, wie man Transaktionen in Spring mit `TransactionTemplates` verwalten kann. Dabei wird der Code für die Transaktion an Spring übergeben, das den Code dann ausführt. Das ist ein allgemeines Prinzip, das anhand des TEMPLATE-Pattern beschrieben wird.

Transaktionen sind ein im Code verstreuter Aspekt, so dass man sie eigentlich mit Spring AOP getrennt von der Geschäftslogik implementieren können müsste. Dazu wird das deklarative Transaktionsmanagement implementiert, mit dem man den Java-Code vollständig von Transaktionsbelangen befreien kann (Abschnitt 4.5).

Den Abschluss bildet Abschnitt 4.6 mit einem Überblick darüber, welche der Techniken in der Praxis verwendet werden.

4.2   Der Transaktionsmanager

4.2.1   Was ist eine Transaktion?

Eine Transaktion ist eine logische Klammer um mehrere Aktionen wie z. B. Methodenaufrufe. Die wesentlichen Eigenschaften einer Transaktion lassen sich mit dem Akronym ACID erläutern:

- Atomicity (Atomizität) steht für die Unteilbarkeit einer Transaktion. Die Transaktion wird entweder ganz oder gar nicht ausgeführt. Typisches Beispiel ist eine Überweisung: Sie besteht aus zwei Teilen, nämlich dem Belasten des einen Kontos und der Gutschrift auf das andere Konto. Normalerweise werden beide Teile der Transaktion ausgeführt, aber im Fehlerfall soll nicht eine der beiden Aktionen ausgeführt werden, sondern keine, weil sonst Geld entsteht beziehungsweise verloren geht.
- Durability (Dauerhaftigkeit) bedeutet, dass die Ergebnisse der Transaktion dauerhaft z. B. auf einer Festplatte gespeichert werden sollen und nicht durch nachfolgende Fehler verloren gehen dürfen.
- Consistency (Konsistenz) bedeutet, dass die Transaktion das System von einem konsistenten Zustand in einen anderen konsistenten Zustand überführt. Das können z. B. Datenbank-Constraints sein oder im Beispiel der Überweisung könnte man Konsistenz-Bedingungen definieren wie z. B., dass keines der Konten nach einer Überweisung einen negativen Saldo haben darf.
- Isolation schließlich regelt die parallele Verarbeitung mehrerer Transaktionen. Sie sollen voneinander isoliert sein, d. h., die Änderungen einer Transaktion dürfen andere Transaktionen nicht beeinflussen und daher für sie auch nicht sichtbar sein.

Transaktionen definieren also die typischen Eigenschaften von Datenbanksystemen, allerdings treten Transaktionen auch in anderen Zusammenhängen auf.

Entwicklersicht   Für Entwickler stellen Transaktionen im Wesentlichen eine Möglichkeit dar, mehrere Aktionen zu gruppieren und mit ACID Eigenschaften auszuführen. Dazu muss man eine Transaktion starten (Begin) und erfolgreich beenden (Commit) können. Außerdem gibt es die Möglichkeit, die Transaktion zurückzurollen, also alle Aktionen innerhalb der Transaktion zurückzunehmen (Rollback). Das kann sinnvoll sein, wenn bei der Verarbeitung ein fachlicher Fehler auftritt und man daher die Arbeit rückgängig machen muss.

Verteilte Transaktionen   Ein besonderer Fall ist die Verarbeitung von verteilten Transaktionen, bei denen mehrere, in einem Netzwerk verteilte Ressourcen wie beispielsweise mehrere Datenbanken im Rahmen einer Transaktion koordiniert werden müssen. Mit dem Zwei-Phasen-Commit (Two-Phase Commit, 2PC) kann man auch in diesem Fall eine Verarbeitung der Transaktion entsprechend den ACID-Eigenschaften ermöglichen.

Abb. 4–1

Ablauf des Zwei-Phasen-Commits (2PC)

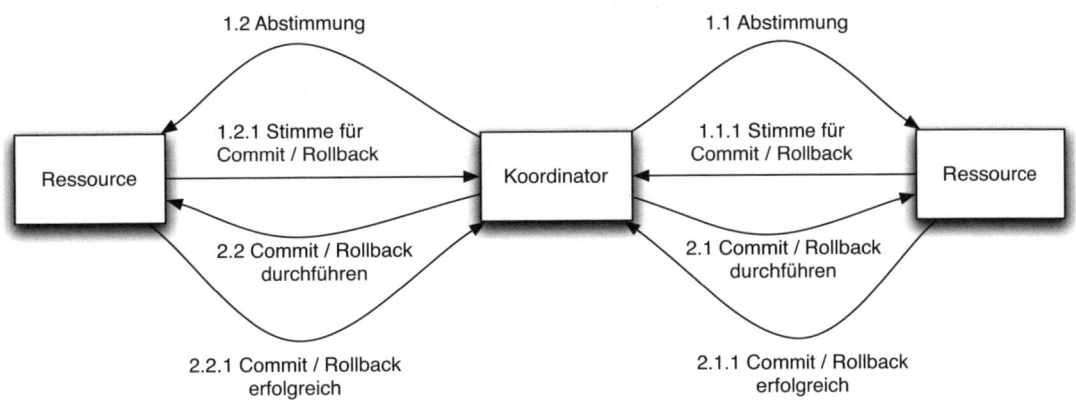

Abbildung 4–1 zeigt den Ablauf des Protokolls beim Beenden der Transaktion. Der Koordinator fragt die einzelnen transaktionalen Ressourcen, also z. B. die an der Transaktion beteiligten Datenbanken, ob sie die Transaktion erfolgreich beenden können. Die geben eine Stimme für oder gegen die Beendigung mit einem Commit ab. In der zweiten Phase muss der Koordinator ein Commit auslösen, falls alle beteiligten Ressourcen dafür gestimmt haben. Falls nicht, wird ein Rollback ausgelöst. Neben dem eigentlichen 2PC müssen die an der Transaktion beteiligen Ressourcen sich natürlich auch während der Transaktion beim Koordinator registrieren.

Die Herausforderung beim 2PC ist es, den Koordinator so zu implementieren, dass er auch mit Abstürzen oder Netzwerkfehlern während der Transaktion zurechtkommt. Letztendlich kann aber auch die beste Implementierung von 2PC keine Garantie geben, dass die Transaktion immer den ACID-Eigenschaften voll genügt. Wenn z. B. eine der transaktionalen Ressourcen einen Fehler beim endgültigen Commit in der zweiten Phase macht, kann man keinen konsistenten Zustand mehr erreichen, da die anderen Ressourcen bereits einen Commit ausgelöst haben und nicht mehr zurückrollen können.

In typischen Java-Anwendungen gibt es zahlreiche APIs, in denen Transaktionen eine Rolle spielen können:

APIs für Transaktionen in Java

- Bei Zugriff auf Datenbanken mit Hilfe von JDBC kann man Transaktionen mit Hilfe des Connection-Objekts steuern.
- Verschiedene Persistenzframeworks (Kapitel 5) bieten eine eigene Implementierung einer Transaktion an, da z. B. auch interne Caches beim Rollback ihre Werte verwerfen müssen.

- Im Rahmen des JMS-Systems (Java Messaging Service, Abschnitt 8.3) für asynchrone Kommunikation ist es möglich, mehrere JMS-Nachrichten in einer Transaktion zu gruppieren.
- JCA (Java Connector Architecture) ermöglicht den Zugriff auf Host-Systeme und kann auch eine Schnittstelle zu den dort verwendeten Transaktionssystemen anbieten.
- JTA (Java Transaction API) regelt das Zusammenspiel mehrerer transaktionaler Ressourcen mit 2PC und stellt einen integralen Bestandteil eines Application-Servers dar.

Diese verschiedenen Schnittstellen bieten alle Transaktionen an und damit Methoden für Begin, Commit und Rollback. Jede macht das aber auf ihre eigene Art und Weise. Das ist für die Portabilität von Anwendungen auf andere Umgebungen ein Problem: Wenn man für eine Java-SE-Umgebung implementiert, muss man typischerweise bei Datenbankzugriffen die Transaktionen durch die API der JDBC-Connection steuern. Genau dies ist in einer Java-EE-Umgebung verboten, wenn der Application-Server gegenüber der JDBC-Connection die Behandlung der Transaktion übernehmen muss.

Wenn die Anwendung in einer Java-SE-Umgebung getestet werden soll, aber später in einer Java-EE-Umgebung laufen soll, gibt es also ein Problem, da man zwei unterschiedliche APIs für Transaktionen unterstützen muss.

Ein ähnliches Problem taucht auf, wenn in der Anwendung später einmal mehr als eine transaktionale Ressource verwaltet werden soll. Dann muss man nämlich auf 2PC umsteigen. Das bedeutet aber bei Java einen Umstieg auf JTA. Bei dieser Portierung muss man dann den gesamten existierenden JDBC-Transaktionscode auf JTA umstellen.

Die PlatformTransaction-Manager-Abstraktion

Spring bietet durch den `PlatformTransactionManager` eine Abstraktion an, mit der es möglich ist, unabhängig von der zugrunde liegenden Technologie eine Transaktion zu starten und durch ein Commit bzw. Rollback zu beenden. Listing 4–1 zeigt dieses verhältnismäßig triviale Interface.

Listing 4–1
Das abstrakte Spring-Interface für die verschiedenen Transaktions-implementierungen

```
public interface PlatformTransactionManager {
  TransactionStatus
    getTransaction(TransactionDefinition definition)
    throws TransactionException;

  void commit(TransactionStatus status)
    throws TransactionException;

  void rollback(TransactionStatus status)
    throws TransactionException;
}
```

Zu beachten ist lediglich, dass man bei den verschiedenen Persistenz-frameworks die Spring-Integration nutzen muss (Kapitel 5), die jeweils auch für diese Frameworks einen solchen `PlatformTransactionManager` anbieten. Spring bietet außerdem `PlatformTransactionManager` für JTA, JMS und für JDBC `DataSources` an.

Ein interessantes Detail der Implementierung des `PlatformTransactionManagers` ist, dass auch eine Anpassung der Exceptions stattfindet. Dieses Prinzip soll näher erläutert werden, und dabei wird auch gleich die in diesem Buch verwendete Pattern-Form eingeführt.

4.2.2 Die Pattern-Form

In diesem Buch werden einige der wesentlichen Konzepte von Spring als Pattern eingeführt. Es wird eine Form für die Patterns verwendet, die folgende Bestandteile hat:

- Der Name des Patterns.
- Der Kontext beschreibt, unter welchen Umständen das Pattern üblicherweise verwendet wird.
- Das Problem, dessen Lösung das Pattern ist, und eine Erläuterung zu dem Problem.
- Die Lösung, die durch das Pattern vorgeschlagen wird.
- Der Lösungskontext: Hier gibt es gegebenenfalls Hinweise auf andere Patterns, die üblicherweise mit dem Pattern zusammen verwendet werden.

Normalerweise gibt es für ein Pattern auch Beispiele. Auf ein explizites wird verzichtet, da die Patterns genau an den Stellen erläutert werden, an denen gerade ein Prinzip von Spring auftaucht, das durch ein Pattern erläutert wird. Das Beispiel sollte also klar sein. Der Vorteil der Darstellung als Pattern ist, dass man das Prinzip benennen und durch eine standardisierte Beschreibung erläutern kann.

Die Namen der Patterns werden – wie auch schon im Rest des Buchs – mit KAPITÄLCHEN dargestellt.

4.2.3 Das Exception-Übersetzer-Pattern

Es wird eine API verwendet, die checked-Exceptions (also keine Sub- *Kontext* klassen von `RuntimeException`) an der Schnittstelle wirft. Die Exception wird verwendet, um technische Fehlersituationen anzuzeigen, auf die man nur in Ausnahmefällen sinnvoll reagieren kann.

* * *

Problem Da die Exceptions keine `RuntimeExceptions` sind, müssen sie behandelt werden. Weil eine technische Fehlersituation wie beispielsweise ein nicht mehr zur Verfügung stehender Datenbankserver jedoch kaum im Programmcode zu lösen ist, möchte man im Allgemeinen nur den Nutzer informieren. Also ist man gezwungen, recht viel Code zu schreiben, der an verschiedenen Stellen zu derselben Verarbeitung einer Fehlersituation führt.

Bei Geschäftsanwendungen ist es meistens so, dass praktisch jede Methode einen technischen Fehler verursachen kann, da sie letztendlich auf die Datenbank oder das Netzwerk zugreift. Dadurch muss man sich an sehr vielen Stellen mit dem Problem beschäftigen.

Zudem sind oft die tatsächlichen Gründe für einen Fehler in Fehlercodes versteckt. Das gilt z. B. für JDBC-Treiber. Dort werden die Ursachen der Fehler meistens in einem proprietären Code innerhalb der Exception angegeben.

Ein weiteres Problem sind verschiedene APIs, die gleiche Fehlerzustände in unterschiedlichen Exceptions darstellen. Ein Beispiel dafür sind die unterschiedlichen Transaktions-APIs. Hier kann man auf eine bestimmte Fehlersituation nicht einheitlich reagieren, da sie je nach API mit einer anderen Exception angezeigt werden.

* * *

Lösung Es wird ein EXCEPTION ÜBERSETZER eingefügt, der aus den technischen checked-Exceptions `RuntimeExceptions` macht und die Exceptions in eine einheitliche Exception-Hierarchie für die verschiedenen APIs überführt. Dabei bietet es sich an, eine Oberklasse aller Exceptions aus einem bestimmten Bereich wie z. B. Transaktionen zu definieren, damit der Entwickler die Möglichkeit hat, generisch auf alle Exceptions zu reagieren, die z. B. aus dem Bereich Transaktionen kommen.

Da die Exception nun `RuntimeExceptions` sind, kann man immer noch auf die Exceptions in den Fällen reagieren, in denen das sinnvoll möglich ist, aber man ist nicht mehr dazu gezwungen, sie zu behandeln, wenn man dies nicht kann oder will. Man kann z. B. an der GUI eine Schicht einführen, die Exceptions generisch behandelt, die in den tieferen Schichten nicht bearbeitet worden sind.

Gleichzeitig kann man durch den EXCEPTION ÜBERSETZER die Exceptions so strukturieren, dass sie verschiedene APIs generalisieren und eine Möglichkeit schaffen, auf die Fehlersituationen bei unterschiedlichen APIs einheitlich zu reagieren. Wenn man die Exception-Hierarchie geschickt wählt, kann man durch Angabe des richtigen Typs beim `catch` genau auf die Exceptions reagieren, die man behandeln will, statt sich nach proprietären Codes zu richten.

Außerdem kann der Code durch den EXCEPTION ÜBERSETZER von der technischen Basis unabhängig werden, da er nicht mehr unbedingt für diese Basis spezifische Exceptions fangen muss.

In EJB ist dieses Pattern teilweise durch die EJBException implementiert, die eine RuntimeException ist und dazu vorgesehen ist, technische Fehler von Subsystemen durch das Einbetten in eine EJBException weiterzuwerfen. Es fehlt allerdings die Exception-Hierarchie.

4.2.4   Die TransactionException-Hierarchie

Wie im Pattern erwähnt, ist es sinnvoll, eine Hierarchie von Exceptions zu implementieren, so dass man als Entwickler auf bestimmte Fehlersituationen durch ein passendes catch-Statement reagieren kann, aber auch die Möglichkeit hat, alle Fehler abzufangen. Wenn man sich die Klassenhierarchie für die TransactionException anschaut (Abbildung 4–2), sieht man, wie dies in Spring für die Transaktions-APIs umgesetzt worden ist. Die TransactionException selbst ist abstrakt, so dass man dazu gezwungen ist, eine der konkreten Subklassen für die Fehlersituationen zu verwenden. Die Hierarchie ist sehr feingranular (das Diagramm zeigt nur einen Ausschnitt), so dass man im catch genau auf die Fehler reagieren kann, die einen wirklich interessieren. Gleichzeitig hat man auch die Möglichkeit, alle Fehler im Bereich der Transaktionen »über einen Kamm zu scheren«, wenn man die TransactionException fängt, oder sie einem generischen catch für RuntimeExceptions irgendwo im Code zu überlassen.

Die Übersetzung der proprietären Exceptions der verschiedenen APIs in die Spring-TransactionException-Hierarchie übernimmt der jeweilige PlatformTransactionManager.

Das PlatformTransactionManager-Interface erlaubt es also, Transaktionen zu steuern, ohne dass man die dabei auftretenden Exceptions bearbeiten muss, wenn man nicht möchte. Außerdem kann man durch

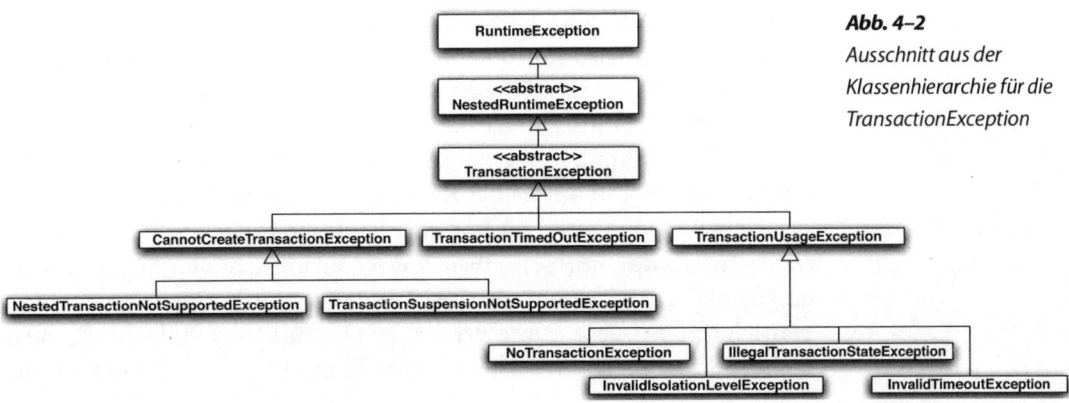

Abb. 4–2

Ausschnitt aus der Klassenhierarchie für die TransactionException

die Exception-Hierarchie auf die Exceptions reagieren, bei denen man auch tatsächlich etwas zum Beheben des Fehlers machen kann.

4.3   Transaktionen selber managen

Bleibt die Frage, wie man mit dem `PlatformTransactionManager` Transaktionen überhaupt startet und beendet. Dazu muss man mit der `TransactionDefinition` oder genauer mit der `DefaultTransactionDefinition` dem `PlatformTransactionManager` angeben, wie die Transaktion sich verhalten soll.

Transaktionspropagation   Man kann in der `TransactionDefinition` angeben, wie der `PlatformTransactionManager` mit einer vorhandenen Transaktion umgehen soll:

- `PROPAGATION_REQUIRED`: Hiermit wird eine vorhandene Transaktion weitergenutzt. Wenn es noch keine gibt, wird eine neue erzeugt.
- `PROPAGATION_MANDATORY`: Es muss bereits eine Transaktion aktiv sein. Wenn dies nicht der Fall ist, wird eine Exception geworfen.
- `PROPAGATION_REQUIRES_NEW`: Es wird auf jeden Fall eine neue Transaktion gestartet, unabhängig davon, ob bereits eine vorhanden ist.
- `PROPAGATION_SUPPORTS`: Falls eine Transaktion existiert, wird sie verwendet. Fall keine existiert, wird auch keine gestartet.
- `PROPAGATION_NOT_SUPPORTED`: Falls eine Transaktion existiert, wird der vorhandene Code ohne Transaktion ausgeführt. Falls keine Transaktion aktiv ist, wird auch keine gestartet.
- `PROPAGATION_NEVER`: Der Code muss ohne Transaktion ausgeführt werden. Ist dennoch eine Transaktion aktiv, wird eine Exception geworfen.
- `PROPAGATION_NESTED`: Eine geschachtelte Transaktion wird gestartet. Diese Möglichkeit steht nur bei einigen `PlatformTransactionManagern` zur Verfügung.

Einige dieser Attribute scheinen zunächst nicht besonders sinnvoll zu sein, denn man wird mit dem `PlatformTransactionManager` tatsächlich eine neue Transaktion erstellen wollen, so dass wohl nur `PROPAGATION_REQUIRED`, `PROPAGATION_REQUIRES_NEW` oder `PROPAGATION_NESTED` sinnvoll sind: Typische Anwendungsfälle für die anderen Attribute werden erst im Laufe des Kapitels noch deutlich werden.

Transaktionsisolation   Neben diesen Werten kann man auch die Isolationsstufe konfigurieren, und zwar mit denselben Werten, wie sie auch bei JDBC vorgesehen sind. Die Isolationsstufe kann man nur konfigurieren, wenn man eine JDBC-`DataSource` verwendet. Eigentlich sind Transaktionen vollständig voneinander isoliert. Mit diesem Parameter kann man die

Isolation »aufweichen«, d. h., Ergebnisse anderer Transaktionen werden in den Transaktionen sichtbar. Dadurch können Performance-Vorteile entstehen.

Bei der Beispielanwendung werden Transaktionen an einer Stelle verwendet: Wenn ein Kunde mit einer Kreditkarte bezahlen will, wird ein externes System verwendet, das angibt, ob die Kreditkarte mit dem gewünschten Betrag belastet werden konnte. Die Kreditkarte soll erst belastet werden, wenn man sicher sein kann, dass man die Bestellung erfolgreich bearbeiten kann. Außerdem kann sie nur belastet werden, man kann also nicht erst prüfen, ob der Betrag abgebucht werden kann. Um möglichst sicher zu sein, dass die Kreditkarte tatsächlich nur in den Fällen belastet wird, in denen die Bestellung erfolgreich abgewickelt wird, soll die Bearbeitung der Bestellung in einer Transaktion ablaufen. Wenn die Bestellung erfolgreich aufgegeben worden ist, wird am Ende noch die Kreditkarte belastet. Falls dies nicht erfolgreich ist, wird die Transaktion zurückgerollt. Das Beispiel weist auf die Probleme bei der Integration von Fremdsystemen hin, die keine echte Unterstützung von Transaktionen bieten. Eigentlich wäre hier nämlich ein Zwei-Phasen-Commit notwendig, was aber nicht implementiert werden kann, da die Kreditkartenbearbeitung nicht transaktional ist. Der Nachteil der hier gewählten Lösung ist, dass nach dem Belasten der Kreditkarte erst das Commit der Transaktion für die Bestellung stattfindet. Bei einem Fehler während des Commit ist die Kreditkarte aber zu unrecht belastet worden.

Eine Möglichkeit, die Transaktionssteuerung zu implementieren, ist, den PlatformTransactionManager dem Geschäftsprozess per Dependency Injection zuzuweisen und ihn direkt zu verwenden.

PlatformTransaction-Manager in der Beispielanwendung

```
public void bestellenKreditkarteTransactionManager(
  Einkaufswagen einkaufswagen, int kreditkartenNummer)
  throws BestellungException {
  DefaultTransactionDefinition def =
   new DefaultTransactionDefinition();
  def.setPropagationBehavior(
   TransactionDefinition.PROPAGATION_REQUIRED);
  TransactionStatus transactionStatus =
   transactionManager.getTransaction(def);
  Bestellung bestellung = null;
  try {
    bestellung = bestellungErzeugen(einkaufswagen);
  } catch (BestellungException ex) {
    transactionManager.rollback(transactionStatus);
    throw ex;
  }
```

*Listing 4–2
Direkte Benutzung des PlatformTransaction-Manager für die Steuerung der Transaktion*

```
bestellungDAO.save(bestellung);
if (kreditkartenAutorisierer.
 belasten(kreditkartenNummer,
 bestellung.getBetrag())) {
  transactionManager.commit(transactionStatus);
} else {
  transactionManager.rollback(transactionStatus);
}
}
```

Listing 4–2 zeigt dieses Vorgehen. Dabei wird als Transaktionsattribut PROPAGATION_REQUIRED verwendet. Das bedeutet, dass entweder die bereits aktive Transaktion verwendet wird oder eine neue erzeugt wird, wenn noch keine vorhanden ist. Man hätte sich auch dazu entscheiden können, mit PROPAGATION_REQUIRES_NEW immer eine neue Transaktion zu starten. Mit dem implementierten Vorgehen funktioniert die Methode jedoch auch, wenn in der aufrufenden Methode bereits eine Transaktion gestartet wurde und die Bestellung ein Teil dieser Transaktion sein soll. Die Transaktion wird einfach weiterverwendet.

Nochmal zur Verwendung der API: Durch den ersten Aufruf an den PlatformTransactionManager wird eine Transaktion gestartet und man bekommt als »Quittung« einen TransactionStatus. Dieses Objekt identifiziert die Transaktion und wird beim Commit bzw. beim Rollback dem PlatformTransactionManager übergeben, damit dieser die richtige Transaktion beenden kann.

Der Code stellt den auch außerhalb von Spring üblichen Umgang mit Transaktionen dar, mit dem wichtigen Unterschied, dass er von dem konkreten Transaktionsmanager abstrahiert. Ansonsten findet man aber genau dieses Vorgehen in den meisten transaktionalen Anwendungen.

4.4   Transaktionen mit Templates verwalten

Der Nachteil der direkten Verwendung des PlatformTransactionManager ist, dass man selber dafür verantwortlich ist, am Ende des Codeblocks tatsächlich das Commit bzw. Rollback abzusetzen. Vor allem bei der Bearbeitung von Exceptions vergisst man das leicht. Das ist ein generelles Problem, dessen Lösung das TEMPLATE-Pattern darstellt.

4.4.1 Das Template-Pattern

Es wird eine API verwendet, bei der man Ressourcen anfordern und diese am Ende der Ausführung des eigenen Codes wieder freigeben muss. *Kontext*

* * *

Gerade wenn Fehlersituationen auftauchen, kann es leicht vorkommen, dass man Ressourcen aus Versehen nicht mehr freigibt. Um die Freigabe in jedem Fall zu gewährleisten, kann man `finally`-Blöcke verwenden. Wenn man aber mehrere Ressourcen verwendet, die dann noch interne Abhängigkeiten haben, und bei der Freigabe der Ressourcen `Exceptions` vorkommen können, wird der Code schnell unübersichtlich und man macht leicht Fehler. Ein Beispiel ist JDBC: Die `Connection`, das `Statement` und ein eventuelles `ResultSet` müssen jeweils einzeln und in der richtigen Reihenfolge geschlossen werden, und bei jedem dieser Vorgänge kann es einen Fehler geben. Der Code muss gewährleisten, dass auch in diesen Fehlerfällen die restlichen Ressourcen wieder zurückgegeben werden. Fehler in diesem Bereich sind schwer diagnostizierbar, da sie nur in bestimmten Fehlersituationen zu einem schleichenden zusätzlichen Ressourcenverbrauch führen. *Problem*

Außerdem wäre es sowieso erstrebenswert, wenn man sich um die Ressourcen nicht kümmern müsste, sondern sie zur Verfügung gestellt bekäme. Das ist auch die Idee von Dependency Injection. Allerdings geht es hier um eine andere Granularität: Es sind Codeblöcke und nicht ganze Objekte bzw. Klassen, die Ressourcen benötigen. Aber auch hier kann man eine wesentliche Reduktion der Komplexität des Codes erreichen.

* * *

Ein TEMPLATE-Objekt kümmert sich um das Aufbauen und Freigeben der Ressourcen. Der Code, der die Ressourcen benötigt, wird dem TEMPLATE übergeben. Dazu definiert das TEMPLATE üblicherweise ein Interface, das der Code implementieren muss. Das TEMPLATE versieht den Code mit den Ressourcen und führt ihn aus. Anschließend räumt das TEMPLATE die Ressourcen wieder auf. *Lösung*

Dieser Code ist eine Art Callback: Er wird vom TEMPLATE mit den entsprechenden Ressourcen als Parameter aufgerufen. Insofern liegt der Vergleich z. B. mit GUI-Elementen nahe, denen man ein Objekt übergibt, dessen Code ausgeführt wird, wenn an der GUI eine bestimmte Aktion ausgelöst wird.

Der Nachteil ist, dass man eine eigene Klasse implementieren muss, und man kann nicht ohne weiteres Objekte aus dem Codebereich, in dem das TEMPLATE erzeugt wird, an das TEMPLATE übergeben. Wenn man aber als Codeblock eine Anonymous Inner Class verwendet, hat man Zugriff auf die Instanzvariablen der jeweiligen Klasse und auf final lokale Variablen. Dadurch übergibt man letztendlich dem TEMPLATE tatsächlich einen reinen Codeblock, den es ausführen muss. Außerdem entfällt so das Implementieren einer eigenen Klasse.

Ergebnisse kann die Anonymous Inner Class an das TEMPLATE zurückgeben, das das Ergebnis wiederum an die aufrufende Methode zurückgeben kann. Sollen mehrere Ergebnisse zurückgegeben werden oder vorhandene Objekte modifiziert werden, kann man Objekte an die Inner Class übergeben und dann modifizieren lassen. Außerdem ist es möglich, an das TEMPLATE ein Callback-Objekt zu übergeben, das bei Vorliegen jedes einzelnen Ergebnisses aufgerufen wird und einen Zustand aufbauen kann, der alle Ergebnisse berücksichtigt.

Durch das TEMPLATE-Pattern wird die Verwaltung der Ressourcen nur einmal implementiert und ein Freigeben der Ressourcen kann in allen Situationen sichergestellt werden.

Man kann in den Klassen, die das TEMPLATE-Pattern implementieren, auch gleich einen EXCEPTION ÜBERSETZER implementieren, so dass nicht nur die Ressourcen aufgeräumt werden, sondern auch die Exceptions aus der darunter liegenden API in RuntimeExceptions umgewandelt werden.

4.4.2   Das Transaction-Template

Für die Verwaltung von Transaktionen wird das TEMPLATE-Pattern durch das TransactionTemplate implementiert.

Listing 4–3
Verwendung des
TransactionTemplates

```
public void bestellenKreditkarteTransactionTemplate(
      final Einkaufswagen einkaufswagen,
      final int kreditkartenNummer)
  throws BestellungException {
  TransactionTemplate transactionTemplate =
   new TransactionTemplate(transactionManager);
  BestellungException exception =
   (BestellungException) transactionTemplate
   .execute(
    new TransactionCallback() {

      public Object doInTransaction(
        TransactionStatus transactionStatus) {
        Bestellung bestellung = null;
        try {
          bestellung =
            bestellungErzeugen(einkaufswagen);
```

```
      } catch (BestellungException ex) {
        return ex;
      }
      bestellungDAO.save(bestellung);
      if (!kreditkartenAutorisierer.belasten(
        kreditkartenNummer,
        bestellung.getBetrag())) {
        transactionStatus.setRollbackOnly();
      }
      return null;
    }


  }
 );
 if (exception != null) {
   throw exception;
 }
}
```

Die Verwendung zeigt Listing 4–3. Es wird zunächst ein Transaction-
Template unter Angabe des PlatformTransactionManager erzeugt. Wie
im Pattern empfohlen, wird der auszuführende Code dem TransactionTemplate als eine Instanz einer Anonymous Inner Class übergeben,
die das Interface TransactionCallback implementiert. Hier hätte man
natürlich auch eine »normale« Klasse verwenden können, das hätte
allerdings mehr Code zur Folge gehabt und die Verwendung von
Instanzvariablen und lokalen Variablen verkompliziert. Das TransactionTemplate startet zunächst eine Transaktion, führt dann den Code
aus der Anonymous Inner Class aus und beendet schließlich die Transaktion. Commit und Rollback erfolgen also durch das TransactionTemplate, der eigene Code ist frei davon.

Nach dem Starten der Transaktion bekommt das Transaction-
Template einen TransactionStatus zurück, mit dessen Hilfe man Änderungen an der Transaktion vornehmen kann. Diese Ressource stellt
das TEMPLATE der Anonymous Inner Class zur Verfügung, indem es
ihr als Parameter übergeben wird. Die Anonymous Inner Class macht
im Beispiel auch Gebrauch von dem TransactionStatus. Falls die
Bezahlung per Kreditkarte fehlschlägt, wird mit dem TransactionStatus die Transaktion so markiert, dass sie nur mit einem Rollback beendet werden kann.

Übergabe des
TransactionStatus

Man sieht bei der Verwendung des TransactionTemplates, dass es
problematisch ist, aus dem Code der Inner Class Informationen nach
draußen zu transportieren. Im konkreten Fall betrifft dies die BestellungException. Sie wird gefangen, als Rückgabe der Methode nach

Werte aus dem Template
zurückgeben

außen gegeben und schließlich erneut geworfen, damit der aufrufende Code sie bearbeiten kann. Der Grund dafür ist, dass die Inner Class keine checked-Exceptions werfen darf, weil sie in der Signatur der Methode nicht vorgesehen sind. Bei unchecked-Exceptions, also RuntimeExceptions und Errors, würde die Transaktion zurückgerollt werden, was im Allgemeinen sinnvoll ist, da eine solche Exception auf ein schwerwiegendes Problem hinweist und man davon ausgehen kann, dass ein erfolgreiches Beenden der Transaktion nicht mehr möglich ist.

4.5   Deklaratives Transaktionsmanagement

Auch bei der Bearbeitung einer Transaktion mit Hilfe eines TransactionTemplates ist der technische Aspekt der Transaktionsverwaltung mit dem funktionalen Code vermischt. Im Kapitel über aspektorientierte Programmierung wurde behauptet, dass AOP es ermöglicht, Aspekt wie Transaktionsverwaltung in einem Artefakt des Systems zentral zu entwickeln.

Deklaration für einzelne Beans
Der erste Ansatz dazu ist die TransactionProxyFactoryBean, mit der man einen Proxy für eine vorhandene Spring-Bean erzeugen kann, der die Steuerung der Transaktionen übernimmt. Das entspricht dem, was eine ProxyFactoryBean (Abschnitt 3.3) macht. Beide Klassen haben auch eine gemeinsame Oberklasse.

Man kann für die Methoden der Spring-Beans Transaktionsattribute angeben. Der Proxy ist dann dafür zuständig, entsprechend den in Abschnitt 4.3 definierten Konstanten die Transaktionssteuerung zu implementieren. Das bedeutet, dass man jeweils eine Methode mit einer dieser Konstanten markieren kann. Beim Aufruf der Methode wird dann gegebenenfalls eine Transaktion mit dem angegebenen Attribut gestartet und am Ende der Methode beendet. Wenn man beispielsweise PROPAGATION_REQUIRES_NEW gewählt hat, wird am Anfang der Methode eine neue Transaktion gestartet und am Ende beendet. Hat man hingegen PROPAGATION_REQUIRED gewählt, passiert das nur, wenn noch keine Transaktion vorhanden war. Ist bereits eine vorhanden, wird diese Transaktion einfach weiterverwendet.

Deklaration für viele Beans
Allerdings muss bei diesem Vorgehen jede einzelne Spring-Bean um eine TransactionProxyFactoryBean ergänzt werden, was ein recht hoher Konfigurations-Aufwand ist. Für einen Ansatz, bei dem mehrere Spring-Beans einheitlich konfiguriert werden, bietet Spring den TransactionInterceptor an. Der TransactionInterceptor muss für jede Methode Informationen haben, die den schon bekannten Konstanten entsprechen. Dazu verwendet der TransactionInterceptor eine TransactionAttributeSource. So enthält der Interceptor diese Informationen

nicht selber, sondern sie sind in eine externe Klasse ausgelagert. Dadurch wird die Implementierung recht flexibel, weil man die Informationen aus beliebigen Quellen auslesen kann.

```
<bean id="transactionAttributeSource"
 class="….NameMatchTransactionAttributeSource">
  <property name="nameMap">
    <map>
      <entry
       key="bestellenKreditkarteTransactionAnnotation"
       value="PROPAGATION_REQUIRED" />
      <entry
       key="save"
       value="PROPAGATION_REQUIRED" />
      <entry
       key="getBy*"
       value="PROPAGATION_REQUIRED" />
      <entry
       key="deleteBy*"
       value="PROPAGATION_REQUIRED" />
      <entry
       key="update"
       value="PROPAGATION_REQUIRED" />
    </map>
  </property>
</bean>

<bean id="transactionInterceptor"
 class="….TransactionInterceptor">
  <property name="transactionManager"
   ref="transactionmanager" />
  <property name="transactionAttributeSource">
   ref="transactionAttributeSource" />
</bean>

<bean id="autoProxyCreator"
 class="….BeanNameAutoProxyCreator">
  <property name="interceptorNames">
    <list>
      <idref local="transactionInterceptor"></idref>
    </list>
  </property>
  <property name="beanNames">
    <list>
      <idref local="bestellung"/>
      <idref local="kundeDAO"/>
```

Listing 4–4
Konfiguration für deklaratives Transaktions-management

```
      <idref local="wareDAO"/>
      <idref local="bestellungDAO"/>
   </list>
  </property>
 </bean>
```

Deklarative Transaktionen in der Beispielanwendung

In der Beispielanwendung sollen beim Bestellung-Geschäftsprozess und bei den DAOs Transaktionen verwendet werden. Die DAOs sollen jeweils mit einem Transaktionskontext aufgerufen werden, da sie Änderungen an der Datenbank machen und das sinnvollerweise in einer Transaktion stattfinden sollte. Eine Methode eines DAOs startet also entweder selbst eine Transaktion oder ist ein Teil einer größeren Transaktion. Auf keinen Fall darf sie außerhalb einer Transaktion aufgerufen werden. Genau das bildet die Deklaration mit PROPAGATION_REQUIRED ab. Gleiches gilt für die Business Processes.

Eine einfache Möglichkeit, die Transaktionen zu konfigurieren, zeigt Listing 4–4. Mit Hilfe des BeanNameAutoProxyCreator wird das deklarative Transaktionsmanagement auf die Bean bestellung und die DAOs eingeschränkt. Es wird definiert, dass der TransactionIntercep- tor diesen Beans hinzugefügt werden soll. Dazu hätte man auch beliebige andere Möglichkeiten aus von Spring AOP nutzen können, also z. B. auch AspectJ-Pointcut-Ausdrücke.

Der Interceptor bekommt eine Referenz auf die transactionAttri- buteSource zugewiesen. In diesem Fall wird dazu die NameMatchTrans- actionAttributeSource verwendet. Sie verwaltet Transaktionsattribute anhand des Namens der Methode. Dabei kann man auch »*« als Wildcard am Anfang oder Ende des Namens verwenden.

Neben dieser Implementierung gibt es auch die MethodMapTrans- actionAttributeSource, bei der die Transaktionsattribute in einer Map mit der Methode als Key gehalten werden. Eine weitere Möglichkeit ist die MatchAlwaysTransactionAttributeSource, die einfach immer den- selben Wert zurückgibt.

In Abbildung 4–3 ist das Zusammenspiel der Spring-Beans gra- fisch dargestellt. Der autoProxyCreator ergänzt die Spring-Beans um den transactionInterceptor. Dieser kann bei jedem Methodenaufruf von der transactionAttributeSource die Transaktionsattribute für den aktuellen Aufruf abfragen. Anschließend kann er beim transaction- Manager die dafür notwendigen Methoden aufrufen.

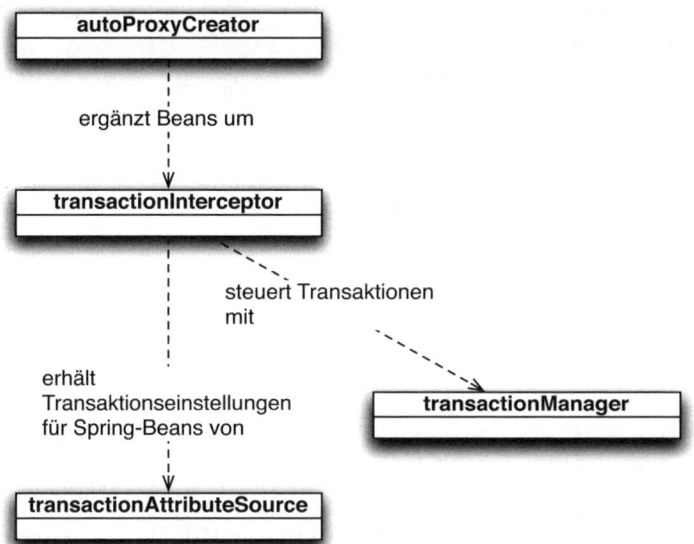

Abb. 4–3

Das Zusammenspielen der Spring-Beans für Transaktionen in der Beispielanwendung

Es gibt für Transaktionen eine vereinfachte Konfiguration mit Hilfe von XML-Namespaces. In Listing 4–5 kann man sehen, wie eine solche Konfiguration aussieht. Es wird mit dem `tx:advice`-Element noch immer ein Interceptor definiert, aber die Konfiguration der Methoden und der dazugehörigen Transaktionsattribute ist wesentlich einfacher. Im `tx:attributes`-Element finden sich einzelne `tx:method`-Elemente, die jeweils Transaktionsattribute enthalten. Bei dem ersten `tx:attri`-`butes`-Element ist der Vorgabewert `PROPAGATION_REQUIRED` für die Propagation explizit aufgeführt. Da diese Vorgabe meistens ausreichend ist, beschränken sich die restlichen Elemente darauf, die Methodennamen aufzuführen. Wie man sieht, kann auf diese Weise die Konfiguration erheblich vereinfacht werden. Man kann diese Möglichkeit dann noch mit den AspectJ-Pointcut-Ausdrücken kombinieren, wie in Abschnitt 3.5.1 dargestellt. Letzendlich entsteht hier nur ein »normaler« Spring AOP Interceptor, den man natürlich genau wie jeden anderen Advice mit verschiedenen Pointcuts kombinieren kann.

Vereinfachte Konfiguration mit XML-Namespaces

```
<beans xmlns="http://www.springframework.org/schema/beans"
 xmlns:xsi="http://www.w3.org/2001/XMLSchema-instance"
 xmlns:tx="http://www.springframework.org/schema/tx"
 xsi:schemaLocation="http://www.springframework.org/schema/beans
   http://www.springframework.org/schema/beans/spring-beans-2.0.xsd
   http://www.springframework.org/schema/tx
   http://www.springframework.org/schema/tx/spring-tx-2.0.xsd">
 <tx:advice id="transactionInterceptor"
   transaction-manager="transactionManager">
```

Listing 4–5

Vereinfachte Transaktionskonfiguration mit Spring 2.0

```
<tx:attributes>
  <tx:method
   name="bestellenKreditkarteTransactionAnnotation"
   propagation="REQUIRED" />
  <tx:method name="save" />
  <tx:method name="getBy*" />
  <tx:method name="deleteBy*" />
  <tx:method name="update" />
</tx:attributes>
</tx:advice>

...

<beans>
```

Transaktionen mit
Annotationen

Besonders interessant ist, dass man die Transaktionsattribute auch durch JDK-1.5-Annotationen oder Jakarta Commons Attributes konfigurieren kann. Das entspricht der in Abschnitt 3.4.3 dargestellten Konfiguration von Aspekten durch Annotationen. Dazu muss man die AnnotationTransactionAttributeSource bzw. AttributesTransaction-AttributeSource als TransactionAttributeSource verwenden. Bei der Konfiguration mit Spring 2.0 reicht ein tx:annotation-driven-Element in der Spring-Konfiguration – allerdings können dann nur Annotationen verwendet werden.

Beispielhaften Code zeigt Listing 4–6. Mit Hilfe des Jakarta Commons Attributes wird der Transaktionswert für die Methode definiert. Für JDK 1.5 gibt es die @Transactional-Annotation mit gleicher Funktionalität. In der Implementierung kann man sich wie im Beispiel gezeigt den aktuellen TransactionStatus holen und dadurch z. B. die Transaktion für ein Rollback markieren. Man muss allerdings aufpassen, denn wenn die Transaktionsinfrastruktur die Transaktion tatsächlich beendet, wird eine Exception ausgelöst, und zwar eine UnexpectedRollbackException. Ein weiteres Problem ist, dass der Grund für das Rollback verloren geht. Daher kann es sinnvoll sein, eine Exception zu werfen, die den Grund kommuniziert und automatisch zu einem Rollback führt, statt die Transaktion für ein Rollback zu markieren. Alternativ kann man den Grund für das Rollback z. B. in einer Log-Datei festhalten.

Listing 4–6
Implementierung mit
deklarativem Trans-
aktionsmanagement

```
/**
 * @@….DefaultTransactionAttribute(
 ….DefaultTransactionAttribute.PROPAGATION_REQUIRED)
 */
public void
 bestellenKreditkarteTransactionAnnotation(
 final Einkaufswagen einkaufswagen,
```

```
final int kreditkartenNummer)
throws BestellungException {
 Bestellung bestellung =
  bestellungErzeugen(einkaufswagen);
 bestellungDAO.save(bestellung);
 if
   (!kreditkartenAutorisierer.belasten(
     kreditkartenNummer, bestellung.getBetrag())) {
   TransactionInterceptor.
    currentTransactionStatus().
    setRollbackOnly();
 }
}
```

Das Zusammenspiel der verschiedenen Objekte beim deklarativen Transaktionsmanagement zeigt Abbildung 4–3. Beim Aufruf einer Methode wird durch den Proxy, der die Aspekte aufruft, der TransactionInterceptor aktiviert. Dieser holt sich für die aktuelle Klasse und Methode die Transaktionsattribute von der TransactionAttributeSource. Je nach Implementierung ermittelt die TransactionAttributeSource die Transaktionsattribute entweder durch die eigene Konfiguration oder sie nutzt Jakarta Commons Attributes bzw. JDK-1.5-Annotationen.

Zusammenspiel bei Transaktionen

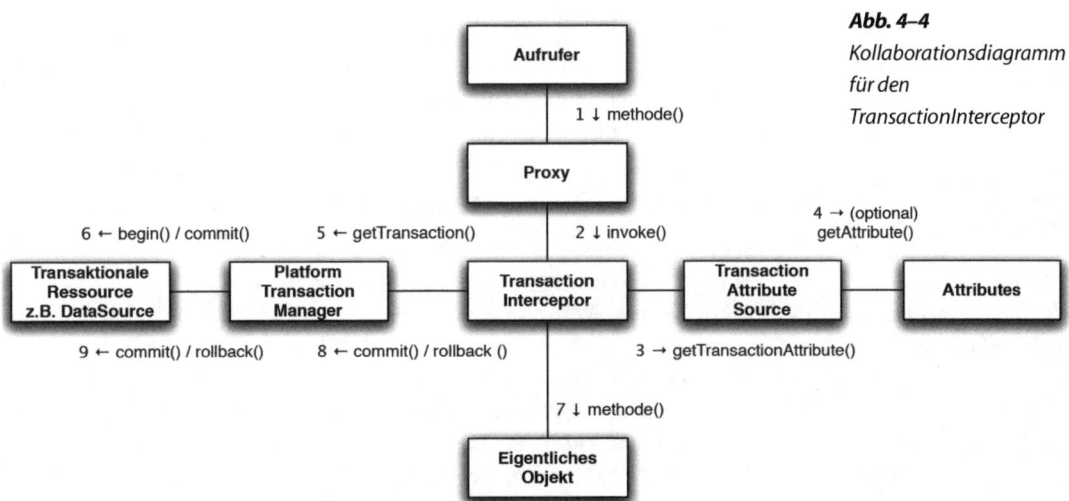

Abb. 4–4

Kollaborationsdiagramm für den TransactionInterceptor

Danach ruft der TransactionInterceptor den PlatformTransactionManager mit den Transaktionsattributen aus der TransactionAttributeSource auf. Der PlatformTransactionManager startet dann eine neue Transaktion oder gibt die schon vorhandene zurück. Anschließend wird die eigentliche Methode aufgerufen.

Abhängig davon, ob die Methode eine Exception geworfen hat und von welchem Typ die Exception ist, kann die Transaktion mit einem Rollback oder einem Commit beendet werden. Es ist auch möglich, dass die Transaktion einfach weiterhin offen bleibt. Das ist z. B. der Fall, wenn die Methode innerhalb einer Transaktion aufgerufen wurde und mit PROPAGATION_REQUIRED markiert war.

Transaktionen und Exceptions

In Bezug auf Exceptions kann man bei Spring definieren, bei welchen Exceptions die Transaktion zurückgerollt werden soll. Normalerweise löst Spring bei RuntimeExceptions ein Rollback aus und bei checked-Exceptions nicht. Genau dieses Verhalten kann man umkonfigurieren: Wenn man eine TransactionAttributeSource verwendet, bei der die Transaktionsattribute in der Spring-Konfiguration abgelegt werden, kann man sich an Listing 4–7 orientieren. Mit dem Plus »+« wird angezeigt, dass bei einer RuntimeException kein Rollback, sondern ein Commit stattfinden soll. Wenn man dies in der Praxis so konfiguriert, muss man dafür gute Gründe haben, weil eine RuntimeException meistens auf ein technisches Problem hinweist, so dass die Transaktion wohl kaum noch sinnvoll beendet werden kann. Mit dem Minus »-« kann man Exceptions definieren, die zu einem Rollback führen sollen, in diesem Fall die BestellungException. Auf diesem Wege ist es möglich, ein automatisches Rollback auch bei Exceptions aus dem eigenen Code zu erreichen.

Nur lesende Transaktionen

Man sieht in dem Beispiel auch, wie man eine Transaktion als nur lesend markieren kann, mit einem eigenen Timeout (im Beispiel 42 Sekunden) versehen kann und wie man die Isolationsstufe konfigurieren kann. Die Isolationsstufen kann man nur bei JDBC sinnvoll verwenden, und auch dann sind die unterstützten Isolationsstufen von der jeweiligen Datenbank abhängig.

Listing 4–7
Weitere Konfigurations-
möglichkeiten
für Transaktionen

```
<bean id="transactionAttributeSource"
 class="….NameMatchTransactionAttributeSource">
  <property name="nameMap">
   <map>
    <entry key="getBy*" >
     <value>PROPAGATION_REQUIRED,
      +RuntimeException,
      -BestellungException,
      readOnly,
      timeout_42,
      ISOLATION_REPEATABLE_READ</value>
    </entry>
   </map>
  </property>
</bean>
```

Mit der in Listing 4–5 vorgestellten vereinfachten Konfiguration durch XML-Namespaces kann man ebenfalls solche Attribute definieren. Das zeigt Listing 4–8.

```
<tx:method name="getBy*"
  propagation="REQUIRED" isolation="DEFAULT"
  timeout="42" read-only="true" />
```

Listing 4–8
Vereinfachte Konfigura-
tionsmöglichkeit
mit Spring 2.0

Wenn man JDK-1.5-Annotationen verwendet, kann man die Konfigurationseinstellungen durch die Eigenschaften der @Transactional-Annotation festlegen. Beim Beispiel in Listing 4–9 wird die Annotation an der Implementierungsmethode festgelegt, man kann auch ein Interface oder eine Klasse damit annotieren, so dass alle Methoden entsprechend konfiguriert werden. In der Spring-Konfiguration muss man das tx:annotation-driven-XML-Element einfügen, damit die Annotation ausgewertet wird.

Transaktionen mit
JDK-1.5-Annotationen

```
@Transactional(propagation=Propagation.REQUIRED,
  readOnly=false,
  rollbackFor=RuntimeException.class,
  isolation=Isolation.SERIALIZABLE)
public void bestellenKreditkarteTransactionAnnotation(
    final Einkaufswagen einkaufswagen,
    final int kreditkartenNummer)
  throws BestellungException {
  …
  }
```

Listing 4–9
Transaktionen mit JDK-
1.5-Annotationen steuern

Übrigens kann man die @Transactional-Annotation nicht nur mit Spring AOP, sondern auch mit AspectJ auswerten lassen. Dazu gibt es den AnnotationTransactionAspect, den man wie in Abschnitt 3.8.2 dargestellt mit einer Referenz auf einen PlattformTransactionManager versorgen muss. Es gibt bei AspectJ einen subtilen Unterschied in der Auswertung der Annotationen: Während mit Spring AOP auch die @Transactional-Annotation eines implementierten Interfaces ausgewertet wird, muss man bei AspectJ die Annotation an der Implementierung vornehmen. Das ist logisch, da das transaktionale Verhalten kein Teil der Schnittstelle ist, sondern ein Teil der Implementierung.

Transaktionen mit Jakarta
Commons Attributes,
Transaktionen mit AspectJ

Falls man kein JDK 1.5 nutzen will, kann man dasselbe mit Jakarta Commons Attributes erreichen. Es gibt die Attribute RollbackRuleAttribute und NoRollbackRuleAttribute, mit denen man eine Methode passend markieren kann. Die anderen Attribute lassen sich am DefaultTransactionAttribute einstellen. Die Zuweisungen werden zur Laufzeit in Aufrufe der entsprechenden set-Methoden umgesetzt. Listing 4–10 zeigt dies.

Listing 4–10
Erweiterte Konfiguration
der Transaktionen mit
Jakarta Commons
Attributes

```
/**
 * @@….DefaultTransactionAttribute(
 *….DefaultTransactionAttribute.PROPAGATION_REQUIRED,
 *   timeout=42,
 * isolationLevelName="ISOLATION_REPEATABLE_READ")
 * @@….RollbackRuleAttribute(
 *   java.lang.RuntimeException.class)
 * @@….NoRollbackRuleAttribute(
 *   businessprocess.BestellungException.class)
 */
public void bestellenKreditkarteTransactionAttribute(
    final Einkaufswagen einkaufswagen,
    final int kreditkartenNummer)
throws BestellungException {
    …
}
```

4.6   Transaktionen mit Spring in der Praxis

Es stellt sich nun die Frage, wie man die Spring-Transaktions-API in der Praxis nutzt.

Vorteile des Platform-
TransactionManagers

Spring bietet eine Vereinheitlichung der verschiedenen Transaktions-APIs im Java-Umfeld. Dabei werden auch die verwendeten Exceptions vereinheitlicht. Ein weiterer Vorteil ist, dass der Code unabhängig davon funktionieren kann, ob er in einer Transaktion oder außerhalb einer Transaktion aufgerufen wird. Wenn man z. B. vom PlatformTransactionManager eine Transaktion mit PROPAGATION_REQUIRED anfordert, wird sie auf jeden Fall innerhalb einer Transaktion aufgerufen: Entweder wird eine neue angelegt oder die vorhandene verwendet. Das ist mit den üblichen Transaktionsschnittstellen nicht möglich, da man dann nur den Anfang einen Transaktion definieren kann und sie durch ein Commit oder Rollback beenden muss.

Durch die Abstraktion des PlatformTransactionManager hat man außerdem den Vorteil, dass man die Implementierung des Transaktionsmanagers austauschen kann. Features eines JTA-Transaktionsmanagers aus einem Application-Server wie Zwei-Phasen-Commit sind nur in wenigen Szenarien wirklich notwendig. Also sind viele Anwendungen z. B. durch die JDBC-Transaktionsmanager ausreichend versorgt, weil sie nur eine Datenbank verwenden. Falls die Anwendung später mehr als eine Datenbank verwendet, kann man sie durch bloßes Umkonfigurieren auf einem Application-Server mit JTA laufen lassen, ohne den Code zu ändern. Gleichzeitig kann man die Transaktionen immer noch z. B. in einer Java-SE-Umgebung testen.

Dennoch wird man es in der Praxis vermeiden, das PlatformTransactionManager-Interface direkt zu verwenden. Die direkte Verwendung dieser Schnittstelle vermischt nämlich den Code für die Transaktionen mit der Geschäftslogik.

Stattdessen benutzt man in der Praxis eher Springs deklaratives Transaktionsmanagement. Dieses Feature setzt auf dem PlatformTransactionManager auf, so dass man weiterhin die Vorteile dieser Abstraktion nutzen kann. Deklaratives Transaktionsmanagement bietet den zusätzlichen Vorteil, dass der Aspekt der Transaktionen vollständig aus der eigentlichen Geschäftslogik herausgehalten wird. Spring ist nicht die einzige Technologie, die deklaratives Transaktionsmanagement bietet: EJB verwendet dieses Konzept auch, und die Erfahrungen damit sind sehr positiv. EJB ist allerdings auf den Einsatz in einem Application-Server begrenzt. Außerdem ist Spring im Vergleich zu EJB im Bereich des deklarativen Transaktionsmanagements sehr flexibel. Man kann die Methoden im Sourcecode durch Annotationen für Transaktionen markieren oder zentral in der Spring-Konfiguration anhand der Methodennamen.

Deklaratives Transaktionsmanagement

Beide Ansätze haben Vor- und Nachteile: Die Konfiguration anhand der Methodennamen im Konfigurationsfile kann dazu führen, dass Methoden mit Transaktionsattributen versehen werden, bei denen das eigentlich nicht beabsichtigt ist. Um das zu vermeiden, kann es dazu kommen, dass die Steuerung der Transaktionen die Namenswahl bei den Methoden beeinflusst, was auch nicht optimal ist.

Vor- und Nachteile der Ansätze

Annotationen haben den Nachteil, dass direkt im Code die Konfiguration eines technischen Belangs geregelt ist, so dass dies nur durch Änderungen im Code modifiziert werden kann. Dadurch ist das Prinzip der Konfiguration eigentlich ad absurdum geführt, denn das Ziel sind gerade Änderungen ohne neues Kompilieren. Allerdings ändert sich Transaktionslogik nicht so häufig, und sie ist eigentlich auch nicht vom fachlichen Code trennbar.

Die TEMPLATES für Transaktionen werden in der Praxis selten genutzt, da sie recht aufwändig sind und es besser ist, den Code durch externe Deklarationen vollständig vom Aspekt der Transaktionen frei zu halten. Die TEMPLATES sind allerdings sinnvoll, wenn die Transaktionen auf einer anderen Granularitätsebene sind als die Methoden. Wenn man z. B. innerhalb einer Schleife für alle tausend Datensätze eine neue Transaktion aufmachen will, ist das mit einem TEMPLATE oder sogar durch die direkte Benutzung des PlatformTransactionManagers möglicherweise einfacher implementierbar.

Transaction Templates

4.7   Fazit

Dieses Kapitel hat anhand von Transaktionen gezeigt, wie Spring unter anderem durch den EXCEPTION ÜBERSETZER verschiedene APIs vereinheitlicht. Anschließend wurde das TEMPLATE-Pattern anhand des Beispiels der Transaktionen dargestellt. Durch dieses Pattern wird der Entwickler bei der Verwaltung von Ressourcen entlastet. Schließlich wurde gezeigt, wie man Transaktions-Handling durch die Spring-Konfiguration oder mit Annotationen bzw. Jakarta Commons Attributes komplett deklarativ implementieren kann. Dazu kommt Spring AOP zum Einsatz, mit dem Transaktionen als eigener Aspekt getrennt von der Geschäftslogik implementiert werden. Den Abschluss hat eine Bewertung der Transaktions-API von Spring aus praktischen Erwägungen heraus gebildet. Dabei wurde die Bedeutung des deklarativen Transaktionsmanagements als elegante Lösung für Transaktionen noch einmal unterstrichen.

Die in diesem Kapitel vorgestellten Pattern werden auch bei den anderen in Spring integrierten Technologien noch eine Rolle spielen, zum Teil sogar eine wichtigere als bei der Transaktions-API.

5 Persistenz

5.1 Übersicht

Nach der Einführung in die Transaktionen ist der nächste logische
Schritt, die verschiedenen APIs darzustellen, die Spring für den Zugriff
auf Datenbanken unterstützt. Die dabei verwendeten Mechanismen
legen die Nutzung des DAO-Patterns (Abschnitt 5.2) nahe, mit dessen
Erläuterung das Kapitel beginnt.

Direkt auf dem relationalen Modell und der Datenbank setzt die
JDBC-API auf. Auch hier bietet Spring eine Vereinfachung (Abschnitt
5.3), mit der die Nutzung von JDBC nicht nur wesentlich einfacher,
sondern auch viel sicherer wird. Da die JDBC-Unterstützung unabhängig vom Rest von Spring verwendbar ist, kann dieser Teil von Spring
eine wesentliche Vereinfachung für jede auf JDBC basierende Anwendung sein.

Anschließend wird die Exception-Hierarchie im Bereich Datenbankzugriff dargestellt (Abschnitt 5.4). Die iBATIS-Bibliothek bietet
Möglichkeiten, einfache Abbildungen zwischen Tabellen und Objekten zu definieren und die dafür notwendigen SQL-Anfragen in eine
eigene Konfigurationsdatei auszulagern (Abschnitt 5.5). Schließlich
gibt es mit Hibernate (Abschnitt 5.6) eine Alternative, die als O/R-
Mapper (Objekt/Relationen) das Speichern von Objekten in relationalen Datenbanken auch mit komplexen Beziehungen zwischen Objekten und Tabellen erlaubt und dabei vollständig von SQL abstrahiert. In
diesem Bereich gibt es mit dem JPA-Standard einen neuen Spieler, der
in Abschnitt 5.7 näher beleuchtet wird. Bei den O/R-Mappern bietet
Spring verschiedene Alternativen zu Hibernate an wie JDO und Oracle
TopLink, die in Abschnitt 5.8 kurz vorgestellt werden.

Tipp

Die Wahl der richtigen Persistenztechnologie kann erhebliche Auswirkungen sowohl auf die Komplexität als auch auf die Performance der Anwendung haben. Falls man komplexe Geschäftslogik implementiert, die eine

vollständige objektorientierte Modellierung der Geschäftsobjekte erfordert, kann man ein solches Modell mit einem O/R-Mapper gut auf eine Datenbank abbilden. Allerdings handelt man sich damit gleichzeitig eine komplexe Technologie ein, die man zum Erreichen der Performance-Ziele sehr gut beherrschen muss.

Hat man hingegen eher Logik, die durch direkte Manipulation der Datenbank besser umgesetzt werden kann, sollte man auf diese Komplexität verzichten und stattdessen einen Ansatz wie Spring JDBC oder iBATIS wählen. Dann kann man wesentlich einfacher Optimierungen durch Änderungen an den SQL-Statements implementieren und auch sehr gut auf Stored Procedures in der Datenbank zugreifen.

Dieser Abschnitt gibt einen Überblick darüber, wie man die Technologien verwendet und zwar insbesondere in Bezug auf die Integration in Spring. Hinweise, welche Technologie man für welche Anwendungsfälle verwenden sollte, geben vor allem [Fow02], aber auch [HJMW04]. [Fow02] enthält auch weitergehende Informationen darüber, wie man – unabhängig von der Technologie – die Persistenz-Schicht sinnvollerweise organisiert.

5.2   Das DAO-Pattern

Die Beispielanwendung verwendet zur Implementierung der Persistenz das Pattern DATA ACCESS OBJECT (DAO).

Kontext   Es werden Objekte zur Repräsentation von Business-Entitäten verwendet. Die Objekte sollen persistent abgespeichert werden.

* * *

Problem   Die Objekte modellieren die Daten der Problemdomäne natürlich objektorientiert. Gleichzeitig müssen die Objekte in einer Datenbank abgelegt werden, die meistens relationale Strukturen verwendet. Die Abbildung auf solche Strukturen ist nicht trivial. Wenn man die Objekte auch noch mit Geschäftslogik ausstattet, ist Code für die verschiedenen Aufgaben (Persistenz, Datenverwaltung, Geschäftslogik) in der Klasse vermischt.

Daraus ergeben sich mehrere Probleme:

- Die Klassen werden groß und dadurch schwer wartbar.
- Ein Austausch der Persistenzschicht ist nicht ohne weiteres möglich.
- Eine unabhängige Weiterentwicklung der verschiedenen Belange ist nicht möglich.
- Das Testen der Geschäftslogik wird erschwert, wenn die Klassen ohne Persistenzanbindung nicht mehr lauffähig sind.

* * *

Es wird für jedes Geschäftsobjekt eine Klasse eingefügt, die Persistenz-   *Lösung*
logik für die Geschäftsobjekte enthält, das DATA ACCESS OBJECT.
Klassen, die Geschäftsobjekte persistent machen wollen oder aus der
Datenbank lesen müssen, verwenden dazu das DATA ACCESS OBJECT.

Das DATA ACCESS OBJECT muss auf die Instanzvariablen der Objekte   *Sichtbarkeit der*
zugreifen. Dabei müssen in einigen Fällen auch Instanzvariablen Werte   *Instanzvariablen*
zugewiesen werden, die vom Rest der Anwendung nicht verändert
werden dürfen. Dazu zählt z. B. der Primärschlüssel, der die Identität
des Objekts auf Datenbankebene definiert. Das DAO muss ihn zumindest bei der Erzeugung neuer Objekte beschreiben dürfen. Normalerweise ist ein solcher Zugriff nicht erlaubt, da diese Instanzvariable für
die gesamte Lebensdauer des Objekts konstant bleiben muss. Es würde
sonst nämlich auf Datenbankebene seine Identität ändern.

Als Lösung für den notwendigen privilegierten Zugang des DAOs
zum Objekt kann man das DAO in dasselbe Package legen wie das
Objekt selbst, um dadurch solche Attribute nur für die DAOs
beschreibbar zu machen. Wenn man die set-Methoden für diese
Instanzvariablen ohne besondere Sichtbarkeit definiert, können nämlich nur Klassen aus dem gleichen Package wie z. B. das DAO auf sie
zugreifen. Nachteil dieses Vorgehens ist, dass so die Trennung zwischen DAO und dem Objekt weniger stark ist – beide liegen eben in
demselben Package.

Eine weitere Herausforderung sind vernetzte Objekte. Bei dem   *Objektnetze bei DAOs*
Navigieren der Referenzen zwischen den Objekten müssen die Objekte
aus der Datenbank gelesen werden. Eine Möglichkeit ist es, das Objekt
mit allen abhängigen Objekten auszulesen. In diesem Fall hat man
allerdings das Problem, dass oft zu viele Daten aus der Datenbank
gelesen werden und auch zu viele Anfragen an die Datenbank gestellt
werden. Dadurch kann die Performance negativ beeinflusst werden.

Wenn man die Daten einzeln nachladen will, muss man beim Auflösen der Referenz die referenzierten Objekte nachladen (Lazy Loading). Dies kann bei einer manuellen DAO-Implementierung nicht-tri-
vial sein, bei O/R-Mapper-Bibliotheken funktioniert es meistens
automatisch. Außerdem ergibt sich das Problem, dass das stückweise
Nachladen weniger effizient sein kann, als wenn man alles auf einmal
lädt. Das hängt davon ab, wie wahrscheinlich es ist, dass auf die
abhängigen Objekte zugegriffen wird. Wenn man diese Entscheidung
richtig trifft oder flexibel hält, kann man mit der DAO-Schicht die
Performance der Anwendung optimieren. In vielen Fällen wird dieses
Feature durch die verwendete Persistenz-Technologie allerdings schon
implementiert, so dass es nur noch ein Konfigurationsproblem ist.

Vorteile Durch die Verwendung von DAOs wird die Architektur flexibler, weil die Persistenzschicht ausgetauscht werden kann, was im Allgemeinen dennoch einen sehr großen Aufwand darstellt. Auch kann die Geschäftslogik und die Persistenzlogik unabhängig voneinander weiterentwickelt werden.

Außerdem kann man die DAOs durch Mocks ersetzen, so dass die Anwendung leicht testbar ist. Ohne DAOs müsste man den Persistenzcode, der dann in der Anwendung verteilt ist, durch Mocks ersetzen. Man könnte z. B. die gesamte Persistenztechnologie wie z. B. JDBC mocken, was aber ein erheblicher Aufwand ist und auch das Schreiben der Tests kompliziert macht. Statt einfach nur Testdaten unterzuschieben, müsste man nämlich auf Ebene der JDBC-Interfaces definieren, was bei den einzelnen Aufrufen zurückgegeben werden soll. Der Einsatz des DAO-Patterns kann also die Testbarkeit einer Anwendung entscheidend beeinflussen, und zwar im Bereich der Datenhaltung, die oft zu Schwierigkeiten für die Testbarkeit führt.

Ein weiterer wichtiger Vorteil ist, dass man in der DAO-Schicht auch eine Mischung verschiedener Persistenz-Technologien nutzen kann und gegebenenfalls die Technologie-Entscheidung zumindest zum Teil revidieren kann. So kann man z. B. in besonders Performance-sensitiven Bereichen eine API wie JDBC nutzen, die direkten Zugriff auf alle Features der Datenbank bietet und sich in den restlichen Bereichen das Leben mit einem O/R-Mapper einfach machen.

Nachteile Durch das DAO-Pattern muss man eine zusätzliche Klasse für den Zugriff auf die Datenbank implementieren. Wenn man einen O/R-Mapper nutzt, kann man durch das DAO-Pattern gezwungen sein, einige der Vorteile des O/R-Mappers aufzugeben, wenn man sich die Möglichkeit erhalten will, auf ein anderes Vorgehen umzustellen.

Verwandte Patterns In [Mar02] wird die DATA ACCESS COMMAND BEAN beschrieben, die ebenfalls das Ziel hat, die Logik für den Datenbankzugriff von der Geschäftslogik zu trennen. Allerdings wird dort eine Abwandlung des COMMAND-Patterns [GHJV94] verwendet, bei dem jede Aktion auf der Datenbank ein einzelnes COMMAND-Objekt ist. Zunächst werden an dem Objekt die notwendigen Werte gesetzt und dann wird das durch das COMMAND-Objekt gekapselte Datenbank-Statement ausgeführt.

Das DAO-Pattern in der Beispielanwendung In der Beispielanwendung kann man durch das DAO-Pattern verschiedene Persistenzimplementierungen verwenden und vergleichen. Dieser Vorteil ist in der Praxis aber meistens nicht der Grund für den Einsatz des Patterns, da ein Austausch der Persistenzschicht selbst bei Entkoppelung durch das DAO-Pattern sehr aufwändig sein kann, alleine aufgrund der Codemenge. Außerdem beeinflusst die Implementierung der Persistenzschicht auch die Performance, so dass auch aus diesem Grund der Wechsel wohl überlegt sein will. Wesentlicher Vorteil ist die Testbarkeit. Durch die Kapselung in den DAOs kann man nämlich leicht den Geschäftsprozessen mit Mocks für die DAOs Testdaten unterschieben, die Unit-Tests der Geschäftsprozesse überhaupt erst möglich machen.

In der Beispielanwendung gibt es fachliche Abhängigkeiten, so hängt die Bestellung z. B. vom Kunden ab. Dadurch hängen die DAOs bei einigen Technologien voneinander ab. Will man im Bestellung-DAO gleich den Kunden für die Bestellung mit auslesen, muss man bei JDBC dem Bestellung-DAO Zugriff auf den Kunde-DAO geben. Bei einem O/R Mapper wird die Referenz von der Bestellung auf den Kunden automatisch richtig gesetzt.

5.3   JDBC-Helferklassen

5.3.1   Die JdbcTemplate-Klasse

JDBC stellt die Schnittstelle von Java zu Datenbanken dar. Sie arbeitet direkt auf der relationalen Ebene und dient dazu, SQL-Anfragen an eine Datenbank zu schicken. Die Unterstützung für JDBC in Spring basiert auf dem in Abschnitt 4.4.1 dargestellten TEMPLATE-Pattern und stellt das `JdbcTemplate` zur Verfügung. Gerade bei JDBC ist die Verwaltung der Ressourcen nicht trivial, so dass das `JdbcTemplate` eine wesentliche Vereinfachung sein kann.

Um ein `JdbcTemplate` zu erzeugen, gibt es verschiedene Möglichkeiten:

- Man kann sich ein `JdbcTemplate` selbst erzeugen und ihm eine Referenz auf eine `DataSource` zuweisen. Die `DataSource` ist ein Objekt, das es einem erlaubt, neue Verbindungen zu einer Datenbank aufzubauen. In einem Application-Server sind solche `DataSources` der einzige Weg zum Zugriff auf eine Datenbank. In einer Java-SE-Umgebung kann man beispielsweise die `DataSource`-Implementierung aus dem Jakarta-Commons-Projekt verwenden.
- Es ist auch möglich, das `JdbcTemplate` durch Dependency Injection zu konfigurieren und einer Spring-Bean zuzuweisen.
- Man kann die DAOs von der Klasse `JdbcDaoSupport` erben lassen. Dann kann man der Spring-Bean eine `DataSource` oder ein `JdbcTemplate` z. B. durch Dependency Injection zuweisen. Anschließend steht das `JdbcTemplate` zur Verwendung im eigenen Code bereit.

Hat man Zugriff auf eine DataSource, so ist die Erzeugung eines JdbcTemplates sehr einfach, wie Listing 5–1 zeigt.

Listing 5–1
Erzeugen eines JdbcTemplates aus einer DataSource

```
DataSource ds=...;
JdbcTemplate template = new JdbcTemplate(ds);
```

Aber auch, wenn nur eine JDBC-Connection zur Verfügung steht, kann man immer noch das JdbcTemplate nutzen. Man muss dafür lediglich die SingleConnectionDataSource von Spring verwenden (Listing 5–2). Durch den boolean-Parameter des Konstruktors kann man steuern, ob kein close() auf der Connection aufgerufen werden soll (true). Dies ist dann sinnvoll, wenn die Connection von der Infrastruktur, die die Connection zur Verfügung stellt, geschlossen wird. Man kann also das JdbcTemplate auch dann verwenden, wenn man von einem vorhandenen Framework lediglich eine Connection angeboten bekommt.

Listing 5–2
Erzeugung eines JdbcTemplates aus einer Connection

```
JdbcTemplate template = new JdbcTemplate(
    new SingleConnectionDataSource(DbConnect, true));
```

In einer Java-EE-Umgebung werden sowieso DataSources für den Zugriff auf JDBC verwendet. Bei einer Java-SE-Umgebung können z. B. Implementierungen aus dem Apache-Commons-Projekt verwendet werden wie die org.apache.commons.dbcp.BasicDataSource oder die PoolingDataSource aus demselben Package, die auch das Poolen der Datenbankverbindungen erlaubt. JdbcTemplates sind also ohne weiteres unabhängig vom Rest von Spring einsetzbar.

Tipp

> Der Einsatz der JDBC-Klassen aus dem Spring-Framework ist ein absolutes Muss bei der Verwendung von JDBC. Ohne diese Abstraktion ist die Verwendung von JDBC nicht nur wesentlich komplizierter, sondern auch fehleranfälliger. Die Fehler, die sich dann einschleichen, haben oft etwas mit dem Verhalten der Anwendung bei Exceptions zu tun, die durch Tests nur schwer zu finden sind. Da die Spring-JDBC-Klassen unabhängig vom Rest von Spring verwendbar sind, gibt es keinen Grund, direkt auf JDBC aufzusetzen.

Das JdbcTemplate enthält verschiedene Methoden, mit denen man ein SQL-Statement ausführen kann:

- execute() führt einfach das übergebene SQL-Statement aus, ohne ein Ergebnis zurückzugeben.
- query() dient zum Ausführen einer Anfrage und kann dementsprechend auch ein Ergebnis zurückgeben.

▨ Mit update() kann man die Daten ändern. Die Methode gibt die Anzahl der betroffenen Datenbankzeilen zurück.

▨ batchUpdate() ermöglicht ebenfalls eine Änderung der Daten, wobei als Optimierung Statement Batching verwendet wird. Dadurch kann die Datenbank mehrere Statements jeweils in einem Rutsch verarbeiten. Die Statements können beispielsweise als String-Array übergeben werden.

Grundsätzlich sind die Methoden in verschiedenen Varianten mit jeweils unterschiedlichen Parametertypen implementiert. Die einfachste Variante ist, der Methode den auszuführenden SQL-Ausdruck als String zu übergeben. Dabei kann man die JDBC-PreparedStatement-Syntax verwenden, also Parameter als Fragezeichen (»?«) darstellen. Neben der Query mit den Platzhaltern für die Parameter kann man der Methode die Parameter als Array von Objekten übergeben. Die Benutzung könnte also z. B. folgendermaßen aussehen:

Parameter für die Methoden

```
getJdbcTemplate().update(
  "DELETE FROM KUNDE WHERE ID=?",
  new Object[] { new Integer(id) });
```

Dieser Code stammt aus der Klasse KundeDAO aus der Beispielanwendung, die von JdbcDaoSupport abgeleitet ist. Daher kann man durch den Aufruf der Methode getJdbcTemplate() auf ein JdbcTemplate zugreifen. In der Spring-Konfiguration muss man dem KundeDAO dann nur noch eine Referenz auf eine DataSource oder ein JdbcTemplate zuweisen.

An dem JdbcTemplate wird die Methode update() aufgerufen. Dabei wird der SQL-Ausdruck übergeben, und zwar mit Platzhaltern für die Parameter. Die Parameter für den SQL-Ausdruck werden als Array von Objects übergeben. Dazu kann man gut die Java-Syntax zur Initialisierung von Arrays durch Ausdrücke in geschweiften Klammern verwenden. Falls der Typ der Parameter nicht eindeutig auf einen SQL-Typ abbildbar ist, kann man zusätzlich ein Array mit den SQL-Typen aus der Klasse java.sql.Types übergeben. Sonst versucht Spring, den richtigen SQL-Typ selbstständig herauszufinden.

Übrigens kann es sinnvoll sein, diese Art von Aufruf auch zu verwenden, wenn überhaupt keine Parameter an die Anfrage übergeben werden sollen. Intern wird nämlich in diesem Fall ein JDBC-PreparedStatement verwendet, was effizienter sein kann als ein »normales« JDBC-Statement.

Nach dem Aufruf der update()-Methode erzeugt das JdbcTemplate eine Datenbankverbindung und führt die Anfrage aus. Anschließend werden die verwendeten Ressourcen wieder aufgeräumt.

Bei `update()`, `execute()` und `batchUpdate()`werden lediglich Änderungen an den Daten vorgenommen und nur eine Information zurückgegeben, ob die Anfrage erfolgreich war oder wie viele Datensätze geändert wurden.

Daten zurückgeben　　Bei Anfragen, die Daten aus der Datenbank zurückgeben, muss man natürlich komplexere Daten zurückgeben. Das `JdbcTemplate` kann die Objekte wie z. B. das `ResultSet`, die es aus der JDBC-Schicht bekommt, nicht einfach zum Aufrufer weiterleiten, weil sie nach dem Aufräumen der Ressourcen nicht mehr zur Verfügung stehen.

Die `query()`-Methode bietet zur Lösung dieses Problems mehrere Ansätze:

- Wenn man nur einen Wert erwartet, der den primitiven Datentyp `int` oder `long` hat, kann man `queryForInt()` oder `queryForLong()` verwenden. Das Ergebnis wird in den entsprechenden Typ konvertiert. Anderenfalls wird eine `TypeMismatchDataAccessException` geworfen.
- Für die Fälle, in denen zwar nur ein Wert erwartet wird, dieser jedoch einen anderen Typ als `int` oder `long` hat, kann man die `queryForObject()`-Methode verwenden. Man übergibt ihr den erwarteten Typ und bekommt ein Objekt von diesem Typ zurück.
- Sollten mehrere Spalten zurückgegeben werden, so kann man `queryForMap()` verwenden. Das Ergebnis ist eine `Map`, die jedem Spaltennamen den Wert der Spalte zuordnet.
- Wenn mehrere Zeilen zurückgegeben werden sollen, kann man die `queryForList()`-Methode verwenden, die einem eine `List` mit solchen `Map`s zurückgibt.

Umkopieren in eigene Datenstrukturen　　Bei `queryForList()` ist offensichtlich, dass hinter den Kulissen das Ergebnis der Anfrage vom JDBC-`ResultSet` in eine eigene Datenstruktur kopiert wird. JDBC selber bietet zu diesem Zweck einen anderen Ansatz, nämlich das `RowSet`. Spring bietet analog das `SqlRowSet`, das sich am JDBC-`RowSet` orientiert. Es bietet Zugriffsmethoden an, die dem JDBC-`RowSet` ähnlich sind. Wesentlicher Unterschied zum `RowSet` ist, dass keine `SQLExceptions` geworfen werden, da die Spring JDBC Exceptions verwendet werden (Abschnitt 5.4). Diese sind `RuntimeExceptions` und müssen daher an der Schnittstelle nicht deklariert werden.

Dieses Vorgehen hat natürlich immer noch den Nachteil, dass die Daten aus dem JDBC-`ResultSet` ausgelesen werden und in eine andere Datenstruktur umkopiert werden. Üblicherweise wird die Anwendung anschließend die Daten in eine eigene Datenrepräsentation überführen. Das bedeutet, dass die Daten recht häufig hin- und herkopiert werden, ohne dass sie wirklich verarbeitet werden, was unnötig ist und in Bezug auf die Performance ein Nachteil ist.

In solchen Fällen kann man den Zwischenschritt der Konvertierung in eine Datenstruktur wie eine Map einsparen. Stattdessen übergibt man dem JdbcTemplate ein Objekt, das durch Spring aufgerufen wird und direkt aus dem JDBC-ResultSet passende Objekte erzeugt. Dazu bietet Spring mehrere Interfaces an, die durch den eigenen Code implementiert werden können: *Callbacks für das ResultSet*

▨ Ein ResultSetExtractor bekommt das gesamte JDBC-ResultSet zur Verfügung gestellt und muss daraus ein Objekt bilden. Typischerweise iteriert er dazu über das ResultSet und gibt das gebildete Objekt zurück.

▨ Oft ist ein RowCallbackHandler eher passend. Er wird für jede Datenbankzeile des Anfrageergebnisses aufgerufen und kann in seinen Instanzvariablen einen Zustand aufbauen. Das Iterieren wird hier also nicht durch den Entwickler, sondern durch das Spring-Framework implementiert. Soll eine List zurückgegeben werden, so kann man das Subinterface ResultReader implementieren.

▨ Der RowMapper übersetzt jede Zeile der Anfrage in ein Objekt. Dadurch kann jede Ergebniszeile in ein beliebiges Objekt umgewandelt werden. Man kann ihn sowohl für Lists als auch für einzelne Objects nutzen.

Ein Beispiel – wiederum aus der KundeDAO-Klasse der Beispielanwendung – zeigt Listing 5–3. Hier wird die Klasse KundeResultSetRowMapper definiert, die aus einer Zeile eines ResultSet einen Kunden extrahieren kann. Anschließend wird sie bei einer Anfrage verwendet, um das Ergebnis in eine Liste von Kunden-Objekten umzuwandeln. Wenn man eine Anfrage implementiert, die nur einen Kunden zurückgibt, kann man den KundeResultSetRowMapper ebenfalls nutzen – man muss ihn lediglich der queryForObject()-Methode übergeben. *Ein Beispiel für Callbacks*

```
public class KundeDAO extends JdbcDaoSupport
  implements IKundeDAO {

  private static final class KundeResultSetRowMapper
   implements RowMapper {

   public Object mapRow(ResultSet rs, int rowNum)
    throws SQLException {
    Kunde kunde = new Kunde(rs.getString(1),
     rs.getString(2), rs.getDouble(4));
    kunde.setId(rs.getInt(3));
    return kunde;
   }

  }
```

Listing 5–3
Beispiel für die Implementierung des ResultSetRowMapper-Interfaces

```
public List getByName(String name) {
  return getJdbcTemplate().query(
  "SELECT VORNAME, NAME, ID, KONTOSTAND FROM KUNDE"+
  "WHERE NAME=?", new Object[] { name },
  new KundeResultSetRowMapper());
}

}
```

Komplexere Anfragen

In einigen Fällen lässt es sich nicht vermeiden, dass man direkt mit den JDBC-Klassen arbeiten will. Für diese Fälle bietet Spring auch Konstrukte an, an deren Schnittstelle JDBC-Ressourcen übergeben werden und die dann damit passende Funktionalitäten implementieren können:

- Für JDBC-Statements gibt es das StatementCallback-Interface. Ihm wird von Spring ein Statement übergeben, das man mit einer SQL-Anfrage versehen und ausführen kann.
- Bei PreparedStatements gibt es den PreparedStatementCreator. Eine Klasse, die dieses Interface implementiert, muss für die übergebene Connection ein PreparedStatement zurückgeben.
- Für das Setzen der Werte kann man als Alternative zu den Objekt-Arrays einen PreparedStatementSetter verwenden.
- Alternativ gibt es das PreparedStatementCallback, das mit einem PreparedStatement aufgerufen wird. In dieser Klasse kann man die Parameter für das PreparedStatement selbst setzen und es z.B. mehrfach mit unterschiedlichen Parametern ausführen.
- Für das Ausführen von PreparedStatements in einem Batch kann man eine Klasse implementieren, die das BatchPreparedStatement-Setter-Interface implementiert. In diesem Fall holt sich Spring bei dem übergebenen Objekt die Größe des Batches und die einzelnen Parametersätze ab. Dieses Interface wird von der batchUpdate()-Methode des JdbcTemplates genutzt.
- Für Stored Procedures, die in JDBC durch das CallableStatement abgebildet werden, gibt es den CallableStatementCreator für die Erzeugung und CallableStatementCallback, um mit dem Callable-Statement zu arbeiten.

Tipp

Es macht keinen Sinn, die hier genannten Interfaces zu implementieren, wenn man auch mit den einfachen Methoden wie query() oder update() die Anfrage formulieren kann. Aber durch diese Interfaces gibt es die Möglichkeit, den vollständigen Funktionsumfang der JDBC-API zu verwenden, ohne dabei Features des Spring-JDBC-Frameworks wie das Aufräumen der Ressourcen oder die Umwandlung der Exception zu verlieren. Trotz des Einsatzes des Spring-JDBC-Frameworks verliert man keinerlei Flexibilität gegenüber der normalen JDBC-API.

Ein Problem bei der Implementierung von JDBC-Code ist, dass man manchmal auf proprietäre Features eines JDBC-Treibers zugreifen muss. Dazu muss man dann meistens die JDBC-Interfaces wie `Connection` oder `PreparedStatement` in die spezifischen Interfaces des Treibers umwandeln. Nutzt man jedoch einen Application-Server oder eine `DataSource`, so sind diese proprietären Interfaces meistens nicht zugreifbar. Hier hilft der `NativeJdbcExtractor` von Spring weiter. Es gibt mehrere Implementierungen dieses Interfaces für die gängigen Application-Server und `DataSources`. Man kann einem `JdbcTemplate` einen für die verwendete Infrastruktur passenden `NativeJdbcExtractor` injizieren (Listing 5–4) und dann die JDBC-Interfaces bei den oben genannten Callback-Interfaces durch einen einfachen Typecast in die entsprechenden proprietären Interfaces umwandeln. Außerdem steht einem auch der weniger elegante Weg offen, eine `Connection` oder ein `Statement` mit Hilfe eines `NativeJdbcExtractors` selbst umzuwandeln.

Zugriff auf proprietäre JDBC-Features

```
<bean id="datasource"
  class="org.apache.commons.dbcp.BasicDataSource"
  destroy-method="close">
...
</bean>

<bean id="template"
  class="org.springframework.jdbc.core.JdbcTemplate">
    <property name="dataSource" ref="datasource" />
    <property name="nativeJdbcExtractor">
      <bean
        class="….CommonsDbcpNativeJdbcExtractor" />
    </property>
</bean>
```

Listing 5–4
Konfiguration eines JdbcTemplates mit einem NativeJdbcExtractor

5.3.2 NamedParameterJdbcTemplate

Eine weitere Möglichkeit, JBDC mit Spring zu nutzen, ist das `NamedParameterJdbcTemplate` und die dazu passende Klasse `NamedParameterJdbcDaoSupport`. Der Name lässt schon erkennen, dass die Klasse die anonymen Parameter des `JdbcTemplates` durch benannte Parameter ersetzt. Man kann dem `NamedParameterJdbcTemplate` eine beliebige `Map` als Datenstruktur übergeben. Die Parameter aus der Query werden dann mit den Werten für die entsprechenden Schlüssel aus der `Map` gefüllt.

Typischerweise wird man aber statt der `Map` eine Implementierung des Interface `SqlParameterSource` wie z. B. `MapSqlParameterSource` verwenden. Ein Beispiel zeigt Listing 5–5. Wie man sieht, kann man in der SQL-Anfrage die Parameter mit einem vorgestellten Doppelpunkt adressieren und übergibt eine MapSqlParameterSource, die mit den passenden Parametern gefüllt ist.

Listing 5–5

Beispiel für die Nutzung
des NamedParameter-
JdbcTemplates

```
public List getByBezeichnung(String bezeichnung) {
  MapSqlParameterSource params =
   new MapSqlParameterSource();
  params.addValue("bezeichnung", bezeichnung);
  return getNamedParameterJdbcTemplate()
  .query(
   "SELECT BEZEICHNUNG, PREIS, ID FROM WARE"+
   " WHERE BEZEICHNUNG=:bezeichnung",
   params, new WareRowMapper());
}
```

Für Fälle, in denen es nur einen Parameter gibt, kann man den Parameter auch gleich im Konstruktor der MapSqlParameterSource setzen (Listing 5–6).

Listing 5–6

Einfachere Notation bei
nur einem Parameter

```
getNamedParameterJdbcTemplate().update(
  "DELETE FROM WARE WHERE ID=:id",
  new MapSqlParameterSource("id", id));
```

Häufig will man Attribut-Werte aus einem Objekt als Parameter für eine Query übernehmen. Dazu bietet Spring die BeanPropertySqlParameterSource. Sie stellt automatisch die Properties eines Java-Objekts für ein NamedParameterJdbcTemplate zur Verfügung. Dadurch kann man in vielen Fällen das Handling der Parameter deutlich vereinfachen. Ein Beispiel zeigt Listing 5–7. Wie man sieht, kann hier direkt die Property bezeichnung und preis des Objekts ware in der SQL-Anfrage genutzt werden. Hinter den Kulissen wird getBezeichnung() bzw. getPreis() aufgerufen und das Ergebnis entsprechend in die Anfrage eingefügt.

Listing 5–7

Direkte Verwendung der
Properties eines Objects
mit der BeanProperty-
SqlParameterSource

```
getNamedParameterJdbcTemplate()
  .update("UPDATE WARE SET "+
  " BEZEICHNUNG=:bezeichnung,PREIS=:preis"+
  " WHERE ID=:id",
  new BeanPropertySqlParameterSource(ware));
```

Das Interessante an dem NamedParameterJdbcTemplate ist, dass man sehr einfach Daten aus einem Objekt in eine SQL-Anfrage einfügen kann, ohne dazu viel Code zu schreiben. Gleichzeitig hat man den vollen Funktionsumfang von JDBC zur Verfügung.

5.3.3   SimpleJdbcTemplate

Die SimpleJdbcTemplate-Klasse macht sich einige Features aus dem JDK 1.5 zu Nutze, um die Verwendung der Spring-JDBC-Funktionalitäten weiter zu vereinfachen.

So bietet JDK 1.5 die Möglichkeit, eine variable Anzahl von Para- *Variable Parameterzahl*
metern an eine Methode zu übergeben. Dadurch kann die Verwendung
von Objekt-Arrays für die Übergabe von Parametern durch normale
Methodenparameter ersetzt werden. Ein Beispiel zeigt Listing 5–8. Es
ist ein Ausschnitt aus einer DAO-Klasse, die von `SimpleJdbcDaoSupport`
erbt und dadurch den Zugriff auf ein `SimpleJdbcTemplate` erlaubt.
Alternativ kann man sich mit einer `DataSource` oder einem `JdbcTemp-`
`late` auch selber ein `SimpleJdbcTemplate` erzeugen. Das `SimpleJdbcTem-`
`plate` bietet nur eine vereinfachte Schnittstelle für das `JdbcTemplate`.
Mit der Methode `getJdbcOperations()` kann man auch direkt auf das
`JdbcTemplate` zugreifen.

Ein Hinweis noch am Rande: Das SQL-Statement `CALL IDENTITY()`
ist HSQL-spezifisch und gibt den Primärschlüssel zurück, der beim
letzten `INSERT` erzeugt wurde. Man sieht also, dass die JDBC-DAO-
Schicht datenbankabhängig wird, wenn man nicht aufpasst.

```
public Kunde save(Kunde kunde) {
  getSimpleJdbcTemplate().update(
    "INSERT INTO KUNDE(VORNAME,NAME,KONTOSTAND) "+
    " VALUES(?,?,?)",
    kunde.getVorname(), kunde.getName(),
    kunde.getKontostand()
  );
  kunde.setId(
    getSimpleJdbcTemplate().queryForInt(
    "CALL IDENTITY()")
  );
  return kunde;
}
```

Listing 5–8
Implementierung des
KundeDAO mit dem
SimpleJdbcTemplate

Das verbesserte Typsystem in JDK 1.5 bringt ebenfalls Vorteile. So *Autoboxing*
muss der Kontostand des Kunden nicht mehr explizit von dem primitiven Datentyp `double` in ein Objekt der Klasse `Double` umgewandelt
werden, sondern dies geschieht automatisch (Autoboxing).

Die Verbesserungen im Typsystem haben auch Auswirkungen auf *Vereinfachungen bei*
die Anfragen. So kann bei der Methode `queryForObject()` aus dem *Anfragen*
übergebenen Objekt vom Typ `Class<T>` vom Compiler der Typ des
Rückgabewerts ermittelt werden, so dass Typumwandlungen nicht
mehr notwendig sind.

Das neue Typsystem hilft auch noch an einer anderen Stelle, näm-
lich bei der Verwendung von `RowMappern`. Das `ParameterizedRowMapper`-
Interface kann man mit dem Typ parametrisieren, den es aus einer
Zeile des Anfrage-Ergebnis erzeugt. Dadurch ist es möglich, auf die
Ergebnisse einer Anfrage ohne Typumwandlungen zuzugreifen. Listing

5–9 zeigt ein Beispiel: Für den KundeResultSetRowMapper wird deklariert, dass er ein Ergebnis vom Typ Kunde zurückgibt. Dadurch ist es in der getByName()-Methode ohne weitere Typumwandlungen möglich, ein Ergebnis vom Typ List<Kunde> zu erzeugen.

Listing 5–9
Verwendung des ParameterizedRowMappers

```java
public class KundeDAO extends SimpleJdbcDaoSupport
  implements IKundeDAO {

  private static final
    class KundeResultSetRowMapper
    implements ParameterizedRowMapper<Kunde> {

    public Kunde mapRow(ResultSet rs, int rowNum)
      throws SQLException {
      Kunde kunde = new Kunde(rs.getString(1),
        rs.getString(2), rs.getDouble(4));
      kunde.setId(rs.getInt(3));
      return kunde;
    }

  }

  public List<Kunde> getByName(String name) {
    return getSimpleJdbcTemplate().query(
      "SELECT K.VORNAME, K.NAME, K.ID, K.KONTOSTAND" +
      " FROM KUNDE K WHERE K.NAME=?",
      new KundeResultSetRowMapper(), name);
  }
  …
}
```

Attraktiv werden diese JDBC-Klassen vor allem dadurch, dass die neuen Features von JDK 1.5 die vielen Methodendeklarationen aus den alten Klassen auf einige wenige zusammenschmelzen lassen, wodurch die Verwendung der API deutlich vereinfacht wird. Außerdem ist die API dank Autoboxing, variabler Parameterzahl und parametrisierbarer Typen wesentlich eleganter.

5.3.4   Anfragen als Objekte

In einem objektorientierten System liegt es natürlich nahe, Anfragen als Klassen zu modellieren und z. B. in den Instanzvariablen eines DAOs abzulegen. Dafür ist das JdbcTemplate nicht nutzbar, da es nur einen Service anbietet, um SQL-Anfragen auszuführen, aber nicht eine bestimmte SQL-Anfrage repräsentieren kann.

```java
private class BestellungSelect extends MappingSqlQuery {

  public BestellungSelect(DataSource ds) {
    super(ds,
      "SELECT ID, ID_KUNDE FROM BESTELLUNG"+
      " WHERE ID_KUNDE=?");
    declareParameter(
      new SqlParameter("id", Types.INTEGER));
  }


  protected Object mapRow(ResultSet rs, int rowNum)
   throws SQLException {
    Bestellung result = new Bestellung();
    result.setId(rs.getInt(1));
    result.setKunde(kundeDAO.getByID(rs.getInt(2)));
    return result;
  }


}
```

Listing 5–10
Verwendung der
MappingSqlQuery

Zur Lösung dieses Problems bietet Spring Klassen an, bei denen eine Klasse jeweils einen Typ von SQL-Anfragen repräsentiert. Dabei wird die DataSource und die SQL-Anfrage als Parameter an den Konstruktor übergeben. Folgende Basisklassen sind definiert:

■ Komplexere Anfragen können mit der abstrakten Klasse Mapping-SqlQuery implementiert werden. Hier muss die Methode mapRow() in den Subklassen implementiert werden. Sie muss jeweils eine Zeile in ein Objekt umwandeln. Eine Implementierung zeigt Listing 5–10. Im Konstruktor der Subklasse werden die SQL-Anfrage und die DataSource an den Konstruktor der Oberklasse übergeben. Außerdem wird der Parameter der Anfrage deklariert. Die mapRow()-Methode nimmt die Umwandlung der Daten aus dem JDBC-ResultSet in Geschäftsobjekte vor. Im Code kann man mit der execute()-Methode, die es mit unterschiedlichen Parametertypen gibt, die Anfrage ausführen. Eine Alternative zur MappingSql-Query ist die MappingSqlWithParameters-Klasse. Sie übergibt der mapRow()-Methode neben dem JDBC-ResultSet einige zusätzliche Informationen wie die Parameter der Anfrage, die Nummer der aktuellen Zeile und den Kontext der Anfrage.

■ Mit der abstrakten SQLQuery-Klasse können Anfragen implementiert werden, bei der das Ergebnis der gesamten Anfrage in nur einem Objekt gespeichert wird. Zur Auswertung muss die Subklasse als Ergebnis der newResultReader()-Methode ein Objekt zur Speicherung der Daten zur Verfügung stellen, das das ResultReader-Interface implementiert. Es erweitert das bereits in Abschnitt 5.3.1 beschriebene RowCallbackHandler-Interface. Dieses Objekt wird also mit jeder Zeile des Ergebnisses aufgerufen und muss intern eine List erzeugen, die ein Objekt für jede Zeile des Ergebnisses enthält. Übrigens müssen die Parameter der SQL-Anfrage durch declareParameter() mit Namen und Typ definiert werden. Der Konstruktor der SQLQuery-Klasse übernimmt die SQL-Anfrage und die DataSource. Die Anfrage kann durch die execute()-Methoden der SQLQuery-Klasse ausgeführt werden. Sie gibt es mit unterschiedlichen Parametern und Rückgabetypen für eine einzelne oder mehrere Datenbankzeilen. Eine Subklasse kann noch eigene Methoden z. B. für Typkonvertierungen implementieren.

- Für Änderungen an der Datenbank steht SqlUpdate bereit. Die Klasse bietet generische update()-Methoden für bestimmte Parametertypen an, mit denen die SQL-Anfrage ausgeführt werden kann. Falls man eine update()-Methode mit eigenen Parametern haben möchte, muss man entsprechende Subklassen entwickeln.

- Die Klassen SqlCall und StoredProcedure bieten Zugriff auf Stored Procedures in der Datenbank.

- Mit Hilfe der BatchSqlUpdate-Klasse kann die Optimierung der Batch Updates in JDBC genutzt werden.

- SQLFunction bietet die Möglichkeit, einfache Anfragen zu stellen, die nur eine Zeile als Ergebnis wiedergeben. Diese Klasse kann ohne Implementierung einer Subklasse genutzt werden. Die Verwendung der Klasse kann z. B. wie in Listing 5–11 gezeigt aussehen.

Listing 5–11
Die SqlFunction-Klasse

```
SqlFunction pkQuery = new SqlFunction(
    getDataSource(), "CALL IDENTITY()");
int i=pkQuery.run();
```

Zur Initialisierung der Objekte muss sichergestellt sein, dass bereits eine DataSource zur Verfügung steht. Dies ist aber erst der Fall, wenn Spring die abhängigen Spring-Beans zur Verfügung gestellt hat. Daher müssen diese Objekte in der initDao()-Methode erzeugt werden, wenn das DAO von JdbcDaoSupport erbt. Wenn das DAO nicht von dieser Klasse erbt – wofür es aber keine guten Gründe gibt – kann die Klasse das InitializingBean-Interface implementieren oder es kann eine Initialisierungsmethode in der Spring-Konfiguration definiert werden (Abschnitt 2.10.4).

Übrigens sind die Klassen – bis auf BatchSqlUpdate – thread-safe, sie können also parallel von mehreren Threads verwendet werden. Dadurch können die DAOs meistens als SINGLETONS konfiguriert werden, was ja auch die Vorgabe bei Spring ist.

Tipp

Die Benutzung der in diesem Abschnitt dargestellten Klassen hat gegenüber JdbcTemplates den Vorteil, dass man spezialisierte Klassen für die einzelnen Operationen hat. Das kann nicht nur vom Design der Anwendung her sinnvoll sein, sondern auch effizienter, da interne Datenstrukturen angelegt werden, die sonst jeweils neu erzeugt werden müssen. Umgekehrt gilt allerdings, dass meistens ein JdbcTemplate ausreichend ist. Es hat außerdem den Vorteil, dass man nicht für jede Art von Datenbank-Operation eine eigene Klasse schreiben muss.

Transaktionen für DataSources ohne Spring JDBC

Bei JDBC gibt es noch den Sonderfall, dass der Code nicht die JDBC-Klassen von Spring nutzt. Dafür gibt es kaum einen Grund, außer beispielsweise wenn der Code schon vorhanden ist und man die Migration scheut bzw. wenn fremder Code integriert wird. In allen anderen Fällen ist die Nutzung der JDBC-Abstraktion in Spring nicht nur einfacher, sondern auch sicherer. Nutzt man dennoch JDBC direkt, muss man einige Punkte bezüglich der Integration in den Spring-Transaktionsmanager beachten.

Der DataSourceTransactionManager muss in der Lage sein, auf den Datenbankverbindungen die Methoden für Commits oder Rollbacks aufzurufen. Um ihm dafür die Connection bekannt zu machen, kann man entweder die Hilfsmethode DataSourceUtils.getConnection(DataSource) verwenden, die die Connection entsprechend modifiziert. Die andere Möglichkeit zeigt Listing 5–12: Man kann die DataSource mit einem TransactionAwareDataSourceProxy umgeben. In diesem Fall ändert sich für den Anwendungscode nichts, er greift normal auf die DataSource zu. Allerdings ergibt sich durch dieses Vorgehen das Problem, dass z. B. Typumwandlungen in die herstellerspezifischen JDBC-Klassen nicht mehr möglich sind, da man nicht mehr diese Objekte erhält, sondern Proxys.

```
<bean id="datasourceTarget"
 class="org.apache.commons.dbcp.BasicDataSource"
 destroy-method="close">

 …

</bean>

<bean id="datasource"
 class="….TransactionAwareDataSourceProxy">
  <property name="targetDataSource"
   ref="datasourceTarget" />
</bean>

<bean id="transactionmanager"
 class="….DataSourceTransactionManager">
  <property name="dataSource" ref="datasourceTarget"/>
</bean>
```

Listing 5–12
Konfiguration der DataSource und des Transaktionsmanagers

5.4   Datenbank-Exceptions

Wie erwähnt, wandelt Spring entsprechend dem EXCEPTION ÜBERSET-
ZER-Pattern die Exceptions, die aus der Persistenzschicht kommen, in
eine eigene Exception-Hierarchie um, die aus RuntimeExceptions
besteht. Diese Hierarchie wird nicht nur von der JDBC-Bibliothek verwendet, sondern auch von allen anderen unterstützten Persistenzmechanismen.

Die abstrakte Oberklasse der Exception-Hierarchie bildet die
DataAccessException. Darunter gibt es einen umfangreichen Baum von
fein granularen Exceptions, von denen hier einige näher beleuchtet
werden sollen. Da es in der Praxis nur selten vorkommt, dass man eine
dieser Subklassen fängt, ist dieser Überblick auch ausreichend:

- Die ConcurrencyFailureException wird ausgelöst, wenn bei der
  parallelen Abarbeitung von Datenbankanfragen ein Problem aufgetreten ist. Zur besseren Unterscheidung der einzelnen Fehlersituationen gibt es die Unterklassen ObjectOptimisticLockingFailu-
  reException und PessimisticLockingFailureException. Sie unterscheiden die Fehlersituation je nachdem, ob pessimistische oder
  optimistische Sperren verwendet werden. Darunter gibt es weitere
  Subklassen, die z. B. nach verwendeter API unterscheiden.
- Die DataAccessResourceFailureException wird ausgelöst, wenn eine
  Ressource z. B. wegen eines Verbindungsfehlers vollständig aus-
  fällt. Auch hier gibt es diverse Subklassen, die z. B. von der verwendeten API abhängen.
- DataRetrievalExceptions werden ausgelöst, wenn beim Lesen der
  Daten ein Fehler auftritt, weil z. B. unerwartet viele Ergebnisse ein-
  gelesen wurden. Auch hier gibt es wieder zahlreiche Unterklassen.
- InvalidDataAccessResourceUsageException wird z. B. bei einer fal-
  schen Query-Syntax ausgelöst. Sie wird abhängig vom verwendeten Persistenzmechanismus weiter ausspezifiziert.
- Die abstrakte Klasse UncategorizedDataAccessException dient
  schließlich als Oberklasse für alle Exceptions, die in die anderen
  Kategorien nicht hineinpassen.

Wie schon erwähnt, sind die Exceptions unabhängig davon, welche
API für die Implementierung der Persistenz verwendet wird und stellen
daher einen wesentlichen Teil der Abstraktion über die verschiedenen
Persistenz-APIs dar, die Spring anbietet. So kann man auf Exceptions
gleich reagieren, egal von welchem Persistenzmechanismus sie kommen. Wenn man in der Persistenz-Schicht verschiedene Technologien
nutzt, muss man sich dennoch nur mit einer Art von Exceptions
beschäftigen. Außerdem ist es durch die Exception-Hierarchie mög-

lich, nur auf bestimmte Fehlersituationen zu reagieren, indem man einfach beim catch den richtigen Typ angibt.

5.5   iBATIS-Unterstützung

Ein Ansatz, der etwas mehr von der Datenbank abstrahiert als JDBC, ist iBATIS [iBATIS]. Die Bibliothek ist vor allem interessant, wenn man zwar noch direkt auf SQL-Ebene arbeiten will und nur das Umwandeln in Objekte einem Framework überlassen will. Man kann nämlich einfache Abbildungsregeln von den Datenbanktabellen in Java-Objekte definieren. Die Regeln sind zusammen mit den zu verwendenden SQL-Anfragen in einer Konfigurationsdatei hinterlegt. Die Anfragen können also ohne Eingriffe in den Programmcode geändert werden.

iBATIS ist also im Vergleich zur Benutzung der Spring-JDBC-Klassen etwas komfortabler, aber immer noch sehr nahe an der Datenbank. Man kann von Hand optimierte Anfragen leicht in das System integrieren und dabei auch die proprietären Features der jeweiligen Datenbank verwenden. Das eingebaute Caching ist ein weiterer Vorteil, da man für performante Anwendungen meistens sowieso einen Cache verwenden muss. Durch Caches kann man Aufrufe an die Datenbank komplett einsparen, was deutliche Performance-Gewinne bringen kann. Zudem ist es mit iBATIS möglich, einzelne Objekte erst bei Bedarf nachzuladen (Lazy Loading).

Im Vergleich zu einem O/R-Mapper hat iBATIS nicht nur den Vorteil, noch nahe an der Datenbank zu sein, sondern es ist auch wesentlich einfacher, da die Übersetzung in Objekte bei iBATIS trivial ist. Somit ist die Komplexität der Lösung geringer, wodurch die Benutzbarkeit entscheidend verbessert wird.

In diesem Abschnitt wird die iBATIS-2.x-Syntax verwendet.

```xml
<sqlMap namespace="Ware">
  <resultMap id="result" class="businessobjects.Ware">
    <result property="id" column="ID" columnIndex="1"/>
    <result property="bezeichnung" column="BEZEICHNUNG"
     columnIndex="2"/>
    <result property="preis" column="PREIS"
     columnIndex="3"/>
  </resultMap>
  <select id="getWareByID" resultMap="result"
   parameterClass="int">
    SELECT W.ID as ID, BEZEICHNUNG, PREIS FROM WARE W
     WHERE W.ID=#id#
  </select>
```

Listing 5–13
Ausschnitt aus der SQL-Map für die Ware aus der Beispielanwendung

```
<delete id="deleteWareByBezeichnung"
 parameterClass="string">
  DELETE FROM WARE WHERE BEZEICHNUNG=#name#
</delete>

<insert id="saveWare" parameterClass="businessobjects.Ware">
  INSERT INTO WARE(BEZEICHNUNG, PREIS)
   VALUES(#bezeichnung#,#preis#)
  <selectKey resultClass="int" keyProperty="id">
    CALL IDENTITY()
  </selectKey>
</insert>

<update id="updateWare" parameterClass=" businessobjects.Ware ">
  UPDATE WARE SET BEZEICHNUNG=#bezeichnung#,
   PREIS=#preis# WHERE ID=#id#
</update>

</sqlMap>
```

Die iBATIS-Konfiguration ist in eine XML-Datei ausgelagert. Listing
5–13 zeigt ein Beispiel. Das Wurzelelement der Datei ist sqlMap. Die
darin enthaltene Konfiguration gliedert sich in mehrere Bereiche:

▪ Das resultMap-Element definiert eine Abbildung von einem Anfra-
geergebnis auf ein Objekt. Die Attribute des Elements legen den
Namen der Klasse des Objekts fest und den Namen der Abbildung.
Innerhalb des Elements kann man definieren, welche Spalte bzw.
welcher Spaltenindex auf welche Property des Objekts abgebildet
wird.

▪ SQL-Anfragen werden durch das select-Element definiert. Man
kann dem Element eine ID zur Identifikation geben. Außerdem
kann der Typ des Parameters festgelegt werden bzw. map gewählt
werden, wenn es mehrere sind. Für das Ergebnis kann man den
Typ oder eine Abbildung durch eine resultMap definieren. Inhalt
des Elements ist eine SQL-Anfrage.

▪ Die unterschiedlichen SQL-Anfragen für Änderungen an der
Datenbank werden in update-, insert- und delete-Elementen definiert. Sie werden genauso wie das select-Element konfiguriert,
allerdings logischerweise ohne Definition für das Ergebnis. Das
selectKey-Element innerhalb des insert-Elements definiert, wie
man den Primärschlüssel des neuen Elements ermitteln kann.

Diese Konfigurationsdatei kann in der Spring-Konfiguration einer
SqlMapClientFactoryBean zugewiesen werden. Außerdem muss man
der Spring-Bean eine DataSource zuweisen, so dass es alle notwendigen

Informationen für den Zugriff auf eine Datenbank mit Hilfe von iBA-
TIS hat. Die so konfigurierte `SqlMapClientFactoryBean` kann man den
DAOs zuweisen (Listing 5–14).

```
<bean id="sqlMapClient"
 class="….SqlMapClientFactoryBean">
  <property name="configLocation"
   value="sqlmap-config.xml" />
  <property name="dataSource" ref="datasource" />
</bean>


<bean id="kundeDAO" class="ibatisdao.KundeDAO">
  <property name="sqlMapClient" ref="sqlMapClient" />
</bean>
```

Listing 5–14
Konfiguration von iBATIS
mit Spring

Man kann sich von Spring einen `SqlMapClient` geben lassen und direkt
die iBATIS-API verwenden. Alternativ kann auch bei der iBATIS-Integration das TEMPLATE-Pattern genutzt werden: Das `SqlMapClientTemp-`
`late` kann unter Angabe eines `SqlMapClients` selbst erzeugt werden.
Üblicherweise wird man allerdings seine DAOs von `SqlMapClientDao-`
`Support` ableiten, so dass einem mit der `getSqlMapClientTemplate()`-
Methode ein `SqlMapClientTemplate` zur Verfügung gestellt wird.

Zugriffsklassen für iBATIS

Das `SqlMapClientTemplate` bietet Zugriffsmethoden für die in der
Konfigurationsdatei definierten SQL-Anfragen. Dazu werden die
Methoden `delete()`, `insert()` und `update()` verwendet. Die Methoden
erwarten als Parameter den Namen der Anfrage aus der iBATIS-Konfi-
gurationsdatei und die Parameter für die Anfrage als Objekt, falls es
ein einfacher Typ wie z. B. ein `String` oder `Integer` ist. Komplexere
Parameter werden als Objekt oder als `Map` übergeben. Bei einer `Map`
muss unter dem verwendeten Schlüssel, der jeweils im Anfragetext in
Doppelkreuzen (»#«) steht, ein entsprechender Wert hinterlegt sein.
Bei einem Objekt kann man so direkt auf die Attribute zugreifen (z. B.
`saveWare` in Listing 5–13). Man schreibt also typischerweise Code wie
den folgenden:

Binden der Parameter

```
public void deleteByBezeichnung(
  String bezeichnung) {

  getSqlMapClientTemplate().
    delete(
      "deleteWareByBezeichnung", bezeichnung);
}
```

Weil dieses Codestück aus einer Klasse kommt, die von `SqlMapClient-`
`DaoSupport` ableitet, bekommt man durch den Aufruf der Methode
`getSqlMapClientTemplate()` ein `SqlMapClientTemplate` geliefert. An die-

sem Objekt kann man die delete()-Methode aufrufen und den in der XML-Datei definierten Namen "deleteWareByBezeichnung" für die auszuführende SQL-Anfrage übergeben. Der Wert für die Bezeichnung wird als zweiter Parameter an die Methode übergeben. Für komplexere Datenstrukturen kann man direkt ein Objekt verwenden. Dieses Vorgehen zeigt folgendes Codebeispiel:

```
public void save(Ware ware) {
    getSqlMapClientTemplate().insert("saveWare",
    ware);
    return ware;
}
```

Anfrageergebnisse   Bei Anfragen, die ein Ergebnis zurückgeben, kann man definieren, welcher Typ von Ergebnis erwartet wird:

- queryForObject() gibt ein Objekt zurück, das durch die Konfiguration in einem resultMap-Element erzeugt wurde.
- Bei mehreren Ergebnissen kann man mit queryForList() die Ergebnisse als List zurückbekommen. Dabei können optional die Anzahl der zurückgegebenen Elemente beschränkt werden oder auch Elemente vom Anfang der Liste übersprungen werden.
- Bei queryForMap() wird ebenfalls eine Menge von Ergebnissen zurückgegeben. Sie sind jedoch unter einem Attributnamen als Schlüssel in einer Map abgelegt. So könnte man z. B. die Kunden mit ihrem Nachnamen als Schlüssel in der Map ablegen lassen.
- Schließlich wird bei queryWithRowHandler() ein iBATIS-RowHandler als Parameter übernommen, der bei jeder Zeile des Ergebnisses aufgerufen wird.

Will man komplizierte iBATIS-Aufrufe ausführen lassen, kann man zwischen verschiedenen execute…()-Methoden wählen, denen man ein SqlMapClientCallback übergibt. Dieses Interface muss man implementieren. Die Klasse wird von iBATIS mit einem SqlMapExecutor als Parameter aufgerufen, der vollen Zugriff auf die iBATIS-API bietet.

Wie bei den anderen Template-Ansätzen werden auch bei der iBATIS-Integration entsprechend dem EXCEPTION ÜBERSETZER-Pattern die Exceptions in die generischen Exceptions aus dem Spring-Framework umgewandelt.

5.6   Hibernate-Integration

Bei Hibernate [BHRS07] handelt es sich um einen vollwertigen O/R-Mapper. Das bedeutet, dass man beim Ablegen der Daten in der Datenbank die Umsetzung der Geschäftsobjekte in Datenbankstrukturen nicht selber implementieren muss, sondern durch eine Konfiguration definieren kann. Dabei sind fast beliebige Abbildungen zwischen Datenbank und Objekten möglich.

Dies hat den Vorteil, dass sich die Entwickler nicht um den Bruch zwischen der objektorientierten Java-Schicht und der relationalen Datenbankschicht kümmern müssen. Ein weiterer Vorteil ist, dass die Konfiguration größere Flexibilität bietet und sich damit auch Spielraum für Optimierungen ergibt. So kann man beispielsweise definieren, dass ein Objektgraph (z. B. die Bestellung und die Bestellpositionen) zusammen in einer Datenbankabfrage eingelesen werden soll, weil nach dem Zugriff auf eine Bestellung sehr wahrscheinlich auch auf die Bestellpositionen zugegriffen wird. In anderen Szenarien kann das gemeinsame Laden nachteilig sein. So ist es denkbar, dass nur in Ausnahmefällen von der Bestellung zu den Waren navigiert wird, so dass in diesem Fall das Nachladen effizienter ist (Lazy Loading). Auf der Java-Schicht merkt man von diesem unterschiedlichen Zugriff auf die Datenbankschicht nichts: In beiden Fällen werden nur Referenzen zwischen Objekten verfolgt. Man kann also durch den O/R-Mapper dasselbe Verhalten auf Java-Ebene unterschiedlich auf die Datenbank-Ebene abbilden und dadurch Optimierungen vornehmen. Außerdem wird durch den O/R-Mapper auch ein Caching-Mechanismus eingeführt, so dass auch auf diesem Wege eine weitere Verbesserung der Performance erreichbar ist.

Vorteile eines O/R-Mappers

Diese Vorteile kann iBATIS aber auch bieten. Ein Vorteil eines O/R-Mappers gegenüber iBATIS ist, dass ein O/R-Mapper die jeweiligen Unterschiede zwischen den SQL-Versionen der verschiedenen Datenbanken vor dem Entwickler versteckt. Somit kann man Anwendungen leichter zwischen Datenbanken wechseln und muss sich auch nicht unbedingt detailliert mit einer bestimmten Datenbank auskennen. Die Anfragen formuliert man nämlich in einer Anfrage-Sprache, die sich auf die Objekte bezieht und nicht auf deren Repräsentation in der Datenbank. Ein anderer Unterschied ist, dass ein O/R-Mapper auch Strategien unterstützt, mit der das objektorientierte Konzept der Vererbung automatisch unterstützt wird. Nehmen wir an, dass es den Kunden als Datenstruktur gibt, der von Person erbt. Wenn man nun objektorientiert denkt, erwartet man, dass bei einer Anfrage auf Person auch alle Kunden zurückgegeben werden und zwar als Instanzen der Person-Klasse. Auf der Datenbank können diese beiden Klassen aber auf unterschiedliche Tabellen abgebildet werden. Ein O/R-Mapper sorgt dann dafür, dass diese beiden Konzepte automatisch aufeinander abgebildet werden.

Dieser Abschnitt soll keine Einführung in Hibernate an sich sein. Dazu geben z. B. [BHRS06] oder die Hibernate-Online-Dokumentation eine gute Hilfestellung. Im Mittelpunkt soll vielmehr die Integration von Hibernate in Spring stehen. Im Beispiel wird die API von Hibernate 3.x verwendet. Spring unterstützt ebenfalls Hibernate 2.x.

Hibernate-Mapping-Datei

Um mit Hibernate ein Objektnetz persistent machen zu können, ist es notwendig, die Beziehungen der Objekte untereinander und die Abbildung auf die Datenbankstrukturen in einer Konfiguration festzulegen. Dafür gibt es unterschiedliche Ansätze z. B. mit Annotationen. Im Beispiel wird eine Hibernate-Mapping-Datei verwendet, die typischerweise die Extension .hbm.xml hat. Listing 5–15 zeigt einen Ausschnitt aus einer solchen Konfigurationsdatei. Im Wesentlichen werden für die einzelnen Klassen im class-Element Einstellungen vorgenommen, wie z. B. im table-Attribut die Datenbanktabelle, in der die Objekte gespeichert werden sollen. Im id-Element wird festgelegt, wie der Primärschlüssel erzeugt wird. Im Beispiel wird hier ein nativer Generator verwendet, also bei der vorliegenden HSQL-Datenbank ein auto-increment-Feld. Außerdem muss definiert werden, welche Properties persistent gemacht werden sollen. Mit den hier verwendeten Einstellungen werden die get-Methoden aufgerufen, um die Werte zu ermitteln, und zum Setzen der Werte die set-Methoden.

Bei der Klasse Bestellung sieht man, dass Hibernate auch die Möglichkeit bietet, Beziehungen zwischen Klassen auszudrücken. Hier wird die Beziehung zwischen der Bestellung und dem Kunden definiert. Sie ist von der Bestellung aus gesehen eine One-to-many-Beziehung, daher auch das one-to-many-Element hier.

Die BestellPositionen sind in einem Set enthalten, so dass das set-Element verwendet werden muss. Bei den BestellPositionen handelt es sich um ein abhängiges Objekt in dem Sinne, dass eine Bestell-Position ohne Bestellung sinnlos ist. Daher ist das cascade-Attribut auf den Wert all gesetzt, so dass sowohl beim Speichern von Änderungen als auch beim Erzeugen neuer Objekte und beim Löschen die BestellPositionen zusammen mit der Bestellung verarbeitet werden.

Listing 5–15
Ausschnitt aus der
Hibernate-Konfiguration
springdemo.hbm.xml aus
der Beispielanwendung

```
<hibernate-mapping auto-import="true">

  <class name="businessobjects.Kunde" table="kunde">
    <id name="id" unsaved-value="0">
      <generator class="native"/>
    </id>
    <property name="vorname"/>
    <property name="name"/>
    <property name="kontostand"/>
  </class>
```

```
<class name="businessobjects.Bestellung"
 table="bestellung">
  <id name="id" unsaved-value="0">
    <generator class="native"/>
  </id>
  <many-to-one name="kunde" column="id_kunde"/>
  <set name="detail" table="BestellPosition"
   cascade="all">
    <key column="id_bestellung"/>
    <one-to-many
      class="businessobjects.BestellPosition"/>
  </set>
</class>
...

</hibernate-mapping>
```

Die API von Hibernate ist recht einfach. Die wichtigste Klasse ist die Hibernate-Session, mit der man Funktionen wie das Starten von Transaktionen oder das Speichern von Objekten verwenden kann. Spring bietet zum Umgang mit dieser Klasse eine LocalSessionFactory-Bean an, die Sessions erzeugen kann. Sie muss in der Spring-Konfiguration eingerichtet werden.

```
<bean id="hibernateSessionFactory"
 class="….LocalSessionFactoryBean">
  <property name="mappingResources">
    <list>
      <value>springdemo.hbm.xml</value>
    </list>
  </property>
  <property name="hibernateProperties">
    <props>
      <prop key="hibernate.dialect">
        org.hibernate.dialect.HSQLDialect</prop>
    </props>
  </property>
  <property name="dataSource" ref="datasource"/>
</bean>
```

Listing 5–16
Konfiguration der
LocalSessionFactoryBean
für den Zugriff auf
Hibernate

Wie man in Listing 5–16 sieht, wird in der Spring-Konfiguration die verwendete Hibernate-Konfigurationsdatei definiert. Anschließend wird festgelegt, was für eine Datenbank verwendet wird und schließlich durch eine DataSource der Zugriff auf die Datenbank ermöglicht.

Wenn man Hibernate ohne Spring verwenden würde, müsste man die Session im Businessprozess erzeugen, da man dort mit der Session die Transaktionssteuerung implementieren muss. Gleichzeitig müssen die DAOs Zugriff auf die Session haben, da sie Objekte speichern und lesen. Um dieses Problem zu lösen, kann man die Session als Parameter an alle Methoden mit übergeben. Dadurch würde jedoch praktisch der gesamte Code von Hibernate abhängig werden. Alternativ kann man die Session an den Thread als ThreadLocal binden. Diese Möglichkeit wird auch von Hibernate selbst zur Verfügung gestellt.

Genau dieses Verfahren wird auch von Spring genutzt, wenn man die in Spring eingebaute Transaktionsverwaltung zusammen mit Hibernate verwendet (Kapitel 4). Dadurch muss man den Businessprozess in keiner Weise an Hibernate anpassen. Es muss lediglich in der Spring-Konfiguration der HibernateTransactionManager verwendet werden. Dann kann man überall im Code durch den Aufruf der Methode SessionFactoryUtils.getSession() eine Referenz auf die Hibernate-Session bekommen und sie benutzen. Den gleichen Effekt kann man ebenfalls erzielen, wenn man den HibernateInterceptor verwendet. Er nimmt allerdings keine Transaktionssteuerung vor, sondern bindet lediglich eine Hibernate-Session an den aktuellen Thread. Falls schon eine vorhanden ist, macht er nichts.

Listing 5–17 zeigt den Zugriff auf die Session anhand einer Methode aus dem BestellungDAO der Beispielanwendung.

Listing 5–17
Direkte Verwendung der Hibernate-Session

```
public void deleteByIDKunde(int id_kunde) {
  Session session =
   SessionFactoryUtils.getSession(getSessionFactory(),
   false);
  try {
    Iterator bestellungenIter =
     getByIDKunde(id_kunde).iterator();
    while (bestellungenIter.hasNext()) {
      session.delete(bestellungenIter.next());
    }
  } catch (HibernateException ex) {
    throw SessionFactoryUtils.
     convertHibernateAccessException(ex);
  } finally {
   SessionFactoryUtils.releaseSession(
    session, getSessionFactory());
  }
}
```

Wie man sieht, braucht man zwar immer noch eine Referenz auf die SessionFactory, aber das Auslesen der Session aus dem Thread muss nicht mehr implementiert werden.

Dieser Code ist genau so strukturiert, wie bei der Motivation für das TEMPLATE-Pattern dargestellt: Er muss sich erst die Session holen und sie am Ende der Verarbeitung wieder aufräumen. Das Aufräumen muss im `finally`-Block stattfinden, damit es sowohl bei normaler Beendigung der Methode als auch im Falle einer Exception geschieht. Die Übersetzung der Exceptions in die Spring-Hierarchie muss ebenfalls durch einen expliziten Methodenaufruf erfolgen. Hier könnte man also das EXCEPTION ÜBERSETZER-Pattern anwenden. Übrigens sind die Exceptions von Hibernate seit Hibernate 3 `RuntimeExceptions`, so dass der Vorteil des Patterns jetzt nur noch in der Vereinheitlichung mit anderen Persistenzlösungen liegt.

Üblicherweise verwendet man für den Aufruf von Hibernate von Spring aus das `HibernateTemplate`, das sowohl das TEMPLATE als auch das EXCEPTION ÜBERSETZER-Pattern implementiert. Man kann eine Instanz entweder unter Angabe der `SessionFactory` erzeugen oder man verwendet die Klasse `HibernateDaoSupport` als Oberklasse der DAOs, die einem ein `HibernateTemplate` zur Verfügung stellen kann. In der Konfiguration muss man dem DAO nur noch eine `SessionFactory` zuweisen.

Das HibernateTemplate

Durch das `HibernateTemplate` wird die Verwendung von Hibernate wesentlich vereinfacht: Es hat im Prinzip dieselbe Schnittstelle wie die `Session`, kümmert sich aber um das Übersetzen der Exceptions und das Freigeben der `Session`. Außerdem bietet es die `execute()`-Methode, der man als Parameter ein `HibernateCallback` übergeben kann, um komplexe Operationen mit Hilfe des Templates auszuführen.

```
public void deleteByBezeichnung(String bezeichnung) {
  List elements = getHibernateTemplate().find(
   "from businessobjects.Ware ware where "+
   "ware.bezeichnung=?", bezeichnung);
  getHibernateTemplate().deleteAll(elements);
}
```

Listing 5–18
Beispiel unter
Verwendung des
HibernateTemplates

Listing 5–18 zeigt die Verwendung des `HibernateTemplates`. Man sieht auch, dass das `HibernateTemplate` gegenüber der »puren« Hibernate-API einige zusätzliche Funktionen anbietet, wie das Löschen einer ganzen `Collection` von Objekten. Allerdings wird dabei intern über die Collection iteriert und jedes Element einzeln gelöscht, was Performance-Probleme nach sich ziehen kann, da auf diese Weise viele Datenbank-Statements erzeugt werden können. Die verwendete Anfrage ist in HQL (Hibernate Query Language) formuliert, das den FROM-Elementen von SQL-Anfragen sehr ähnlich ist. Ein wichtiger Unterschied ist allerdings, dass in der Anfrage Java-Klassen und -Properties referenziert werden und keine Datenbank-Tabellen oder -Spalten.

Spring und O/R-Mapper

Der Abschnitt sollte einen Eindruck davon vermitteln, welche Mächtigkeit und Vorteile O/R-Mapper bieten. Die Verwendung des

DAO-Patterns und die einheitliche Exception-Hierarchie, die Spring bei allen Persistenzlösungen zur Verfügung stellt, ermöglichen es, unterschiedliche DAO-Implementierungen gegeneinander auszuwechseln, ohne dass die aufrufenden Klassen dies merken. Neben diesem Vorteil erleichtert Spring den Umgang mit Hibernate vor allem durch das Handling der Session und die weitere Vereinfachung durch das TEMPLATE- und EXCEPTION ÜBERSETZER-Pattern.

5.7   JPA-Integration

JPA (Java Persistence API) wurde im Rahmen des JSR 220 zusammen mit EJB 3.0 standardisiert. Damit ist JPA ein Teil von Java EE. Gegenüber den alten EJB Entity Beans sind bei JPA die persistenten Objekte normale Java-Objekte. Sie müssen wie bei Hibernate nicht von einer vordefinierten Oberklasse erben oder ein vorgegebenes Interface implementieren. Hibernate implementiert neben der eigenen API auch die JPA-API. Die Referenz-Implementierung ist allerdings Oracle Toplink Essentials.

JPA mit und ohne
Application Server
Es gibt grundsätzlich zwei unterschiedliche Einsatzmöglichkeiten für JPA: In einem Java-EE-Application-Server ist der JPA-Provider ein Teil der Infrastruktur des Application-Servers und integriert sich beispielsweise für den Zugriff auf Datenquellen mit der Ressourcen- und Transaktionsverwaltung des Applikationsservers. Die zentralen Einstellungen sind in der Konfigurationsddatei `META-INF/persistence.xml` zu finden. Der Anwendung wird bei Java EE eine `EntityManagerFactory` bzw. ein `EntityManager` im JNDI-Namensraum oder per Dependency Injection zur Verfügung gestellt. In einer Java-SE-Umgebung werden auch die Einstellungen für die zu verwendende Datenbank aus dieser Datei ausgelesen und man nutzt die `Persistence`-Klasse, um eine `EntityManagerFactory` und dann einen `EntityManager` zu erzeugen. Der `EntityManager` stellt für die Anwendung den zentralen Zugriffspunkt auf JPA dar und kann genutzt werden, um Objekte zu speichern oder Anfragen auszuführen.

Bei den anderen diskutierten Technologien gibt es solche Unterschiede zumindest bei der Nutzung mit Spring nicht und diese Abstraktion über die verschiedenen möglichen Infrastrukturen ist ein wesentlicher Vorteil von Spring. So kann man einen Application-Server dann nutzen, wenn man ihn wirklich benötigt und man kann für Tests eine Java-SE-Umgebung nutzen.

EntityManager mit Spring
Auch bei JPA bietet Spring eine Abstraktion in Form der `LocalEntityManagerFactoryBean` und der `LocalContainerEntityManagerFactoryBean`. Die `LocalEntityManagerFactoryBean` liest wie eine JPA-Implemen-

tierung in einer Java-SE-Umgebung die Datenbank-Konfiguration aus der `persistence.xml`-Datei und stellt anschließend einen `EntityManager` zur Verfügung. Man kann durch eine einfache Umkonfiguration stattdessen den `EntityManager` aus dem JNDI-Kontext auslesen und damit die Anwendung in einem Java-EE-5-Application-Server laufen lassen.

Noch interessanter ist die `LocalContainerEntityManagerFactory-Bean`. In diesem Fall wird durch Spring der Teil des Applikationsservers ersetzt, der sonst die Ablaufumgebung für die JPA-Implementierung anbietet. Eine beispielhafte Konfiguration zeigt Listing 5–19. Wie man sieht, wird die `LocalContainerEntityManagerFactoryBean` mit einer Referenz auf eine `DataSource` versorgt, während sonst in Java-SE-Umgebungen die JDBC-Einstellungen aus der `persistence.xml`-Datei kommen. So ist es möglich, dieselbe Datenbank-Verbindung nicht nur mit JPA, sondern auch mit den anderen Persistenz-Frameworks zu nutzen, die in diesem Kapitel vorgestellt worden sind und so eine heterogene Persistenz-Schicht zu implementieren.

Obwohl auch JPA das direkte Absetzen von SQL-Anfragen erlaubt, ist das dennoch ein mächtiges Feature, um für bestimmte Bereiche auch andere Frameworks zu nutzen. Innerhalb von Transaktionen, die mit den in Kapitel 4 besprochenen Technologien implementiert worden sind, können dann auch alle diese Technologien gemeinsam in einer Transaktion genutzt werden.

```
<bean id="entityManagerFactory"
 class="….LocalContainerEntityManagerFactoryBean">
  <property name="dataSource" ref="datasource" />
  <property name="loadTimeWeaver">
    <bean class="….InstrumentationLoadTimeWeaver" />
  </property>
  <property name="jpaVendorAdapter">
    <bean class="….TopLinkJpaVendorAdapter">
      <property name="database" value="HSQL" />
      <property name="generateDdl" value="true" />
      <property name="showSql" value="false" />
    </bean>
  </property>
</bean>

<bean id="transactionManager"
 class="….JpaTransactionManager">
  <property name="entityManagerFactory"
   ref="entityManagerFactory" />
</bean>
```

Listing 5–19
Konfiguration der
LocalContainerEntity-
ManagerFactoryBean

Einfacher JPA-Provider-
Wechsel mit Spring
Ebenfalls in Listing 5–19 ist die Vereinheitlichung proprietärer Konfigurationsmöglichkeiten erkennbar: Dazu dient im Beispiel der `TopLinkJpaVendorAdapter` für Oracle TopLink Essentials. Es gibt aber auch den `HibernateJpaVendorAdapter` für Hibernate und den `OpenJpaVendorAdapter` für OpenJPA von BEA, so dass man bei der Migration auf eine andere JPA-Implementierung lediglich den Klassennamen in der Konfiguration austauschen muss. In der Konfiguration wird konfiguriert, welche Datenbank verwendet wird, ob DDL zum Erzeugen des Datenbank-Schemas erzeugt werden soll und ob die an die Datenbank geschickten SQL-Anfragen geloggt werden sollen, was sonst produktabhängig unterschiedlich einzustellen wäre. Durch diese Abstraktion typischer Konfigurationseinstellungen wird der Wechsel von einem JPA-Provider zu einem anderen deutlich vereinfacht.

Bytecode-Manipulation
Einem JPA-Provider muss die Möglichkeit gegeben werden, den Bytecode der persistenten Anwendungsklassen zu modifizieren. Dadurch soll der JPA-Provider Lazy Loading implementieren können, also das transparente Nachladen von Objekten beim ersten Zugriff z. B. durch das Navigieren einer Relation. Außerdem kann auf diesem Wege der Code so modifiziert werden, dass Änderungen an den Daten eines Objekts registriert werden, um diese Änderungen später mit der Datenbank zu synchronisieren.

Dadurch ergibt sich nun eine nicht triviale technische Herausforderung: Es muss für den JPA-Provider eine Möglichkeit zur Modifikation des Bytecodes geschaffen werden – und zwar möglichst in allen Umgebungen: Sei es ein Applikationsserver, ein Webserver wie Tomcat oder ein einfacher Unit-Test in einer IDE. JPA-Provider liefern hierfür zwar ihre eigenen JVM-Agents. Diese sind allerdings proprietär und nicht für die Verwendung in Serverumgebungen gedacht. Es besteht also bei Standard-JPA das Problem, dass nur vollständige Java-EE-5-Application-Server auf der einen Seite und reine Stand-alone-Umgebungen auf der anderen Seite unterstützt werden – aber weder Webcontainer wie Tomcat noch J2EE-1.4-Server wie WebLogic 9.0 und WebSphere 6.1. Einige JPA-Implementierungen kommen allerdings ohne Bytecode-Manipulation aus. Man sollte dann auch auf die Unterstützung für Bytecode-Manipulation verzichten, da so die Komplexität der Umgebung erheblich reduziert wird.

Bytecode-Manipulation
mit einem JDK-Agent
Spring bietet für Bytecode-Manipulation einen allgemeinen »Load Time Weaving«-Mechanismus, der unter anderem auch für JPA zum Einsatz kommt. Im einfachsten Fall, der auch in der Konfiguration in Listing 5–19 gezeigt ist, wird ein von Spring zur Verfügung gestellter JVM-Agent genutzt, der durch den `InstrumentationLoadTimeWeaver` angesprochen wird. Die im JDK 1.5 eingeführten Agents bieten die

Möglichkeit, Klassen beim Laden in die JVM modifizieren zu lassen. Dazu muss dann die JVM mit der Option `-javaagent:spring-agent.jar` gestartet werden. Auf dieser Basis können beliebige JPA-Provider in einer Spring-Umgebung ihre Bytecode-Modifikation durchführen – ohne Wechsel des verwendeten JVM-Agents. Ohne Spring müsste man den proprietären Agent der JPA-Implementierung nutzen.

Spring bietet außerdem die Möglichkeit, statt eines Agent einen »instrumentable« `ClassLoader` zu verwenden. Die wichtigste Implementierung ist Springs `ReflectiveLoadTimeWeaver`, der das Weaving an den darunterliegenden `ClassLoader` delegiert, der spezielle Weaving-Methoden unterstützen muss. Der Mechanismus kann in beliebigen Server-Umgebungen zum Einsatz kommen, solange der `ClassLoader` des Servers die entsprechenden Konventionen einhält. Das ist grundsätzlich die Aufgabe des Servers. Aber auch wenn der `ClassLoader` die Konventionen nicht einhält, kann man bei vielen Servern den `ClassLoader` gegen einen angepassten `ClassLoader` durch Konfiguration austauschen werden. Für Tomcat liefert Spring z. B. den `TomcatInstrumentableClassLoader` mit.

Bytecode-Manipulation mit einem eigenen ClassLoader

In Abschnitt 2.11 wurden schon einige Klassen für die Implementierung von Tests vorgestellt. Speziell für JPA steht die `AbstractJpaTests`-Klasse bereit. Sie löst ein Problem, das auch mit Class-Loading zu tun hat: Damit man den Bytecode der persistenten Klassen modifizieren kann, muss man vorher die JPA-Konfiguration geladen haben. Diese wird von der Test-Klasse geladen. Wenn die Test-Klasse zuerst die zu modifizierenden Klassen lädt, hat man ein Problem: Sie sind schon im Speicher aber nicht erweitert – nachträglich kann man sie aber nicht mehr erweitern. Die Lösung ist, dass Spring mit einem `ShadowingClassLoader` erstmal alle Klassen beim Erzeugen des `ApplicationContext` lädt und dann erst die Test-Klasse ebenfalls mit dem `ShadowingClassLoader`. Statt der Test-Klasse aus dem normalen ClassLoader werden die Test-Methoden auf der Test-Klasse im `ShadowingClassLoader` ausgeführt.

Tests mit JPA

Außerdem bietet die `AbstractJpaTests`-Klasse Unterstützung für Annotationen wie `@ExpectedException`, `@Repeat`, `@Timed` und `@NotTransactional`. Weiter bietet die Klasse auch Zugriff auf den `EntityManager`, den `PlatformTransactionManager` und ein `SimpleJdbcTemplate` für direkte Modifikationen an den Daten in der Datenbank.

Neben der Ablaufumgebung und der dadurch vereinheitlichten Konfiguration bietet Spring wie auch für andere O/R Mapper eine Vereinfachung der Programmierung. Ein Beispiel zeigt Listing 5–20. Der Klasse wird per Dependency Injection eine `EntityManagerFactory` inji-

Entity Manager direkt per Dependency Injection nutzen

ziert, wie sie von dem `LocalEntityManagerFactoryBean` oder dem `LocalContainerEntityManagerFactoryBean` erzeugt wird. Es wird jedoch im Gegensatz zu der Verwendung von JPA ohne Spring-Abstraktion nicht direkt ein `EntityManager` erzeugt, sondern dazu wird die Hilfsfunktion aus der `EntityManagerFactoryUtils`-Klasse genutzt. So ist die Integration in die Transaktionslogik von Spring möglich: Die Transaktionen werden mit Hilfe des in Listing 5–19 konfigurierten Transaktionsmanagers und der Spring-Transaktionsmechanismen (Kapitel 4) gesteuert. Wenn eine neue Transaktion beginnt, wird auch gleichzeitig eine `EntityManager` erzeugt, der im Rahmen der Transaktion geöffnet bleibt. Genau dieser wird durch die Hilfsfunktion zurückgegeben. Zum Ende der Transaktion wird er automatisch von Spring geschlossen. Natürlich wäre es auch möglich, den `EntityManager` in Eigenregie selber zu erzeugen und zu schließen, nur müsste man dann auf die Steuerung der Transaktionen durch Spring verzichten.

Listing 5–20
Nutzung des
EntityManagers mit
Spring

```
public class BestellungDAO implements IBestellungDAO {

  private EntityManagerFactory entityManagerFactory;

  public void setEntityManagerFactory(
    EntityManagerFactory entityManagerFactory) {
      this.entityManagerFactory = entityManagerFactory;
  }

  public Bestellung save(Bestellung bestellung) {
    EntityManager em = EntityManagerFactoryUtils
      .getTransactionalEntityManager(entityManagerFactory);
    em.persist(bestellung);
    return bestellung;
  }
  ...
}
```

Standard-JPA-
Annotationen nutzen

Eine Alternative stellt Listing 5–21 dar: Hier wird durch die `@PersistenceContext`-Annotation eine Methode markiert, mit der der `EntityManager` injiziert werden soll. Die Annotation entspringt dem JPA-Standard. Außerdem ist die gesamte Klasse durch Spring-spezifische Annotation `@Repository` gekennzeichnet, was bedeutet, dass sie den Zugriff auf die Persistenz-Schicht implementiert. Auf Basis dieser Annotation werden JPA-Exceptions in die Spring `DataAccessException`-Hierarchie übersetzt. Durch diese beiden Annotationen nutzt man also zwei wesentliche Vorteile von Spring, nämlich die Übersetzung der Exceptions und das Zuweisen von Ressourcen, und handelt sich gleichzeitig bis auf die `@Repository`-Annotation keine Abhängigkeiten zu Spring ein.

```
@Repository
public class WareDAO implements IWareDAO {

    private EntityManager em;

    @PersistenceContext
    public void setEntityManager(EntityManager em) {
        this.em = em;
    }

    public List getByBezeichnung(String bezeichnung) {
      return em.createQuery(
      "SELECT w FROM Ware w WHERE "+
      "w.bezeichnung=:bezeichnung")
      .setParameter("bezeichnung",
      bezeichnung).getResultList();
    }

    ...
}
```

Listing 5–21
Nutzung der Standard-
JPA-Annotationen

Um die beiden Annotationen auch auswerten zu lassen, muss in der Spring-Konfiguration für die @PersistenceContext-Annotation der PersistenceAnnotationBeanPostProcessor konfiguriert sein; für die @Repository-Annotation wird der PersistenceExceptionTranslation-PostProcessor benötigt (Listing 5–22). Alternativ zu den Annotationen kann zur Injektion eines EntityManagers auch ein SharedEntityMana-gerBean definiert werden. Eine solche Spring-Bean erzeugt einen Enti-tyManager, der über Bean-Referenzen an Applikationsobjekte weiterge-geben werden kann. Für die Übersetzung der Exceptions kann ein PersistenceExceptionTranslationInterceptor eingebunden werden. Spring bietet diese Dienste also sowohl über Annotationen als auch über klassische Konfiguration an.

```
<beans>
  <bean
    class="….PersistenceExceptionTranslationPostProcessor" />

  <bean
    class="….PersistenceAnnotationBeanPostProcessor" />
</beans>
```

Listing 5–22
Konfiguration von
BeanPostProcessors
zur Auswertung
der Annotationen

JPA mit Templates

Eine weitere Möglichkeit ist die Nutzung von JPA in Spring entspre-chend dem TEMPLATE-Pattern: Dazu wird das JpaTemplate angeboten, das man unter Angabe eines EntityManagers oder einer EntityMana-gerFactory erzeugen kann. Man kann auch von der JpaDaoSupport-Klasse erben (Listing 5–23). Dadurch kann man in das DAO einen EntityManager oder eine EntityManagerFactory injizieren und sich dann

mit getJpaTemplate() das JpaTemplate holen. Das JpaTemplate kümmert sich dann um die Verwaltung der Ressourcen und bietet außerdem eine vereinfachte Schnittstelle für JPA an. Das JpaTemplate wird
von Spring primär angeboten, um den Nutzer der anderen Template-
Mechanismen den Umstieg auf JPA zu erleichtern. Die direkte Verwendung des EntityManager-APIs mit Annotationen oder mit einer klassi-
scher Spring-Konfiguration ist aber vorzuziehen, da sie die Abhängigkeiten zu Spring reduziert und im Wesentlichen dieselbe Mächtigkeit
und vergleichbaren Komfort aufweist.

Listing 5–23
Nutzung von JPA mit
Templates

```
public class KundeDAO extends JpaDaoSupport implements IKundeDAO {

    public List getByName(String name) {
      return getJpaTemplate().find(
        "SELECT k FROM Kunde k WHERE k.name=?1",
        name);
    }
    ...
}
```

Hinweis

> Hibernate und JPA steht hier stellvertretend für die verschiedenen O/R-
> Mapper-Technologien, von denen im Abschnitt 5.8 noch einige dargestellt
> werden. Diese Technologien sind vor allem sinnvoll verwendbar, wenn
> man ein komplexes objektorientiertes Domänenmodell auf ein relationales
> Datenbankmodell übertragen will. Durch die flexiblen Abbildungen eines
> O/R-Mappers wird die Implementierung eines solchen Systems oft über-
> haupt erst möglich.

5.8   Andere Technologien

In diesem Abschnitt sollen weitere in Spring integrierbare O/R-Map-
per vorgestellt werden, die mögliche Alternativen zu Hibernate darstellen können. Dieser Abschnitt beschränkt sich darauf, die Integration in Spring darzustellen und geht auf die eigentliche API nicht im
Detail ein. Das dient zum einen dazu, zu erläutern, wie man mit den
Bibliotheken in Kombination mit Spring umgehen kann, wenn man die
API des O/R-Mappers bereits kennt. Zum anderen kommen bei der
Integration aller O/R-Mapper dieselben Prinzipien zum Einsatz, die
nach der Darstellung im Abschnitt über Hibernate noch einmal an
anderen Beispielen verdeutlicht werden.

In jedem Abschnitt finden sich auch jeweils Literaturangaben und
Links, die einen Einstieg in die jeweilige Technologie ermöglichen.

5.8.1 JDO

Der JDO (Java Data Objects) Standard [HJMW04] wurde im Rahmen des Java Community Process (JCP) erarbeitet, um Systeme für persistente Java-Objekte zu standardisieren. Im Gegensatz zu den üblichen O/R-Mappern können bei JDO als persistenter Speicher neben relationalen Datenbanken auch objektorientierte Datenbanken, LDAP-Server oder XML-basierte Lösungen verwendet werden. Dabei wird die Persistenz transparent gehalten, d. h., der Entwickler muss sich nicht darum kümmern, dass die Objekte persistent sind. Dazu wird nach dem Kompilieren der Java-Bytecode modifiziert, um Code zur Unterstützung der Persistenz in die vorhandenen Klassen zu integrieren. Die Konfiguration der Persistenz findet durch eine XML-Konfigurationsdatei statt.

Die Spring-API für die JDO-Unterstützung folgt ähnlichen Prinzipien wie die der anderen O/R-Mapper. Man benötigt zum Zugriff auf die Funktionalitäten von JDO eine Referenz auf einen `PersistenceManager`. Er bietet – ähnlich wie die `Session` bei Hibernate oder der `EntityManager` bei JPA – Methoden zum Speichern von Objekten und zum Ausführen von Anfragen. Mit Spring kann man zum Erzeugen eines `PersistenceManagers` die von Spring angebotene `LocalPersistenceManagerFactoryBean` verwenden oder eine `PersistenceManagerFactory` der JDO-Implementierung.

Spring kann den `PersistenceManager` an den Thread binden, so dass er im gesamten System nutzbar ist. Dazu kann man den `JdoInterceptor` verwenden. Er legt vor dem Aufruf der Methode, auf den er angewendet wird, einen neuen `PersistenceManager` an und beseitigt ihn nach dem Aufruf der Methode. Die Alternative ist, Spring das Management der Transaktionen zu überlassen und den `JdoTransactionManager` zu verwenden. Wenn man dann eine Transaktion startet, wird ein `PersistenceManager` erzeugt und an den Thread gebunden. Auf diesen `PersistenceManager` kann man durch einen Aufruf der Methode `PersistenceManagerFactoryUtils.getPersistenceManager()` zugreifen.

Die weitere Verwendung von JDO mit Hilfe von Spring sollte einem ebenfalls aus dem Hibernate-Beispiel bekannt vorkommen: Man kann `JdoTemplates` verwenden, die einem das Handling der Ressourcen abnehmen, und es gibt eine `JdoDaoSupport`-Klasse, die den Zugriff auf das `JdoTemplate` vereinfacht und als Superklasse eigener DAO-Implementierungen dienen kann.

Obwohl sich also JDO von Hibernate unterscheidet, folgt die Spring-Integration beider Persistenzlösungen den gleichen Prinzipien. Und natürlich werden bei beiden auch die Exceptions entsprechend dem EXCEPTION ÜBERSETZER-Pattern auf die gleiche Exception-Hierarchie von Spring abgebildet.

5.8.2   Oracle TopLink

TopLink ist im Gegensatz zu den anderen hier aufgeführten Persistenzmechanismen ein kommerzielles Produkt. Gleichzeitig ist TopLink von den vorgestellten O/R-Mappern derjenige, der am längsten am Markt ist. TopLink Essentials hat eine JPA-Schnittstelle (Abschnitt 5.7) und ist mit der klassischen TopLink-API nicht vergleichbar.

Auch bei TopLink gibt es ein zentrales Interface, nämlich die Session. Welche konkrete Session tatsächlich benutzt werden soll, hängt von verschiedenen Parametern ab wie z. B. ob die Transaktionen durch JTA verwaltet werden. Spring kann das Erzeugen einer TopLink-Session durch eine SessionFactoryBean unterstützen. In der Konfiguration wird der SessionFactoryBean beispielsweise der Name der TopLink-XML-Konfigurationsdatei übergeben. Die dabei entstehende Session kann man verwenden, um direkt ein TopLinkTemplate zu erzeugen. Die andere Möglichkeit ist, von der Klasse TopLinkDaoSupport abzuleiten und dieser die SessionFactory zu übergeben. In dieser Klasse kann man sich ein TopLinkTemplate geben lassen und zum Aufrufen der TopLink-API verwenden.

Um Änderungen an Objekten durchzuführen, die durch TopLink verwaltet werden, ist eine UnitOfWork notwendig, bei der man die Schreiboperationen registrieren kann. Spring bietet durch das Session-Interface einen Zugriff auf eine UnitOfWork. TopLink wird durch Spring auch in das Spring-Transaktions-Handling einbezogen: Man kann entweder den TopLinkTransactionManager verwenden oder den JtaTransactionManager. Dadurch können Aufrufe an die TopLink-API mit denselben Transaktionsmechanismen behandelt werden wie die anderen durch Spring unterstützten Persistenz-APIs.

Um einen besseren Eindruck von dem konkreten Umgang mit TopLink zu bekommen, lohnt sich ein Blick auf die TopLink-Produktseite [TopLink]. In der Petclinic-Beispielanwendung, die im samples-Unterverzeichnis einer Spring-Installation zu finden ist, ist ebenfalls eine Unterstützung für TopLink enthalten.

5.9   Fazit

Gerade bei der Unterstützung von Persistenz zeigt Spring, dass es dem Entwickler Wahlfreiheit lässt. Es gibt eine breite Unterstützung unterschiedlicher APIs, aus denen sich der Entwickler die für seinen Zweck beste aussuchen kann oder er kann auch eine Kombination verschiedener APIs nutzen. Gleichzeitig wird deutlich, dass Spring nicht versucht, an jeder Stelle eine eigene Lösung zu entwickeln, sondern vorhandene APIs integriert, die sich in der Praxis bewährt haben.

Bemerkenswert ist dabei, dass es nicht nur eine Unterstützung verschiedener O/R-Mapper gibt, sondern mit den Spring-`JdbcTemplates` und iBATIS auch alternative Ansätze mit anderen Zielszenarien unterstützt werden. Ein O/R-Mapper ist nur eine mögliche Lösung des Problems, von objektorientierten Anwendungen aus auf relationale Daten zuzugreifen. In einigen Szenarien kann es besser sein, ein Framework zu verwenden, das einem den direkten Zugriff auf die relationalen Datenstrukturen erlaubt. Ein möglicher Grund ist, dass man dadurch bessere Performance erreicht. Es kann aber auch durchaus sein, dass sich die Probleme mit einem relationalen Ansatz leichter lösen lassen. z. B. ist es so einfacher, auf Stored Procedures zuzugreifen.

Springs Vorteil ist also, dass es nicht nur einen O/R-Mapper-Ansatz erlaubt, sondern auch andere Vorgehensweisen unterstützt. Und gerade die Wahl der richtigen Persistenztechnologie kann der entscheidende Grund für das Erreichen oder Verfehlen der Performance-Anforderungen in einem Projekt sein.

Bei allen unterstützten APIs kann man die Erleichterung in der Benutzung durch das automatische Aufräumen der Ressourcen entsprechend dem TEMPLATE-Pattern und die Übersetzung der Exceptions in eine uniforme `RuntimeException`-Hierarchie entsprechend dem EXCEPTION ÜBERSETZER-Pattern erkennen. Außerdem wird überall dieselbe Abstraktion für Transaktionen verwendet, was den Lernaufwand, aber auch die Portabilität positiv beeinflusst.

6 Spring ins Netz

6.1 Übersicht

Die Entwicklung verteilter Systeme, bei denen zwischen verschiedenen Anwendungen über ein Netzwerk kommuniziert wird, wird durch viele Java-Technologien unterstützt. Wie schon bei den Persistenztechnologien erfindet Spring in diesem Bereich nicht das Rad neu, sondern integriert vorhandene Technologien. Darüber gibt dieses Kapitel eine Übersicht. Als erste Technologie wird RMI näher beleuchtet (Abschnitt 6.2), das die »offizielle« Technologie für verteilte Aufrufe im Java-Bereich ist. Anhand dieses Beispiels wird auch das EXPORTER-Pattern erläutert. Mit diesem Pattern können Spring-Beans als Dienste im Netz angeboten werden. Neben dem Anbieten der Dienste muss es natürlich auch möglich sein, solche Dienste zu verwenden – auch das wird erläutert, und dabei wird das PROXY-Pattern eingeführt.

Den nächsten Schwerpunkt stellen Protokolle dar, die auf HTTP basieren. HTTP (HyperText Transfer Protocol) wird im Web benutzt, um Webseiten zu verschicken. Es ist recht einfach aufgebaut und zustandslos. Es wird also auf Ebene des Protokolls keine Sitzung (Session) unterstützt. Aufgrund der Vorteile der Einfachheit und der weiten Verbreitung von Webservern ist HTTP auch die Basis einiger Kommunikationsprotokolle für verteilte Anwendungen. Dazu zählen Burlap, Hessian und der Spring-eigene HttpInvoker (Abschnitt 6.3). Ein wichtiges Protokoll, das ebenfalls mit HTTP verwendet werden kann, ist SOAP, das die Basis für Web Services bildet (Abschnitt 6.4). Spring bietet für SOAP die Integration von Axis (Abschnitt 6.4.1) und eine Unterstützung für XFire (Abschnitt 6.4.2) sowie Spring Web Services (Abschnitt 6.4.3).

Ebenfalls in den Bereich der Technologien für verteilte Zugriffe fällt EJB (Abschnitt 6.5). Da diese Technologie recht komplex ist, muss man sie zunächst genauer erläutern (Abschnitt 6.5.1), bevor man die Integration von Spring in EJB-2.1- (Abschnitt 6.5.2) und EJB-3-Anwendungen (Abschnitt 6.5.3) näher beleuchten kann.

Aufgrund der großen Vielfalt an möglichen Infrastrukturen schließt das Kapitel mit einer Abwägung der Vor- und Nachteile der verschiedenen Technologien ab (Abschnitt 6.6).

Auch in diesem Kapitel wird die Beispielanwendung eine Rolle spielen. Sie wird in diesem Kapitel so modifiziert, dass die Geschäftslogik auf einem zentralen Server im Netz zur Verfügung steht und die Clients die entsprechenden Aufrufe an den Server weiterleiten. In der Praxis ist zentralisierte Geschäftslogik, die für Webanwendungen, über Web Services und auch für GUI-Clients zur Verfügung steht, ein wesentlicher Grund für ein verteiltes System.

6.2 RMI

Remote Method Invocation (RMI) ist ein Standard für verteilte Kommunikation zwischen Java-Objekten. Gleichzeitig gibt es mit RMI-IIOP (Internet Inter ORB Protocol) eine gute Integrationsmöglichkeit in CORBA-Infrastrukturen. CORBA (Common Object Request Broker Architecture) ist ein plattformunabhängiger Standard für verteilte objektorientierte Kommunikation von der OMG (Object Management Group), die auch UML betreut.

Eines der Ziele beim Entwurf von RMI war, eine einfache Lösung für die Programmierung von verteilten Systemen mit Java zu entwerfen. Dennoch ist es nicht trivial, die Dienste eines Objekts mit Hilfe von RMI im Netz anzubieten. Konkret sind folgende Schritte notwendig:

- Es muss ein eigenes Remote-Interface entworfen werden, in dem die über das Netz zugreifbaren Methoden definiert sind.
- Jede der Methoden im Interface muss so deklariert sein, dass sie eine `RemoteException` werfen kann.
- Für das Interface muss es eine Implementierung geben. Da die Implementierung typischerweise von `UnicastRemoteObject` erbt, können die Funktionalitäten einer vorhandenen Klasse nicht geerbt werden, da man die eine erlaubte Oberklasse schon »verbraucht« hat. Man kann eine bereits vorhandene Klasse auch nicht direkt verwenden, da sie eben nicht von dieser Oberklasse erbt. Also muss die Implementierung von `UnicastRemoteObject` erben und an eine eventuell bereits vorhandene Klasse mit den gewünschten Funktionalitäten delegieren.
- Es muss eine Anwendung implementiert werden, die eine Instanz der Klasse erzeugt und als Dienst zur Verfügung stellt.

Abstrakter stellt sich das Problem folgendermaßen dar: Man muss eine bestimmte Schnittstelle für eine Infrastruktur anbieten, in diesem Fall für RMI, obwohl die eigentlichen Funktionalitäten von einem Spring-Bean erbracht werden können. Für solche Fälle nutzt Spring zur Lösung einen Mechanismus, der hier als EXPORTER-Pattern eingeführt wird.

6.2.1 Das Exporter-Pattern

Eine API im System erwartet, dass Objekte eine bestimmte Schnittstelle implementieren. Diese Funktionalitäten können zwar von einem normalen Java-Objekt erbracht werden, aber das implementiert die erforderliche Schnittstelle nicht.

Kontext

* * *

Viele APIs und Infrastrukturen erwarten, dass die Objekte, die von ihnen verwaltet werden, in einer bestimmten Art und Weise implementiert werden. Dadurch erfüllen Java-Objekte auf der technischen Ebene nicht immer die notwendigen Voraussetzungen, um durch eine Infrastruktur verwaltet zu werden, obwohl dies eigentlich notwendig wäre.

Problem

In Java-Anwendungen kann das bedeuten, dass ein bestimmtes Interface implementiert werden muss. Dann kann durch eine Unterklasse, die die entsprechenden Funktionalitäten hinzufügt, das Problem möglicherweise gelöst werden. Muss man aber von einer bestimmten Oberklasse erben, so ist das wegen der fehlenden Mehrfachvererbung in Java ein schwieriges Problem.

Eine weitere Konzequenz ist die Abhängigkeit des Codes von der Infrastruktur: Man kann nicht mehr ohne weiteres den Code auf einer anderen Infrastruktur laufen lassen, sondern man muss für eine Portierung Änderungen am Code vornehmen. So kann die Klasse, die Funktionalitäten für RMI anbietet, nicht ohne weiteres auf einer anderen Infrastruktur wie EJB laufen.

* * *

Für diese Fälle bietet es sich an, einen EXPORTER zu verwenden. Das ist eine Klasse, die eine Spring-Bean in eine Infrastruktur exportiert, indem es die dort verlangte API implementiert und die Methodenaufrufe an die Spring-Bean durchreicht. Dieses Pattern ist in [GHJV94] als ADAPTER aufgeführt. Allerdings ist dort vor allem von der manuellen Implementierung eines speziellen ADAPTERS für ein bestimmtes Objekt und eine bestimmte API die Rede. Dieser Fall kommt bei der Anwendung des EXPORTER-Patterns in Spring auch vor, aber in den meisten

Lösung

Fällen ist es ausreichend, einen vorhandenen EXPORTER lediglich zu konfigurieren. Das bedeutet, dass man die Spring-Beans in beliebige Infrastrukturen exportieren kann, und zwar meistens, ohne dass man zusätzlichen Code schreiben muss. Es ist lediglich notwendig, einen EXPORTER passend zu konfigurieren.

6.2.2 Der RmiServiceExporter

Für RMI implementiert der RmiServiceExporter das EXPORTER-Pattern. Um diese Klasse zu verwenden, muss man lediglich in der Spring-Konfiguration eine Spring-Bean von diesem Typ definieren.

Listing 6–1
Konfiguration des
RmiServiceExporters in
der Beispielanwendung
(spring-server.xml)

```
<bean id="wareDAORMI" class="….RmiServiceExporter">
  <property name="serviceName" value="wareDAO" />
  <property name="service" ref="wareDAO" />
  <property name="serviceInterface" value="dao.IWareDAO" />
</bean>
```

Die Konfiguration

Die hier gezeigte Konfiguration (Listing 6–1) legt zunächst den Namen des RMI-Service fest (im Beispiel wareDAO). Dann wird eine Referenz auf die zu exportierenden Spring-Bean wareDAO definiert. Schließlich wird das Service-Interface konfiguriert, das exportiert werden soll. Dabei handelt es sich um ein normales Java-Interface. Die sonst notwendige RemoteException und das eigene Remote-Interface sind also dank Spring nicht notwendig.

Einen Nachteil gibt es allerdings: Auf Spring-Beans, die so exportiert werden, kann nur von Spring-Clients aus zugegriffen werden. Spring verwendet intern einen Mechanismus, um die Aufrufe zu »verpacken«. Dazu wird die Klasse RemoteInvocation verwendet, die Methodennamen und Parameter enthält. Dazu wird das generische RmiInvocationHandler-Interface genutzt, das ein Objekt der Klasse RemoteInvocation entgegennimmt und die passende Methode ausführt. So kann man das Schreiben des Remote-Interfaces einsparen.

Falls die Spring-Bean ein RMI-Remote-Interface implementiert, ist sie als normales RMI-Objekt von anderen RMI-Clients aus zugreifbar. Ein solches Interface muss von java.rmi.Remote erben, und die Methoden müssen jeweils eine RemoteException werfen können.

Die RMI-Server-
Anwendung

Die Server-Anwendung wird durch Spring auch sehr einfach: Man muss lediglich den ApplicationContext mit der passenden Spring-Konfiguration erzeugen. Dadurch werden alle Singleton-Spring-Beans erzeugt, also auch die Spring-Beans, die Instanzen von RmiServiceExporter sind. Sie stehen dann im Netz zur Verfügung. Hinter den Kulissen werden die Aufrufe aus dem Netz dynamisch an die definierte Spring-Bean weitergeleitet.

Wenn man die hier verwendete Konfiguration nutzt, wird automatisch eine RMI-Registry erzeugt und ebenfalls in der Spring-Anwendung ausgeführt. Die RMI-Registry ist innerhalb des Netzes die Stelle, an der sich die RMI-Objekte registrieren und für Clients zugreifbar sind. Man kann mit der Property `registryPort` in der Konfiguration für den `RmiServiceExporter` diese Registry auch auf einem anderen Netzwerk-Port als dem Vorgabewert 1099 laufen lassen. Definiert man die Property `registryHost`, so kann man auch auf eine außerhalb der Spring-Anwendung laufende RMI-Registry zugreifen.

Die RMI-Registry

6.2.3 RMI-Objekte verwenden

Um ein RMI-Objekt zu nutzen, muss man das Objekt unter einer RMI-URL im Netzwerk lokalisieren. Anschließend kann man auf das Objekt zwar zugreifen, aber es verhält sich anders als ein lokales Objekt. Da auf ein RMI-Remote-Interface zugegriffen wird, muss man sich bei jedem Methodenaufruf damit beschäftigen, was man im Falle einer `RemoteException` macht.

Basis für die Spring-Lösung bildet eine `FactoryBean`. Solche Klassen sind eine durch Spring unterstützte Implementierung des FACTORY-Patterns [GHJV94] (Abschnitt 2.5.4). Die Spring-Beans werden nicht direkt durch einen Konstruktor erzeugt, sondern indirekt durch Methoden der `FactoryBean`. Es können bei entsprechender Parametrisierung also Spring-Beans erzeugt werden, die beliebige RMI-Server ansprechen. Die `FactoryBean` gibt ein Objekt zurück, das keine eigene Funktionalität implementiert, sondern nur die Methodenaufrufe an den konfigurierten RMI-Server weitergibt. Man kann diesen Ansatz auch für andere Technologien implementieren und es ist dann möglich, transparent auch auf solche Objekte zuzugreifen, die durch solche andere Technologien verwaltet werden. Das Verfahren ist auch unter dem Namen PROXY-Pattern [GHJV94] bekannt. Die bei Spring verwendete Ausprägung des Patterns soll hier kurz dargestellt werden.

6.2.4 Das Proxy-Pattern

Es soll ein Objekt verwendet werden, das von einer API zur Verfügung gestellt wird, weil es z. B. auf einem anderen Rechner existiert.

Kontext

* * *

Durch die Verwendung der API muss man zusätzlichen Aufwand betreiben, um auf die Objekte zugreifen zu können. So implementiert jedes RMI-Objekt ein Interface, das von `Remote` erbt, und die über das Netzwerk zugreifbaren Methoden werfen `RemoteExceptions`. Daher

Problem

muss man diese Exceptions bei Aufrufen an das Objekt fangen. Wünschenswert wäre hingegen, wenn dieses Objekt genauso wie jedes andere Java-Objekt zugreifbar wäre.

* * *

Lösung Man bietet einen PROXY an: Das ist ein Objekt, das wie ein normales Java-Objekt aussieht. Es ist aber nur ein Platzhalter: Intern werden die Aufrufe an das von der API angebotene Objekt weitergeleitet. Der Vorteil ist, dass der Proxy ein normales Java-Objekt ist, so dass die Besonderheiten der API bei der Verwendung des Objekts keine Rolle mehr spielen. Beim klassischen PROXY-Pattern werden die PROXYS »von Hand« implementiert [GHJV94]. Spring bietet durch das FactoryBean-Interface (Abschnitt 2.5.4) eine Möglichkeit, PROXYS generisch erzeugen zu lassen. Spring muss lediglich für die verwendete API eine Klasse anbieten, die das FactoryBean-Interface implementiert und anhand eines übergebenen Interfaces für die API spezifische PROXYS erzeugt.

6.2.5 Die RmiFactoryBean

Listing 6–2
Verwendung eines RMI-
Objekts mit Spring
(rmi-client.xml)

```
<bean id="wareDAO" class="….RmiProxyFactoryBean">
    <property name="serviceUrl" value="rmi://localhost:1099/wareDAO" />
    <property name="serviceInterface" value="dao.IWareDAO" />
</bean>
```

Die RmiFactoryBean In Listing 6–2 sieht man die Verwendung der RmiProxyFactoryBean-Klasse, die das PROXY-Pattern für RMI implementiert. Um den PROXY zu erzeugen, muss man die URL des RMI-Server-Objekts angeben. Außerdem gibt man das Service-Interface an. Dieses Interface ist ein normales Java-Interface und kein Remote-Interface, wie es sonst für RMI erforderlich wäre. Die Methodenaufrufe an die von der RmiProxyFactoryBean erzeugte Spring-Bean werden von einem RmiClientInterceptor abgefangen und an das RMI-Server-Objekt weitergeleitet. Für den Benutzer ist das transparent: Noch nicht einmal der Typ des Objekts unterscheidet sich von einem lokalen Objekt. Das funktioniert sowohl mit Spring-RMI-Servern als auch mit anderen RMI-Servern. Das verwendete Interface kann ein RMI-Remote-Interface sein oder ein Interface, das dieselben Methoden ohne RemoteExceptions deklariert. Man mag sich fragen, was in diesem Fall mit den RemoteExceptions passiert. Entsprechend dem EXCEPTION ÜBERSETZER-Pattern werden sie in RuntimeExceptions umgewandelt, da sie technische Fehler darstellen, auf die man nur in Ausnahmefällen sinnvoll reagieren kann. Spring verwendet die RemoteAccessException sowie die Subklassen `RemoteConnectFailureException` und `Remote-LookupFailureException`.

Letztendlich führt die Verwendung von RMI zusammen mit Spring zu einer vollständigen Transparenz der Verteilung. Die Spring-Beans auf dem Server bemerken nicht, dass ihre Funktionalität im Netz angeboten wird. Auch auf dem Client ist an keiner Stelle erkennbar, dass man es mit Objekten im Netz zu tun hat. Außerdem ist die Verwendung von verteilten oder lokalen Objekten nur eine Sache der Konfiguration: Man wählt entweder ein Objekt, das ein Interface direkt implementiert, oder ein `RmiProxyFactoryBean`, das auf einen RMI-Server zugreift.

Spring und RMI:
Ein Traumpaar

Tipp

Die Transparenz verteilter Objekte bezieht sich natürlich nur auf die technische Umsetzung. Und auch hier gibt es einen Unterschied: Wenn man Objekte an eine entfernte Methode übergibt, die sie ändert, wird man die Änderungen auf dem Client nicht sehen. Bei lokalen Java-Anwendungen werden nämlich die Parameter als Referenzen übergeben, so dass sich Änderungen auf die übergebenen Objekte auswirken, während bei einem verteilten Aufruf Pass-By-Value verwendet wird: Es werden nur Kopien übergeben, und Änderungen an den Kopien haben keine Auswirkungen auf die Originale.

Außerdem sind bei einem verteilten Aufruf mehr Fehler möglich wie Netzwerkprobleme oder ein Ausfall des Servers. Dass die dabei ausgelösten Exceptions bei Spring zu `RuntimeExceptions` werden, bedeutet nicht, dass sie nicht mehr auftreten.

Noch größer sind die Unterschiede bei der Laufzeit: Aufrufe an verteilte Objekte sind wegen der Netzwerklatenz mehrere Größenordnungen langsamer. Auch können sie durch die Serialisierung der Parameter und Deserialisierung der Ergebnisse die CPU signifikant belasten. Daher gilt die von Martin Fowler [Fow02] aufgestellte erste Regel über verteilte Objektsysteme: Verteile Deine Objekte nicht! Generell sollten die Schnittstellen der verteilten Objekte grob granular sein, so dass sie viele Daten auf einmal übertragen und möglichst wenig Aufrufe nötig sind. Oft sind sie dann auch besser wiederverwendbar.

Außerdem sollte man verteilte Objekte nur verwenden, wenn man es muss. Ein lokaler Aufruf ist immer vorzuziehen. Wenn man also z. B. die Möglichkeit hat, die Geschäftslogik zusammen mit der Webanwendung im Webserver ausführen zu lassen, statt sie auf einem eigenen Server zu platzieren, so sollte man diesen Weg gehen.

6.3   HTTP-basierte Protokolle

Ein Nachteil der Verwendung von RMI ist, dass eine normale Java-Anwendung als Server zum Einsatz kommt. Dadurch ergibt sich das Problem, dass die Verfügbarkeit des Servers davon abhängt, ob diese Anwendung läuft. Üblicherweise sind z. B. Webserver in Bezug auf die Verfügbarkeit deutlich überlegen. Zudem haben sie eine bessere Unterstützung für Administration und Tuning.

Ausfallsicherheit   Außerdem ist es mit Webservern und dem HTTP-Protokoll einfach möglich, durch die Verteilung auf einen Cluster von Webservern die Verfügbarkeit zu optimieren. Es stehen dann mehrere Server zur Auswahl. Lediglich einer muss verfügbar sein, damit man die Anwendung noch verwenden kann.

Lastverteilung   Ein Cluster von Webservern ist außerdem ein gutes Mittel, um durch Lastverteilung eine bessere Skalierbarkeit der Anwendung zu erreichen: Wenn die Anforderungen an die Leistungsfähigkeit der Anwendung steigen, kann man zusätzliche Webserver installieren, die sich mit den bereits vorhandenen Webservern die Last teilen. Ein Problem ist natürlich, dass die aktuelle Sitzung des Nutzers irgendwo abgelegt wird und beim Ausfall des Servers auf einen anderen migriert werden muss. Das wird jedoch von den Webservern implementiert – es zeigt aber, dass Lastverteilung bei zustandsbehafteten Diensten nicht ganz einfach ist.

Unterstützte Protokolle   Spring unterstützt mehrere verschiedene Protokolle, um Spring-Beans auch durch einen Webserver als verteilten Dienst anzubieten. Das zugrunde liegende Protokoll auf der Netzwerkschicht ist dabei immer HTTP. Die darauf aufbauenden Protokolle regeln, wie die Daten repräsentiert werden. Konkret stellt Spring folgende Protokolle zur Auswahl:

- Burlap [Burlap] verwendet zur Repräsentation der Daten eine Untermenge von XML (SML, Simple Markup Language). Dadurch sind die Daten z. B. mit einem Netzwerk-Sniffer leicht mitzulesen, was die Fehlersuche vereinfacht. Für die Repräsentation der Objekte werden nicht XML Schemas verwendet, sondern ein eigenes Verfahren: Als Basis gibt es die Möglichkeit, die verschiedenen primitiven Datentypen darzustellen. Darauf aufbauend kann man Arrays und Schlüssel-Wert-Paare z. B. für Maps übertragen. Objekte werden als Schlüssel-Wert-Paare dargestellt, die jedem Attribut unter dem Namen des Attributs als Schlüssel den Wert des Attributs zuordnen. Zusätzlich wird der Name der Klasse übertragen. Mit diesen wenigen Regeln kann man auch komplexe Objektnetze über das Netzwerk übertragen.

- Hessian [Hessian] verwendet eine ähnliche Datenkodierung wie Burlap, allerdings werden die Daten binär übertragen und nicht als XML. Dadurch ist dieses Verfahren in Bezug auf Geschwindigkeit und Größe der Daten effizienter, aber die Daten lassen sich nicht mehr einfach mitlesen.
- Außerdem bietet Spring das eigene Spring HttpInvoker-Protokoll an, das ebenfalls eine binäre Datenrepräsentation verwendet. In diesem Fall kommt Java-Serialisierung zum Einsatz, die das Standardverfahren für die Übertragung von Java-Datenstrukturen ist und auch bei RMI verwendet wird.

Wenn man solche HTTP-basierten Protokolle verwenden will, muss man die Anwendung für einen Webserver geeignet verpacken. Im Java-Umfeld werden dazu WAR-(Web ARchive-)Dateien verwendet. Diese enthalten Servlets, die HTTP-Anfragen bearbeiten können. Die Konfiguration geschieht durch die `web.xml`-Datei. Es soll nun erläutert werden, wie eine Webanwendung konfiguriert wird, wenn man Spring nutzt.   *Deployment*

Spring verwendet einen `ContextLoaderListener`, der dazu dient, die Spring-Konfigurationsdatei `WEB-INF/applicationContext.xml` auszulesen und die darin enthaltenen Spring-Beans zu initialisieren. Für Servlet-Container, die noch nicht den Servlet 2.3 Standard unterstützen, steht das `ContextLoaderServlet` zur Verfügung, das nicht auf Anfragen aus dem Netz reagiert, sondern dieselbe Funktionalität wie der Listener als Servlet und nicht als Listener implementiert. Man kann mit Hilfe der folgenden Konfiguration in der `web.xml`-Datei auch eine andere Datei statt `WEB-INF/applicationContext.xml` als Spring-Konfiguration verwenden: *ContextLoaderServlet und ContextLoaderListener*

```
<context-param>
  <param-name>contextConfigLocation</param-name>
  <param-value>/WEB-INF/beans.xml</param-value>
</context-param>
```

Der Grund für diese Behandlung der Konfiguration ist, dass dadurch eine Modularisierung der Spring-Konfiguration erreicht wird: Die im `applicationContext.xml` definierten Spring-Beans stellen den Geschäftslogik-Kern dar. Darauf können alle Servlets der Webanwendung zugreifen, die diese Logik mit Hilfe der hier vorgestellten HTTP-basierten Protokolle oder mit Hilfe von SOAP exportieren oder aber mit einer Weboberfläche dem Endbenutzer anbieten.

Listing 6–3
Die Konfigurationsdatei
web.xml aus einer
typischen Spring-
Anwendung

```
<web-app>

    <listener>
      <listener-class>
        ….ContextLoaderListener
      </listener-class>
    </listener>

    <servlet>
      <servlet-name>remote</servlet-name>
      <servlet-class>
        org.springframework.web.servlet.DispatcherServlet
      </servlet-class>
      <load-on-startup>1</load-on-startup>
    </servlet>

    <servlet-mapping>
      <servlet-name>remote</servlet-name>
      <url-pattern>/*</url-pattern>
    </servlet-mapping>

</web-app>
```

Das DispatcherServlet

Wie man in Listing 6–3 erkennen kann, gibt es nur ein Servlet, das konfiguriert wurde, obwohl mehrere unterschiedliche Protokolle unterstützt werden sollen. Wie man schon am Namen erkennen kann, dient das `DispatcherServlet` nur dazu, HTTP-Requests entgegenzunehmen und an den eigentlichen Bearbeiter weiterzuleiten. Dadurch können beliebig viele Protokolle mit einem einzigen Servlet unterstützt werden.

Konfiguration des
DispatcherServlets

Für das `DispatcherServlet` gibt es eine eigene Spring-Konfiguration. Der Name der Konfigurationsdatei hängt von dem Namen des Servlets ab: Da dem Servlet in der `web.xml`-Datei der Name `remote` gegeben wurde, findet man die Konfiguration in der Datei `remote-servlet.xml`, und sie enthält – wie schon beschrieben –Spring-Beans, die zum Export der Spring-Beans aus dem Geschäftslogik-Kern dienen. Einen Ausschnitt aus dieser Konfiguration zeigt Listing 6–4.

Listing 6–4
Konfiguration eines
Exporters für ein
HTTP-basiertes Protokoll

```
<bean name="/kundeDAOHessian" class="….HessianServiceExporter">
  <property name="service" ref="kundeDAO"/>
  <property name="serviceInterface" value="dao.IKundeDAO" />
</bean>
```

Die Konfiguration ist der RMI-Konfiguration sehr ähnlich. Ein augenfälliger Unterschied ist allerdings, dass der Name der Bean mit einem Slash »/« beginnt. Dadurch ist für das DispatcherServlet klar, dass es bei Anfragen für die URL kundeDAOHessian genau diese Spring-Bean aufrufen muss. Insgesamt ergibt sich die URL aus dem Namen der Spring-Bean und dem Namen der Webanwendung z. B. zu http://localhost:8080/springdemo/kundeDAOHessian.

Die Konfigurationen für die anderen Protokolle sind im Wesentlichen identisch, nur dass bei den Klassennamen Hessian gegen Burlap bzw. HttpInvoker ausgetauscht werden muss. Auch in diesem Fall wird durch die Verwendung des EXPORTER-Patterns die Verteilung für die Spring-Beans transparent.

Die Konfiguration für den Client ist der RMI-Konfiguration sehr ähnlich: Es kommen ebenfalls ProxyFactoryBeans zum Einsatz. Sie müssen mit einer serviceUrl und dem serviceInterface versorgt werden. Listing 6–5 zeigt eine entsprechende Konfiguration. Die eigentliche Kommunikation ist wiederum transparent. Die Anwendung muss also im Code nicht darauf achten, ob die Spring-Bean kundeDAO ein lokales Objekt oder ein Objekt auf einem Server ist.

Client-Sicht

```
<bean id="kundeDAO" class="….HessianProxyFactoryBean">
  <property name="serviceUrl"
   value="http://localhost/springdemo/kundeDAOHessian"
  />
  <property name="serviceInterface"
   value="dao.IKundeDAO" />
</bean>
```

Listing 6–5
Konfiguration für den Zugriff auf ein HTTP-basiertes Protokoll

6.4 SOAP

Bei SOAP [SOAP] handelt es sich um ein Protokoll für verteilte Methodenaufrufe zwischen Objekten, das wie Burlap auf XML basiert. Als Kommunikationsprotokoll kommt typischerweise HTTP zum Einsatz, aber es ist z. B. auch SMTP denkbar. Gleichzeitig ist SOAP standardisiert. Daher ist es auf zahlreichen Plattformen und für viele Programmiersprachen verfügbar. SOAP verwendet zur Beschreibung der Daten XML Schema [XMLSchema] und auch andere XML-Standards wie z. B. XML Namespaces. Um die Schnittstellen der Anwendungen plattform- und sprachunabhängig zu definieren, gibt es WSDL (Web Service Definition Language) [WSDL]. Neben der Schnittstelle kann in einer WSDL-Datei auch die URL des Servers angegeben werden. SOAP wird im Rahmen des W3C-Konsortiums als Standard gepflegt. Dieses Konsortium ist für viele Standards vor allem im Webbereich zuständig.

Dadurch spielt SOAP vor allem bei der Integration heterogener Systeme eine Rolle, und zwar insbesondere, wenn die Systeme über das Internet miteinander kommunizieren.

6.4.1 SOAP mit Axis

Spring integriert für die Unterstützung von SOAP Axis 1.1 aus dem Apache-Projekt [Axis]. Die Integration in Spring verwendet die JAX-RPC-API, die einen Standard für die Implementierung von Web Service mit Java darstellt.

Das AxisServlet

Axis hat sein eigenes `AxisServlet`, das neben dem `DispatcherServlet` in der `web.xml`-Konfigurationsdatei hinterlegt werden muss. Hier macht sich die Aufteilung der Spring-Konfiguration in den Servlet-unabhängigen Teil im `applicationContext.xml` und den Servlet-spezifischen Teil bezahlt: Auch im `AxisServlet` kann man auf die im `applicationContext.xml` konfigurierten Spring-Beans zugreifen. Man muss für die SOAP-spezifischen Teile der Konfiguration eine eigene Konfigurationsdatei anlegen: Die `server-config.wsdd` Datei.

Listing 6–6
Ausschnitt aus der
server-config.wsdd-
Konfiguration für die
Beispielanwendung

```
<deployment xmlns="http://xml.apache.org/axis/wsdd/"
 xmlns:java=
  "http://xml.apache.org/axis/wsdd/providers/java" >

  <handler name="URLMapper"
    type=
      "java:org.apache.axis.handlers.http.URLMapper"/>

  <service name="Bestellung" provider="java:RPC">
    <parameter name="className"
     value="axis.AxisBestellung"/>
    <parameter name="allowedMethods" value="*"/>

    <beanMapping qname="bestellung:Einkaufswagen"
      xmlns:bestellung="urn:Bestellung"
      languageSpecificType=
        "java:businessobjects.Einkaufswagen"/>
    …
  </service>

  …

  <transport name="http">
    <requestFlow>
      <handler type="URLMapper"/>
    </requestFlow>
  </transport>

</deployment>
```

Wie man in Listing 6–6 sehen kann, werden in dieser Datei Einstellungen vorgenommen wie z. B. welche Klasse den Web Service implementiert oder welches Transportprotokoll verwendet wird. Der Schwerpunkt der Konfiguration ist das Mapping von Java-Typen auf Typen
für die SOAP-Kommunikation. Die meisten dieser Definitionen sind
im Listing ausgelassen, so dass nur ein exemplarisches Beispiel eines
beanMappings übrig ist. Es wird der XML Namespace und das konkrete
XML-Element für jede Java-Klasse festgelegt, die mit Hilfe von Axis
übertragen werden soll.

Es zeichnet sich also ab, wo bei Axis der hauptsächliche Aufwand
anfällt, nämlich bei der Konvertierung zwischen den SOAP- und Java-
Typen.

Nun stellt sich natürlich die Frage, wie der Server implementiert
wird. Bei Axis müssen im Gegensatz zu den anderen Protokollen die
EXPORTER selbst geschrieben werden. Das wird zwar durch Spring
ebenfalls erleichtert, und der Code ist auch recht einfach, aber dennoch fällt hier ein zusätzlicher Aufwand an.

```
public class AxisBestellungDAO
 extends ServletEndpointSupport
 implements IKundeDAO {

  private IKundeDAO kundeDAO;

  protected void onInit() {
    kundeDAO =
      (IKundeDAO) getWebApplicationContext().
      getBean("kundeDAO");
  }

  public Kunde save(Kunde kunde) {
    return kundeDAO.save(kunde);
  }

  …

}
```

Listing 6–7
Implementierung eines
Exporters für Apache Axis

Die konkrete Implementierung eines EXPORTERS für Axis zeigt Listing
6–7. Sie muss von ServletEndpointSupport erben und das Interface der
Spring-Bean implementieren, das an die Clients exportiert werden soll.
In der onInit()-Methode liest man die Spring-Bean aus dem Spring
ApplicationContext aus. Anschließend werden alle Methodenaufrufe
an diese Spring-Bean delegiert.

Auf der Client-Seite wird eine FactoryBean verwendet, die auf der
Basis des angebotenen Dienstes dynamisch einen passenden PROXY
erzeugt. Die Konfiguration zeigt Listing 6–8. Die Verwendung des
SOAP-Servers ist auf Client-Seite wie auch schon bei Burlap oder
Hessian weitgehend transparent.

Listing 6–8
Konfiguration des Zugriffs
auf einen Axis Web Service
mit Spring

```
<bean id="kundeDAO"
    class="….JaxRpcPortProxyFactoryBean">
    <property name="serviceInterface"
      value="dao.IKundeDAO" />
    <property name="wsdlDocumentUrl"
      value="http://localhost/…/KundeDAO?WSDL" />
    <property name="namespaceUri"
      value="http://localhost/…/KundeDAO" />
    <property name="serviceName"
      value="AxisKundeDAOService" />
    <property name="portName"
      value="KundeDAO" />
    <property name="servicePostProcessors">
      <list>
        <bean class="axis.BeanMappingPostProcessor"/>
      </list>
    </property>
</bean>
```

Wenig überraschend muss man auf Client-Seite das Service-Interface
des Dienstes angeben. Die restlichen Einstellungen beziehen sich zum
größten Teil auf WSDL, mit der Web Services typischerweise definiert
werden. So wird zunächst festgelegt, unter welcher URL das WSDL-
Dokument überhaupt zu finden ist. Dann wird der Namespace und der
Name des Dienstes im WSDL-Dokument festgelegt. Schließlich wird
noch der Name des Web Service Port vorgegeben.

Auch auf dem Client müssen die Typen aus den SOAP-Paketen auf
Java-Datentypen umgesetzt werden. Dazu wird auf der Client-Seite im
Gegensatz zur Server-Seite keine Deklaration verwendet, sondern eine
Klasse, die das Interface JaxRpcServicePostProcessor implementiert.

Listing 6–9
Klasse für Typ-
umwandlung
auf dem Client

```
public class BeanMappingPostProcessor
    implements JaxRpcServicePostProcessor {

    public void postProcessJaxRpcService(Service service) {
      TypeMappingRegistry registry =
        service.getTypeMappingRegistry();
      TypeMapping mapping = registry.createTypeMapping();
      registerMapping(mapping, Kunde.class, "Kunde");
```

```
    registry.register(
     "http://schemas.xmlsoap.org/soap/encoding/",
      mapping);
   }


   protected void registerMapping(
    TypeMapping mapping, Class type, String name) {
    QName xmlType = new QName("urn:Bestellung", name);
    mapping.register(type, xmlType,
      new BeanSerializerFactory(type, xmlType),
      new BeanDeserializerFactory(type, xmlType));
   }


   }
```

Wie man in Listing 6–9 sieht, besteht diese Implementierung aus der Definition der Abbildung von Typen aus der SOAP-Nachricht auf dazu passende Java-Klassen. Es wird eine TypeMappingRegistry erzeugt. Dort wird für jeden SOAP-Typ die zugehörige Java-Klasse registriert. Dazu dient die Hilfsmethode registerMapping(). Elemente aus der SOAP-Anfrage werden dann von Axis auf Instanzen dieser Klasse umgesetzt. Dabei wird anhand des name-Parameters das XML-Element definiert und anhand des type-Parameters der zugehörige Java-Typ.

Bei der Umsetzung von Exceptions und Collections mit Axis gibt es üblicherweise einige Probleme, so dass die Umsetzung von Typen nicht nur mehr Aufwand bedeutet, sondern zu echten Schwierigkeiten führen kann. Axis verwendet bei der Serialisierung der Java-Daten die passenden get- und set-Methoden.

6.4.2   SOAP mit XFire

Aufgrund des Aufwands für die Abbildung von Java-Typen auf SOAP-Typen wurde die XFire-Bibliothek für Web Services [XFire] entwickelt.

Der erste Vorteil, den XFire hat, ist die vereinfachte Konfiguration. XFire integriert sich in das DispatcherServlet. Es muss lediglich eine Konfigurationsdatei zusätzlich angegeben werden, in der die Spring-Beans für die XFire-Konfiguration definiert sind. Die Dienste selbst werden mit Hilfe eines XFireExporters und der gleichen Syntax wie für Burlap oder Hessian exportiert (siehe Listing 6–10).

Einfache Konfiguration

Listing 6–10
Nutzung des
XFire Exporters

```xml
<bean name="/kundeDAOXFire"
 class="….XFireExporter">
  <property name="serviceBean" ref="kundeDAO" />
  <property name="serviceClass"
   value="dao.IKundeDAO" />
  <property name="serviceFactory"
   ref="xfire.serviceFactory" />
  <property name="xfire" ref="xfire" />
</bean>
```

Auffällig ist, dass Referenzen auf XFire-Spring-Beans benötigt werden. Diese werden in der web.xml-Konfiguration integriert und liegen in den XFire-JAR-Files vor (siehe Listing 6–11).

Listing 6–11
XFire-Konfiguration
in der web.xml

```xml
<web-app>
  <context-param>
    <param-name>contextConfigLocation</param-name>
    <param-value>
      /WEB-INF/applicationContext.xml
      classpath:org/codehaus/xfire/spring/xfire.xml
    </param-value>
  </context-param>

  …

</web-app>
```

Im Gegensatz zu Axis ist keine Definition der Typabbildung zwischen Java und SOAP notwendig. Es werden automatisch XML-Schema-Definitionen auch für komplexe Java-Typen gebildet und eine entsprechende WSDL-Datei zur Verfügung gestellt.

Beim Client werden die WSDL-Dateien referenziert und das Java-Interface angegeben. Außerdem muss auch hier die XFire-Spring-Konfiguration eingebunden werden. Dies ist in Listing 6–11 beispielhaft dargestellt.

Listing 6–12
Konfiguration von XFire
auf der Client-Seite
(xfire-client.xml)

```xml
<beans>

  <import
   resource="classpath:org/codehaus/xfire/spring/xfire.xml" />

  <bean id="kundeDAO"
   class="….XFireClientFactoryBean">
    <property name="wsdlDocumentUrl"
     value="http://localhost:8080/springdemo/kundeDAOXFire?WSDL" />
    <property name="serviceClass" value="dao.IKundeDAO" />
  </bean>

  …

</beans>
```

Zusammen mit JDK 1.5 unterstützt XFire auch den Export von Spring-Beans, die mit Annotationen nach JSR 181 versehen sind. Dieser Standard erlaubt es, normale Java-Klassen durch das bloße Hinzufügen von Annotationen zu Web Services zu machen. Dazu bietet XFire das `Jsr181HandlerMapping`. `HandlerMappings` werden in Abschnitt 7.8 noch näher erläutert. In diesem Fall führt die Integration des `Jsr181HandlerMapping` dazu, dass Spring-Beans, die mit JSR181-Annotationen versehen sind, automatisch unter dem richtigen Service-Namen exportiert werden.

Ein weiteres interessantes Feature von XFire ist, dass man recht leicht ausgehend von einer WSDL-Definition eine Implementierung in Java entwickeln kann. Dies ist gerade bei Projekten mit unterschiedlichen Plattformen oft ein ausgesprochen sinnvolles Vorgehen. Man kann dann nämlich zunächst die Schnittstelle plattformneutral in WSDL definieren und in der jeweiligen Programmiersprache implementieren bzw. nutzen.

XFire verwendet im Gegensatz zu Axis als Vorgabe Document Encoding, während Axis RPC Encoding verwendet. Außerdem gibt es zur Zeit noch keine Unterstützung für Clients in XFire.

6.4.3 SOAP mit Spring Web Services

Eine weitere Möglichkeit, eine Spring-Anwendung über SOAP zugreifbar zu machen, ist Spring Web Services [SpringWebServices]. Im Gegensatz zu den anderen hier besprochenen Technologien stellt es einen Contract-First-Ansatz in den Mittelpunkt. Das bedeutet, dass man mit der plattformunabhängigen Defintion der Schnitttstelle z. B. mit WSDL [WSDL] beginnt und nicht etwa ausgehend von der Java-Implementierung anderen Clients die schon vorhandene Schnittstelle einfach zur Verfügung stellt. Axis und XFire bieten solche Möglichkeiten zwar auch an, aber das einfachste Vorgehen mit diesen APIs ist es, ausgehend von einem Java-Interface eine Schnittstelle z. B. in WSDL automatisch erzeugen zu lassen. Ein solcher Contract-Last-Ansatz ist sehr einfach, aber er hat den Nachteil, dass man sehr leicht Probleme bei der Interoperabilität mit anderen Plattformen bekommt.

Warum Contract First?

Ein Beispiel ist `java.util.Map`: Dieser Datentyp hat keine Entsprechung in XML-Schemas und damit auch keine in WSDL. Grundsätzlich sind alle Collection problematisch, wenn keine Angaben über die Typen der enthaltenen Objekte gemacht werden. Dann können in ihnen beliebige Java-Objekte abgelegt werden. Ohne zusätzliche Informationen ist es also kaum möglich, ein Objekt dieses Typs auf eine andere Plattform zu übertragen. Auch ganz normale Objekt-Referenzen können problematisch sein: Sie können entweder auf ein Objekt verweisen oder auf null. Es gibt also keine Möglichkeit festzustellen, ob ein Objekt auf jeden Fall vorhanden ist. Dadurch kann eine Objekt-Referenz nur auf eine Datenstruktur abgebildet werden, die vorhanden sein kann oder fehlen kann. Das wiederum kann dann bei der Abbildung auf eine andere Plattform zu zusätzlichem Aufwand führen, weil der Zugriff auf optionale Elemente komplexer ist als der Zugriff auf Elemente, die auf jeden Fall vorhanden sind.

Auch aus anderen Gründen ist es sinnvoll, mit der Definition von Schnittstellen im Projekt zu beginnen: Man kann so Teams voneinander entkoppeln. Sie müssen lediglich die Schnittstelle absprechen und können dann getrennt voneinander implementieren.

Hinweis

Die Beschreibung von Spring Web Services orientiert sich an Spring Web Services 1.0 M3. Da nicht auszuschließen ist, dass noch Änderungen an Spring Web Services vorgenommen werden, sollten Sie sich unter http://www.spring-buch.de/ informieren, welche Neuheiten sich in der Zwischenzeit ergeben haben.

Ein Beispiel …

Für die Beispielanwendung soll das Aufgeben von Bestellungen als Web Service angeboten werden. Um dies zu machen, muss man zunächst die Schnittstelle definieren – es soll ja nach Contract First vorgegangen werden. Die Schnittstelle definiert, in welchem Format die Bestellung übergeben werden soll. Dazu kann man bei XML, wie es typischerweise für Web-Services-Schnittstellen verwendet wird, XML Schemas [XMLSchema] verwenden. Für die Bestellung zeigt Listing 6–13 ein passendes Schema.

Listing 6–13
Schema-Definition
für die Bestellung

```xml
<?xml version="1.0" encoding="ISO-8859-1"?>
<schema xmlns="http://www.w3.org/2001/XMLSchema"
    targetNamespace="http://www.spring-buch.de/ws"
    xmlns:tns="http://www.spring-buch.de/ws"
    elementFormDefault="qualified">


<complexType name="Einkaufswagen">
  <sequence>
    <element name="kunde-id" type="long" />
    <element name="einkaufswagen-inhalt"
      type="tns:EinkaufswagenInhalt" minOccurs="1"
      maxOccurs="unbounded" />
  </sequence>
</complexType>
```

```
<complexType name="EinkaufswagenInhalt">
  <all>
    <element name="anzahl" type="positiveInteger" />
    <element name="id-ware" type="long" />
  </all>
</complexType>

<element name="bestellenRequest">
  <complexType>
    <sequence>
      <element name="einkaufswagen"
        type="tns:Einkaufswagen" />
    </sequence>
  </complexType>
</element>

<element name="bestellenResponse">
  <complexType>
    <sequence>
      <element name="ergebnis" type="string" />
    </sequence>
  </complexType>
</element>

</schema>
```

Zunächst wird das einkaufswagen-Element definiert. Er soll ein kunde-
id-Element enthalten, das Daten vom Typ long aufnehmen kann. Dann
soll mindestens ein Element vom Typ EinkaufswagenInhalt enthalten
sein. Dies wird dann so definiert, dass es ein anzahl-Element und ein
id-ware-Element enthalten soll, die beide ebenfalls vom Typ long sein
sollen. Dadurch ist die wesentliche Struktur für die Bestellung, nämlich
der Einkaufswagen, definiert.

Es fehlen nun die Nachrichten, die vom Server verarbeitet werden
können und die definierten Datenstrukturen verwenden. Dazu wird im
XML Schema mit der Einkaufswagen-Definition das kaufenRequest-
Element definiert. Ein Beispiel für eine XML-Struktur, die dem Schema
für den Request entspricht, zeigt Listing 6–14. In dem Listing ist auch
zu erkennen, dass für den Request ein eigener Namespace verwendet
wird. Als Antwort wird das bestellenResponse-Element im XML
Schema festgelegt, das lediglich einen string enthält.

Im Prinzip ist damit die Schnittstelle definiert: Es gibt einen
Request und eine Response, deren Aussehen jeweils festgelegt ist. Web
Services verlangen aber eigentlich nach einer Definition mit Hilfe von
WSDL. Spring Web Services nimmt einem diese Arbeit ab: Die WSDL-

Schnittstelle wird automatisch auf Basis eines XML-Schemas erzeugt. Dabei ist per Namenskonvention festgelegt, dass die Anfrage durch ein Element definiert ist, das auf Request endet, und die Antwort wird durch ein Element definiert, das auf Response endet.

Listing 6–14
Beispiel für einen
XML-Request

```
<tns:bestellenRequest
  xmlns:tns="http://www.spring-buch.de/ws">
<tns:einkaufswagen>
  <tns:kunde-id>95</tns:kunde-id>
  <tns:einkaufswagen-inhalt>
    <tns:anzahl>1</tns:anzahl>
    <tns:id-ware>82</tns:id-ware>
  </tns:einkaufswagen-inhalt>
 </tns:einkaufswagen>
</tns:bestellenRequest>
```

Entwicklung des Endpoints   Nach der Definition der Schnittstelle kann man nun den Endpoint in Java entwickeln. Er nimmt eine Anfrage entgegen, führt sie aus und gibt eine passende Antwort zurück. Aufgabe dieser Klasse ist es lediglich, den SOAP-Request entgegenzunehmen und ihn an die Geschäftslogik weiterzureichen. Sie enthält also keine eigene Logik. Spring Web Services bietet für diesen Zweck zahlreiche Klassen an, von denen man erben kann. Sie unterscheiden sich primär durch die verwendet API für den Zugriff auf die XML-Daten.

Im Beispiel soll JDOM [JDOM] verwendet werden, da es einen recht einfachen Zugriff auf die XML-Daten erlaubt. Die Implementierung (Listing 6–15) erbt also von AbstractJDomPayloadEndpoint. Für den Zugriff auf die Elemente des Requests werden XPath-Ausdrück [XPath] verwendet, die in der afterPropertiesSet()-Methode angelegt werden. Diese Methode wird bei der Initialisierung des Spring-Beans aufgerufen, da die Klasse das InitializingBean-Interface implementiert. kundeIdXPath selektiert den Text innerhalb des kunde-id-Elements im einkaufswagen-Element innerhalb des bestellenRequest-Elements. In Listing 6–14 wäre es also die Zahl 95. einkaufswagenInhaltXPath selektiert den Inhalt des Einkaufswagens und zwar die einkaufswagen-inhalt-Elemente. In Listing 6–14 wäre das nur ein Element mit der Anzahl 1 und der Ware 82. Beide XPath-Ausdrücke verwenden den Namespace, der für die Requests und Responses festgelegt wurde.

Listing 6–15
Implementierung
des Endpoints mit
Spring Web Services

```
public class BestellenEndpoint
 extends AbstractJDomPayloadEndpoint
 implements InitializingBean {

  private IBestellungBusinessProcess bestellung;
  private Namespace namespace;
```

```
private XPath kundeIdXPath;
private XPath einkaufswagenInhaltXPath;

public void afterPropertiesSet() throws Exception {
  namespace = Namespace.getNamespace("tns",
   "http://www.spring-buch.de/ws");
  kundeIdXPath = XPath.newInstance(
   "/tns:bestellenRequest/tns:einkaufswagen/tns:kunde-id/text()");
  kundeIdXPath.addNamespace(namespace);
  einkaufswagenInhaltXPath = XPath.newInstance(
    "/tns:bestellenRequest/tns:einkaufswagen/tns:einkaufswagen-inhalt");
  einkaufswagenInhaltXPath.addNamespace(namespace);
}


protected Element invokeInternal(Element requestElement)
  throws Exception {
  Einkaufswagen einkaufswagen = new Einkaufswagen();
  einkaufswagen.setId_Kunde(
    Integer.parseInt(kundeIdXPath.valueOf(requestElement)));
  List<Element> einkaufswagenInhaltElements =
   einkaufswagenInhaltXPath.selectNodes(requestElement);
  for (Element e : einkaufswagenInhaltElements) {
    int anzahl =
     Integer.parseInt(e.getChildTextNormalize("anzahl", namespace));
    long id_ware =
     Integer.parseInt(e.GetChildTextNormalize("id-ware", namespace));
    einkaufswagen.add(new EinkaufswagenInhalt(id_ware, anzahl));
  }
  String ergebnis;
  bestellung.bestellen(einkaufswagen);
  ergebnis = "OK";
  Element response = new Element("BestellenResponse",
   namespace);
  Element ergebnisElement = new Element("ergebnis",
   namespace);
  ergebnisElement.setText(ergebnis);
  response.addContent(ergebnisElement);
  return response;
 }


}
```

Die eigentliche Logik ist in der invokeInternal()-Methode implementiert. Die Daten des Request werden der Methode als Element-Objekt
übergeben, also als JDOM-Datenstruktur. In der Methode wird ein
neuer Einkaufswagen angelegt, der mit den Daten aus dem Request

gefüllt wird. Dabei werden die Daten mit Hilfe der vorbereiteten XPath-Strukturen selektiert.

Neben der Implementierung mit Hilfe von JDOM unterstützt Spring Web Services auch noch andere populäre XML-APIs wie SAX [SAX] oder DOM [DOM]. Diese APIs arbeiten direkt mit XML-Strukturen und sind daher auf der einen Seite recht flexibel, aber auf der anderen Seite auch schwer zu handhaben. Es gibt auch APIs wie beispielsweise JAXB [JAXB], die XML-Datenstrukturen transparent in Java-Objekte umsetzen. Im Bereich Spring Web Services werden diese Technologien unter dem Namen O/X-Mapper (Object/XML-Mapper) zusammengefasst, analog zu den O/R-Mappern (Abschnitt 5.1). Spring Web Services bietet eine Abstraktionsschicht über diese Technologien analog zu der O/R-Mapper-Abstraktion.

So hat man mit Spring Web Services die Wahl, entweder mit einer XML-API direkt auf den Datenstrukturen zu arbeiten oder mit einem O/X-Mapper Java-Objekte zu bearbeiten, die aus den XML-Strukturen generiert werden.

Konfiguration:
DispatcherServlet ...

Der implementierte Web Service muss nun noch deployt werden. Dazu kann man das `DispatcherServlet` verwenden (Abschnitt 6.3). Allerdings muss man dann eine Struktur definieren, die einkommende HTTP-Requests an einen Spring-Web-Services-Endpoint weiterleitet. Dazu gibt es die Klasse `WebServiceMessageReceiverHandlerAdapter`, die die Datenstrukturen des Requests passend umwandeln kann. Außerdem muss man auch noch dafür sorgen, dass bei einem Aufruf einer bestimmten URL der richtige Endpoint aufgerufen wird. Dafür gibt es schon in Spring MVC vorbereitete Klassen, die in Abschnitt 7.8 näher erläutert werden.

... oder
MessageDispatcherServlet

Neben dieser Integration in das `DispatcherServlet` bietet Spring Web Services auch ein Servlet an, in das man Endpoints direkt hineinkonfigurieren kann. Es heißt `MessageDispatcherServlet`, da es Web-Services-Messages verteilt und keine HTTP-Requests. Es wird analog zum `DispatcherServlet` konfiguriert und hat eine eigene Konfigurationsdatei, deren Name sich nach dem Namen des Servlets richtet. So würde ein `MessageDispatcherServlet` mit dem Namen `springbuchws` die Datei `/WEB-INF/springbuchws-servlet.xml` auswerten. Spring-Beans aus einer durch einen `ContextLoaderListener` oder `ContextLoaderListener` verwalteten Konfiguration können natürlich auch genutzt werden (Abschnitt 6.3).

Listing 6–16
Konfiguration des
MessageDispatcherServlets

```
<beans>

  <bean id="payloadMapping" class="….PayloadRootQNameEndpointMapping">
    <property name="defaultEndpoint" ref="bestellenEndpoint" />
    <property name="interceptors">
      <list>
        <bean class="….PayloadLoggingInterceptor" />
      </list>
    </property>
  </bean>

  <bean id="bestellenEndpoint" class="webservice.BestellenEndpoint">
    <property name="bestellung" ref="bestellung" />
  </bean>

  <bean id="einkaufswagen" class="….DynamicWsdl11Definition">
    <property name="builder">
      <bean class="….XsdBasedSoap11Wsdl4jDefinitionBuilder">
        <property name="schema" value="/einkaufswagen.xsd" />
        <property name="portTypeName" value="BestellenPortType" />
        <property name="locationUri"
          value="http://localhost:8080/springbuchws-2.0.0/services" />
      </bean>
    </property>
  </bean>

  <bean class="….SimpleSoapExceptionResolver" />

</beans>
```

Listing 6–16 zeigt, wie man das `MessageDispatcherServlet` konfigurieren kann. Eine wesentliche Aufgabe dieser Konfiguration ist es, den richtigen Endpoint für einen Request auszuwählen. Im Beispiel ist das sehr einfach, da es nur einen Endpoint gibt. Es wird ein `PayloadRoot-QNameMapping` verwendet, das mit Hilfe des Namens des Requests den richtigen Endpoint auswählt, also z.B. für `BestellungRequest` einen `BestellenEndpoint`. Hier wird er jedoch »kurzgeschlossen«, das bedeutet, es wird nur ein `defaultEndpoint` angegeben, der dann für jeden Request verwendet wird.

Den richtigen Endpoint wählen …

Dennoch erfüllt diese Spring-Bean einen Zweck: Es wird ein `EndpointInterceptor` definiert, der jeden Request loggt, nämlich der `PayloadLoggingInterceptor`. Es gibt auch Möglichkeiten, einen `EndpointInterceptor` hinzuzufügen, der die Requests und Responses validiert, also darauf kontrolliert, ob sie einem bestimmten XML-Schema genügen.

Exceptions

Für den Umgang mit Exceptions wird ein `SimpleSoapExceptionRe-solver` verwendet. Er fängt Exceptions, die bei der Verarbeitung im Endpoint auftreten und meldet sie als SOAP-Faults an den Aufrufer. Dabei wird die `message` aus der Exception als Fault-String verwendet. Eine Alternative stellt z. B. der `SoapFaultMappingExceptionResolver` dar, bei dem dieses Mapping konfigurierbar ist.

WSDL dynamisch erzeugen

Bleibt noch die `einkaufswagen`-Spring-Bean: Sie ist für die am Anfang des Abschnitts erwähnte Umwandlung des XML-Schemas in WSDL zuständig. Dazu muss neben dem XML-Schema auch der Name des Port-Typs für das WSDL und die URL des Dienstes definiert werden. Durch den Namen der Bean ist festgelegt, dass das Ergebnis der Umwandlung unter dem Namen `einkaufswagen.wsdl` bereitgestellt werden soll.

Andere Features

Spring Web Services bietet neben der Unterstützung für die Entwicklung von Serveranwendungen auch eine Unterstützung für die Client-Seite an. Neben SOAP und HTTP wird auch JMS als Protokoll unterstützt. Und es gibt auch eine Unterstützung für WS-Security mit Hilfe von Acegi. Spring Web Services bietet also eine umfassende und flexible Lösung für die Entwicklung von Web-Services-basierten Anwendungen, wobei der Hauptunterschied der Fokus auf Contract First ist.

6.5 EJB

6.5.1 Was ist EJB?

Enterprise JavaBeans (EJB) [EJB] ist eine Technologie, die den »offiziellen« Standard im Bereich der Java-Application-Server darstellt. Hier soll zunächst EJB 2.1 näher beleuchtet werden, der Abschnitt 6.5.3 geht auf EJB 3 ein. EJB definiert ein eigenes Komponentenmodell. Außerdem bietet EJB Unterstützung für Sicherheit und Transaktionen.

Sicherheit und Transaktionen mit EJB

Transaktionen und Sicherheit werden durch Deklarationen in einer Konfigurationsdatei (»Deployment Descriptor«) beschrieben. Das Vorgehen bezüglich der Transaktionen ähnelt dem, was mit Spring möglich ist. Das EJB-Sicherheitskonzept erlaubt, den Aufruf von Methoden auf bestimmte Rollen zu beschränken. Die Rollen können auf Benutzergruppen einer zugrunde liegenden Sicherheitsinfrastruktur abgebildet werden. Ein weiteres Feature von EJB ist der Timer Service, der regelmäßige Aufrufe an EJBs erlaubt. Dadurch ist es möglich, Batches oder Aktionen in Workflows zu implementieren, die zu einem bestimmten Zeitpunkt aktiviert werden sollen.

Außerdem definiert EJB ein Komponentenmodell, mit dem man die üblichen Typen von Komponenten in Geschäftsanwendungen abdecken kann. Dazu gehören Message Driven Beans (MDBs), denen durch das JMS Messaging System asynchron Nachrichten zugeschickt werden können. Sie müssen lediglich ein passendes Interface implementieren und ihnen werden dann JMS-Nachrichten zugestellt. Der Vorteil der Implementierung eines JMS-Nachrichtenempfängers als MDB ist die Ablauffähigkeit in einem Application-Server mit Instance Pooling und Transaktionsintegration mit anderen Ressourcen.

Das EJB-Komponentenmodell

Außerdem gibt es Enterprise JavaBeans, die synchron aufgerufen werden. Dazu gehören:

- Stateless Session Beans: Diese Komponenten können sich keinen Zustand über verschiedene Methodenaufrufe hinweg merken. Dadurch sind sie im Wesentlichen dazu geeignet, Geschäftslogik zu implementieren, die durch einen einzigen Methodenaufruf abgedeckt werden kann.
- Stateful Session Beans: Diese Beans können sich einen Zustand über Methodenaufrufe hinweg merken. Der Zustand wird im Speicher des Application-Servers gehalten, so dass er bei einem Absturz verloren gehen kann. Im Cluster wird der Zustand jedoch meistens repliziert. Ein typisches Beispiel für eine Stateful Session Bean ist der Einkaufswagen in einem Online-Shop.
- Entity Beans: Mit diesem Komponententyp können Objekte abgebildet werden, die persistent in einer Datenbank abgelegt werden. Dies sind typischerweise Geschäftsobjekte. Da Entity Beans oft Performance-Probleme und außerdem ein komplexes Programmiermodell haben, sind hier die Technologien, die in Kapitel 5 erläutert wurden, vorzuziehen. Die Nachteile kann man z. B. anhand des Vergleichs zwischen Entity Beans und JDO in [Wo03a] nachvollziehen. In EJB 3 sind die Entity Beans durch JPA (Abschnitt 5.7) abgelöst worden.

6.5.2   EJB 2.1 Beans mit Spring

Die EJB-Features für Sicherheit, Transaktionen und zeitbasierte Aktivierung sind in Spring mit anderen Mitteln erreichbar. So bietet Spring für Sicherheit mit Acegi (Abschnitt 8.2) eine mächtigere Lösung, die außerdem unabhängig vom Einsatz eines Application-Servers ist. Statt des EJB Timer Service kann man unter anderem das Quartz-Framework verwenden (Abschnitt 8.6). Die Abdeckung von Transaktionen wurde schon erläutert (Kapitel 4), wobei der Spring-Transaktionscode unabhängig von einem Application-Server nutzbar ist.

Dennoch kann es in einigen Fällen sinnvoll sein, Spring-Beans als EJBs zu exportieren. Mögliche Gründe dafür zeigt Abschnitt 6.6. Es bleiben allerdings nur Stateful und Stateless Session Beans sowie Message Driven Beans als zweckmäßige Alternativen für den Export von Spring-Beans übrig. Der Einsatzbereich von Entity Beans ist durch die Persistenztechnologien, die Spring integriert, abgedeckt. Entity Beans haben sich eben in der Praxis nicht bewährt.

Spring-Beans als EJBs exportieren

Um aus einer Spring-Bean eine EJB zu machen, muss man wie bei Axis einen EXPORTER schreiben. Man leitet dazu von `AbstractStatelessSessionBean` ab und implementiert das Interface des zu exportierenden Spring-Beans. Für Stateful Session Beans würde man von `AbstractStatefulSessionBean` ableiten. In der `onEjbCreate()`-Methode, die bei der Erzeugung der EJB aufgerufen wird, besorgt man sich eine Referenz auf die passende Spring-Bean, und alle weiteren Methodenaufrufe delegiert man an diese Spring-Bean. Listing 6–17 zeigt dies exemplarisch.

Listing 6–17
Implementierung eines EJB-Exporters für eine Spring-Bean

```
/**
 * @ejb.bean description="…"
 *           display-name="…"
 *           jndi-name="KundeDAOEJB"
 *           name="KundeDAOEJB"
 *           type="Stateless"
 *           view-type="remote"
 *           transaction-type="Bean"
 *
 * @ejb.env-entry name="ejb/BeanFactoryPath"
 *                value="ejb-server.xml"
 */
public class KundeDAOEJB
 extends AbstractStatelessSessionBean
 implements IKundeDAO {

  private IKundeDAO kundeDAO;

  protected void onEjbCreate() throws CreateException {
    kundeDAO = (IKundeDAO) getBeanFactory().getBean("kundeDAO");
  }

/**

 * @ejb.interface-method view-type = "remote"
 */
  public void deleteByID(int id) {
    kundeDAO.deleteByID(id);
  }

  …

}
```

Will man eine Message Driven Bean implementieren, so kann man die Oberklasse `AbstractMessageDrivenBean` bzw. `AbstractJmsMessageDrivenBean` verwenden. Allen diesen Klassen ist gemeinsam, dass sie die Verwaltung des Context-Objekts übernehmen, das der Application-Server den Beans zur Verfügung stellt, um auf Funktionalitäten des Application-Servers zuzugreifen.

Den synchron aufrufbaren Komponenten wie Stateless Session Beans oder Stateful Session Beans ist gemeinsam, dass sie durch ein Remote und ein Remote Home Interface entfernten Aufrufern zur Verfügung stehen können oder durch ein Local und ein Local Home Interface von Komponenten angesprochen werden können, die innerhalb des Application-Servers laufen. Für Stateless Session Beans ist es außerdem möglich, ein Web Services Interface zu definieren. Das Local bzw. Remote Interface bietet Zugriff auf die Funktionalitäten der EJB, während das Home Interface dazu dient, einzelne EJB-Instanzen für den Client zugreifbar zu machen. Außerdem muss es für alle Beans zusammen einen Deployment Descriptor geben, der gemeinsam mit den Implementierungsklassen in eine JAR-Datei verpackt wird und auf einem Application-Server installiert werden kann. In Abbildung 6–1 sind die EJB-Artefakte grafisch dargestellt.

Bestandteile einer EJB

In der Implementierung der Enterprise JavaBean müssen zwar einzelne Methoden aus dem Remote bzw. Local Interface vorhanden sein, aber sie kann nicht die Interfaces formal durch ein `implements` imple-

Remote/Local Interface

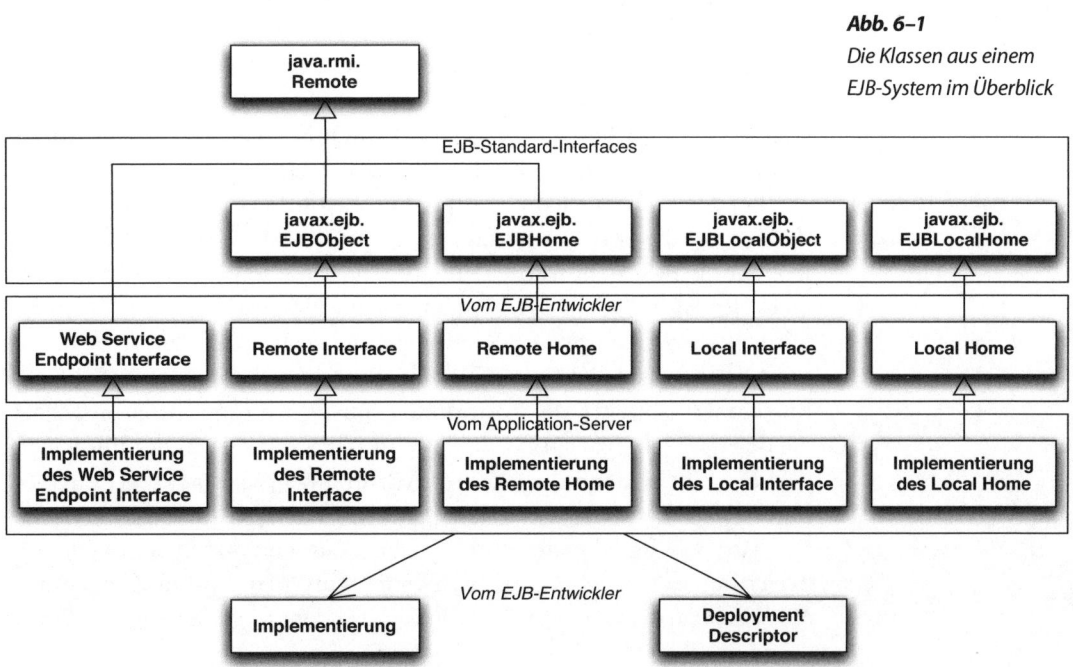

Abb. 6–1

Die Klassen aus einem EJB-System im Überblick

mentieren. Der Grund dafür ist zum einen, dass das Interface zusätzliche Methoden definiert, die nur der Application-Server anbieten kann. Außerdem ist das Remote Interface ein RMI-Remote-Interface, so dass die Methoden eine `RemoteException` werfen können, die bei einer direkten Implementierung des Interfaces unsinnigerweise auch in die Signatur der Methoden der Implementierungsklasse aufgenommen werden müssten.

Home Interface

Neben dem Local- bzw Remote-Interface gibt es auch noch das Home Interface, das eine Implementierung des FACTORY-Pattern [GHJV94] darstellt. Mit diesem Interface kann der Aufrufer eine neue Instanz der Enterprise JavaBean anfordern. Dieses Interface muss ebenfalls vom Entwickler der Enterprise JavaBean zur Verfügung gestellt werden. Auch hier gibt es kein formales `implements`, da die EJBs vom Application-Server erzeugt werden müssen. Der Application-Server nimmt dabei Optimierungen wie z. B. Pooling vor.

Deployment Descriptor

Das letzte Artefakt, das der Entwickler erstellen muss, ist der Deployment Descriptor, in dem einige Einstellungen zur Konfiguration der Enterprise JavaBean z. B. in Bezug auf Transaktionen oder Sicherheit hinterlegt sind.

Generierung von EJB-Artefakten mit XDoclet

In der Praxis hat sich für die Erstellung dieser Interfaces und des Deployment Descriptors der Generator XDoclet [XDoclet] bewährt. Er muss in dem Ant-Build-Skript eingerichtet werden und erzeugt aus Einträgen im Sourcecode die gewünschten Artefakte. Die Kommentare in Listing 6–17, die mit der Zeichenkette `@ejb` beginnen, legen fest, was genau der Generator erzeugen soll. Dabei wird der Typ der Bean (`Stateless`, also Stateless Session Bean) festgelegt. Außerdem wird definiert, ob die Bean über das Netzwerk (`remote`) oder nur lokal (`local`) oder auf beiden Wegen (`both`) sichtbar sein soll. Die Sichtbarkeit muss auch für jede einzelne Methode festgelegt werden.

Spring-Konfiguration für EJBs

Bei den XDoclet-Kommentaren im Listing sieht man auch, wie der Zugriff auf die Spring-Konfiguration von einer EJB aus erfolgen kann. In einem EJB-System werden alle Ressourcen – so z. B. die Home Interfaces der EJBs – im JNDI-Namenssystem hinterlegt. Dieses Verfahren wird auch für die Spring-Konfiguration verwendet. Im JNDI-Baum wird durch das XDoclet-Element `@ejb.env` unter dem Schlüssel `ejb/BeanFactoryPath` die Position der Spring-Konfiguration hinterlegt, die den `ApplicationContext` der EJB initialisieren soll. In der Implementierung steht er dann durch einen Aufruf an `getBeanFactory()` zur Verfügung.

XDoclet und Spring

Mit den in XDoclet enthaltenen Codeschablonen kann die Generierung der Klassen für EJBs, die von den Spring-Klassen wie `AbstractStatelessSessionBean` erben, leider nicht erfolgen. Daher muss man entsprechend modifizierte Schablonen verwenden [XDoc-letSpringEJB].

Damit ist die Implementierung einer EJB in Version 2.1 mit Hilfe von Spring geklärt: Man schreibt einen Exporter, der von den vordefinierten Spring-Klassen erbt. Anschließend konfiguriert man durch XDoclet-Kommentare das Generieren der benötigten Interfaces und des Deployment Descriptors. Der ApplicationContext wird automatisch zur Verfügung gestellt, man muss lediglich die zu verwendende Spring-Konfiguration in den XDoclet-Kommentaren festlegen. Die EJBs selber enthalten keine Logik, sondern delegieren einfach alle Methodenaufrufe an die Spring-Beans.

Zusammenfassung: EJBs mit Spring implementieren

Neben den eigentlichen Komponenten stellt EJB auch Unterstützung für Transaktionen und Sicherheit bereit. Bei der Steuerung der Transaktionen hat man bei dem Einsatz von Spring in einem EJB-System zwei konkurrierende Ansätze: Auf der einen Seite steht die Unterstützung der Transaktionen durch EJB und auf der anderen Seite die Spring-Funktionalitäten für Transaktionen. Da die Spring-Transaktionen den Vorteil haben, auch ohne Application-Server zu funktionieren, sollte man das Behandeln der Transaktionen dem Spring-Code überlassen. Dadurch kann man nämlich die Transaktionen auch außerhalb des Application-Servers testen, und man hat die Freiheit, die Anwendung auch auf einer anderen Infrastruktur als EJB laufen zu lassen. Aus diesem Grund sollte man die EJB so konfigurieren, dass das Behandeln der Transaktionen durch die EJB erfolgt (Bean Managed Transactions, BMT) und nicht durch den Application Server (Container Managed Transactions, CMT). Da der Spring-Code für den Application-Server ein Teil der EJB ist, kommt es zu keinerlei Konflikten zwischen Spring und dem Application-Server. Die Nutzung von CMT ist zwar auch möglich, bringt aber keine Vorteile.

EJBs, Spring und Transaktionen

Die Transaktionen in einem Application-Server können natürlich durch eine Integration von Host-Systemen oder mehreren Datenbanken komplexer sein als einfache Datenbank-Transaktionen. Damit es dabei zu keinen Problemen kommt, muss man Spring so konfigurieren, dass es den Transaktionsmanager aus dem Application-Server nutzt und sich auch die DataSource vom Application-Server geben lassen. Der Transaktionsmanager des Application-Server sorgt dafür, dass alle von der Bean verwendeten Ressourcen an der Transaktion teilnehmen, also insbesondere die DataSource. Die dazu notwendige Konfiguration zeigt Listing 6–18.

```
<bean id="datasource" class="….JndiObjectFactoryBean">
  <property name="jndiName" value="java:HSqlDS" />
</bean>

<bean id="transactionmanager"
  class="….JtaTransactionManager" />
```

Wie schon die EJBs selbst ist auch die DataSource eine Ressource, die durch den Application-Server verwaltet wird und im JNDI-Namenssystems zur Verfügung steht. Daher beschränkt sich die Konfiguration für die DataSource auf das Angeben des richtigen JNDI-Namens. Eine Alternative zu dieser Konfiguration ist die Verwendung des jee-Namespace, wie er in Listing 6–19 genutzt wird. Mit dem jee:jndi-lookup-Element kann man direkt ausdrücken, dass eine Spring-Bean aus dem JNDI-Namenssystem ausgelesen werden soll. Neben dem Namen des Objekts kann man auch noch viele weitere Einstellung z. B. zum Caching oder zur Verwendung besonderer JNDI-Properties vornehmen.

```
<beans
  xmlns="http://www.springframework.org/schema/beans"
  xmlns:xsi="http://www.w3.org/2001/XMLSchema-instance"
  xmlns:jee="http://www.springframework.org/schema/jee"
  xsi:schemaLocation="
  http://www.springframework.org/schema/beans
   http://www.springframework.org/schema/beans/spring-beans-2.0.xsd
  http://www.springframework.org/schema/jee
   http://www.springframework.org/schema/jee/spring-jee-2.0.xsd">

  <jee:jndi-lookup id="datasource" jndi-name="java:HSqlDS" />

  <bean id="transactionmanager"
    class="….DataSourceTransactionManager">
    <property name="dataSource" ref="datasource" />
  </bean>
</beans>
```

Für die Transaktionen gilt Ähnliches. Man muss dabei zwei Fälle unterscheiden. Der Application-Server bietet die UserTransaction an, mit der nur eingeschränkte Steuerungsmöglichkeiten der Transaktion im Application-Server möglich sind. Falls man erweiterte Möglichkeiten wie das Unterbrechen (Suspend) einer Transaktion verwenden will, muss man einen JTA-TransactionManager verwenden (Listing 6–18). Wo dieser im JNDI-Baum zu finden ist, unterscheidet sich bei den unterschiedlichen Application-Servern. Spring sucht an den Orten, die Application-Server typischerweise nutzen. Dadurch funktioniert komplexeres Transaktions-Handling für alle gängigen Application-Server ohne weitere Konfiguration. Alternativ kann man die Property transactionManagerName auf den JNDI-Namen des JTA-TransactionManagers setzen.

In der Beispielanwendung ist eine Verwendung des JTA-TransactionManagers nicht notwendig, weil nur eine transaktionale Ressource verwendet wird und dadurch eine Koordinierung mehrerer transaktionaler Ressourcen durch den Application-Server nicht notwendig ist. Man kann also auch direkt die Transaktionsverwaltung der DataSource verwenden. Daher wird in der Beispielanwendung die Konfiguration aus Listing 6–19 verwendet, in der ein DataSourceTransactionManager konfiguriert wird.

In der Beispielanwendung wird auch bei den EJBs nicht das deklarative Transaktionsmanagement von EJB verwendet, sondern das Transaktionsmanagement von Spring, das wesentlich flexibler ist. Die Umsetzung der Transaktionen übernimmt weiterhin der Application-Server, so dass lediglich das Programmiermodell ausgetauscht wird, nicht aber die Implementierung des Transaktionsmanagers. Daher bleibt die Zuverlässigkeit und Performance im Wesentlichen unverändert.

Die Verwendung der EJB-Sicherheitsmechanismen ist auch mit Spring möglich. Man kann in den XDoclet-Kommentaren entsprechende Einstellungen vornehmen oder auch im Code die Sicherheits-Features von EJB verwenden. Allerdings bietet Acegi (Abschnitt 8.2) eine alternative Lösung, die mächtiger als die EJB-Sicherheitsmechanismen ist. Daher sollte man sich überlegen, ob man tatsächlich im Bereich der Sicherheit den Code von einer EJB-Infrastruktur abhängig machen will, die dann auch noch weniger Features bietet. Acegi bietet auch eine Integration in verschiedene Application-Server an. *EJB, Spring und Sicherheit*

Auch auf der Client-Seite bietet Spring Unterstützung für EJBs. Für den Zugriff auf Stateless Session Beans bietet Spring die SimpleRemoteStatelessSessionProxyFactoryBean bzw. die LocalStatelessSessionProxyFactoryBean an, die man so konfigurieren kann, dass der Zugriff auf beliebige Stateless Session Beans möglich wird. Dazu muss man lediglich den JNDI-Namen der Bean angeben. Genau genommen ist unter diesem Namen ein Objekt registriert, das das Home Interface des EJB implementiert. Man müsste also eigentlich erst von diesem Home Interface ein Objekt anfordern, das den Zugriff auf eine einzelne EJB-Instanz ermöglicht. Diese Mühen nimmt einem Spring aber ab. Man bekommt von der FactoryBean eine Instanz, die die eigentlichen Funktionalitäten der EJB bereitstellt. Das Spring-Framework verwaltet die EJB so, dass die EJB scheinbar ein normales Java-Interface implemen- *Zugriff auf Stateless Session Beans* tieren. Da zumindest bei verteiltem Zugriff über das Netz eigentlich ein RMI-Remote-Interface verwendet werden muss, bei dem jede Methode eine RemoteException wirft, nimmt einem Spring entsprechend dem EXCEPTION ÜBERSETZER-Pattern viel Arbeit ab. Die Konfiguration für eine EJB auf einem anderen Rechner zeigt Listing 6–20. Auch Stateless Session Beans mit einem Local Interface können mit der LocalStatelessSessionProxyFactoryBean verwendet werden.

Listing 6–20
Konfiguration für den
Zugriff auf eine EJB auf
Client-Seite

```
<bean id="kundeDAO"
  class="….SimpleRemoteStatelessSessionProxyFactoryBean">
    <property name="jndiName" value="KundeDAOEJB" />
    <property name="businessInterface" value="dao.IKundeDAO" />
</bean>
```

Auch beim Zugriff auf EJBs kann man – wie schon in Listing 6–19 – den jee-Namespace nutzen. Er enthält die Elemente jee:remote-slsb und jee:local-slsb, mit denen ein Zugriff auf EJBs noch einfacher möglich ist, siehe Listing 6–21. Im Wesentlichen werden dabei die Properties direkt als Attribute des XML-Elements verwendet.

Listing 6–21
Konfiguration für den
Zugriff auf eine EJB mit
jee:remote-slsb

```
<jee:remote-slsb id="bestellungDAO"
  jndi-name="BestellungDAOEJB"
  business-interface="dao.IBestellungDAO" />
```

6.5.3   EJB 3

Im Rahmen von Java EE 5 wurde auch EJB in der Version 3 standardisiert. Durch den EJB-3-Standard ändert sich die Entwicklung von Enterprise JavaBeans erheblich. Ziel der Umstellungen ist vor allem eine Erleichterung der Entwicklung. Dazu verwendet EJB 3 ein Modell, das ähnlich wie Spring auf normale Java-Klassen setzt. Im Gegensatz zu Spring werden jedoch die wesentlichen Einstellungen zu den Klassen durch Annotationen vorgenommen. Listing 6–22 zeigt das beispielhaft anhand einer Stateless Session Bean mit eigenem Transaktionsmanagement, wie man sie in Listing 6–17 für das EJB-2.1-Programmiermodell gesehen hat. Die Klasse wird durch die Annotation @Stateless zu einer Implementierung einer Stateless Session Bean und durch die @Remote-Annotation für Clients im Netz zugreifbar. Durch @TransactionManagement(BEAN) wird definert, dass die EJB BMT (Bean Managed Transactions) nutzt, also Transaktionen selbst verwaltet. Wie man sieht, ist die Implementierung eines Remote Interfaces, eines Home Interfaces oder des Deployment Descriptors in EJB 3 nicht mehr notwendig.

```
@TransactionManagement(BEAN) @Remote @Stateless
public class KundeDAO implements IKundeDAO {

  public void deleteByID(int id) {
  ...
  }


  ...

}
```

Listing 6–22
Eine EJB-3-
Stateless-Session-Bean

Mit den EJB-3-Annotationen scheint es möglich, eine Spring-Bean gleichzeitig zu einer Enterprise JavaBean zu machen, indem man die Spring-Bean mit den richtigen Annotationen versieht. Aber in Wirklichkeit hat man dann das Problem, dass die Enterprise JavaBean von Spring durch Dependency Injection mit Referenzen auf die abhängigen Spring-Beans versehen werden muss. Dieses Problem ist durch die @Configurable-Annotation und einen AspectJ-Advice lösbar, der bei der Erzeugung des Objekts aktiviert wird (Abschnitt 2.10.5) [Alb06].

Integration mit
@Configurable

Alternativ kann man wie auch schon bei EJB 2.1 einen Adapter schreiben, der sich eine Referenz auf einen ApplicationContext holt und dann die Spring-Beans aus dem ApplicationContext ausliest. Dazu kann man die Klasse DefaultLocatorFactory und den damit verbundenen BeanFactoryLocator-Mechanismus nutzen, mit dem man dann einen ApplicationContext z. B. automatisch aus XML-Dateien aus dem Classpath aufbauen kann. Den Code dazu zeigt Listing 6–23.

Integration mit dem
BeanFactoryLocator

```
@Stateless
public class StatelessSessionBean
 implements SLSBInterface {

  private SLSBInterface slsb;

  private BeanFactoryReference beanFactoryReference;

  public void doIt() {
    slsb.doIt();
  }

  @PostConstruct
  public void acquireBeanFactory() {
    BeanFactoryLocator beanFactoryLocator =
     DefaultLocatorFactory.getInstance();
    beanFactoryReference =
     beanFactoryLocator.useBeanFactory("ejb3factory");
    BeanFactory beanFactory =
```

Listing 6–23
EJB 3 mit Delegation
an einen Spring-Bean

```
        beanFactoryReference.getFactory();
        slsb = (SLSBInterface)
        beanFactory.getBean("springBean");
    }

    @PreDestroy
    public void releaseBeanFactory() {
        if (beanFactoryReference != null) {
            beanFactoryReference.release();
        }
    }

}
```

Mit Hilfe der DefaultLocatorFactory holt man sich eine Referenz auf
eine BeanFactory. Diese BeanFactory wird automatisch aus allen Konfigurationsdateien im Classpath gebildet, die beanRefContext.xml als
Namen haben. Sie enthalten wiederum ApplicationContexte (siehe Listing 6–24), die man dann auslesen und benutzen kann. Damit der
ApplicationContext am Ende auch wieder geschlossen wird und die
enthaltenen Spring-Beans ebenfalls frei geben kann, muss man am
Ende des Lebenszyklus der EJB die Referenz auf den ApplicationContext zurückgeben. So wird sichergestellt, dass die Ressourcen der
Anwendung auch wieder freigegeben werden können.

Listing 6–24
Die Konfiguration
beanRefContext.xml für die
DefaultLocatorFactory

```
<beans>

    <bean id="ejb3factory"
    class="….ClassPathXmlApplicationContext">
        <constructor-arg>
            <list>
                <value>ejb3factory.xml</value>
            </list>
        </constructor-arg>
    </bean>

</beans>
```

Doppelleben:
EJB 3 und Spring

Eine andere Art der Integration ist das Pitchfork-Projekt [Pitchfork].
Ziel dieses Projekts ist es, einen EJB-3-Container auf Basis von Spring
zu implementieren. Letztendlich bedeutet das, dass man eine Anwendung, die mit der EJB-3-API implementiert ist, auf einem Spring-Con-
tainer laufen lassen kann. Das kann z. B. für JUnit-Tests sinnvoll sein,
aber man kann die Anwendung auch z. B. auf einem Webserver laufen
lassen, der EJB alleine nicht unterstützt.

Außerdem ist das Projekt die Basis für die Implementierung von EJB 3 im BEA Weblogic Server. Dadurch führen EJBs dort eine Art Doppelleben: Auf der einen Seite sind sie EJBs, auf der anderen Seite sind sie Spring-Beans und können durch Spring konfiguriert oder mit AOP-Erweiterungen versehen werden – kurz, es steht die volle Mächtigkeit von Spring zur Verfügung.

Im Rahmen von JSR 220 findet gleichzeitig auch eine Standardisierung der neuen Persistenz-API JPA statt, mit der die Entity Beans abgelöst werden sollen. Allerdings ist dieses Konzept nicht an einen Application-Server gebunden, sondern kann auch in Java-SE-Umgebungen verwendet werden. Aus diesem Grund ist eine Integration in Spring implementiert, wie sie auch für die anderen Persistenz-APIs vorliegt (Abschnitt 5.7).

Persistenz-API

6.6 Infrastrukturen: EJB, Spring, …

Anwendungen, die im Netz verfügbar sind, benötigen eine Infrastruktur für das Handling der Netzwerk-Connections und der Threads. Dazu reicht ein einfacher Webserver. Die Infrastruktur kann weitere Features wie JMS oder EJB anbieten, so dass man einen vollständigen Java-EE-Server hat. Spring bietet keine eigene Infrastruktur. Da man Spring-Beans aber mit sehr vielen unterschiedlichen Infrastrukturen im Netz anbieten kann, ergibt sich die Frage, welche Infrastruktur eine sinnvolle Wahl ist.

Die Entscheidung für eine Infrastruktur hat natürlich weitreichende Folgen. Mit Spring kann man diese Entscheidung spät treffen und auch leicht revidieren. Ein wichtiger Aspekt ist, dass durch die wachsende Bedeutung von SOAP und anderen HTTP-basierten Protokollen Webserver zunehmend die Rolle einnehmen, die früher nur Application-Server hatten. Das wird zusätzlich dadurch begünstigt, dass die meisten Anwendungen mittlerweile eine Weboberfläche anbieten, so dass ein Webserver sowieso genutzt werden muss. Verwendet man ein HTTP-basiertes Protokoll wie Burlap oder Hessian, kann man ohne großen zusätzlichen Aufwand im Bereich der Infrastruktur die implementierten Funktionalitäten auf dem Server einer Rich-Client-Anwendung oder zur Integration in andere Systeme anbieten. Gleichzeitig schaffen Webserver durch Clustering gute Voraussetzungen für Lastverteilung und Ausfallsicherheit, die sich in der Praxis auch in großen Installationen bewährt haben.

Webserver statt Application-Server

Das wirft die Frage auf, ob es überhaupt noch einen Grund für den Einsatz eines vollständigen Java-EE-Servers und insbesondere eines

Wozu noch Application-Server?

EJB-Containers gibt. Mögliche Gründe für einen Application-Server sind:

▨ Die Anwendung muss aus strategischen Gründen auf einem Application-Server laufen. Es ist also aus nicht technischen Gründen festgelegt, dass die Anwendung auf einem vollständigen Java-EE-Server laufen soll.

▨ Der Application-Server wird von den Administratoren gut beherrscht, so dass alle Anwendungen dort laufen sollen. Die Einführung einer zweiten Plattform ist zu aufwändig.

▨ Es ist eine komplexere Transaktionssteuerung mit Zwei-Phasen-Commit notwendig, so dass eine JTA-Implementierung benötigt wird. Allerdings kann man in einer Spring-Anwendung auch ohne weiteres eine Stand-alone-JTA-Implementierung verwenden. In diesem Fall würde man mit der Anwendung selbst einen Transaktionmanager ausliefern.

▨ Es soll eine Integration von Host-Systemen mit Hilfe von JCA erfolgen.

Wenn man diese Gründe betrachtet, stellt man fest, dass zwar ein Application-Server verwendet werden muss, aber in keinem dieser Szenarien muss der EJB-Container verwendet werden. Es ist auch tatsächlich schwierig, sich Szenarien vorzustellen, in denen dies zwingend notwendig ist. EJB hat als einzigen Vorteil die Verwendung von RMI und damit z. B. eine einfache Integration in CORBA-Infrastrukturen. Die anderen Features bietet ein Webserver auch, aber eben statt für RMI für HTTP: Management, Ausfallsicherheit und Lastverteilung.

Die übrigen EJB-Features sind mit Spring auch ohne einen EJB-Container implementiert:

▨ Instance Pooling kann mit Spring implementiert werden (siehe Abschnitt 3.6.3), wenn dies überhaupt notwendig ist und gegenüber der neuen Erzeugung von Objekten für jeden Request einen Vorteil bietet.

▨ Transaktions-Handling durch Annotationen ist ebenfalls mit Spring möglich (Kapitel 4). Spring bietet den Vorteil, dass man nicht nur wie bei EJB einzelne Methoden für Transaktionen markieren kann, sondern z. B. auch nach Methodennamen Einstellungen vornehmen kann.

▨ Sicherheit kann deklarativ durch Acegi implementiert werden (Abschnitt 8.2). Acegi ist wesentlich flexibler, da es im Gegensatz zu EJBs neben Rollen auch ein Sicherheitsmodell mit Access Control Lists implementiert, für einzelne Objekte Zugriffsrechte vertei-

len und unterschiedliche Autorisierungs-Mechanismen integrieren
kann.

Einige Application-Server wie BEA Weblogic 9 bieten sogar Spring als
Alternative neben EJB an, wobei auch die Möglichkeit der direkten
Unterstützung z. B. von Clustering existiert. [PJWT05]

Nun ist die Frage, ob man sich in diesen Bereichen, bei denen es *Spring oder EJB?*
eine Konkurrenz zwischen dem EJB-Container und Spring gibt, eher
auf EJB oder auf Spring stützen sollte. Ein Grund dafür, Spring in diesen Bereichen zu nutzen, ist die Infrastrukturunabhängigkeit, die man
mit Spring erreicht. Zum einen ist es möglich, die Anwendung produk-
tiv auf einer anderen Infrastruktur wie z. B. einem einfachen Webserver
zu betreiben. Außerdem kann man die Anwendung – und zwar einschließlich der Semantik, die in den Annotationen z. B. für Transaktionen hinterlegt ist – auch außerhalb eines Application-Servers für Test-
zwecke laufen lassen. So ergibt sich ein kürzerer Programmier- und
Testzyklus, da das Deployment auf den Server entfällt, und dadurch
wiederum eine höhere Produktivität. Eigentlich sollte die Frage umgekehrt lauten, warum man das EJB-Programmiermodell verwenden und
sich dadurch auf eine Infrastruktur festlegen soll. Selbst wenn man
einen EJB-Container verwenden will, weil man z. B. die Administration
des Servers sehr gut beherrscht, kann man immer noch eine dünne EJB-
Schicht implementieren und darunter Spring verwenden.

Durch das EJB-3-Programmiermodell ergeben sich einige Ände-   *Spring, EJB 2.1 und EJB 3*
rungen. Das EJB-3-Programmiermodell ist signifikant einfacher und
basiert wie Spring auf normalen Java-Klassen. Vor allem gibt es jedoch
auch Implementierungen des Programmiermodells außerhalb eines
Application-Servers. Daher bietet es sich an, EJB 3 und Spring anhand
der drei grundlegenden Bereiche zu vergleichen:

1. Dependency Injection: EJB 3 und Java EE 5 bieten nur ein Depen-
    dency-Injection-Modell für die Java-EE-Artefakte wie EJBs, Serv-
    lets usw., während Spring Dependency Injection für alle Klassen
    ermöglicht. Außerdem sind viele weitergehende Features wie
    Constructor Dependency Injection, die Unterstützung von Facto-
    ries oder Autowiring in EJB 3 nicht vorhanden. Während Spring
    viele Mechanismen bietet, um vorhandene Klassen mit Spring zu
    verwalten, ist dies bei EJB 3 nicht möglich, man muss mindestens
    Annotationen einfügen.

2. Aspektorientierte Programmierung: Während Spring mit einer ei-
    genen AOP-Implementierung und einer Unterstützung für AspectJ
    aufwartet, bietet EJB 3 nur eine bestenfalls rudimentäre Unterstüt-
    zung, die eher mit CORBA-Interceptoren als mit AOP-Systemen
    vergleichbar ist. Vor allem kann man mit dem EJB-3-Modell keine

Advices definieren, die auf Annotationen reagieren. Man muss im Interceptor selber auf das Vorhandensein der Annotation prüfen, was wenig effektiv ist. Annotation sind aber gerade eine der wichtigen Grundlagen für AOP im Enterprise-Bereich.

3. Spring bietet eine Vereinfachung vieler vorhandener APIs auch aus dem Java-EE-Bereich. Hier hat Java EE selber nichts anzubieten.

Es stellt sich also eigentlich eher die Frage, warum man das »normale« Java-EE-Programmiermodell verwenden sollte. Es bietet gegenüber Spring keinen Vorteil, und gleichzeitig ist es mit Spring ohne weiteres möglich, Anwendungen zu schreiben, die auf Java-EE-Umgebungen laufen.

6.7   Fazit

Spring bietet bei den Infrastrukturen für verteilte Systeme eine umfassende Auswahl an unterschiedlichen APIs und vereinfacht dadurch die Entwicklung verteilter Systeme erheblich. Im Wesentlichen lässt sich die Unterstützung für Infrastrukturen in zwei Kategorien einteilen: Bei RMI, Hessian, Burlap, den Spring HttpInvokern und XFire können die Spring-Beans durch eine entsprechende Konfiguration im Netz verfügbar gemacht werden. In diesem Fall implementiert die Spring-Infrastruktur das EXPORTER-Pattern. Bei Axis und EJB 2.1 muss man für die einzelnen Spring-Beans den EXPORTER selbst schreiben. Etwas außerhalb steht Spring Web Services: Es implementiert ein Contract-First-Modell, bei dem man neben dem eigentlichen Code auch auf jeden Fall den Contract implementieren muss. Das bedeutet zwar mehr Aufwand, ist aber in heterogenen Umgebungen sinnvoll, weil der plattformunabhängige Contract von allen beteiligten Systemen erfüllt werden kann. Und auch mit Spring Web Services kann man den Geschäftslogik-Kern wiederverwenden, ohne ihn zu ändern.

Durch die leichte Änderbarkeit der Infrastruktur ergibt sich der Vorteil, dass man Logik ganz ohne Application-Server testen kann. Man muss lediglich die Spring-Konfiguration so ändern, dass eine Java-SE-Umgebung unterstützt wird. Gleichzeitig stellen die Features von Spring eine Alternative zu einem EJB-Container dar, aber die Anwendungen können trotzdem die Features einer Java-EE-Umgebung nutzen. Die relevanten Teile der Java-EE-Infrastruktur liegen nämlich außerhalb des EJB-Containers (z. B. JTA) und werden durch Spring integriert.

7 Das Spring Web Framework

7.1 Übersicht

Heutzutage haben die meisten Anwendungen ein Webinterface. Auch solche Aufgaben kann man mit Hilfe von Spring lösen. Hierzu bietet Spring das Spring-MVC-Framework an, integriert aber auch andere Lösungen.

Dieses Kapitel gibt zunächst einen Überblick über das Model-View-Controller-Pattern, das Basis vieler Webframeworks ist. Anschließend wird in Abschnitt 7.3 die Implementierung der verschiedenen Controller in Spring erläutert. Ein wesentliches Element einer Webanwendung ist die Validierung der Benutzereingaben (Abschnitt 7.4). Spring bietet für die Entwicklung von JSPs eine eigene Tag Library (Abschnitt 7.5). Ein wesentlicher Vorteil von Spring MVC ist die Möglichkeit, neben HTML auch andere View-Technologien zu verwenden, die in Abschnitt 7.6 dargestellt werden. Schließlich zeigt Abschnitt 7.7, wie mehrere View-Technologien in einer Anwendung integriert werden können. Welcher Controller überhaupt für die Verarbeitung eines Requests genutzt wird, regelt das in Abschnitt 7.8 erläuterte Handler Mapping. In Abschnitt 7.9 wird als Zusammenfassung der Weg eines Requests durch Spring MVC gezeigt.

In Abschnitt 7.10 steht im Mittelpunkt, wie man andere Webframeworks in Spring integrieren kann. Der Fokus liegt dabei auf Struts und Java Server Faces (JSF). Schließlich erläutert Abschnitt 7.11, wie man Spring-Beans im HTTP-Request oder in der HTTP-Session unterbringen kann. Den Abschluss bildet Abschnitt 7.12 mit der Erläuterung des Spring Web Flow Frameworks, mit dem die direkte Umsetzung komplexer Abläufe in Webanwendungen möglich ist.

Ein Hinweis: Spring bietet neben dem hier vorgestellten Spring-MVC-Framework auch das Spring-Portlet-MVC-Framework, das auf denselben Prinzipien beruht, aber Portlets verwendet. Portlets erlauben den Aufbau von Portal-Umgebungen, die aus mehreren so genannten Portlets aufgebaut sind. Die Portlets können durch den Benutzer konfiguriert werden und individuell kombiniert werden. Das Spring-Portlet-MVC-Framework wird in diesem Buch nicht weiter behandelt, aber da es auf denselben Prinzipien aufbaut, kann man sich nach dem Studium dieses Kapitels recht leicht auch in das Spring-Portlet-MVC-Framework einarbeiten.

7.2   Was ist MVC 2?

Die Basis von Spring MVC ist die Aufteilung einer Anwendung nach dem MVC-2-Pattern, wie sie in Abbildung 7–1 grafisch dargestellt ist. MVC steht für Model – View – Controller. Ursprünglich kommt dieses Pattern aus der Smalltalk-Welt und wurde dort für interaktive grafische Benutzeroberflächen (GUIs) verwendet. MVC 2 ist die Umsetzung auf Webanwendungen: Der Benutzer ruft eine Webseite durch Eingabe einer URL oder Klicken auf einen Link auf. Der Webbrowser schickt daraufhin einen HTTP-Request an den Java-Webcontainer.

Abb. 7–1
Model-View-Controller
in der Übersicht

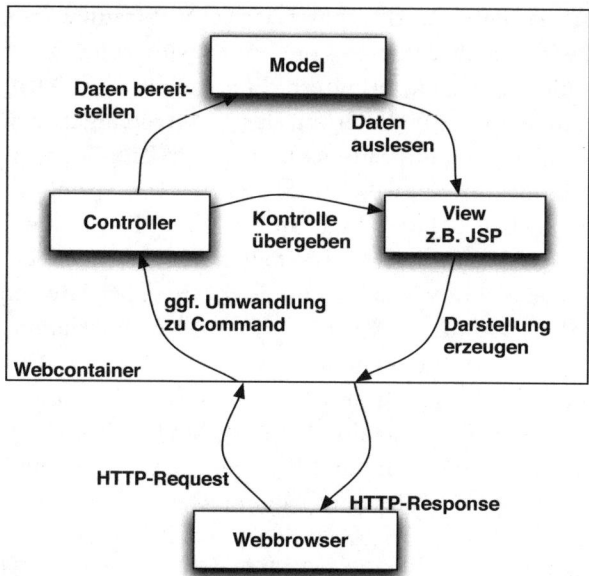

Der MVC-Ablauf Dort greift das MVC-Framework ein und übergibt den Request an einen Controller. Der Controller hat die Aufgabe, die Logik für die Bearbeitung einer bestimmten Art von Requests zu implementieren. Er enthält keinen Code zur Darstellung der Daten. Als Ergebnis der Bearbeitung erstellt er eine Datenstruktur (das Model) und übergibt die Kontrolle an die View. Die View ist dafür zuständig, die Daten aus dem

Model geeignet darzustellen. Das Ergebnis wird an den Browser übertragen und dort angezeigt.

Der Vorteil dieses Vorgehens besteht darin, dass die Logik der Anwendung gut modularisiert ist: Das Parsen des Requests und die Logik wird im Controller implementiert, während der Code für die Darstellung in der View ihr Zuhause findet. Die verarbeiteten Datenstrukturen schließlich werden im Model implementiert.

Der MVC-Vorteil

Diese saubere Trennung erleichtert die Weiterentwicklung, weil Änderungen in Darstellung und Logik gut voneinander isoliert sind. Daher hat sich mittlerweile diese Architektur für Webanwendungen auf breiter Front durchgesetzt und wird von vielen Webframeworks unterstützt.

Auch Spring bietet ein eigenes Framework an, das diesen Ansatz unterstützt. Allerdings ist – wie man sehen wird – auch in diesem Bereich der Ansatz von Spring durch einfache Objekte geprägt und fügt sich harmonisch in das Gesamtbild ein.

Wie schon im Abschnitt 6.3 dargestellt, ist die erste Anlaufstelle für alles, was per HTTP an eine Spring-Anwendung geschickt wird, das `DispatcherServlet`. Bisher wurde nur erläutert, dass das Servlet die Integration von Web-Services-Protokollen (z. B. Burlap oder Hessian) erlaubt, aber das `DispatcherServlet` kann bei bestimmten URLs auch einen Controller einer Webanwendung aktivieren, der dann den Request behandelt.

Wiedersehen mit dem DispatcherServlet

Natürlich ist das Verhalten von Spring auch an dieser Stelle konfigurierbar (Abschnitt 7.8). Ohne weitere Konfiguration wird die URL einfach auf einen Spring-Bean-Namen abgebildet, der als Controller für diese URL verwendet wird. Zur Unterscheidung von anderen Beans müssen die Namen der Controller-Beans mit einem Schrägstrich (»/«) beginnen.

7.3 Controller

Ein solcher Controller ist einfach eine Klasse, die das Interface `Controller` implementiert. Das Interface enthält genau eine Methode, nämlich `handleRequest()`. Dieser Methode werden der `HTTPRequest` und die `HTTPResponse` übergeben, und sie gibt eine Instanz von `ModelAndView` zurück.

7.3.1 Der AbstractController

Diese Repräsentation eines Controllers ist fast schon beängstigend einfach. Für die Entwicklung eigener Controller bietet es sich an, das

Interface nicht direkt zu implementieren, sondern von der Oberklasse AbstractController zu erben, die einige Features wie das Aktivieren und Deaktivieren von HTTP POST oder GET sowie eine Unterstützung für Caching bietet.

Ein einfaches Beispiel

Listing 7–1 zeigt die Implementierung eines Controllers aus der Beispielanwendung. Er soll eine Liste aller Kunden anzeigen. Dazu muss er im Model die Daten der Kunden unterbringen. Wie im Code erkennbar, ist die Implementierung des Models in Spring denkbar einfach und sehr flexibel: Es ist eine Java-Map, in der man unter den verschiedenen Schlüsseln Daten für die Darstellung auf der Webseite hinterlegen kann. Dadurch verliert man natürlich statische Typsicherheit, d.h., es kann sein, dass der View einen Typ von Daten erwartet und das Model einen anderen Typ enthält.

Listing 7–1
Ein einfacher Controller
aus der
Beispielanwendung

```
public class KundeListController
  extends AbstractController {

  protected ModelAndView handleRequestInternal(
    HttpServletRequest request,
    HttpServletResponse response)
  throws Exception {
    Map model = new HashMap();
    model.put("kundenListe", kundeDAO.getAll());
    return new ModelAndView(view, model);
  }
}
```

Die View wird durch einen Namen ausgewählt. Wie dieser Name auf eine View abgebildet wird, beschreibt Abschnitt 7.7. Der Name der View und das Model werden zusammen in der ModelAndView-Datenstruktur vom Controller an das Spring-MVC-Framework zurückgegeben.

ModelAndView
vereinfachen

Ist nur ein Objekt im Model, kann man auch abkürzend das Model mit diesem einen Objekt erzeugen statt mit einer Map. Im Beispiel hätte man also auch

```
new ModelAndView(view, "kundenListe", kundeDAO.getAll())
```

schreiben können. Ebenfalls kann man Objekte direkt zum Model hinzufügen:

```
modelAndView.addObject("kundenListe", kundeDAO.getAll())
```

Dabei kann man den Namen auch weglassen:

```
modelAndView.addObject(kunde)
```

Es wird dann die Klasse des übergebenen Objekts zu Rate gezogen. Wenn das Objekt also beispielsweis eine Instanz der Klasse Kunde ist, wird es unter dem Namen »kunde« im Model abgelegt.

Abgeleitet von dem in diesem Beispiel verwendeten AbstractController gibt es eine Hierarchie von Controllern für bestimmte Einsatzzwecke. Dies zeigt Abbildung 7–2.

Die verschiedenen Controller

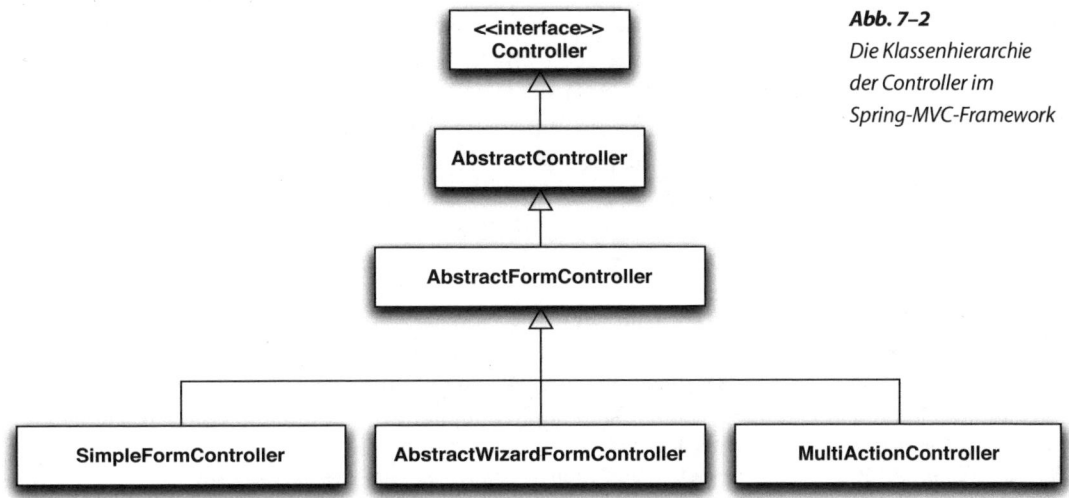

Abb. 7–2
Die Klassenhierarchie der Controller im Spring-MVC-Framework

7.3.2   MultiActionController: Mehrere Controller in einem

Die Möglichkeit, zusammenhängende Aktionen in einer Klasse zu gruppieren, bietet der MultiActionController. Man kann von dieser Klasse ableiten und Methoden implementieren, die jeweils einen HttpServletRequest und ein HttpServletResponse als Parameter übernehmen. Optional ist eine HttpSession als dritter Parameter möglich. Als Ergebnis müssen die Methoden genau wie der AbstractController eine Instanz der Klasse ModelAndView zurückgeben. Dadurch kann man in einem Controller unterschiedliche zusammengehörende Funktionalitäten implementieren.

Irgendwo muss natürlich festgelegt werden, welche Methode aufgerufen wird. Dazu kann man der Property methodNameResolver des MultiActionControllers ein Objekt zuweisen, das das Interface MethodNameResolver implementiert. Eine Möglichkeit ist die Definition der Methode durch den Pfad des HTTP-Requests mit Hilfe der Klasse InternalPathMethodNameResolver. Diese Klasse ist die Default-Einstellung. Der Name der aufgerufenen Methode ist der Teil der URL nach dem letzten Slash (»/«) ohne die Extension. Bei der URL http://localhost/springbuchweb/Ware/deleteByBezeichnung würde die Methode

MethodNameResolver: Requests an Methoden binden

deleteByBezeichnung() an dem Spring-Bean mit dem Namen /Ware aufgerufen.

Ein ähnliches Prinzip verwendet der PropertiesMethodNameResolver: Dort kann man durch java.util.Properties steuern, bei welchem URL-Pfad welche Methode aufgerufen wird. Man kann für die URLs auch Wildcards verwenden. Eine andere Implementierung ist die Klasse ParameterMethodNameResolver. Bei dieser Klasse wird der Name der Methode, die durch den Request aufgerufen werden soll, durch einen HTTP-Parameter angegeben. Ohne weitere Konfiguration wird dazu der HTTP-Parameter action verwendet. Der HTTP-Parameter kann z. B. durch ein hidden-Feld in einem Formular gesetzt werden. Alternativ kann man ihn auch direkt in der URL übergeben. Beides zeigt Listing 7–2. Im Formular wird durch das hidden-Feld die Methode definiert. Der weiter unten stehende Link nutzt dafür eine URL, an die der Parameter mit einem »?« angehängt worden ist.

Listing 7–2
Auswahl der Methode mit einem hidden-Feld. In diesem Fall wird create() aufgerufen. Ebenfalls ist eine Übergabe in der URL möglich.

```
<form action="springbuchweb/Ware" method="POST">
  <b>Bezeichnung:</b>
  <br><input type="text" name="bezeichnung" /><p>
  <b>Preis:</b>
  <br><input type="text" name="preis" /><p>
  <input type="hidden" name="action" value="create">
  <input type="submit" value="Ware erzeugen"/>
</form>
<a href="springbuchweb/Ware?action=getAll">Alle Waren anzeigen</a>
```

Man muss sich bei der Auswahl der MethodNameResolver darüber klar sein, dass man leicht Abhängigkeiten zum Code in die View einbaut. Wenn in der View eine URL aufgebaut wird, die den Namen einer Methode in einem Controller referenziert, erzeugt man genau dieses Problem. Eine Umbenennung der Methode im Rahmen eines Refactoring sorgt dann dafür, dass diese URL ins Leere läuft.

Normale Methoden in MultiActionControllern

Neben der Auswahl der Methode ist natürlich auch noch die Implementierung der Methoden interessant. Eine Methode in einem MultiActionController wie getAll() (siehe Listing 7–3) unterscheidet sich – außer durch den Namen – nicht von der Implementierung, die man in einem normalen Controller gewählt hätte.

Formulare und Commands

Eine Webanwendung ist meistens nur interessant, wenn ein Anwender Daten eingeben kann, die dann verarbeitet werden. Spring verwendet dafür Commands. Das sind »normale« Java-Objekte, deren Properties durch die Eingaben in einem Webformular gefüllt werden. In einem MultiActionController können die Methoden ein solches Command als dritten Parameter deklarieren. Dadurch ergibt sich eine

Implementierung, wie sie in Listing 7–3 bei der Methode getByBe-
zeichnung() zu sehen ist.

```
public class WareController
 extends MultiActionController {

  private IWareDAO wareDAO;

  public void setWareDAO(IWareDAO wareDAO) {
    this.wareDAO = wareDAO;
  }

  private String wareView = "";
  public void setWareView(String wareView) {
    this.wareView = wareView;
  }

  public ModelAndView getByBezeichnung(
   HttpServletRequest req,
   HttpServletResponse res, StringCommand name) {
   Map model = new HashMap();
   Ware ware =
    wareDAO.getByBezeichnung(name.getName());
   model.put("ware", ware);
   return new ModelAndView(wareView, model);
  }

  public ModelAndView getAll(HttpServletRequest req,
   HttpServletResponse res) {
   return new ModelAndView(wareListeView, "wareListe",
    wareDAO.getAll());
  }

  ...

}
```

Listing 7–3

Implementierung eines
MultiActionControllers

Die Daten aus dem Formular müssen natürlich in das Command kon-
vertiert werden. In diesem Beispiel wird dazu die selbst geschriebene
Klasse StringCommand verwendet, die als einzige Instanzvariable einen
String hat. Das ist nötig, da das DispatcherServlet den Properties des
Commands die passenden Parameter des HTTP-Requests zuweist.
Man muss also eine Klasse haben, die passende Properties anbietet –
ein einfacher String reicht nicht.

So kann man recht einfach eine Verarbeitung von Formulardaten
implementieren. Man deklariert im HTTP-Formular eine Eingabezeile
mit einem Namen, der einer Property des Commands entspricht, also

z. B. `<input name="name" type="text" />`. In dem Command wird dann die Property name auf den in diesem Feld eingegebenen Wert gesetzt. Spring bietet auch eine eigene JSP Tag Library an, die das Erstellen der Formulare weiter vereinfacht (Abschnitt 7.5).

Tipp

In der Praxis ist es kaum sinnvoll, mit `MultiActionControllern` Formulardaten zu verarbeiten. Die Verarbeitung von Formularen mit einem `SimpleFormController` ist oft besser geeignet, da dieser Controller z. B. auch das Ausgangsformular im Fehlerfall anzeigt. Man sollte `MultiActionController` also vor allem verwenden, wenn man keine Formulardaten verarbeiten will. Aus dem Beispiel ist also die Methode `getAll()` in dem Controller sinnvoll aufgehoben. Die Methode `getByBezeichnung()` dient zur Illustration der Möglichkeiten und zur Einführung in das Konzept der Commands.

7.3.3   SimpleFormController für Formulare

Spring bietet für die Verarbeitung von Formularen den `SimpleFormController` als Oberklasse an. Eine beispielhafte Implementierung zeigt Listing 7–4.

Listing 7–4
Implementierung eines
SimpleFormControllers

```
public class KundeCreateController
  extends SimpleFormController {

    public KundeCreateController() {
      setCommandClass(Kunde.class);
      setCommandName("kunde");
    }

    private IKundeDAO kundeDAO;

    public void setKundeDAO(IKundeDAO kundeDAO) {
      this.kundeDAO = kundeDAO;
    }

    protected ModelAndView onSubmit(Object command)
      throws Exception {
      Kunde kunde = (Kunde) command;
      kunde = kundeDAO.save(kunde);
      return new ModelAndView(getSuccessView(),
        "kundeID", Integer.toString(kunde.getId()));
    }

}
```

Hier kann man sehen, dass man für die Verarbeitung eines Commands im `SimpleFormController` zunächst die Klasse und den Namen des Commands im Konstruktor setzt. Die eigentliche Verarbeitung findet in der `onSubmit()`-Methode statt. Der Command wird dieser Methode übergeben und man kann ihn in die richtige Klasse umwandeln. Anschließend kann man die Daten aus dem Command verarbeiten. Zum Abschluss wird eine Instanz von `ModelAndView` zurückgegeben. Darauf basierend wird die neue Webseite für den Benutzer erzeugt.

Im Gegensatz zum `MultiActionController` kann beim `SimpleForm-Controller` definiert werden, welches Formular für die Eingabe der Daten verwendet wird und welche View als Antwort erzeugt wird. Das ist der Vorteil des `SimpleFormController`: Er bildet den kompletten Workflow der Formular-Verarbeitung ab. In der Konfiguration des Controllers (Listing 7–5) wird durch die Property `formView` angegeben, welche Webseite als Formular zum Eingeben der Daten angezeigt werden soll. Ist die Verarbeitung der Daten erfolgreich, wird die durch die Property `successView` konfigurierte View angezeigt. Dadurch kann der Controller das Formular zur Eingabe der Daten so oft anzeigen, bis die Daten erfolgreich verarbeitet werden können. Mit der `validator` Property kann ein zusätzlicher Validator definiert werden, der die Eingaben überprüft. Das wird in Abschnitt 7.4 näher erläutert.

Eingabe-Formular und Ausgabe-View

```
<bean name="/Create"
 class="web.kunde.KundeCreateController">
  <property name="kundeDAO" ref="kundeDAO"/>
  <property name="formView" value="kundeForm" />
  <property name="successView" value="kundeCreated" />
  <property name="validator">
    <bean class="web.kunde.KundeValidator"/>
  </property>
</bean>
```

Listing 7–5
Konfiguration eines
SimpleFormControllers

Übrigens kann man mit Spring MVC auch Dateien verarbeiten. Dazu muss man in der Konfiguration die Möglichkeit einbauen, die entsprechenden HTTP Requests zu verarbeiten. Man kann dafür den `Commons-MultipartResolver` oder den `CosMultipartResolver` verwenden. Die beiden Klassen verwenden unterschiedliche Bibliotheken für die Implementierung des Datei-Uploads. Eine Spring-Bean von einem dieser Typen muss unter dem Namen `multipartResolver` in der Spring-Konfiguration vorhanden sein. Hinter den Kulissen wird die Datei in ein `byte[]`-Array umgewandelt. Im Command muss man also eine Property mit dem Namen des Datei-Uploads im Webformular definieren, die vom Typ `byte[]` ist. Hinter den Kulissen wird der `MultipartResolver` tätig und wandelt die Daten entsprechend um.

Datei-Uploads

Für große Datenmengen ist die Verwaltung mit Hilfe eines `byte[]`-Arrays natürlich nicht zu empfehlen. Man kann für diese Fälle den `HttpRequest` im Controller in einen `MultipartHttpRequest` umwandeln und hat dann Zugriff auf die Daten als `InputStream` oder `File`.

7.3.4   AbstractWizardFormController

Für komplexere Daten ist es manchmal notwendig, die Eingabe in mehrere Formulare aufzuteilen. Zur Unterstützung dieses Vorgehens bietet Spring den `AbstractWizardFormController`. Dieser Controller ist allerdings nicht dazu geeignet, einen Ablauf zu implementieren, bei dem verschiedene Fälle unterschiedlich zu behandeln sind. Er verteilt lediglich die Eingabe auf mehrere Formularseiten.

> Komplexe Abläufe lassen sich mit Spring Webflow implementieren (Abschnitt 7.12).

In der Beispielanwendung wird ein `AbstractWizardFormController` dazu genutzt, die Daten einer Bestellung zu erfassen: Der Benutzer der Anwendung muss auf der ersten Seite seine Kundennummer eingeben und auf der nächsten Seite, wie viel er von welcher Ware bestellen will. Zum Speichern der Daten wird die Klasse `EinfacheBestellungCommand` verwendet, die alle Informationen für eine Bestellung eines Kunden speichert. Allerdings kann diese Bestellung nur eine Ware umfassen.

Mindestimplementierung   Um den Controller wie in Listing 7–6 zu implementieren, muss man von `AbstractWizardFormController` erben und mindestens die `processFinish()`-Methode implementieren. Diese Methode wird aufgerufen, wenn die Verarbeitung des Wizards beendet ist, also die letzte Seite erfolgreich abgeschlossen wurde. Die `processCancel()`-Methode muss nur implementiert werden, wenn man das vorzeitige Abbrechen des Wizards erlauben will. Sonst wird die Implementierung dieser Methode in der `AbstractWizardFormController`-Klasse verwendet, die einfach eine Exception wirft. Ohne eine Implementierung dieser Methode ist also ein Abbrechen des Wizards nicht erlaubt.

```
public class EinfacheBestellungController
 extends AbstractWizardFormController {

...

  private BestellungBusinessProcess bestellung;

  protected ModelAndView processFinish(
   HttpServletRequest request,
   HttpServletResponse response, Object command,
   BindException errors) {
   EinfacheBestellungCommand einfacheBestellung =
    (EinfacheBestellungCommand) command;
   try {
     bestellung.bestellen(
      einfacheBestellung.toEinkaufswagen());
   } catch (BestellungException e) {
     return new ModelAndView(exceptionView,
      "message", e.getMessage());
   }
   return new ModelAndView(successView);
  }

  protected ModelAndView processCancel(
   HttpServletRequest request,
   HttpServletResponse response, Object command,
   BindException errors) throws Exception {
   return new ModelAndView(cancelView);
  }

}
```

Listing 7–6
*Controller für einen
Wizard, bei dem die Daten
für eine Bestellung in
mehreren Formularen
eingegeben werden*

Neben diesen Methoden kann man auch für die einzelnen Seiten Logik implementieren. Dazu kann man die Methoden postProcess-Page() und onBindAndValidate() überschreiben. Die einzelnen Seiten werden in der Spring-Konfiguration der Property pages zugewiesen, wie dies Listing 7–7 zeigt.

Logik auf Seitenebene

```
<bean name="/Bestellung"
 class="….EinfacheBestellungController">
  <property name="bestellung" ref="bestellung"/>
  <property name="pages">
    <list>
      <value>bestellungKundeID</value>
      <value>bestellungWare</value>
    </list>
  </property>
```

Listing 7–7
*Konfiguration eines
Wizard-Controllers:
Es wird eine Liste von
Seiten verwendet.*

```
        <property name="successView"
         value="bestellungSuccess" />
        <property name="exceptionView"
         value="bestellungException" />
        <property name="cancelView"
         value="bestellungCancel" />
    </bean>
```

Im HTML-Code kann man durch den Namen des Submit-Buttons festlegen, ob und mit welcher Seite die Verarbeitung weitergehen soll. Man kann z. B. den Namen _target2 verwenden, wenn die Verarbeitung mit der zweiten Seite weitergehen soll. Ein Abbruch ist mit _cancel möglich. Der HTML-Code könnte z. B. so aussehen:

```
    <input type="submit" name="_target1" />
    <input type="submit" name="_cancel" />
```

7.3.5   ExceptionResolver

Das Prinzip der Controller wird in Spring auch verwendet, um mit Exceptions umzugehen. Um Exceptions in der Webanwendung zu verarbeiten, implementiert man das Interface HandlerExceptionResolver. Listing 7–8 zeigt eine entsprechende Klasse.

Listing 7–8
Ein
HandlerExceptionResolver

```
public class ExceptionResolver
  implements HandlerExceptionResolver {

  public ModelAndView resolveException(
    HttpServletRequest request,
    HttpServletResponse response,
    Object handler, Exception ex) {
    Map model = new HashMap();
    Writer writer = new StringWriter();
    ex.printStackTrace( new PrintWriter( writer ) );
    model.put("stacktrace", writer.toString());
    model.put("message", ex.getLocalizedMessage());
    model.put("handler", handler.toString());
    return new ModelAndView("exception",model);
  }

}
```

Diese Klasse unterscheidet sich kaum von anderen Controllern. Die einzige Besonderheit ist, dass die aufgetretene Exception und der Handler für den Request übergeben werden. Aus diesen Informationen kann man ein ModelAndView zusammenbauen, das zu einer sinnvollen Darstellung des Fehlers führt. Man muss lediglich in der Spring-Konfiguration eine Instanz dieser Klasse als Spring-Bean definieren. Sie wird bei auftretenden Exceptions automatisch aufgerufen. Der Name der Bean ist beliebig und muss auch nirgendwo eingetragen werden.

Wenn man keinen eigenen Code schreiben will, kann man den `SimpleMappingExceptionResolver` verwenden. Man kann mit dieser Klasse Exceptions auf Views abbilden, so dass man verschiedene Arten von Exceptions unterschiedlich darstellen lassen kann. Außerdem kann man das Bearbeiten der Exceptions für einige Handler oder generell für alle Handler übernehmen lassen.

Der SimpleMappingException-Resolver

7.4 Validierung

In einer Webanwendung müssen die Daten vor der Verarbeitung meistens verifiziert werden. Eine erste Überprüfung ist schon durch die Verwendung der Commands und durch die Typen der Properties des Commands gegeben: Wenn man eine Zahl erwartet, muss man lediglich eine Property definieren, die als Typ z. B. `int` hat. Wird statt einer Zahl eine Buchstabenfolge eingegeben, kommt es zu einem Fehler. Daraufhin verzweigt der `SimpleFormController` wieder auf die Eingabeseite. Im Abschnitt 7.5 wird dargestellt, wie man die Fehlermeldungen in die Eingabeseite einblendet.

Neben der Validierung durch die Typinformation kann man auch eigene Validatoren definieren. Die dafür notwendige Konfiguration zeigt Listing 7–5. In diesem Listing wird ein Validator durch die Angabe der Property `validator` definiert. Es ist auch möglich, durch Setzen der Property `validators` mehrere Validatoren als Liste zu übergeben.

Eigene Validatoren

In Spring wird das Konzept der Validatoren durch Klassen implementiert, denen man ein Objekt übergeben kann und die Fehlermeldungen erzeugen, falls das Objekt unerlaubte Daten enthält. Jeder Validator ist für bestimmte Klassen zuständig. Dieses Konzept ist unabhängig vom Webframework – man kann die Validatoren auch außerhalb von Webanwendungen verwenden. Gleichzeitig trennt es die Validierung der Daten von der reinen Datenrepräsentation im Model. Dadurch wird es möglich, dass in verschiedenen Situationen unterschiedliche Validierungen für dieselben Daten verwendet werden können und auch z. B. Verkettungen von Validierungen machbar sind.

Implementierung eines Validators

Genau diese Unabhängigkeit erlaubt es, Validierungen ohne Spring MVC in GUI-Anwendungen oder in anderen Webframeworks zu verwenden. Da das Design unabhängig von jeglichem Anwendungskontext ist, kann man die Validatoren auch ohne Spring MVC nutzen. Spätestens, wenn man die Validierungen in einem anderen Kontext wiederverwenden will, wird man für diese Unabhängigkeit dankbar sein. Weitere Validierungsansätze sind im Spring-Modules-Projekt implementiert (Abschnitt 9.3).

Um Daten validieren zu lassen, muss man eine Klasse entwickeln, die das Validator-Interface implementiert. Ein Beispiel sieht man in Listing 7–9.

Listing 7–9
Implementierung eines
Validators für Kunden

```
public class KundeValidator implements Validator {

    public boolean supports(Class clazz) {
        return clazz.equals(Kunde.class);
    }

    public void validate(Object obj, Errors errors) {
        Kunde kunde = (Kunde) obj;
        ValidationUtils.rejectIfEmptyOrWhitespace(
          errors, "vorname",
          "required.vorname", "Vorname muss gesetzt sein");

        ValidationUtils.rejectIfEmptyOrWhitespace(
          errors, "name",
          "required.name", "Name muss gesetzt sein");

        if (kunde.getKontostand() < 0.0) {
          errors.rejectValue(
            "kontostand", "negativ.kontostand",
            "Kontostand darf nicht negativ sein");
        }

    }

}
```

Unterstützte Klassen Die Implementierung muss in der Methode supports() für ein übergebenes Class-Objekt entscheiden, ob der Validator für die dadurch repräsentierte Klasse zuständig ist. Diese Methode wird dazu verwendet, sicherzustellen, dass Validatoren nur für Objekte aufgerufen werden, die sie auch unterstützen. Wenn man durch eine Fehlkonfiguration ein Command durch einen Validator validieren lässt, der für die Klasse des Commands nicht zuständig ist, führt das zu einer Exception. Die Ausnahme ist der MultiActionsController: Dort werden die Validatoren bei den jeweiligen Commands gefiltert und nur jene angewendet, die den Command-Typ unterstützen.

Die eigentliche Validierung findet in der Methode validate() statt. Dieser Methode werden neben dem zu untersuchenden Objekt auch die Errors übergeben. In dieser Datenstruktur werden die Fehlermeldungen gesammelt, die bei der Validierung entstehen. Sie sind dadurch für den Aufrufer zugreifbar.

Validierungscode

In dieser Datenstruktur sind Fehler für das gesamte Objekt (»globale« Fehler) abgelegt. Solche Fehler können durch die Methode reject() erzeugt werden. Die Fehlermeldungen werden direkt als String übergeben oder für eine bessere Internationalisierung als Schlüssel für die Suche in einem MessageContext, der typischerweise durch den ApplicationContext angeboten wird (Abschnitt 2.9.3). Neben den globalen Fehlern werden auch Fehler für die einzelnen Felder verwaltet. Solche Fehler können durch die verschiedenen Varianten der rejectValue()-Methode erzeugt werden, wie man das auch in Listing 7–9 sieht. Der Methode wird der Name des Felds als Parameter übergeben. Die weiteren Parameter sind ein Schlüssel für eine Fehlermeldung, die von der MessageSource in der Spring-Konfiguration (Abschnitt 2.9.3) ausgelesen wird, und eine Fehlermeldung, die ausgegeben wird, falls in der MessageSource keine passende Nachricht gefunden wird.

Errors-Datenstruktur

Ein Wort noch zur Angabe der Felder: Hier sind auch so genannte »Nested Paths« möglich. Wenn man in der Bestellung den Namen des Kunden angeben möchte, so kann man dies mit kunde.name tun. An der Errors-Instanz kann man mit pushNestedPath() einen solchen Pfad zum aktuellen Pfad machen und weitere Validierungen vornehmen. Mit popNestedPath() stellt man die Ausgangssituation wieder her. Dadurch könnte man in der Validierung der Bestellung auch die Validierung der Kunden wiederverwenden: Man ruft pushNestedPath() an der Errors-Instanz mit kunde als Parameter auf und ruft dann den Validator für den Kunden auf.

Verschachtelte Validierung

Unterstützung bei der Implementierung von Validierungen bietet die Klasse ValidationUtils. Diese Klasse hat die statische Methode rejectIfEmpty(), mit denen man einen Fehler auslösen kann, falls ein Feld nicht gesetzt ist. Bei rejectIfEmptyOrWhitespace() wird auch ein Fehler erzeugt, wenn das Feld nur Whitespaces (Leerzeichen, Tabs usw.) enthält. Außerdem bietet die Methode invokeValidator() die Möglichkeit, für ein bestimmtes Objekt einen Validator aufzurufen.

Die ValidationUtils-Hilfsklasse

7.5 JSPs mit der Spring Tag Library

Nachdem die Validierung der Daten beschrieben worden ist, stellt sich natürlich die Frage, wie man die Fehler aus der Validierung dem Benutzer anzeigt. Dazu bietet Spring für JSPs [JSP] eine eigene JSP Tag Library, mit deren Hilfe die Fehler aus der Validierung angezeigt werden können und dem Benutzer seine ursprünglichen Eingaben für eine Korrektur wiedervorgelegt werden können. Außerdem bietet die Spring Tag Library Möglichkeiten, auf die Datenkonvertierung und Internationalisierung von Spring zurückzugreifen. Ein weiteres Feature ist die Unterstützung von Themes, mit denen das Aussehen einer Webanwendung modifiziert werden kann.

Was sind JSPs?   JSPs sind im Wesentlichen HTML-Seiten, in denen einige Elemente durch einen JSP-Prozessor interpretiert und in HTML umgesetzt werden. Mit JSP Tag Libraries ist es möglich, eigene Elemente und deren Umsetzung in HTML zu definieren. Hinter den Kulissen wird aus JSPs Java-Code erzeugt, der anschließend kompiliert wird.

Listing 7–10
Ausschnitt aus dem
Formular für die Eingabe
der Kundendaten

```
<%@page contentType="text/html" %>
<%@taglib prefix="spring" uri="http://www.springframework.org/tags" %>
<%@taglib prefix="c" uri="http://java.sun.com/jstl/core" %>

<html>
  <head><title>Kunde</title></head>

  <body>
    <h2>Kunde</h2>
    <spring:bind path="kunde">
      <font color="red">
        <c:out value="${status.errorMessage}" />
      </font>
    </spring:bind>
    <form method="post">
      <p>
      Name:
      <spring:bind path="kunde.name">
        <font color="red">
          <c:out value="${status.errorMessage}" />
        </font>
        <input type="text" maxlength="30" size="30"
          name="<c:out value="${status.expression}"/>"
          value="<c:out value="${status.value}"/>" />
      </spring:bind>
      ...
```

```
    <p>
    <input type="submit" value="Kunde erzeugen" />
    </form>
    <spring:hasBindErrors name="kunde">
      <font color="red">Bitte korrigieren Sie die
      Eingaben!</font><br/>
    </spring:hasBindErrors>


    <p>
  </body>
</html>
```

Listing 7–10 zeigt als Beispiel für die Spring Tag Library eine JSP aus der Beispielanwendung, und zwar das Formular für die Eingabe der Kundendaten. Wie man sehen kann, wird mit dem spring:bind-Element zunächst durch Angabe des Command-Namens der Kunde als Command-Objekt für das Formular gebunden.

Man kann sich hier auch Tipparbeit sparen: Es wird bei jedem spring:bind-Element ein Teil des Commands kunde genutzt. Man kann mit <spring:nestedPath path="kunde"> definieren, dass alle enthaltenen Spring-Ausdrücke relativ zum kunde-Command sind. Dadurch verkürzt sich die Schreibweise z.B. auf <spring:bind path="name">.

Verschachtelte Pfade

Das Ergebnis des spring:bind-Elements ist, dass ein Objekt der Klasse BindStatus erzeugt wird und in dem PageContext der JSP-Seite abgelegt wird. Dieses Objekt enthält alle wesentlichen Informationen zu dem Command. Dadurch kann man z. B. anschließend mit Hilfe der Java Standard Template Library (JSTL) [JSTL] status.errormessage ausgeben. Damit werden die Fehlermeldungen aus der Validierung angezeigt, die sich auf den gesamten Kunden beziehen, also die »globalen« Fehler.

Anzeigen der Fehlermeldungen

Für die Validierung der einzelnen Felder ist das Vorgehen ähnlich. In diesem Fall wird im spring:bind-Element ein Pfad verwendet, der ein Feld spezifiziert. Im Beispiel ist dies kunde.name. Für die Felder bekommt man mit status.expression auch den Namen mitgeteilt, den das HTML-Eingabefeld haben muss, dessen Eingabe später der Property des Commands zugewiesen wird. Ebenfalls kann man den aktuellen Wert des Felds durch status.value bekommen. Dadurch kann man recht einfach ein passendes HTML-Formularfeld erzeugen, das den aktuellen Wert enthält und dessen Eingabe in der Property des Commands landet.

Mit dem spring:hasBindErrors-Element kann man überprüfen, ob für ein Command überhaupt ein Fehler vorliegt. Der innerhalb dieses Elements enthaltende HTML-Code wird nur ausgegeben, wenn die

Bean, deren Name im name-Attribut übergeben wurde, bei der Validierung Fehler ergeben hat. Dieses Element stellt in der Variable errors vom Typ Errors die Fehler aus der Validierung für die weitere Verarbeitung zur Verfügung (Abschnitt 7.4).

Daten konvertieren

Wie in Abschnitt 2.10.3 dargestellt, verwendet Spring Property-Editors für das Parsen der Werte für die Properties der Spring-Beans. Genau dasselbe Verfahren wird bei Spring-JSP-Views genutzt, um die Daten eines Commands so umzuwandeln, dass man sie in der JSP als Text ausgeben kann. Dazu dient das spring:transform-Element, das man in einem spring:bind-Element einbinden kann. Durch dieses Element wird der Wert mit einem PropertyEditor in einen String umgewandelt und dann zur Anzeige gebracht.

Die Spring Form Tag Library

Neben der Verwendung der spring-Elemente gibt es für die Entwicklung von HTML-Formularen auch die Möglichkeit, auf die Spring Form Tag Library zuzugreifen. Ein Beispiel zeigt Listing 7–11.

Listing 7–11
Verwendung der Spring Form Tag Library

```
<%@page language="java"
 contentType="text/html; charset=ISO-8859-1"
 pageEncoding="ISO-8859-1"%>
<!DOCTYPE HTML PUBLIC "-//W3C//DTD HTML 4.01 Transitional//EN">
<%@taglib prefix="form"
 uri="http://www.springframework.org/tags/form" %>

<html>
  <head><title>BestellungWare eingeben</title></head>
<body>
<h2>Bestellung: Ware eingeben</h2>
<form:form commandName="einfacheBestellung" >
    <font color="red">
      <form:errors path="*" />
    </font>
    Bitte geben Sie die Id und Anzahl der Ware ein. <br>
    <b>Id:</b>
    <font color="red"><b>
      <form:errors path="id_ware" />
    </b></font>
    <br>
    <form:input size="10" path="id_ware" />
    <br>
    <b>Anzahl:</b>
    <font color="red"><b>
      <form:errors path="anzahl" />
     </b></font>
    <br>
    <form:input size="10" path="anzahl" />
```

```
    <input type="submit" value="Back" name="_target0" />
    <input type="submit" value="Finish" name="_finish" />
    <input type="submit" value="Cancel" name="_cancel" />
</form:form>
</body>
</html>
```

Natürlich muss man zunächst die Spring Tag Library einbinden. Es stehen dann einige Elemente mit dem form-Prefix zur Verfügung. Sie werden anstelle der HTML-Elemente für Formulare verwendet und durch die Spring Form Tag Library in HTML-Formular-Elemente umgesetzt. Der Vorteil ist, dass diese Tags mit den Commands und Errors von Spring MVC umgehen können, so dass das Schreiben von JSP für Spring-MVC-Anwendungen wesentlich vereinfacht wird. Die Nutzung von spring:bind-Elements wird so überflüssig.

Ein Formular wird durch das form:form-Element eingeleitet. Die meisten Attribute, mit denen man ein HTML form-Element versehen kann, sind auch für dieses Element gültig. Zusätzlich kann man mit dem commandName-Attribut festlegen, welches Command mit diesem Formular editiert werden soll.

Das Formular

Innerhalb des Formulars kann man verschiedene Elemente verwenden, um die typischen Elemente eines HTML-Formulars darzustellen. Auch hier gilt, dass die meisten Attribute der entsprechenden HTML-Elemente ebenfalls für die jeweiligen Element aus der Spring Tag Library gültig sind.

Input-Elemente mit der Spring Form Tag Library

Im Listing wird das form:input-Element verwendet. Durch dieses Element wird als HTML ein input-Element erzeugt, bei dem das type-Attribut den Wert text hat. Mit dem path-Attribut kann beim form:input-Element definiert werden, welche Property des Commands editiert werden soll. Der passende Wert wird aus dem Command ausgelesen und im Formular dargestellt, so dass der Benutzer ihn editieren kann. Außerdem wird nach dem Abschicken des Formulars durch den Benutzer der neue Wert ausgelesen und der Property des Commands zugewiesen. Gegenüber der Verwendung des spring:binding- und c:out-Element ist das natürlich eine deutliche Vereinfachung.

Neben dem form:input-Element gibt es auch noch folgende Elemente zum Editieren von Werten in den Formularen:

■ Das form:checkbox-Element dient zum Markieren einer Option. Dies wird auf eine Property vom Typ boolean abgebildet:

```
<form:checkbox path="aktiv" />
```

Mit diesem Code könnte man also das Attribut aktiv für den Benutzer editierbar machen. Alternativ kann man auch ein String[] verwenden. Mit dem value-Attribut kann man dann angeben, welcher String in das Array übernommen werden soll, falls die Checkbox markiert ist:

```
<form:checkbox path="kundengruppen" value="Privatkunde" />
```

Dem String[] kundengruppen würde in diesem Fall also der String "Privatkunde" hinzugefügt werden, wenn die Checkbox markiert ist.

▦ Das form:radiobutton-Element ist analog zum form:checkbox-Element mit dem Unterschied, dass man nur Optionen auswählen kann. Die jeweils möglichen Werte werden durch das value-Attribut festgelegt:

```
<form:radiobutton path="anrede" value="Frau" />
<form:radiobutton path="anrede" value="Herr" />
```

Mit diesen Einstellungen kann der Nutzer also zwischen der Anrede »Frau« oder »Herr« wählen. Man kann aber nicht beide Werte gleichzeitig auswählen.

▦ form:password entspricht weitestgehen form:input. Der einzige Unterschied ist, dass der Benutzer seine Eingabe im Formular nicht sieht. Analog erzeugt form:textarea ein größeres Eingabefeld. Die Größe ist mit den rows- und cols-Attributen definierbar.

▦ Mit form:select kann der Benutzer den Wert aus einer vorher definierten Liste auswählen:

```
<form:select path="sprache"
 items="${sprachen}" />
```

Der entstehende HTML-Code besteht aus einem select-Element mit eingebundenen option-Elementen. Alternativ kann man mit form:option oder form:options auch die auswählbaren Elemente einzeln angeben:

```
<form:select path="sprache"
 items="${sprachen}" >
  <form:option value="-"
   label="Keine Auswahl" />
  <form:options items="${sprachen}"
   itemValue="code" itemLabel="beschreibung" />
</form>
```

Bei dem form:option-Element kann man mit label die für den Benutzer sichtbare Option angeben und mit value den Wert, der dem Attribut zugewiesen wird. Bei form:options gibt man mit items eine Liste von Objekten an, aus denen ausgewählt werden kann. itemLabel gibt die Property des auswählbaren Objekts an, die der Benutzer sieht. `itemValue` definiert die Property, die dann dem editierten Java-Wert zugewiesen wird.

■ Das `form:hidden`-Element definiert ein Feld, dass der Benutzer nicht editieren kann. Es kann dazu genutzt werden, um Informationen in dem Formular zu »verstecken« und sie beim Abschicken des Formulars wieder zurückgeliefert zu bekommen.

Es gibt außerdem auch eine Möglichkeit, Validierungsfehler anzuzeigen. Dazu dient das `form:errors`-Element. Man kann bei diesem Element mit dem path-Attribut angeben, für welche Properties man die Validierungsfehler sehen will. Dabei sind auch Wildcards erlaubt. So gibt `<form:errors path="*" />` alle Validierungsfehler aus, `<form:errors path="id" />` nur jene für die id-Property.

Fehler anzeigen mit der Spring Form Tag Library

Neben diesen Funktionalitäten der Spring Tag Library zur Verarbeitung von Formulardaten kann man mit Hilfe von `<spring:message code="messageCode">` auch auf Messages des Spring-`MessageContext` zugreifen, was z. B. für Internationalisierung relevant sein kann (Abschnitt 2.9.3).

Zugriff auf Messages

Außerdem gibt es das `spring:escapeBody`-Element, mit denen Texte in Darstellungen für HTML oder JavaScript umgewandelt werden können.

Eine weitere Möglichkeit der JSP-Unterstützung in Spring ist die Definition von Themes. Dadurch ist es möglich, das Aussehen einer Webanwendung umzukonfigurieren. Innerhalb der JSP-Seiten werden mit Hilfe von `<spring:theme code="einCode" />` Teile der JSP-Seite definiert, die durch das Theme variabel gehalten werden sollen, also beispielsweise Farben. Statt einer konkreten Farbe würde man also ein `spring:theme`-Element verwenden.

Themes

Für die referenzierten Codes müssen natürlich die konkreten Werte irgendwo hinterlegt sein. Dazu gibt es das Interface `ThemeSource`. Es gibt abhängig von einem übergebenen Namen ein `Theme` zurück. Das `Theme` enthält eine `MessageSource` (Abschnitt 2.9.3), der man einen Code geben kann und den dazu passenden Wert zurückbekommt.

Eine wichtige Implementierung ist die `ResourceBundleThemeSource`, bei der die Werte aus Properties-Dateien eingelesen werden. Die Dateien müssen im Klassenpfad liegen und als Dateinamen den Namen des Themes tragen. Außerdem können sie durch das Anhängen von Land oder Sprache internationalisiert werden.

Damit ist zum einen durch JSP-Tags definiert, an welcher Stelle der Webseite die Werte aus dem Theme eingesetzt werden, und zum anderen durch die `ThemeSource` definiert, wo die Werte herkommen. Die einzige offene Frage ist, woher die Information kommt, welches `Theme` benutzt werden soll.

Dazu muss man eine Bean mit dem Namen `themeResolver` definieren. Man kann wählen zwischen einem `FixedThemeResolver`, falls immer dasselbe Theme verwendet werden soll, `SessionThemeResolver` für das Speichern des Themes in der Session oder `CookieThemeResolver` zum Speichern des Themes in einem Cookie. Der `ThemeChangeInterceptor` schließlich ist ein `HandlerMappingInterceptor` (Abschnitt 7.8) und bietet die Möglichkeit, vor der Verarbeitung des Requests das zu verwendende Theme zu definieren.

7.6   Alternative View-Technologien

Neben den vorgestellten JSP-Views bietet Spring auch andere Möglichkeiten an, um Webanwendungen mit Views zu versehen. Wie man in Abschnitt 7.7 sehen wird, ist es recht einfach, in einer Spring-Anwendung verschiedene View-Technologien miteinander zu verbinden. Die unkomplizierte Unterstützung unterschiedlicher Views ist ein wesentlicher Vorteil von Spring MVC.

7.6.1   XSLT-Views mit Spring

Eine Alternative zu JSPs stellt die Verwendung von XSLT [XSLT] dar. Mit XSLT ist es möglich, ein XML-Dokument in ein anderes Dokument zu übersetzen. Dieses Dokument kann HTML, einfachen Text oder XML enthalten. Für Weboberflächen kann man also mit Hilfe von XSLT aus einem beliebigen XML-Dokument HTML erzeugen.

Woher kommt das XML?   Das führt zu der Frage, wie man die Ausgangsdaten als XML darstellen kann. Dazu muss man eine Klasse implementieren, die von `AbstractXsltView` erbt. Innerhalb dieser Klasse kann man mit einer dafür geeigneten Technologie wie DOM [DOM] oder JDOM [JDOM] eine Datenstruktur herstellen, die ein XML-Modell repräsentiert. Es wird also kein XML-Dokument erzeugt, sondern nur eine Datenstruktur, aus der man leicht ein solches Dokument erzeugen könnte. Listing 7–12 zeigt beispielhaft die Implementierung einer solchen Klasse.

Konfiguration der XSLT-View   Diese Views werden genauso wie andere Spring-Beans konfiguriert, wie in Abschnitt 7.7 noch dargestellt werden wird. Bei der Konfiguration muss in der Property `stylesheetLocation` angegeben werden, wo man das XSLT-Stylesheet finden kann, mit dem das XML-Model in HTML umgewandelt werden soll. Außerdem kann durch die Property `root` geregelt werden, welchen Bezeichner das Root-Element des XML-Dokuments haben soll.

```
public class KundenListeXsltView
 extends AbstractXsltView {

  protected Source createXsltSource(Map model,
   String root, HttpServletRequest request,
   HttpServletResponse response)
   throws Exception {
    DocumentBuilderFactory factory =
     DocumentBuilderFactory.newInstance();
    DocumentBuilder builder =
     factory.newDocumentBuilder();
    Document doc = builder.newDocument();
    Element rootElement = doc.createElement(root);

    List kunden = (List) model.get("kundenListe");
    for (int i = 0; i < kunden.size(); i++) {
      Kunde kunde = (Kunde) kunden.get(i);
      Element kundeElement =
       doc.createElement("kunde");
      addElement(doc, kundeElement, "id",
       Integer.toString(kunde.getId()));
      addElement(doc, kundeElement, "vorname",
       kunde.getVorname());
      addElement(doc, kundeElement, "name",
       kunde.getName());
      rootElement.appendChild(kundeElement);
    }

    doc.appendChild(rootElement);

    return new DOMSource(doc);
  }

  private void addElement(Document doc,
   Element parentElement, String elementName,
   String elementValue) {
    Element result = doc.createElement(elementName);
    result.appendChild(
     doc.createTextNode(elementValue));
    parentElement.appendChild(result);
  }

}
```

Listing 7–12

Implementierung der Umwandlung von Daten in eine DOM-Darstellung

Eine beispielhafte Implementierung einer XSLT-View zeigt Listing 7–12.
Ergebnis dieses Codes ist eine Kunden-Liste als XML-Modell. Listing

7–13 zeigt ein XML-Dokument, das aus diesem XML-Modell entstehen
könnte. Natürlich wird diese XML-Darstellung nicht tatsächlich
erzeugt, da es nur begrenzt sinnvoll ist, ein DOM-Modell in XML umzuwandeln, um es anschließend im XSLT-Prozessor wieder zu parsen. Das
Listing soll nur eine Vorstellung davon geben, wie die Daten aussehen,
die von dem XSLT-Stylesheet umgewandelt werden.

Listing 7–13
Darstellung einer
Kunden-Liste als XML

```xml
<?xml version="1.0" encoding="UTF-8"?>
<kunden>
  <kunde>
    <id>1</id>
    <vorname>Eberhard</vorname>
    <name>Wolff</name>
  </kunde>
</kunden>
```

Ein Beispiel-Stylesheet

Ein XSLT-Stylesheet zur Umwandlung in HTML zeigt Listing 7–14.
XSLT selektiert mit XPath-Ausdrücken [XPath] bestimmte Teile eines
XML-Dokuments und wendet darauf passende Regeln an. Die erste
Regel passt auf »/« und damit auf den Ursprung des XML-Modells. Sie
gibt ein leeres HTML-Dokument mit einer Tabelle zurück. Innerhalb
dieser Tabelle werden durch das `xsl:apply-templates`-Element die
anderen Regeln angewendet. Die nächste Regel passt auf das kunden-
Element. Sie selber gibt aber nichts zurück, sondern sorgt nur dafür,
dass weitere Regeln angewendet werden. Die entscheidende Regel
passt auf das kunde-Element. Hier werden die Inhalte der id-, vorname-
und name-Elemente jeweils in der passenden HTML-Tabellenspalte
untergebracht.

Listing 7–14
XSLT-Stylesheet zur
Umwandlung der
Kunden-Liste in HTML

```xml
<xsl:stylesheet version="1.0"
  xmlns:xsl="http://www.w3.org/1999/XSL/Transform">
  <xsl:output method="html"
    omit-xml-declaration="yes"/>

  <xsl:template match="/">
    <html>
      <head><title>Kunde</title></head>
      <body><p/><h2>Kunden Liste</h2>
        <table border="1">
          <th>Id</th>
          <th>Vorname</th>
          <th>Name</th>
          <xsl:apply-templates/>
        </table>
      </body></html>
  </xsl:template>
```

```
<xsl:template match="kunden">
  <xsl:apply-templates/>
</xsl:template>

<xsl:template match="kunde">
  <tr>
    <td>
      <xsl:value-of select="id"/>
    </td>
    <td>
      <xsl:value-of select="vorname"/>
    </td>
    <td>
      <xsl:value-of select="name"/>
    </td>
  </tr>
</xsl:template>

</xsl:stylesheet>
```

Mit dieser Implementationsvariante steht im Spring-MVC-Framework *Vor- und Nachteile* eine weitere Möglichkeit zur Verfügung, HTML-Ausgaben zu erzeugen. Der Nachteil der XSLT-Variante ist, dass man eine Konvertierung der Daten in ein XML-Modell schreiben muss und die XSLT-Konvertierung speicher- und rechenintensiv sein kann. Vorteil ist, dass man mit XSLT einen etablierten Standard nutzt, den man auch außerhalb der Webdarstellung verwenden kann. So kann man mit Hilfe von FOP [FOP] aus XML auch PDFs generieren. Wenn man also sowieso eine Ausgabe der Daten als XML z. B. für einen Web Service benötigt oder schon passende XSLT-Stylesheets hat, kann diese Implementierungsvariante sinnvoll sein.

7.6.2 Excel-Views

Eine interessante Alternative zur Darstellung als HTML stellt die Ausgabe als Excel-Datei dar, da man mit diesem Format recht leicht weitere Auswertungen vornehmen und Daten durch Grafiken ergänzen kann.

Spring bietet die Möglichkeit, aus einer Webanwendung Excel-Dateien zu generieren, die beim Nutzer automatisch in Microsoft Excel geöffnet werden. Dazu werden Funktionalitäten aus Apache POI [POI] verwendet. Diese Java-Bibliothek bietet umfassende Möglichkeiten zur Generierung von Dokumenten in den Dateiformaten der Microsoft-Office-Produkte an.

Man muss eine View von der Klasse `AbstractExcelView` ableiten und einige Funktionalitäten implementieren. Eine mögliche Implementierung – wieder zum Anzeigen der Kunden-Liste – zeigt Listing 7–15.

Listing 7–15
Implementierung einer
Excel-View

```java
public class KundenListeExcelView
  extends AbstractExcelView {

  protected void createCell(short x,
    String content, HSSFRow row,
    HSSFCellStyle cellStyle) {
    HSSFCell cell = row.createCell(x);
    cell.setCellValue(content);
    cell.setCellStyle(cellStyle);
  }

  ...

  protected void buildExcelDocument(Map model,
    HSSFWorkbook workbook, HttpServletRequest request,
    HttpServletResponse response)
    throws Exception {

    HSSFSheet sheet = workbook.createSheet("Kunden");
    sheet.setDefaultColumnWidth((short) 12);

    sheet.createRow(0);
    HSSFRow headerRow = sheet.createRow(1);

    HSSFCellStyle headerCellStyle =
      createHeaderCellStyle(workbook);

    createCell((short) 1, "ID", headerRow,
      headerCellStyle);
    createCell((short) 2, "Vorname", headerRow,
      headerCellStyle);
    createCell((short) 3, "Name", headerRow,
      headerCellStyle);

    HSSFCellStyle bodyCellStyle =
      createBodyCellStyle(workbook);

    List kunden = (List) model.get("kundenListe");
    for (int i = 0; i < kunden.size(); i++) {
      Kunde kunde = (Kunde) kunden.get(i);
      HSSFRow bodyRow = sheet.createRow(i + 2);
      createCell((short) 1, kunde.getId(), bodyRow,
```

```
      bodyCellStyle);
    createCell((short) 2, kunde.getVorname(),
     bodyRow, bodyCellStyle);
    createCell((short) 3, kunde.getName(), bodyRow,
     bodyCellStyle);
  }


 }


}
```

Die wesentliche Methode ist buildExcelDocument(). Wie man sieht, bekommt man ein HSSFWorkbook als Repräsentation einer Excel-Mappe übergeben, zu der man weitere Informationen hinzufügen muss. Zunächst wird mit Hilfe der Klasse HSSFSheet ein neues Arbeitsblatt angelegt. In dieses Arbeitsblatt werden Zeilen (HSSFRows) und darin wiederum einzelne Zellen (HSSFCells) eingefügt.

7.6.3   PDF-Views

Nicht nur im Internet, sondern auch in der Druck- und Medienindustrie wird das Portable Document Format (PDF) für unterschiedliche Dokumente bis hin zu komplexen grafischen Layouts verwendet. PDFs kann man nicht nur komfortabel am Bildschirm lesen, sondern daraus auch qualitativ hochwertige Ausdrucke produzieren. Mit Spring kann man Views entwickeln, die PDF-Dateien erzeugen. Dabei kommt die iText-Bibliothek zum Einsatz [iText].

Eine mögliche Implementierung zeigt Listing 7–16. Dabei wird wieder die Kunden-Liste verarbeitet. Auch für die Generierung von PDF-Dokumenten muss man von einer Oberklasse (AbstractPdfView) ableiten. Die wesentliche Funktionalität wird in der buildPdfDocument()-Methode implementiert: Hier wird aus dem übergebenen Modell ein PDF-Dokument erzeugt. Die andere Methode, die man implementieren kann, ist buildPdfMetadata(), in der die Metadaten für das PDF-Dokument wie z. B. der Titel erzeugt werden. Innerhalb dieser Methoden wird mit iText-Mechanismen auf das PDF-Dokument zugegriffen. Die Bibliothek bietet zahlreiche Klassen, um Layouts für die Dokumente zu erzeugen. Im hier gezeigten Code werden vor allem PdfTable für Tabellen und PdfPCell für Zellen innerhalb der Tabellen sowie Font für Zeichensätze verwendet.

Listing 7–16
*Implementierung
eines PDF-Views*

```java
public class KundenListePdfView
  extends AbstractPdfView {

  private static final Font BOLD_FONT =
   new Font(Font.HELVETICA, 12, Font.BOLD,
    Color.black);

  private static final Font NORMAL_FONT =
   new Font(Font.HELVETICA, 12, Font.NORMAL,
    Color.black);

  protected void buildPdfDocument(Map model,
   Document document, PdfWriter writer,
   HttpServletRequest request,
   HttpServletResponse response)
   throws Exception {

    PdfPTable table = new PdfPTable(3);
    ...
    createCell(table, "ID", BOLD_FONT);
    createCell(table, "Vorname", BOLD_FONT);
    createCell(table, "Name", BOLD_FONT);

    List kunden = (List) model.get("kundenListe");
    for (int i = 0; i < kunden.size(); i++) {
      Kunde kunde = (Kunde) kunden.get(i);
      createCell(table,
       Integer.toString(kunde.getId()), NORMAL_FONT);
      createCell(table, kunde.getVorname(),
       NORMAL_FONT);
      createCell(table, kunde.getName(), NORMAL_FONT);
    }

    document.add(table);
  }

  private void createCell(PdfPTable table,
   String content, Font font) {
    PdfPCell cell = new PdfPCell(new Phrase(content,
     font));
    table.addCell(cell);
  }

  protected void buildPdfMetadata(Map model,
   Document document, HttpServletRequest request) {
    super.buildPdfMetadata(model, document, request);
    document.addTitle("Kunden Liste");
    document.addCreator("Spring Buch Demo Anwendung");
  }

}
```

Für Excel-Views und PDF-Views wird automatisch der richtige MIME-Typ gesetzt. Dadurch sollte der Webbrowser erkennen können, dass die Datei mit Microsoft Excel bzw. mit einem PDF-Viewer geöffnet werden soll. Dennoch ist es sinnvoll, die Anwendung so zu entwerfen, dass die URL mit `.xls` oder `.pdf` endet. Dadurch zeigt auch die Extension des Dateinamens an, dass die Datei mit Excel oder als PDF-Dokument angezeigt werden muss.

7.6.4 Weitere View-Technologien

Neben den hier genauer vorgestellten View-Technologien bietet Spring noch Unterstützung für weitere Views an. Dazu zählen:

- JasperReports [JasperReports] dient zur Generierung von Reports. Das sind typischerweise Übersichten über Datenbestände oder Auszüge aus den Datenbeständen. Dazu wird in XML das Aussehen des Reports konfiguriert. Der Report kann als PDF, Excel, HTML oder kommaseparierte Datei (CSV) erzeugt werden.
- Bei Tiles [Tiles] handelt es sich um eine Technologie, die ursprünglich für das Struts-Framework [Struts] gedacht war. Der Vorteil von Tiles ist, dass man Teile einer Webseite definieren und aus diesen die Seiten komponieren kann. Vor allem bei Portalen sind die Seiten oft aus mehreren Bereichen zusammengesetzt, wofür Tiles eine gute Lösung bieten kann.
- Velocity [Velocity] und Freemarker [Freemarker] sind Template-Sprachen: Man kann bei diesen Sprachen eine Schablone definieren, in die dynamisch Inhalte integriert werden. Dabei werden bestimmte definierte Teile der Seite durch dynamische Daten ersetzt. Sie erzwingen im Gegensatz zu JSP eine strikte Trennung zwischen View und Controller, da in den Templates keine Geschäftslogik in Form von Java-Code zugelassen ist.

Wie man sieht, kann Spring MVC mit einer Unterstützung für viele sehr unterschiedliche View-Technologien aufwarten und ist dadurch sehr flexibel. Durch die sehr allgemeine Definition der Modelle und durch die Referenzierung der Views durch den Namen kann man praktisch jede View-Technologie in Spring MVC integrieren und muss dabei noch nicht einmal die Implementierung des Controllers oder Models anpassen.

7.7   Welche View wird genutzt?

Bisher wurde nur erläutert, dass die Views anhand des Namens identifiziert werden. Man kann aber auch keinen Namen angeben.

Was passiert, wenn man keine View angibt?

Dann tritt der `DefaultRequestToViewNameTranslator` in Aktion. Er
bildet die aufgerufene URL auf den Namen einer View ab. Dabei
wird alles bis zum ersten Slash abgeschnitten und auch die File-
Extension der URL wird entfernt. Also wird aus http://localhost:
8080/springbuchdemo/springbuchweb/FindByName der View-Name
springbuchweb/FindByName und aus http://localhost:8080/spring
buchdemo/FindByName würde der View-Name FindByName. Wenn
man mit diesem Verhalten nicht zufrieden ist, kann man es durch
explizite Konfiguration eines `DefaultRequestToViewNameTranslator`
unter dem Namen in der Spring-Konfiguration des `DispatcherServ-
let`s modifizieren. An dieser Spring-Bean kann man die Property
`stripLeadingSlash` und `stripExtensions` passend setzen. Man kann
zusätzlich einen Prefix und einen Suffix für den Namen der View
definieren, indem man die Properties `prefix` und `suffix` passend setzt.
Ein Beispiel zeigt Listing 7–17.

Listing 7–17
Konfiguration eines
DefaultRequestToView-
NameTranslators in der
Spring-Konfiguration
eines DispatcherServlets

```
<bean id="viewNameTranslator"
  class="….DefaultRequestToViewNameTranslator">
  <property name="stripExtension" value="false" />
  <property name="stripLeadingSlash" value="false" />
</bean>
```

Nachdem der logische Name der View festgelegt worden ist, muss sie
auf eine echte View abgebildet werden. Wie dies konkret passiert, ist
bisher offen geblieben. Hier setzt der `ViewResolver` ein. Die Auswahl
einer View kann man durch einen `ViewResolver` recht einfach konfigurieren. Das Interface definiert entsprechend der Maxime, alles möglichst einfach zu halten, nur eine Methode: `resolveViewName()`. Als
Parameter werden der Name der `View` und der `Locale` übergeben, und
das Ergebnis ist eine `View`. `View`s wiederum haben als einzige Methode
`render()`, die `HttpRequest`, `HttpResponse` und `Model` als Parameter hat.

Dieser Entwurf ist sehr generisch und hat zur Folge, dass die Auf-
lösung der `View`s sehr flexibel ist und man so viele View-Technologien
integrieren kann. Dazu ist es natürlich notwendig, einen entsprechenden `ViewResolver` zu haben, der die passenden `View`s erzeugt.

7.7.1   InternalResourceViewResolver

Eine einfache `ViewResolver`-Variante ist der `UrlBasedViewResolver`. Er
kann verwendet werden, wenn man aus dem Namen der `View` auf ein-

fache Art und Weise die URL der View ermitteln kann. Dazu hat der
UrlBasedViewResolver die beiden Properties prefix und suffix. Diese
werden vor den Namen der View gestellt bzw. an den Namen der View
gehängt und danach wird der Name aufgelöst.

Der Name muss noch auf eine konkrete View abgebildet werden. *Benutzung des Internal-*
Dazu gibt es als Subklasse des UrlBasedViewResolvers den InternalRe- *ResourceViewResolvers*
sourceViewResolver. Bei dieser Klasse wird die URL auf das WAR-
Archiv der Webanwendung abgebildet. Typischerweise findet man in
einer Anwendung, die JSPs verwendet, einen InternalResourceViewRe-
solver, der z. B. als prefix /WEB-INF/jsp/ hat und als suffix .jsp.
Wenn eine View mit dem Namen kundeForm angefordert wird, wird
durch Ergänzung mit Präfix und Suffix daraus die URL /WEB-
INF/jsp/kunde.jsp. Diese Datei wird dann aus dem WAR-Archiv ausgelesen und als View zur Verfügung gestellt. Wenn der ursprüngliche
Name ein Unterverzeichnis enthält, kann man auf diesem Wege die
JSPs auch in Verzeichnisstrukturen organisieren.

Dieses Verfahren wird auch bei der Beispielanwendung verwendet, *In der*
da es für die meisten dort auftretenden Anforderungen ausreichend ist. *Beispielanwendung...*
Es müssen oft lediglich JSPs angesprochen werden, und diese liegen in
einem Verzeichnis der Webanwendung. Also wurde in der Spring-Konfiguration ein InternalViewResolver als Spring-Bean angelegt und prefix und suffix passend konfiguriert. Damit ein ViewResolver von
Spring verwendet wird, reicht es aus, ihn in der Spring-Konfiguration
anzulegen. Er wird automatisch unabhängig vom Spring-Bean-Namen
verwendet.

7.7.2   ResourceBundleViewResolver

Neben Views wie JSPs, die einfache Dateien sind, gibt es in Spring
auch Views, die durch Java-Code implementiert werden. Beispiele
dafür hat Abschnitt 7.6 gezeigt, in dem es um Views geht, die Excel-
Dateien und PDFs als Ausgabe erzeugen. Solche Views kann man mit
einem UrlBasedViewResolver wie z. B. dem InternalResourceViewResolver nicht verwalten, da sie nicht als Dateien vorliegen, sondern als
Java-Klassen.

Für solche Fälle kann man den ResourceBundleViewResolver verwenden. Bei diesem ViewResolver verwendet man eine Properties-
Datei, um anhand des Namens eine View zu definieren. Dabei hängt
man an den Namen der View ein .class an, wenn es sich bei der View
um eine Java-Klasse handelt. Die URLs z. B. für JSPs markiert man
durch ein .url. In der Beispielanwendung wird diese Konfiguration
verwendet, um die View für die Darstellung der Kunden-Liste als PDF
nutzen zu können (Abschnitt 7.6.3). Den Inhalt dieser Datei zeigt Lis-

ting 7–18. Hier wird also definiert, dass unter dem Namen kunden-ListePDF die Klasse web.kunde.KundenListePDFView als View zurückgegeben werden soll.

Listing 7–18
Eine einfache
views.properties-
Konfiguration

```
kundenListePDF.class=web.kunde.KundenListePDFView
```

Die dazu notwendige Konfiguration des ResourceBundleViewResolvers in der Spring-Konfiguration zeigt Listing 7–19. Wie man sieht, wird auch die Property order gesetzt. Das hat mit der Verwendung mehrerer ViewResolver zu tun, was in Abschnitt 7.7.4 noch genauer erläutert werden wird. Davon abgesehen muss man lediglich die Property basenames definieren. Sie enthält eine Liste von Properties-Dateien, in denen die View-Namen gesucht werden. Dabei ist auch eine Internationalisierung möglich: Es werden zunächst Properties-Dateien mit Sprach- und Land-Kennzeichen im Dateinamen gesucht, und erst dann wird eine Datei ohne entsprechende Extension gesucht. Im konkreten Beispiel würde bei einem Zugriff aus Deutschland also zunächst die Datei views_de_DE.properties (deutsche Sprache/Deutschland), dann views_de.properties (deutsche Sprache) und schließlich views.properties durchsucht. Die Datei muss im Klassenpfad liegen.

Listing 7–19
Konfiguration des
ResourceBundleViewResol
vers in der Spring-
Konfigurationsdatei

```
<bean id="pdfViewResolver"
 class="….ResourceBundleViewResolver">
  <property name="order" value="2" />
  <property name="basenames">
    <list><value>views</value></list>
  </property>
</bean>
```

7.7.3   XmlViewResolver

Eine andere Möglichkeit, Views zu definieren, ist der XmlViewResolver. Er kann jedoch nur genutzt werden, um Views zu definieren, die als Java-Klassen vorliegen. Dazu verwendet der Resolver eine Datei, deren Aufbau einer Spring-Konfiguration entspricht. Die Datei muss als Property location am XmlViewResolver konfiguriert werden.

Ein Beispiel

Eine mögliche Konfigurationsdatei zeigt Listing 7–20. Hier wird also der View-Name kundenListeExcel auf die Klasse web.kunde.KundenListeExcelView abgebildet. Diese Konfiguration wird in der Beispielanwendung verwendet, um den in Abschnitt 7.6.2 definierten View anzeigen zu können.

Listing 7–20
Konfiguration eines
XmlViewResolvers

```
<beans>
  <bean name="kundenListeExcel"
    class="web.kunde.KundenListeExcelView" />
</beans>
```

Man kann natürlich die Frage aufwerfen, warum man nicht die View-Namen in der ursprünglichen Spring-Konfiguration auflöst. Mit dem XmlViewResolver erreicht man eine Aufteilung der Spring-Konfiguration in die Konfiguration für die Views und die Konfiguration für die eigentliche Geschäftslogik und die Controller. Dadurch wird die Konfiguration modularisiert, insgesamt übersichtlicher und so einfacher änderbar.

BeanNameViewResolver für kleine Projekte

Dennoch kann es für kleine Projekte sinnvoll sein, die Views und die übrigen Spring-Beans in einer Konfiguration zusammenzufassen. Dazu kann man den BeanNameViewResolver verwenden. Dieser ViewResolver gibt bei einer Anfrage nach einer View die Spring-Bean mit dem übergebenen Namen zurück.

7.7.4 Mehrere ViewResolver nutzen

Jeder der bisher vorgestellten ViewResolver hat Vor- und Nachteile. So kann man mit dem InternalResourceViewResolver sehr einfach die Views einer Anwendung konfigurieren, die nur JSPs verwendet. Wenn man aber zusätzlich eine Ausgabe als Excel-Datei implementieren will, kommt man mit dem InternalResourceViewResolver nicht mehr aus. Dennoch ist das Umschwenken z. B. auf einen ResourceBundleViewResolver nicht sinnvoll, da die Konfiguration der JSP-Views dann unnötig kompliziert wird.

ViewResolver verketten

Für diese Probleme bietet Spring die Verkettung (Chaining) mehrere ViewResolver als Lösung an. So wird es möglich, für das Heraussuchen einer View mehrere ViewResolver zu nutzen: Falls ein ViewResolver keine passende View findet, geht die Anfrage an den nächsten ViewResolver. Für dieses Konzept ist es nur notwendig, die Reihenfolge der ViewResolver festzulegen. Dazu dient die Property order der ViewResolver. Bei dem ViewResolver mit dem niedrigsten Wert in der order-Property wird zuerst nach einer passenden View gefragt und dann folgen jene mit höheren Werten. Diese Property ist im Ordered-Interface definiert. Es wird bei allen bisher behandelten ViewResolver implementiert. Eine Ausnahme bilden die ViewResolver wie z. B. InternalResourceViewResolver, die von UrlBasedViewResolver ableiten. Sie lösen nämlich jeden View-Namen unabhängig davon auf, ob die View tatsächlich existiert. Daher werden sie immer als Letzte beim Auflösen eines View-Namens konsultiert.

Auf diesem Wege kann man also mehrere ViewResolver zusammen verwenden und jeweils die Konfigurationsmöglichkeit verwenden, die einem am besten angemessen erscheint.

7.8　Handler Mapping

Wie schon erwähnt, wird normalerweise jede Spring-Bean, deren Name mit »/« (Schrägstrich) beginnt, zur Bearbeitung von Aufrufen der entsprechenden URL verwendet. Man spricht auch von einem Handler. Hinter den Kulissen trifft allerdings eine Spring-Bean vom Typ `HandlerMapping` die Entscheidungen, welcher Handler für einen Request zuständig ist. Wenn nichts anderes konfiguriert ist, wird ein `BeanNameUrlHandlerMapping` verwendet. Die Klasse implementiert die direkte Abbildung von URLs auf Bean-Namen. Übrigens kann man auch Wildcards (»*«) in der Definition der Bean-Namen verwenden.

Vorteile und Nachteile des BeanNameUrlHandler-Mappings

Dieses Vorgehen hat den Vorteil, dass man recht einfach und schnell neue Webfunktionalitäten implementieren kann. Allerdings sind dadurch die nach außen sichtbaren URLs der Webanwendung von der internen Zusammensetzung der Anwendung aus den Spring-Beans abhängig.

Andere HandlerMappings definieren

Aus diesem Grund sind für viele Projekte komplexere Abbildungen notwendig. Dazu kann man weitere Implementierungen des Interfaces `HandlerMapping` in einer Spring-Konfiguration unterbringen. Normalerweise zieht das `DispatcherServlet` jedes `HandlerMapping` in der Spring-Konfiguration zu Rate, um zu entscheiden, welche Spring-Bean einen HTTP-Request beantworten soll. Um das zu verhindern, kann man am `DispatcherServlet` die Property `detectAllHandlerMappings` auf `false` setzen: Dann wird nur die Spring-Bean als `HandlerMapping` genutzt, die den Namen `handlerMapping` hat.

Das SimpleUrlHandlerMapping

Man kann natürlich ein eigenes `HandlerMapping` implementieren, aber Spring bietet mit dem `SimpleUrlHandlerMapping` eine recht mächtige Implementierung an. Sie hat eine `mappings`-Property, die Abbildung von URL-Pfaden auf Spring-Beans ermöglicht. Dabei können die Pfade auch Wildcards (»*«) enthalten. Zur Konfiguration kommt die bereits bekannte Syntax für `java.util.Properties` mit dem `props`-Element zum Einsatz (Abschnitt 2.10.2).

Handler mit Annotationen

Es besteht auch die Möglichkeit, Handler über Jakarta Commons Attributes zu definieren. Dazu steht die Klasse `CommonsPathMapHandlerMapping` zur Verfügung, die alle mit der `PathMap`-Annotation gekennzeichneten Objekte als Handler unter dem angegebenen Pfad zur Verfügung stellt. Ein Beispiel zeigt Listing 7–21.

Listing 7–21
Pfad mit PathMap-Annotation festlegen

```
/**
 * @@PathMap("/einPfad")
 */
public class EinController
  implements Controller {
  ...
}
```

Beim `ControllerClassNameHandler` Mapping richtet sich dieser `Handler`-`Mapper` nach dem Klassennamen des Controllers. Es betrachtet jeden Controller in der Spring-Konfiguration und verwendet den Klassennamen des Controllers ohne den Suffix »Controller« und in Kleinbuchstaben umgewandelt als URL. So würde ein `KundeController` auf die URL /kunde* abgebildet. Ist `KundeController` ein `MultiActionController`, so wird die URL /kunde/* verwendet, da man dann ja auch einen Teil der URL für die Auswahl der Methoden verwenden muss.

ControllerClassName-HandlerMapping

Neben diesen unterschiedlichen Möglichkeiten, die Zuordnung eines Handlers zu einer URL zu konfigurieren, gibt es auch noch `Handler`-`lerInterceptors`. Alle bisher behandelten `HandlerMappings` haben eine Property `interceptors`, der man ein Array von `HandlerInterceptors` zuweisen kann. Dieses Interface definiert drei Methoden:

HandlerInterceptor

- `preHandle()` wird aufgerufen, wenn das `HandlerMapping` und der `Handler` für den Aufruf gefunden wurden, aber bevor die Kontrolle an den `Handler` übergeht. Man hat durch die übergebenen Parameter vollen Zugriff auf den `HttpRequest`, die `HttpResponse` und den zuständigen `Handler`. Wenn man in der Implementierung `true` zurückgibt, wird der nächste `HandlerInterceptor` bzw. der `Handler` aufgerufen, bei `false` wird die Bearbeitung abgebrochen. Dadurch kann man in dieser Methode Manipulationen an der Verarbeitung des Requests vornehmen, die bis zum Abbruch der Bearbeitung reichen können.

- `postHandle()` wird nach der Ausführung des `Handlers` aufgerufen, aber bevor die View gerendert wird. Damit sind hier noch Änderungen am vom `Handler` erzeugten `ModelAndView`-Objekt möglich, das der Methode zusätzlich zu den Parametern von `preHandle()` übergeben wird.

- `afterCompletion()` wird aufgerufen, wenn der Request vollständig abgearbeitet ist. Dazu muss der `HandlerInterceptor` allerdings bei `preHandle()` `true` zurückgegeben haben. Hier kann man z. B. die für den Request verwendeten Ressourcen wieder aufräumen.

Das Konzept der `HandlerInterceptors` ist eng verwandt mit der aspektorientierten Programmierung (Kapitel 3). Hier setzen die Aspekte nicht an den Spring-Beans innerhalb der Anwendung an, sondern sie werden bei der Bearbeitung eines HTTP-Requests an die Webanwendung aufgerufen. Dementsprechend finden sich unter den `HandlerInterceptors`, die in Spring vordefiniert sind, Beispiele für die typischen AOP-Anwendungsgebiete:

AOP im Web mit HandlerInterceptors

- UserRoleAuthorizationInterceptor überprüft, ob der Benutzer in einer bestimmten Rolle ist. Dazu werden Standardaufrufe der Java-EE-API verwendet.

- OpenSessionInViewInterceptor bindet ähnlich wie der HibernateInterceptor bei Spring AOP eine Hibernate-Session an den aktuellen Thread, und zwar für die komplette Bearbeitung des HTTP-Requests. Normalerweise wird die Hibernate-Session nach der Bearbeitung des HTTP-Requests im Controller beendet. Wenn das Model Objekte enthält, die noch von Hibernate nachgeladen werden müssten, können diese in der View nicht angezeigt werden, weil die Session schon geschlossen wurde. Ein Beispiel sind Collections, deren Inhalt nachgeladen werden. Durch den Interceptor steht die Hibernate-Session nicht nur im Controller, sondern auch noch in der View zur Verfügung. Allerdings verlängert sich die Dauer der Datenbanktransaktion bis zur vollständigen Auslieferung der Request-Daten. Bei großen Downloads kann das ein erhebliches Problem sein, vor allem bei Schreib-Operationen. Für JDO gibt es den OpenPersistenceManagerInViewInterceptor und für JPA den OpenEntityManagerinViewInterceptor mit einer ähnlichen Funktionalität.

- LocaleChangeInterceptor und TimeChangeInterceptor bieten die Möglichkeit, den Locale (also Land und Sprache) und die Zeit eines HTTP-Requests zu manipulieren.

Der Sinn der HandlerInterceptors

Diese Beispiele zeigen, was man mit HandlerInterceptors erreichen kann: Man kann Manipulationen an den Requests vornehmen und dadurch technische Aspekte der Anwendung implementieren, und zwar so, dass man eine Klasse hat, die lediglich den jeweiligen Aspekt abdeckt.

HandlerInterceptor vs. Servlet-Filter

Dieses Konzept erinnert an Servlet-Filter, mit denen man HttpRequests und HttpResponses ändern kann und so die Aufrufe an Servlets und die Ergebnisse von Servlets nachträglich modifizieren kann. Der Vorteil der HandlerInterceptors ist, dass sie vollständig in die Konzepte von Spring MVC integriert sind, so dass sie auf der Ebene von Handlern, Models und Views Änderungen an den HttpRequests und HttpResponses vornehmen können. Ansonsten lassen sich ähnliche Effekte auch mit Servlet-Filter erreichen. So bietet Spring z. B. als Alternative zum OpenSessionsInViewInterceptor auch einen OpenSessionInViewFilter. Für JDO gibt es den OpenPersistenceManagerInViewFilter und für JPA den OpenEntityManagerInViewFilter.

7.9   Der Weg eines Requests durch Spring MVC

An der Verarbeitung eines Requests im Spring-MVC-Framework sind eine Vielzahl von Klassen und Spring-Beans beteiligt. Zum Abschluss zeigt Abbildung 7–3 die Zusammenarbeit dieser Klassen bei der Verarbeitung eines Requests im Spring-MVC-Framework. Dabei wird der komplexeste Fall gezeigt: ein Request aus einem Formular, der zur Anzeige einer neuen View führt.

Das `DispatcherServlet` ist die Anlaufstelle für `HttpRequests` in Spring. Im Beispiel bekommt das `DispatcherServlet` also einen `HttpRequest`. Im ersten Schritt sucht das `DispatcherServlet` einen Controller für den HTTP-Request. Dazu wird das `HandlerMapping` verwendet. Wird die Verkettung von `HandlerMappings` verwendet, kann es hier auch mehrere `HandlerMappings` geben, bei denen nacheinander nach einem passenden `Controller` gesucht wird.

Controller suchen und ausführen

Im nächsten Schritt werden die Daten im `HttpRequest`, die aus dem Formular stammen, in das `Command`-Objekt übertragen. Dieser Schritt erfolgt natürlich nur, wenn ein solcher `Command` definiert ist.

Command füllen

Danach kann ein `HandlerInterceptor` den Request noch bearbeiten. Nun ist der `Controller` an der Reihe: Er liest die Daten aus dem `Command` aus und überprüft sie mit Hilfe des `Validators`. Anschließend bearbeitet er den Request. Dazu muss er typischerweise zunächst die Daten aus dem `Command` auslesen.

Abb. 7–3

Dieses Diagramm zeigt die Kollaboration der einzelnen Klassen bei der Bearbeitung eines Requests im Spring-MVC-Framework.

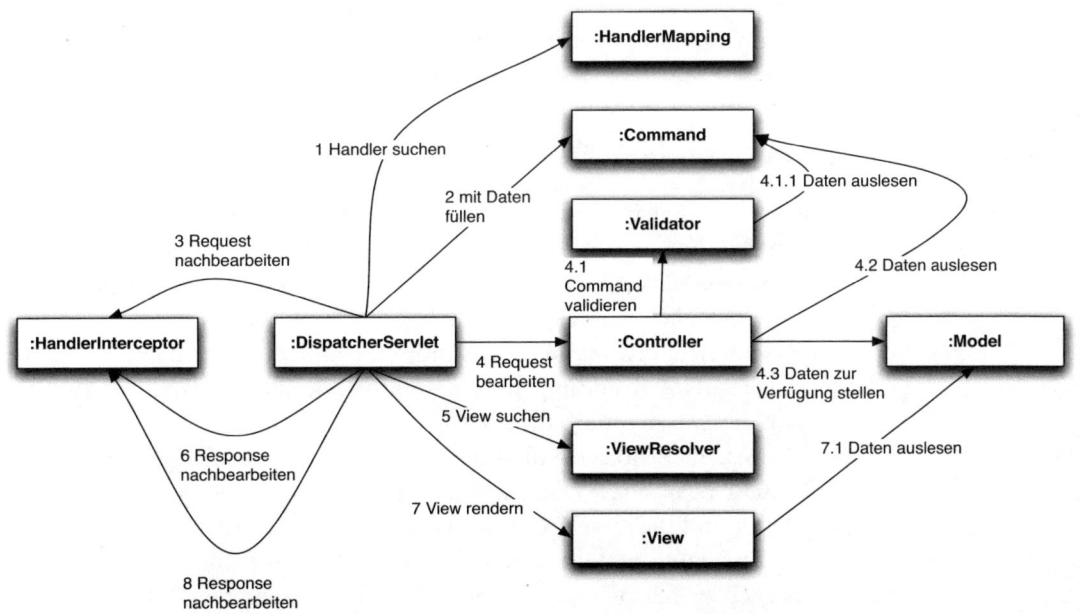

Model erzeugen und validieren

Anschließend führt er Geschäftslogik aus und stellt die Ergebnisse – wenn es denn welche gibt – im Model zur Verfügung. Zum Model ergänzt er in der ModelAndView-Datenstruktur noch den Namen der gewünschten View zum Anzeigen des Models. Jetzt kann der HandlerInterceptor die Response noch mal verändern.

View suchen und anzeigen

Schließlich wird im ViewResolver nach einer passenden View gesucht, und zwar anhand des View-Namens. Diese View muss das Ergebnis darstellen und dazu benutzt sie natürlich die Daten aus dem Model. Zum Abschluss kann der HandlerInterceptor noch einmal eingreifen.

Vorteil: einfach und flexibel

Ingesamt entstehen durch das HandlerMapping und das ViewMapping eine große Flexibilität, die gute Konfigurationsmöglichkeiten eröffnet. Dadurch ist auch die Integration verschiedener View-Technologien überhaupt erst möglich. Das ist – neben der Einfachheit – sicher einer der Vorteile von Spring MVC.

7.10 Spring und andere Webtechnologien

Ein wichtiger Grundsatz des Designs des Spring-Frameworks ist es, dem Entwickler möglichst viele Freiheiten zu lassen. Das bedeutet auch, dass man nicht unbedingt Spring MVC nutzen muss, wenn man mit Spring Webanwendungen erstellen will: Spring integriert sich auch in andere Webframeworks. Diese Integration wird in diesem Abschnitt genauer dargestellt. Dabei soll in erster Linie nur die jeweilige Spring-Integration intensiver beleuchtet werden, eine ausführliche Einführung in diese Frameworks kann nicht gegeben werden.

7.10.1 Spring und Struts

Struts [Struts] ist wie Spring auch ein MVC-Framework und daher recht ähnlich aufgebaut. Die prinzipielle Abarbeitung eines Requests im Struts-Framework zeigt Abbildung 7–4. Zunächst werden die Daten in ein ActionForm eingetragen. Dann werden die Daten mit einem Aufruf des ActionForms validiert. Das ActionForm dient innerhalb einer Struts-Anwendung zur transienten Speicherung und zur Validierung der Daten innerhalb eines Requests.

Anschließend wird die Kontrolle an die Action übergeben, die den Request bearbeitet. Dazu werden die Daten aus dem ActionForm ausgelesen und die Ergebnisse der Geschäftslogik werden im HttpRequest zur Verfügung gestellt. Schließlich wird die Kontrolle an ein Forward übergeben, beispielsweise eine JSP-Seite. Sie liest die Daten aus dem HttpRequest aus und stellt sie geeignet dar.

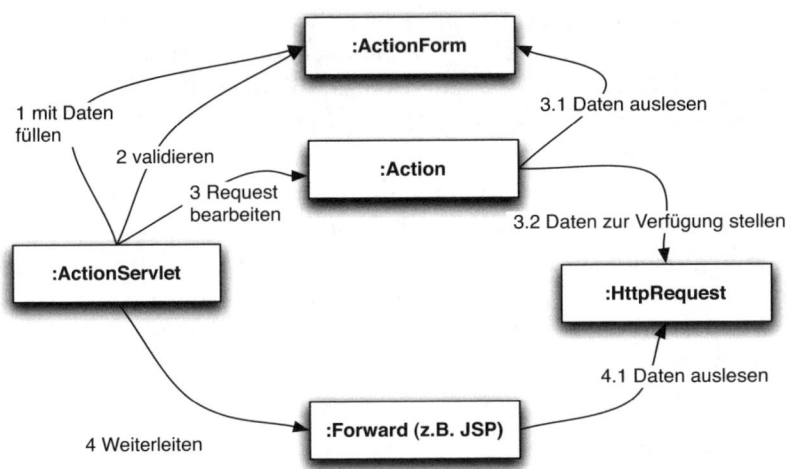

Abb. 7–4
Ablauf eines Requests
im Struts-Framework

Sowohl die Action als auch das ActionForm sind bei Struts eigene Klassen, die von Klassen des Struts-Frameworks erben. Ziel der Spring-Integration ist, diese Klassen durch Dependency Injection mit Referenzen auf Spring-Beans zu versorgen, um so Dependency Injection in der gesamten Anwendung verwenden zu können. ActionForms mit Dependency Injection zu konfigurieren ist kaum sinnvoll, da diese Klassen Daten repräsentieren und solche Klassen typischerweise nicht mit Dependency Injection verwaltet werden.

Die Herausforderung ist nun, dass Spring die Actions mit Referenzen auf andere Spring-Beans versehen muss, bevor Struts die Actions verwendet. Sonst wären die Actions nicht initialisiert, wenn Struts auf sie zugreift. Ähnlich wie bei der Konfiguration des DispatcherServlets (Abschnitt 6.3) wird in Struts ein Plugin installiert, das die Spring-Konfiguration lädt. Auch hier kann man die Konfiguration aufteilen in eine allgemeine Konfiguration für die gesamte Anwendung und eine Konfiguration speziell für das Struts-Servlet. Dazu werden dieselben Konventionen wie beim DispatcherServlet verwendet: Der allgemeine Teil der Konfiguration liegt in WEB-INF/applicationContext.xml und der spezielle in <servlet-name>-servlet.xml. Wenn man also dem Struts-Servlet den Namen action gegeben hat, hätte die Datei den Namen action-servlet.xml.

Struts-Actions mit Spring konfigurieren

Damit Spring in die Struts-Anwendung integriert wird, muss man die zentrale Struts-Konfigurationsdatei WEB-INF/struts-config.xml ändern, um das Spring-Plugin zu aktivieren. Als Beispiel für die Integration von Spring in Struts wurde das Anlegen von Kunden mit dieser Kombination von Technologien implementiert. Die Konfiguration dafür zeigt Listing 7–22. Im plug-in-Element wird das notwendige Plugin konfiguriert.

Integration des Spring-Plugins

Actions mit Spring
verwalten
Dies ist noch nicht ganz ausreichend, denn das Plugin lädt nur die Spring-Konfiguration. Es ist aber notwendig, die `Actions` mit den Spring-Beans aus dieser Konfiguration zu versorgen. Eine Möglichkeit, dies umzusetzen, ist, in der Struts-Konfiguration nicht mehr die eigentlichen `Actions` zu definieren, sondern nur einen Platzhalter. Genau dies wird in der vorliegenden Konfiguration gezeigt: Man verwendet statt der eigentlichen `Action`-Klasse den `DelegatingActionProxy`. Er sucht aus der Spring-Konfiguration eine Spring-Bean mit dem Namen des Pfads für die `Action`. Im vorliegenden Fall wäre dies also `/kundeCreate`. Diese Spring-Bean ist dann die Struts-Action. Sie unterscheidet sich nicht von anderen Spring-Beans und wird durch Dependency Injection konfiguriert.

Listing 7–22
Struts-Konfiguration für
die Integration von Spring

```
<struts-config>

  <form-beans>…</form-beans>

  <action-mappings>
    <action path="/kundeCreate"
    type="….DelegatingActionProxy"
    name="kundeCreateForm" scope="session"
    validate="true" input="/jsp/kundeForm.jsp">
      <forward name="kundeCreated"
        path="/jsp/kundeCreated.jsp"/>
    </action>
  </action-mappings>

  …

  <plug-in className="….ContextLoaderPlugIn"/>

</struts-config>
```

Bei der beschriebenen Konfiguration muss man für jede Action den `DelegatingActionProxy` definieren. Eine andere Möglichkeit ist, grundsätzlich alle Requests von Spring bearbeiten zu lassen, so dass die einzelnen `DelegatingActionProxys` nicht mehr notwendig sind. Die passende Konfiguration zeigt Listing 7–23.

Listing 7–23
Alternative Struts-
Konfiguration für die
Integration von Spring

```
<struts-config>

  <form-beans>…</form-beans>

  <action-mappings>
    <action path="/kundeCreate" name="kundeCreateForm"
     scope="session" validate="true"
     input="/jsp/kundeForm.jsp">
      <forward name="kundeCreated"
        path="/jsp/kundeCreated.jsp"/>
    </action>
  </action-mappings>

  <controller nocache="true"
    processorClass="….DelegatingRequestProcessor"/>

  …
  <plug-in className="….ContextLoaderPlugIn"/>

</struts-config>
```

An dem grundlegenden Verfahren ändert sich dadurch nichts: Zu dem Struts-Pfad /kundeCreate wird eine Spring-Bean mit dem gleichen Namen gesucht und an sie wird der Request zur Verarbeitung übergeben. Der Unterschied ist, dass hier kein type beim action-Element angegeben wird. Stattdessen wurde das controller-Element in die Struts-Konfiguration eingeführt. Durch diesen Controller aus dem Spring-Framework werden alle Requests automatisch an Spring-Beans mit dem passenden Namen weitergegeben.

Die Struts-Actions sollten von der Klasse ActionSupport aus dem Spring-Framework abgeleitet werden, weil diese Klasse mit get-WebApplicationContext() den Spring-WebApplicationContext zur Verfügung stellt. Es gibt für die anderen Struts-Klassen ähnliche Oberklassen: DispatchActionSupport, LookupDispatchActionSupport und MappingDispatchActionSupport.

Spring-Action-Klassen

Tipp

Die Integration von Struts in Spring ist technisch einfach machbar. Dennoch sollte man sich überlegen, ob man mit Spring MVC nicht besser bedient ist als mit Struts. Struts hat einige Schwächen, die Spring MVC nicht hat: So müssen praktisch alle verwendeten Klassen von einer Oberklasse aus dem Struts-Framework erben. Das ist schon deswegen problematisch, weil dadurch die eine Oberklasse, die Java erlaubt, vergeben ist. Es wird so auch unmöglich, vorhandene Java-Klassen wiederzuverwenden. Das zeigt sich auch in der Beispielanwendung: Während man bei der Spring-MVC-Anwendung die Daten aus dem Formular zur Anlage eines Kunden in die vorhandene Kunde-Klasse eintragen konnte, muss man für Struts eine ActionForm entwickeln. Ein weiteres Problem ist, dass die

ActionForm nicht nur die Daten verwaltet, sondern sie auch validiert. Während man bei Spring die Validierung auch außerhalb von Spring MVC nutzen kann, muss man dazu bei Struts schon sehr genau planen. Ein weiterer Vorteil von Spring MVC ist sicher auch die einfache Integration verschiedener View-Technologien. Wenn man also sowieso schon Spring verwendet, sollte man darüber nachdenken, ob man nicht gleich auch Spring MVC statt Struts verwenden will. Die Konzepte sind recht ähnlich, so dass ein Umdenken nicht schwer fällt. Nur ist Spring MVC wesentlich eleganter. Der Erfolg von Struts geht eben vor allem darauf zurück, dass es das erste Framework in diesem Bereich war. Dieses Alter merkt man Struts aber im Vergleich zu neueren Frameworks inzwischen deutlich an.

7.10.2 JavaServer Faces (JSF)

JavaServer Faces (JSF) [JSF] stellen einen Standard im Bereich der Webframeworks dar, der sich anschickt, Struts zu verdrängen. Dafür gibt es zwei Gründe: Zum einen ist JSF ein »offizieller« Java-EE-Standard, zum anderen wird JSF von Craig McClanahan wesentlich beeinflusst. Er hat Struts aus der Taufe gehoben, so dass man davon ausgehen kann, dass mit JSF einiges besser wird.

Das JSF-Modell   Das Prinzip von JSF ist, an der Oberfläche Komponenten zu platzieren und dahinter Java-Beans als Logik für diese Komponenten zu implementieren. Damit ist das Programmiermodell an traditioneller GUI-Programmierung orientiert. Man kann also auf der Webseite z. B. einzelne Eingabefelder platzieren, die an Properties der dahinter liegenden Beans gebunden werden. Gleiches gilt für Buttons: Sie werden nicht zum Abschicken von Formularen verwendet, sondern man bindet sie an den Aufruf einer Methode einer Bean. Die Beans selber werden in der Konfigurationsdatei faces-config.xml definiert.

Eine Integration von Spring in JSF sollte die Möglichkeit bieten, JSF-Beans mit Spring-Beans zu verbinden. Genau das tut die Spring-JSF-Integration, die im Spring-Framework enthalten ist. Zunächst muss dazu das DispatcherServlet (Abschnitt 6.3) konfiguriert werden. Anschließend ist eine Änderung an der faces-config.xml notwendig.

Listing 7–24
Konfiguration der
faces-config.xml für die
Integration von Spring in
eine JSF-Anwendung

```
<faces-config>

  <application>
    <variable-resolver>
      ….DelegatingVariableResolver
    </variable-resolver>
    <locale-config>
      <default-locale>en</default-locale>
    </locale-config>
  </application>
```

```
<navigation-rule>
  <description>…</description>
  <from-view-id>/jsp/kundeForm.jsp</from-view-id>
  <navigation-case>
    <description>…</description>
    <from-outcome>success</from-outcome>
    <to-view-id>/jsp/kundeCreated.jsp</to-view-id>
  </navigation-case>
</navigation-rule>

<managed-bean>
  <description>…</description>
  <managed-bean-name>kundecreate</managed-bean-name>
  <managed-bean-class>
    web.kunde.KundeCreateBean
  </managed-bean-class>
  <managed-bean-scope>request</managed-bean-scope>
  <managed-property>
    <property-name>kundeDAO</property-name>
    <value>#{kundeDAO}</value>
  </managed-property>
</managed-bean>

</faces-config>
```

Die Konfiguration einer reduzierten Beispielanwendung für JSF, die nur das Anlegen von neuen Kunden erlaubt, zeigt Listing 7–24. Durch das `variable-resolver`-Element wird die Spring-Integration aktiviert. Im `managed-bean`-Element, das zum Anlegen von Beans in JSF dient, wird die `kundecreate`-Bean definiert. Diese enthält den aktuellen Kunden als Variable und außerdem eine Referenz auf das Kunden-DAO. Das DAO soll aus der Spring-Konfiguration ausgelesen werden. Die Konfigurationsdatei referenziert dazu mit dem Ausdruck `#{kundeDAO}` das DAO so, als wäre es eine Bean unter der Kontrolle von JSF. In Wirklichkeit verbirgt sich dahinter jedoch eine Spring-Bean. Der Name `kundeDAO` wird vom `DelegatingVariableResolver` im Spring-Kontext aufgelöst. Somit können Spring-Beans genauso wie JSF-Beans in der Konfiguration verwendet werden.

Sollte es einmal notwendig sein, Spring-Beans im Programmcode explizit aus der Spring-Konfiguration auszulesen, so kann man mit der Methode `FacesContextUtils.getWebApplicationContext()` unter Angabe eines `FacesContext` Zugriff auf einen Spring-`WebApplicationContext` bekommen und dadurch Spring-Beans aufrufen. Das bricht natürlich das Dependency-Injection-Prinzip, da man die Objekte explizit aus dem Kontext ausliest, statt sie sich zuweisen zu lassen.

ApplicationContext in JSF referenzieren

JSF und Spring bieten also beide Verwaltungsmöglichkeiten für Beans. Üblicherweise wird man nur von JSF aus Spring-Beans nutzen. JSF ist nämlich näher an der GUI, und der übliche Fall ist ein Aufruf von der GUI aus in die Logik, die aus Spring-Beans besteht. Sollte dennoch einmal der umgekehrte Weg notwendig sein, also der Aufruf von JSF-Beans aus Spring heraus, so kann man dies mit dem JSF-Spring-Framework [JSF-Spring] ebenfalls erreichen. Dieses Framework bietet auch die Möglichkeit an, Spring-MVC-Anwendungen mit einer JSF-Oberfläche zusammenzubringen.

Eine weitere Möglichkeit ist das Shale-Framework [Shale], das Spring als Lösung für Dependency Injection mit JSF für die Benutzerschnittstelle und einem Struts-ähnlichen Ansatz für die eigentliche Logik integriert.

Tipp

Ein wesentlicher Grund für die Nutzung von JSF ist die Integration in GUI-Builder und die Standardisierung im Rahmen von Java EE sowie die Unterstützung unterschiedlicher Technologien zum Darstellen der Benutzerschnittstelle wie JSP oder XUL [XUL]. Dennoch hat JSF einige Schwächen, die man schon im vorliegenden Beispiel zur Anlage von Kunden erkennen kann: So wird hier die Validierung an den GUI-Elementen durch Deklarationen definiert, aber auch im Code sind Validierungen vorhanden. Da aber Validierungen eigentlich zur Logik gehören, ist dieser Ansatz problematisch. Die Probleme werden offensichtlich, wenn man dieselben Regeln in einem Rich Client verwenden will. Dann kann man zwar den implementierten Code weiterverwenden, die JSF-Deklarationen allerdings nicht.

Den Nachteil von Struts, dass man von vordefinierten Klassen erben muss, hat JSF nicht, und auch die Wiederverwendung des Kunden-Objekts für die Eingabe von Formulardaten ist möglich. JSF ist also ein Fortschritt gegenüber Struts, aber dem Spring-MVC-Framework nur z. B. bei Nicht-HTML-Frontends überlegen oder bei Anwendungen, bei denen das Webfrontend eher einer normalen GUI ähneln soll. Spring MVC kann also eine sinnvolle Alternative zu JSF sein. Wenn man sich dennoch gegen Spring MVC entscheidet, ist eine Kombination aus JSF und Spring sinnvoll, da Spring die Logik der Anwendung strukturieren kann. In diesem Bereich hat JSF keine eigene Lösung. Außerdem ist Springs Lösung für Dependency Injection wesentlich ausgefeilter als die von JSF.

7.10.3 Andere Technologien

Neben Struts und JSF, die aufgrund ihrer Marktrelevanz ausführlich vorgestellt wurden, bietet Spring auch eine Integration in folgende Webframeworks an:

▪ Tapestry [Tapestry]: Dieses Projekt wird im Rahmen des Jakarta-Projekts von Apache betreut. Das Framework verfolgt einen komponentenbasierten Ansatz. Das bedeutet, dass man HTML-Templates erstellt, die auf in Java geschriebene Komponenten zugreifen. Diese Komponenten können bei der Spring-Integration mit Dependency Injection zur Verfügung gestellt werden.

- WebWork [WebWork] ist ein weiteres MVC-Framework, das Spring mittlerweile als Lösung für Dependency Injection integriert hat. Somit kann man bei WebWork nahtlos mit Spring zusammenarbeiten. WebWork soll neben Struts eine Basis für Struts 2.0 sein.

- Aurora [Aurora] ist eine Weiterentwicklung von Spring MVC. Es erweitert Spring MVC um einige Konzepte z. B. für die Verwaltung von Formularen.

Selbst wenn man keine Integration in ein Webframework verwendet, kann man mit `WebApplicationContextUtils.getApplicationContext()` unter Angabe eines `ServletContexts` einen Spring `WebApplicationContext` bekommen, wenn man eine für Spring passende Konfiguration in der `web.xml`-Konfigurationsdatei hat (siehe Abschnitt 6.3). Es ist also immer in einer Webanwendung möglich, Spring zu nutzen, nur der Komfort der Lösungen unterscheidet sich.

Ohne Framework ...

Das Ziel der hier vorgestellten Integrationen in die Webframeworks ist, den Zugriff auf Spring-Beans eleganter zu lösen und nach Möglichkeit die Komponenten des Webframeworks unter die Kontrolle von Spring zu stellen. Dadurch kann das gesamte Objektnetz von Spring verwaltet werden. Es ist durchaus möglich, z. B. in einer Umgebung Spring zu nutzen, in der HTML direkt von Servlets erzeugt wird. Nur kann man die Servlets selbst nicht mit Springs Dependency Injection managen, da die Servlets erst den `ApplicationContext` für Spring aufbauen und nicht von ihm konfiguriert werden können.

7.11   Scopes für Webanwendungen

Neben den Singleton- und Prototype-Scope (Abschnitt 2.6.4) gibt es für Webanwendungen auch die Möglichkeit, eine Spring-Bean im HTTP-Request oder der HTTP-Session abzulegen. Dazu gibt man den gewünschten Scope einfach bei der Definition der Spring-Bean an:

```
<bean id="request-bean" scope="session" />
```

Es werden folgende Scopes unterstützt:

Unterstützte Scopes

- request: Für jeden HTTP-Request, also für jede Interaktion mit dem HTTP-Server, wird eine neue Instanz der Spring-Bean erzeugt. Man kann also beliebige Informationen, die spezifisch für den Request sind, dort ablegen und bekommt bei dem nächsten Request oder einem parallelen Request eine andere Instanz.

▨ session: Die Spring-Bean wird in der HTTP-Session abgelegt. Das bedeutet, dass sie für die gesamte Sitzung eines Nutzers erhalten bleibt, so dass man in der Bean Informationen über den Nutzer ablegen kann oder sich Objekte merken kann, die der Benutzer editiert hat.

▨ globalSession: Für normale Servlet-Anwendungen ist dieser Scope identisch mit session. Für Portlet-Anwendungen gibt es allerdings einen Unterschied: Portlets definieren eine globale Session, die sich alle Portlets teilen. Genau dort wird eine Spring-Bean dieses Scopes abgelegt.

Nun gibt es bei Beans mit solchen Scopes ein Problem, wenn man sie z. B. einer Bean mit singleton Scope injiziert. Die Referenz ist nämlich nur jeweils im Rahmen einer HTTP-Session oder eines HTTP-Requests gültig. Man müsste also eigentlich bei einer neuen Session oder einem neuen Request dann jeweils eine andere Bean injizieren. Das ist natürlich nicht praktikabel. Stattdessen muss in dieser Situation ein Proxy injiziert werden, der jeweils auf das richtige Objekt aus der Session bzw. dem Request »umschaltet«. Dieses Verfahren ist vergleichbar mit den TargetSources (Abschnitt 3.6.3).

Änderung der Bean zur Laufzeit erlauben
Dazu ist es lediglich notwendig, in die Spring-Bean-Konfiguration das aop:scoped-proxy-Element einzufügen:

```
<bean id="request-bean" scope="session" >
  <aop:scoped-proxy/>
</bean>
```

Nun kann man die request-bean in andere Beans injizieren und die Bean wird dann aus der jeweiligen Session ausgelesen. Das aop:scoped-proxy-Element ist natürlich nur bei Beans mit dem Scope session, request oder globalSession sinnvoll, denn nur bei diesen kann sich die Referenz zur Laufzeit ändern.

Zugriff auf Session und Request ermöglichen
Spring muss zum Auslesen der Beans Zugriff auf die HTTP-Session oder den HTTP-Request haben. Dazu muss man in der web.xml-Konfiguration einen RequestContextListener konfigurieren, wie Listing 7–25 zeigt.

Listing 7–25
Konfiguration des RequestContextListeners

```
<web-app>
  <listener>
    <listener-class>
      ….RequestContextListener
    </listener-class>
  </listener>

  …

</web-app>
```

Die Alternative für Web-Container, die noch nicht den Servlet-2.4-Standard implementieren, zeigt Listing 7–26. Hier wird ein `Request-ContextFilter` genutzt, durch den alle Requests laufen und der Session- und Request-Daten auslesen kann.

```
<web-app>
  ...
  <filter>
    <filter-name>requestContextFilter</filter-name>
    <filter-class>….RequestContextFilter</filter-class>
  </filter>
  <filter-mapping>
    <filter-name>requestContextFilter</filter-name>
    <url-pattern>/*</url-pattern>
  </filter-mapping>
  ...
</web-app>
```

Listing 7–26
Konfiguration des
RequestContextFilters

> Gerade der Session-Scope stellt eine gute Möglichkeit dar, um Informationen abzulegen, die spezifisch für einen Benutzer einer Anwendung sind. Dadurch kann man z. B. Caches, aktuell vom Benutzer verwendete Anwendungsdaten oder auch Rechte des Benutzers speichern und wie jeden anderen Spring-Bean in der Spring-Anwendung verwenden. So wird es möglich, Zustand auf dem Webserver und damit im Middle-Tier zu halten. Die Verwaltung wird durch Spring übernommen.

Tipp

7.12 Spring Web Flow

In Webanwendungen kommen recht häufig komplexere Abläufe vor. Ein noch recht einfacher Ablauf aus der Beispielanwendung ist die Bestellung.

Abbildung 7–5 zeigt den Bestellvorgang als ein UML-Zustandsdiagramm. Es werden zwei Arten von Zuständen unterschieden: Zum einen gibt es View States, also Zustände, in denen etwas angezeigt wird. Die anderen Zustände sind Action States: Hier wird beim Übergang in den Zustand eine Aktion ausgeführt. Die Zustandsarten werden durch einen UML Stereotype gekennzeichnet.

Web Flow als
Zustandsdiagramm

Der Ablauf stellt sich folgendermaßen dar: Zunächst gibt der Benutzer die ID des Kunden ein. Die ID wird in die Bestellung eingetragen, falls es für die ID tatsächlich einen Kunden gibt. Andernfalls wird noch mal nach der ID gefragt. Anschließend wird ein Formular für eine Bestellzeile angezeigt. Eine Bestellzeile enthält Daten darüber, wie viele Exemplare einer Ware bestellt werden sollen. Der Benutzer kann eine neue Zeile hinzufügen oder die ganze Bestellung abschicken. Wird

Was genau passiert …

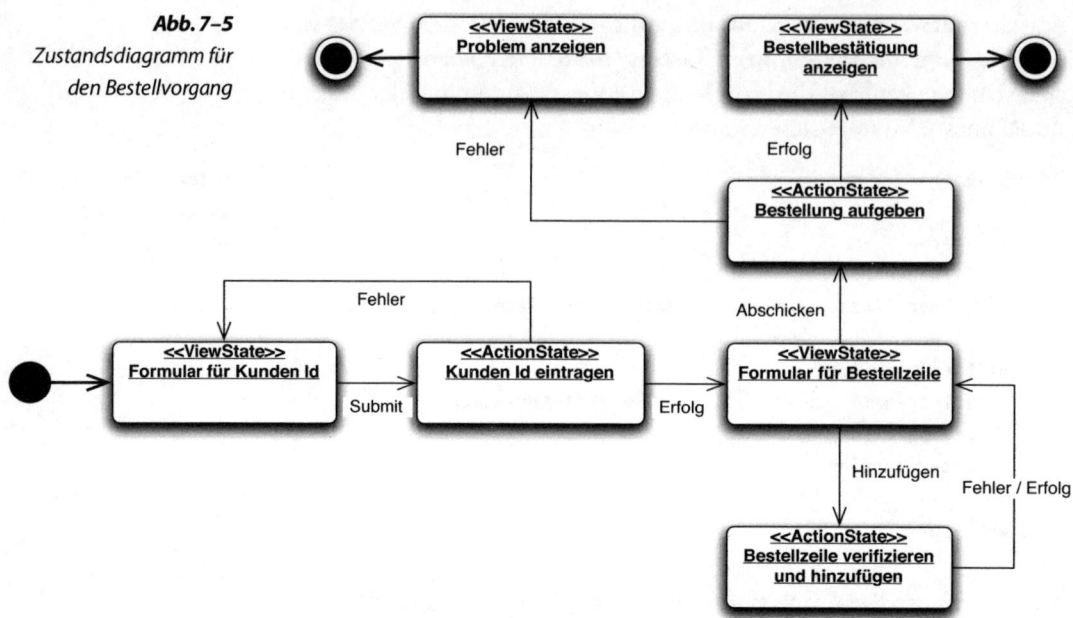

Abb. 7–5
Zustandsdiagramm für
den Bestellvorgang

die Bestellung am Ende abgeschickt, so wird anschließend eine Bestätigung oder ein Fehler angezeigt.

Gute Beschreibung für
typische
Webanwendungen

Man kann mit diesen Mitteln auch Webanwendungen mit komplexen Abläufen modellieren. Das liegt vor allem daran, dass bei dieser Modellierung die typischen Elemente einer Webanwendung als Ausdrucksmittel zur Verfügung stehen. Gleichzeitig ist nicht festgelegt, wie die einzelnen Elemente konkret implementiert werden. Die Action States könnten einfache Servlets oder Spring-MVC-Controller sein und die View States JSPs oder einfache HTML-Formulare.

MVC-Frameworks
unterstützen hier nicht

Wenn man ein Framework wie Struts oder Spring MVC nutzt, löst man den Ablauf in einzelne Formulare und Aktionen auf. Der Ablauf selber findet sich nicht mehr in der Implementierung, obwohl er eigentlich die Funktionalität recht gut beschreibt. Dies hat Konsequenzen für die Implementierung. So wird z. B. die Verwaltung des Zustands der Verarbeitung schwierig. Wenn der Benutzer den Back-Button des Webbrowsers nutzt, um zu einem vorherigen Schritt der Verarbeitung zurückzukehren, kann dies überraschende und nicht unbedingt erwünschte Folgen haben.

Spring Web Flow hilft

Es wäre also vorteilhaft, wenn man die abstrakte Definition des Ablaufs direkt umsetzen könnte. Genau an dieser Stelle setzt Spring Web Flow an. Bei diesem Ansatz wird der Ablauf oder »Flow« als eigenes Objekt verwaltet, das den aktuellen Zustand der Verarbeitung hält. Dadurch kann man es dem Bereich der Continuation Frameworks zuordnen [Bel04]. Es verwendet eine abstrakte Definition der

Abläufe einer Webanwendung in Form einer XML-Datei. Sie wird durch das Framework auf eine konkrete Implementierung abgebildet.

Listing 7–27
Spring-Web-Flow-
Konfiguration

```xml
<?xml version="1.0" encoding="UTF-8"?>

<flow xmlns="http://www.springframework.org/schema/webflow"
  xmlns:xsi="http://www.w3.org/2001/XMLSchema-instance"
  xsi:schemaLocation="
  http://www.springframework.org/schema/webflow
    http://www.springframework.org/schema/webflow/spring-webflow-1.0.xsd">

<start-state idref="formularKundenId" />

  <view-state id="formularKundenId" view="kundeIdView">
    <render-actions>
      <action bean="kundeIdView" method="setupForm"/>
    </render-actions>
    <transition on="submit" to="eintragenKundenId">
      <action bean="kundeIdView" method="bindAndValidate"/>
    </transition>
  </view-state>

  <action-state id="eintragenKundenId">
    <action bean="eintragenKundenIdBean"/>
    <transition on="fehler" to="formularKundenId"/>
    <transition on="erfolg" to="formularBestellzeile"/>
  </action-state>

  <view-state id="formularBestellzeile" view="bestellzeileView">
     <render-actions>
      <action bean="bestellzeileView" method="setupForm"/>
    </render-actions>
    <transition on="abschicken" to="bestellungAufgeben" />
    <transition on="hinzufuegen" to="hinzufuegenBestellzeile">
      <action bean="bestellzeileView" method="bindAndValidate"/>
    </transition>
  </view-state>

  <action-state id="hinzufuegenBestellzeile">
    <action bean="hinzufuegenBestellzeileBean"/>
    <transition on="fehler" to="formularBestellzeile"/>
    <transition on="erfolg" to="formularBestellzeile"/>
  </action-state>

  <action-state id="bestellungAufgeben">
    <action bean="bestellungAufgebenBean"/>
    <transition on="fehler" to="bestellungProblem"/>
    <transition on="erfolg" to="bestellungBestaetigung"/>
  </action-state>
```

```
<end-state id="bestellungBestaetigung" view="bestellungBestaetigungView"/>
<end-state id="bestellungProblem" view="bestellungProblemView"/>
</flow>
```

Listing 7–27 zeigt eine Konfigurationsdatei für Spring Web Flow, die denselben Prozess abbildet wie das Zustandsdiagramm aus Abbildung 7–5. Die einzelnen Elemente aus dem UML-Diagramm findet man in der Konfiguration direkt wieder: Es gibt die XML-Elemente `start-state`, `view-state`, `action-state` und `end-state`, die jeweils einer Art von Element aus dem UML-Diagramm entsprechen.

Um diesen Ablauf in einer Webanwendung verwenden zu können, muss er in die Spring-Konfiguration integriert werden. Das zeigt Listing 7–28. Man muss zunächst einen `FlowController` konfigurieren, der den Web Flow ausführen kann. Ein solcher `FlowController` kann für verschiedene Web Flows verwendet werden. Er stellt lediglich die Integration in das Spring-MVC-Framework sicher. Dazu implementiert er das `Controller`-Interface aus dem Spring-MVC-Framework. Aufgrund des Namens der Spring-Bean kann der `Controller` direkt über eine URL angesprochen werden. Spring MVC ist nicht das einzige Framework mit einer Integration für Spring Web Flow. Für Struts gibt es die `FlowAction`, die einen Web Flow in eine Struts-Action verwandelt. Eine Unterstützung für JSF, bei der der Web Flow als `NavigationHandler` verwendet wird und die Variablen aus dem Flow für JSF sichtbar gemacht werden, ist ebenfalls implementiert. Man kann also einen Flow als Teil einer JSF-, Struts- oder Spring-MVC-Anwendung verwenden.

Flows mit XML oder Java definieren

Für die Ausführung des Web Flows sind Objekte notwendig, die solche Flows ausführen. Dazu ist in der Spring-Konfiguration die `FlowExecutorFactoryBean` konfiguriert, die `FlowExecutor` für die Ausführung der Flows erzeugt. Allerdings müssen irgendwoher die Definitionen der Flows gelesen werden. Dazu wird die `XmlFlowRegistryFactoryBean` zur Verfügung gestellt. Man kann ihr die Dateinamen der möglichen Flow-Konfigurationen als Parameter übergeben. Den Flow, den man ausführen möchte, muss man dem `FlowController` als HTTP-Parameter `_flowId` übergeben. Der Name ist dabei der Dateiname des Flows ohne die Extension, also bei `bestellung-flow.xml` einfach `bestellung-flow`.

```
<beans>
  <bean name="/bestellung.html"
   class="….FlowController">
    <property name="flowExecutor" ref="flowExecutor" />
  </bean>

  <bean id="flowExecutor"
   class="….FlowExecutorFactoryBean">
    <property name="definitionLocator" ref="definitions" />
  </bean>

  <bean id="definitions"
   class="….XmlFlowRegistryFactoryBean">
    <property name="flowLocations" value="/WEB-INF/*-flow.xml" />
  </bean>

  <bean id="kundeIdView"
   class="….FormAction">
    <property name="formObjectName" value="einkaufswagen" />
    <property name="formObjectClass"
      value="businessobjects.Einkaufswagen" />
    <property name="formObjectScope" value="FLOW" />
    <property name="validator">
      <bean class="web.bestellung.KundeIdValidator">
        <property name="kundeDAO" ref="kundeDAO" />
      </bean>
    </property>
  </bean>

  <bean id="eintragenKundenIdBean"
    class="web.bestellung.EintragenKundeIdAction" />

  <bean id="bestellungAufgebenBean"
    class="web.bestellung.BestellungAufgebenAction">
    <property name="bestellung" ref="bestellung"/>
  </bean>

  …

</beans>
```

Listing 7–28
Spring-Konfiguration
für den Web Flow

Außerdem werden in der Spring-Konfiguration Views z. B. zum Eingeben der ID des Kunden definiert. Sie werden in der Web-Flow-Konfiguration referenziert. Die Spring-Bean sind Instanzen der FormAction-Klasse wie die kundeIdView in Listing 7–28. Für komplexere Views

Views sind FormActions …

muss man auch Subklassen entwerfen. Sie bauen aber nur die Umgebung für die Views auf: Sie enthalten die anzuzeigenden Daten mit dem jeweiligen Gültigkeitsbereich (z. B. Request oder Flow) und die Validatoren.

... und »normale«
Spring-Views

Für die eigentliche Darstellung verwendet Spring Web Flow Spring-Views und daher auch den Spring-`ViewResolver`. Die Namen der zu verwendenden Views werden durch das `view`-Attribut im `end-state`- bzw. `view-state`-Element des Flows festgelegt. Der View muss sich in den Flow integrieren, so dass man definieren muss, mit welchem Ausgang der View verlassen werden kann. Dazu verwendet man als `name`-Attribut des Buttons in der View z. B. `_eventId_submit`. In diesem Fall würde im Flow die `submit`-Transition zum nächsten Zustand verwendet werden. Sonst unterscheiden sich die Views nicht von Spring-MVC-Views. Man kann insbesondere auch die bereits vorgestellten Spring Tag Libraries verwenden. Listing 7–29 zeigt ein Beispiel. Dem View wird die `flowExecutionId` als Parameter übergeben. Dieser Parameter muss im anschließenden Request wieder erscheinen. Dadurch wird die Identifizierung des aktuellen Web Flows ermöglicht.

Listing 7–29
Beispiel für ein Formular
in Spring Web Flow

```
<html><body>
...
<form method="POST">
  <input type="hidden" name="_flowExecutionId"
   value="<c:out value="${flowExecutionId}"/>" />
  ...
  <spring:bind path="einkaufswagen.id_Kunde">
    <font color="red">
      <c:out value="${status.errorMessage}" />
    </font>
    <input type="text" maxlength="10" size="10"
     name="id_Kunde"
     value="<c:out value="${status.value}" />" />
  </spring:bind>

  <input type="submit" value="Submit"
   name="_eventId_submit" />
</form>
</body></html>
```

Spring Web Flow Action
States

Die Implementierung der Action States erben von `FormAction` (siehe Listing 7–30). Diese Klasse kann man – wie erwähnt – auch dazu verwenden, Views zu initialisieren. Im Listing implementiert die Methode `hinzufuegenBestellzeile()` die eigentliche Funktionalität. Die Abbildung vom Action State auf die Methode funktioniert über den Namen:

Für jeden Action State wird die Methode aufgerufen, die dem Namen
des Action States entspricht.

```
public class HinzufuegenBestellzeileAction
 extends FormAction {

 public Event hinzufuegenBestellzeile(
  RequestContext context) {
  Einkaufswagen einkaufswagen =
   (Einkaufswagen) context.getFlowScope()
   .get("einkaufswagen");
  EinkaufswagenInhalt bestellzeile =
   (EinkaufswagenInhalt) context.getRequestScope()
   .get("bestellzeile");
  einkaufswagen.add(bestellzeile);
  return result("erfolg");
 }

}
```

Listing 7–30
Eine Web-Flow-Action

Als Parameter hat die Methode den RequestContext. Dieses Objekt gibt
Zugriff auf den gesamten Kontext der Ausführung. Es umfasst insbesondere die Daten im Request oder Flow. Im Code kann man erkennen, wie der Einkaufswagen aus dem Flow und die Bestellzeile aus dem
Request ausgelesen werden. In solchen Methoden holt man sich die
relevanten Daten aus dem RequestContext, bearbeitet sie und gibt
schließlich zurück, mit welcher Transition der Action State verlassen
werden soll. Dazu gibt es die Methode result(), die einen passenden
Event zurückgibt. Diese Events werden in der Web-Flow-Konfiguration auf eine Transition umgesetzt. Welcher State durch diese Transition erreicht wird, ist in der Spring-Web-Flow-Konfiguration festgelegt. Es ist natürlich möglich, mehrere solcher Methoden in einer
Klasse zu implementieren. So kann eine Klasse für verschiedene Action
States in einem Web Flow genutzt werden.

Bei Decision States muss man lediglich Bedingungen in der Konfiguration angeben – eine eigene Implementierung ist nicht notwendig.
Eine beispielhafte Konfiguration zeigt Listing 7–31.

Decision States

```
<decision-state id="gewonnen">
 <if test="${flowScope.bestellung.isGewinner}"
  then="zeigeGewinnNachricht"
  else="bestaetigungAnzeigen"/>
</decision-state>
```

Listing 7–31
Konfiguration eines
Decision States

Wie man sieht, kann man anhand von Eigenschaften z. B. aus dem
flowScope entscheiden, mit welchem Zustand es weitergehen soll.

Spring-Web-Flow-
Konfiguration

Sub Flows

Außerdem gibt es Sub Flows. Dabei wird ein eigener Flow gestartet, der den übergeordneten unterbricht. Erst wenn der untergeordnete Sub Flow beendet wird, kann der übergeordnete weiterarbeiten. Dadurch ist es möglich, einen Flow in einen anderen einzubetten.

Listing 7–32
Konfiguration eines
Sub Flows

```
<subflow-state id="suche" flow="sucheFlow">
  <attribute-mapper>
    <input-mapper>
     <mapping source="flowscope.kunde.name"
      target="user"/>
    </input-mapper>
    <output-mapper>
     <mapping source="response"
      target="flowscope.ergebnis"/>
    </output-mapper>
  </attribute-mapper>
  <transition on="erfolg" to="buchen"/>
  <transition on="fehler" to="fehler"/>
</subflow-state>
```

In Listing 7–32 wird ein solcher Sub Flow konfiguriert. Dort sieht man, dass man zunächst den Namen des Flows angibt. Man kann mit dem attribute-mapper-Element aus dem aufrufenden Flow bestimmte Werte an den Sub Flow übergeben oder die Ergebnisse konvertieren. Der Vorteil dieses Vorgehens ist, dass so der Sub Flow und der übergeordnete Flow in der Benennung der Variablen voneinander unabhängig sind. Schließlich werden die Transitionen festgelegt, wobei im Beispiel je nach erreichtem Endzustand im Sub Flow eine andere Transition im übergeordneten Flow aktiviert wird.

Weitere Features

Spring Web Flow bietet noch einige andere interessante Features. Es bietet Klassen für das Management mit JMX, so dass man sich leicht Statistiken und andere Informationen für das Monitoring der Anwendungen anzeigen lassen kann. Ein weiteres interessantes Feature sind FlowExecutionListener, mit denen man sich nicht nur über verschiedene Ereignisse im Zusammenhang mit Flows informieren lassen kann, sondern sogar den Flow gegebenenfalls noch ändern kann. Ähnlich wie mit Servlet-Listenern kann man also eine Art aspektorientierte Programmierung einführen. Auch eine Unterstützung von Tests für Flows mit Hilfe von JUnit ist vorhanden.

Mit Spring Web Flow ist es also möglich, Abläufe in Webanwendungen direkt als solche zu modellieren. Man kann sie in Spring-MVC-, JSF- oder Struts-Anwendungen integrieren. An einigen Stellen wie bei den Validatoren ist auch eine direkte Wiederverwendung von Spring-MVC-Code möglich.

7.13 Fazit

Spring bietet mit dem eigenen Spring-MVC-Framework eine gute Grundlage für die Implementierung von Webanwendungen. Dabei zeichnet es sich durch Einfachheit aus: Das Model ist eine einfache Java-Map, Views werden durch Namen als Strings referenziert, und ein Controller implementiert nur eine Methode. Dazu kommt die Flexibilität, die bei Controllern und Views nicht nur eine Umkonfiguration sehr einfach macht, sondern man kann auch recht leicht eigene Klassen statt der vorgefertigten verwenden. Dadurch hat Spring MVC genau an den Stellen flexible Abstraktionen, die durch eigene Erweiterungen ergänzt werden können.

Integration ist ein weiterer Vorteil: Spring MVC selbst kann sehr viele unterschiedliche View-Technologien integrieren, und wem dennoch Spring MVC nicht ausreicht, kann einfach ein anderes Webframework wie Struts oder JSF verwenden, ohne die Möglichkeit zu verlieren, die Geschäftslogik mit Spring zu strukturieren.

Schließlich bietet Spring mit Spring Web Flow ein Framework an, das nicht den klassischen MVC-Gedanken implementiert, sondern sich in erster Linie an den Abläufen in den Webanwendungen orientiert. Dadurch ist es für viele Anwendungsfälle eine gute Alternative. Auch hier ist eine Integration möglich: Man kann die Web Flows in Struts-, JSF- oder Spring-MVC-Anwendungen integrieren, und Spring Web Flow selbst baut natürlich auf dem Spring-Framework auf, so dass man viele der gewohnten Features von Spring verwenden kann.

8 Weitere Enterprise-Features

8.1 Übersicht

Spring ist vor allem entstanden, um die Entwicklung von Enterprise-Anwendungen in Java zu erleichtern. Einige der Features, die dazu notwendig sind, wurden in den vorherigen Kapiteln bereits erläutert. Dazu zählen beispielsweise die Unterstützung für Transaktionen (Kapitel 4), Persistenz (Kapitel 5) und verteilte Objekte (Kapitel 6).

Darüber hinaus bietet Spring für Enterprise-Anwendungen einige andere Features, die in diesem Kapitel näher erläutert werden. Dazu gehört das Acegi-Framework (Abschnitt 8.2), mit dem man den Sicherheitsaspekt einer Anwendung implementieren kann. Spring bietet außerdem eine vereinfachte Benutzung verschiedener APIs, vor allem aus dem Java-EE-Bereich. Dazu zählen JMS für asynchrone verteilte Kommunikation (Abschnitt 8.3), JCA zur Integration von Mainframe-Systemen und Standardsoftware (Abschnitt 8.4) und JavaMail für das Verschicken von E-Mails (Abschnitt 8.5). Oft muss man in einer Enterprise-Anwendung auch zu bestimmten Zeitpunkten Aktionen auslösen. Dazu bietet Spring zwei Alternativen: eine Unterstützung des Quartz-Frameworks und eine Unterstützung der JDK-Timer (Abschnitt 8.6). Ein recht neues Feature ist Spring-OSGi, mit dem die OSGi-Technologie mit Spring integriert werden kann (Abschnitt 8.7). Dadurch kann man Spring-Anwendungen aus grobgranulareren OSGi-Komponenten zusammensetzen und diese auch einzelnen hoch- und runterfahren sowie updaten. Mit JMX kann man die Anwendungen auch administrieren und überwachen (Abschnitt 8.8). Da die Anforderungen an die Leistungsfähigkeit einer Enterprise-Anwendung meistens recht hoch sind, greift Abschnitt 8.9 das Thema Performance auf.

8.2   Mit Sicherheit: Acegi

Eine wichtige Anforderung für unternehmensweite Anwendungen ist die Unterstützung von Sicherheit. Dazu zählen verschiedene Teilbereiche:

- Zum Schutz vor Abhörversuchen kodiert man die Daten so, dass sie aus dem Netzwerkverkehr nicht rekonstruiert werden können. Das wird meistens durch verschlüsselte Verbindungen wie HTTPS implementiert und ist für die Anwendung transparent.
- Authentifizierung stellt sicher, dass der Benutzer tatsächlich derjenige ist, der er vorgibt zu sein.
- Durch die Autorisierung wird erreicht, dass der Benutzer nur solche Aktionen ausführen kann, die er auch ausführen darf.

In diesen beiden letzten Bereichen (Authentifizierung und Autorisierung) bietet das Acegi-Framework eine gute Ergänzung für Spring. Acegi verwendet die grundlegenden Mechanismen wie Dependency Injection und AOP, um eine Anwendung um Sicherheitsmechanismen zu ergänzen.

Hinweis   Der Name Acegi ist ein typischer Informatiker-Einfall. Er besteht aus den ersten Buchstaben des Alphabets, wobei jeder zweiter gestrichen wird: ~~Ab~~c~~d~~e~~f~~g~~h~~i. Letztendlich wird das Projekt wohl irgendwann in Spring-Security umbenannt werden, und diesen Namen trägt es auch schon als zweiten Namen.

In diesem Abschnitt wird der Einsatz von Acegi anhand der Beispielanwendung erläutert. Die Anwendung soll im Nachhinein um eine Sicherheitsarchitektur ergänzt werden. Das Ziel ist es, zunächst den Zugriff auf einige URLs für bestimmte Benutzer zu sperren. Dazu ist lediglich eine Absicherung der Weboberfläche notwendig. Im nächsten Schritt soll auch die Logik abgesichert werden, und zwar so, dass nur noch Benutzer auf Kunden zugreifen können, falls der Benutzername des eingeloggten Nutzers und der Nachname des Kunden übereinstimmen.

Tipp   Eine sehr einfache Absicherung einer Spring-Anwendung kann man auch ohne Acegi mit dem `UserRoleAuthorizationInterceptor` erreichen (Abschnitt 7.8). Dabei verlässt sich Spring auf die Sicherheitsmechanismen des verwendeten Webservers: Mit der Methode `HttpServletRequest.isUserInRole()` wird überprüft, ob der Aufrufer eine bestimmte, konfigurierte Rolle innehat.

Für die Sicherheitskonfiguration wird eine zusätzliche Spring-Konfigurationsdatei erstellt. Auf diesem Wege ist es möglich, den Aspekt der
Sicherheit vollständig von der eigentlichen Funktionalität der Anwendung zu trennen. Die Konfigurationsdatei wird in der web.xml-Datei
der Webanwendung zur Verfügung gestellt. Die web.xml-Datei muss
sowieso geändert werden, um die Integration der Sicherheitsfeatures
auf Ebene der Servlets zu realisieren.

Vollständige Abtrennung der Sicherheit

Zunächst ist es notwendig, Benutzer zu authentifizieren. Im vorliegenden Beispiel soll das dadurch geschehen, dass der Benutzer ein
Passwort eingibt. Listing 8–1 zeigt einen Ausschnitt aus der Spring-
Konfiguration: Die userDetailsService Spring-Bean verwaltet die
Benutzer und die dazugehörigen Passwörter. Im Beispiel wird der Einfachheit halber eine InMemoryDaoImpl verwendet, die die Daten im Speicher ablegt. Dadurch muss man die Nutzerdaten lediglich in der
Spring-Konfiguration eintragen. In der Praxis ist das natürlich nicht
ausreichend, aber für Tests sehr praktisch. Acegi bietet mit der Jdbc-
DaoImpl-Klasse auch eine Implementierung, die das Ablegen der Benutzer und Passwörter in einer Datenbank erlaubt, was den Ansprüchen
in Produktivumgebungen entsprechen sollte. Die konkreten SQL-
Anfragen für das Ermitteln der Passwörter und Benutzeraccounts ist
konfigurierbar, so dass man beim verwendeten Datenbank-Schema
sehr flexibel ist.

Authentifizierung: Benutzerdaten

```
<bean id="userDetailsService"
  class="….InMemoryDaoImpl">
  <property name="userMap">
    <value>
        wolff=wolff,ROLE_USER,ROLE_ADMIN
        spring=spring,ROLE_USER
    </value>
  </property>
</bean>


<bean id="authenticationProviderDAO"
 class="….DaoAuthenticationProvider">
  <property name="userDetailsService"
   ref="userDetailsService" />
</bean>


<bean id="authenticationManager"
 class="….ProviderManager">
  <property name="providers"
   ref="authenticationProviderDAO" />
</bean>
```

Listing 8–1
Konfiguration der
Authentifizierung

Man könnte alternativ auch eine eigene Implementierung des UserDetailsService-Interfaces implementieren, wenn man eine eigene proprietäre Infrastruktur integrieren will. Jede der Implementierungen bietet eine Verwaltung von UserDetails, die neben Passwort und Benutzernamen auch Informationen über die Gültigkeit des Accounts enthalten und vor allem auch die GrantedAuthorities. Das sind im vorliegenden Fall die Rollen, die der Nutzer einnehmen kann. Man kann sie durch das ROLE_ Präfix erkennen.

Von Benutzerdaten zu
Authentications

Auf den UserDetailsServices baut die DaoAuthenticationProvider-Klasse auf. Sie implementiert das AuthenticationProvider-Interface. Sie arbeitet nicht mehr mit Benutzernamen und Passwörtern, sondern mit Authentications. Das ist eine Abstraktion, die nur davon ausgeht, dass es einen Principal gibt, der durch Credentials authentifiziert wird. Im vorliegenden Fall ist der Principal ein Nutzer und das Credential ein Passwort, aber der Principal könnte z. B. auch ein Fremdsystem sein und das Credential ein Public-Key-Zertifikat oder durch eine Smartcard erstellt werden. Dadurch kann Acegi mit sehr vielen unterschiedlichen Arten von Authentifizierungen umgehen. Acegi bietet ebenfalls eine Integration von JAAS (Java Authentication and Authorization Service), dem Standard für die Integration von Sicherheitsmechanismen in Java-Umgebungen.

ProviderManager fasst
Authentications
zusammen

Darauf wiederum baut der ProviderManager auf. Er integriert die AuthenticationProvider für die verschiedenen Datenquellen und Authentifizierungmechanismen. Damit ist die Authentifizierung soweit gelöst.

In Abbildung 8–1 wird die Konfiguration für die Beispielanwendung im Überblick dargestellt: Der ProviderManager verwendet den DaoAuthenticationProvider, um Authentifizierungen zu überprüfen. An dieser Stelle wären auch andere Arten von Authentifizierungen z. B. mit Zertifikaten denkbar. Der DaoAuthenticationProvider koordiniert

Abb. 8–1
Koordinierung
verschiedener
Authentifizierungsquellen

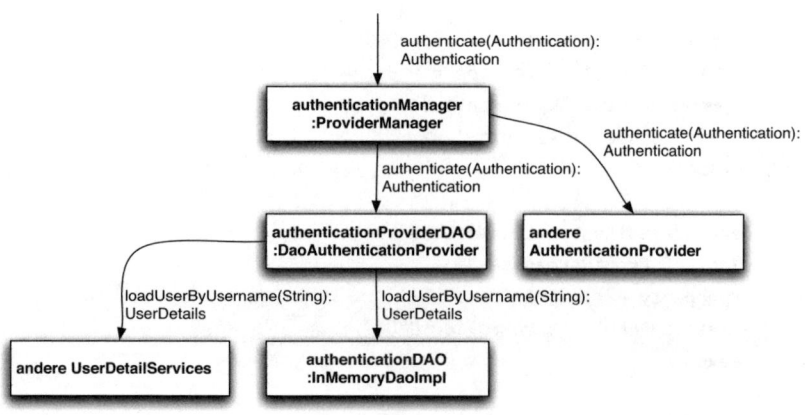

verschiedene UserDetailsServices, die mit UserDetails arbeiten, also mit Benutzernamen und Passwort. Im Beispiel gibt es nur eine Quelle für UserDetails: Der InMemoryDaoImpl, allgemein wären aber weitere Datenquellen wie eine Datenbank denkbar. Dadurch bietet Acegi also eine Möglichkeit zur Integration verschiedener Authentifizierungs-Techniken und unterschiedlicher Datenquellen.

```
<bean id="roleVoter"
 class="org.acegisecurity.vote.RoleVoter"/>


<bean id="accessDecisionManager"
 class="org.acegisecurity.vote.AffirmativeBased">
  <property name="decisionVoters">
    <list>
      <ref local="roleVoter"/>
    </list>
  </property>
</bean>
```

Listing 8–2
Ausschnitt aus der Spring-Konfiguration für die Autorisierung

Für die Autorisierung muss anhand irgendwelcher Informationen entschieden werden, ob der Zugriff auf eine Ressource erfolgen darf oder nicht. Dazu wird die in Listing 8–2 dargestellte Konfiguration verwendet. Wesentliche Grundlage für die Autorisierung in Acegi ist das AccessDecisionVoter-Interface. Das ist eine Abstraktion über Klassen, die den Zugriff auf Objekte beeinflussen sollen. Dabei können sie jeweils für den Zugriff auf das Objekt stimmen, dagegen stimmen oder sich der Stimme enthalten. In der vorliegenden Konfiguration wird die Implementierung RoleVoter verwendet: Abhängig von den Rollen des Nutzers stimmt sie für oder gegen den Zugriff.

Autorisierung: Voter

Die verschiedenen AccessDecisionVoter müssen so koordiniert werden, dass am Ende eine eindeutige Entscheidung für oder gegen den Zugriff auf die Ressource steht. Die notwendigen Funktionalitäten definiert das AccessDecisionManager-Interface. In der Beispielanwendung wird die Implementierung AffirmativeBased verwendet, bei der zur Ablehnung der Anfrage einer der angesprochenen RoleVoter gegen den Zugriff stimmen muss. Spricht sich allerdings einer der AccessDecisionVoter für den Zugriff aus, wird er gewährt, selbst wenn die anderen RoleVoter gegen den Zugriff gestimmt haben. Was passiert, wenn kein AccessDecisionVoter eine Stimme abgibt, kann man durch die allowIfAllAbstainDecisions-Property konfigurieren. Alternativen sind ConsensusBased, bei dem die Mehrheit für den Zugriff stimmen muss, und schließlich UnanimousBased, bei dem keiner gegen den Zugriff stimmen darf und mindestens einer dafür stimmen muss.

AccessDecisionManager koordiniert

Abb. 8–2

Koordinierung
verschiedener
Authentifizierungs-
mechanismen

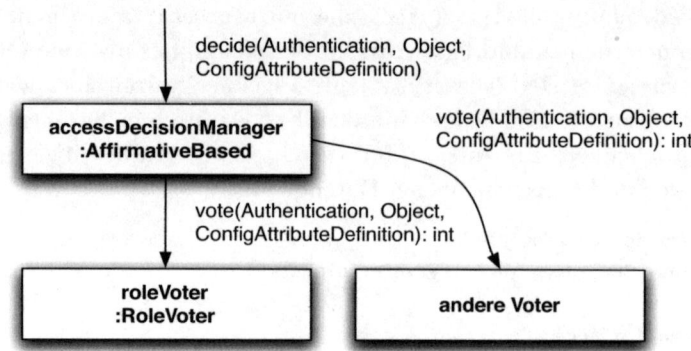

In Abbildung 8–2 wird dieser Zusammenhang grafisch dargestellt: Der
accessDecisionManager koordiniert die verschiedenen Voter. Er ist vom
Typ AffirmativeBased. Verwendet man einen anderen Typ, wird eine
andere Strategie für die Koordinierung verwendet. Der einzige Voter
im vorliegenden Fall ist ein RoleVoter, aber man kann problemlos noch
weitere integrieren. So ist es möglich, verschiedene Authentifizierungsmechanismen flexibel zu konfigurieren und zu koordinieren.

Listing 8–3

Ausschnitt aus der Spring-
Konfiguration zur
Integration in die
Webanwendung

```
<bean id="filterSecurityInterceptor"
 class="….FilterSecurityInterceptor">
  <property name="authenticationManager"
   ref="authenticationManager"/>
  <property name="accessDecisionManager"
   ref="accessDecisionManager"/>
  <property name="objectDefinitionSource">
    <value>
      CONVERT_URL_TO_LOWERCASE_BEFORE_COMPARISON
      PATTERN_TYPE_APACHE_ANT
      /springbuchweb/liste*=ROLE_ADMIN
      /springbuchweb/**=ROLE_USER
    </value>
  </property>
</bean>

<bean id="exceptionTranslationFilter"
 class="….ExceptionTranslationFilter">
  <property name="authenticationEntryPoint"
   ref="authenticationEntryPoint"/>
</bean>

<bean id="authenticationEntryPoint"
 class="….AuthenticationProcessingFilterEntryPoint">
  <property name="loginFormUrl" value="/login.jsp"/>
```

```
    <property name="forceHttps" value="false"/>
</bean>


<bean id="authenticationProcessingFilter"
 class="….AuthenticationProcessingFilter">
  <property name="authenticationManager"
   ref="authenticationManager"/>
  <property name="authenticationFailureUrl"
   value="/login.jsp"/>
  <property name="defaultTargetUrl" value="/"/>
</bean>


<bean id="httpSessionContextIntegrationFilter"
 class="….HttpSessionContextIntegrationFilter">
  <property name="context"     value="….SecureContextImpl"/>
</bean>


<bean id="filterChainProxy"
 class="org.acegisecurity.util.FilterChainProxy">
  <property name="filterInvocationDefinitionSource">
    <value>
      CONVERT_URL_TO_LOWERCASE_BEFORE_COMPARISON
      PATTERN_TYPE_APACHE_ANT
      /**=httpSessionContextIntegrationFilter, ↵
      authenticationProcessingFilter, ↵
      exceptionTranslationFilter, ↵
      filterSecurityInterceptor
    </value>
  </property>
</bean>
```

Nun bleibt noch die Frage, wie man die Acegi-Infrastruktur in eine Webanwendung integriert. Ziel der Integration ist, den Zugriff auf bestimmte URLs auf fest definierte Rollen einzuschränken. Dazu verwendet Acegi eine Reihe von Servlet-Filtern, die Zugriffe auf die Webanwendung abfangen und durch die Sicherheitsinfrastruktur leiten. Eine beispielhafte Konfiguration zeigt Listing 8–3.

Integration in die Webanwendung

Ein wesentliches Element dieser Architektur ist der FilterSecurityInterceptor. Er fängt Zugriffe ab und kontrolliert, ob der jeweilige Zugriff erlaubt werden soll oder nicht. Dazu verwendet er den AuthenticationManager (siehe Listing 8–1) und den AccessDecisionManager (Listing 8–2), so dass er die Authentifizierung und die Autorisierung anstoßen kann. Man könnte an dieser Stelle auch noch festelegen, dass die Abarbeitung des Requests mit den Rechten eines bestimmten

Benutzers geschehen soll (»Run-As«). Dazu bietet Acegi verschiedene Klassen, die das `RunAsManager`-Interface implementieren.

Sicherheitseinstellungen definieren

Schließlich wird im `FilterSecurityInterceptor` bestimmt, welche Sicherheitseinstellungen für welche Ressourcen notwendig sind. In der vorliegenden Konfiguration wird festgelegt, dass bei allen URLs die großen Buchstaben durch kleine Buchstaben ersetzt werden sollen. Außerdem sollen Muster für die URL-Zeichenketten wie beim Ant Build Tool verarbeitet werden. Schließlich werden die eigentlichen Zugriffsbeschränkungen eingerichtet: Alle authentifizierten Benutzer dürfen auf URLs zugreifen, die mit `/springbuchweb` anfangen. Nur Administratoren dürfen auf URLs zugreifen, die mit `/springbuchweb/list` anfangen. Das umfasst alle Kundenlisten. Ein anonymer Benutzer kann sich nur noch die Homepage `index.jsp` ansehen.

Der ExceptionTranslationFilter

Durch den `FilterSecurityInterceptor` kann also die Authentifizierung und Autorisierung auf Basis der Spring-Konfiguration für bestimmte URLs aktiviert werden. Er wirft bei einer fehlenden Authentifizierung eine `AuthenticationException`, die vom `ExceptionTranslationFilter` gefangen wird. Er stellt dann fest, ob der Benutzer sich authentifiziert hat. Wenn das der Fall ist, hat der Nutzer nicht die notwendigen Rechte und es wird ein HTTP-403-Code zurückgegeben, der signalisiert, dass der Zugriff nicht erlaubt ist. Ist der Benutzer noch nicht authentifiziert, startet er eine neue Authentifizierung mit Hilfe des konfigurierten `authenticationEntryPoints`. Dasselbe tut er auch, wenn eine `AccessDeniedException` fängt und der Benutzer noch anonym ist oder eine `AuthenticationException` aus der Programm-Logik geworfen wird, so dass man dann seine Login-Information »nachreichen« kann.

Authentifizierung im Web

Sowohl der `FilterSecurityInterceptor` als auch der `ExceptionTranslationFilter` können also die Authentifizierung anstoßen. Zur Durchführung der Authentifizierung dient der `AuthenticationProcessingFilterEntryPoint`. Er bringt eine JSP-Seite zur Anzeige. Sie erlaubt die Eingabe eines Benutzernamens und des passenden Passworts. Listing 8–4 zeigt ein Formular, das dafür verwendet werden kann.

Listing 8–4

Formular zur Eingabe von Benutzernamen und Passwort für Acegi

```html
<html>
  <body>
    <form
      action="<c:url value='j_acegi_security_check'/>"
      method="post">
      <input type="text" name="j_username"><br/>
      <input type="text" name="j_password"><br/>
      <input type="submit" value="Login">
    </form>
  </body>
</html>
```

Im Formular werden vordefinierte Namen für die Eingabefelder ver- *Authentifizierung*
wendet. Zur Bearbeitung des Formulars kommt auch ein Servlet-Filter *mit Formular*
zum Einsatz, und zwar der in Listing 8–3 definierte `Authentication-`
`ProcessingFilter`. So wird auch die Eingabe des Logins durch Servlet-
Filter implementiert, und es ist nicht nötig, zusätzliche Servlets oder
Controller in die Anwendung zu integrieren. Dadurch ist dieser Teil
der Anwendung z. B. auch unabhängig vom verwendeten Webframework. Der `AuthenticationProcessingFilter` benötigt natürlich eine
Referenz auf den `AuthenticationManager`, um die Authentifizierung tatsächlich vorzunehmen. Außerdem müssen in der Konfiguration die
URLs für eine erfolgreiche Authentifizierung und für eine Wiederho-
lung der Authentifizierung definiert werden.

Man kann statt dieser Authentifizierung mit einem Webformular *Alternative*
auch durch den `BasicProcessingFilter` HTTP-Basic-Authentifizierung *Authentifizierungs-*
oder durch den `DigestProcessingFilter` die HTTP-Digest-Authentifi- *möglichkeiten*
zierung verwenden, die man übrigens auch für HTTP-basierte Remo-
ting-Protokolle wie SOAP, Hessian oder Burlap nutzen kann. Die
Authentifizierungsmechanismen sind nämlich Teil des HTTP-Proto-
kolls. Webbrowser zeigen bei Verwendung dieser Mechanismen einen
Dialog an, in dem man Benutzername und Passwort eingeben kann.
Mit dem `AnonymousProcessingFilter` kann man die Rolle eines anonymen Benutzers definieren, so dass auch für Benutzer, die nicht einge-
loggt sind, Einschränkungen im Zugriff auf die URLs festgelegt werden können.

Wenn die Authentifizierung erfolgt ist, muss man sich die Daten *Einbindung in die*
auch irgendwo merken, damit man sich nicht ständig neu authentifi- *HttpSession*
zieren muss. Dazu bietet sich die `HttpSession` an, da die Daten für die
gesamte Sitzung des Benutzers verfügbar sind. Der `HttpSessionContex-`
`tIntegrationFilter` legt diese Informationen nach einer erfolgreichen
Authentifizierung in der `HttpSession` ab und liest sie beim nächsten
HTTP-Request wieder aus.

Für die Acegi-Funktionalitäten sind in der Spring-Konfiguration *Servlet-Filter integrieren*
eine Vielzahl von Servlet-Filtern definiert. Normalerweise müssen sie
jedoch in der `web.xml`-Datei verwaltet werden und nicht in der Spring-
Konfiguration. Acegi verwendet aber eine recht geschickte Integration:
In der Spring-Konfiguration wird ein `FilterChainProxy` eingefügt. Dort
wird festgelegt, bei welchen URLs welche Servlet-Filter verwendet
werden sollen.

Listing 8–5
Ausschnitt aus der
web.xml zur Integration
der Acegi-Servlet-Filter

```xml
<web-app>
...
  <filter>
    <filter-name>AcegiFilter</filter-name>
    <filter-class>
     org.acegisecurity.util.FilterToBeanProxy
    </filter-class>
    <init-param>
      <param-name>targetClass</param-name>
      <param-value>
        org.acegisecurity.util.FilterChainProxy
      </param-value>
    </init-param>
  </filter>

  <filter-mapping>
    <filter-name>AcegiFilter</filter-name>
    <url-pattern>/*</url-pattern>
  </filter-mapping>
...
</web-app>
```

In der web.xml-Konfiguration wird nur ein FilterToBeanProxy als Servlet-Filter konfiguriert. Dieser Servlet-Filter nimmt die Aufrufe vom Webcontainer entgegen und leitet sie an die Spring-Beans weiter. Er bekommt als Konfigurationsparameter die Klasse der Spring-Beans, die er bei Servlet-Filter-Methodenaufrufen benachrichtigen soll. Alternativ könnte man ihm auch den Namen der Bean übergeben.

Zusammenfassung

Um noch mal zusammenzufassen: Dieser FilterToBeanProxy-Servlet-Filter spricht den FilterChainProxy an. Dieser wiederum spricht die restlichen Servlet-Filter an, die in der Spring-Konfiguration definiert sind. Man muss also nur einen einzigen Servlet-Filter in der web.xml-Konfiguration einrichten und für den Rest kann man Spring verwenden.

Erster Request:
Keine Authentifizierung

In Abbildung 8–3 kann man das Zusammenspiel der Filter beim ersten Request eines Benutzers an eine mit Acegi abgesicherte Webanwendung sehen. Durch den FilterToBeanProxy und den FilterChainProxy gelangt der HTTP-Request zu den Acegi-Servlet-Filtern. Der erste Filter ist der HttpSessionContextIntegrationFilter. Dieser liest aus der HTTP-Session die Authentication aus. Am Anfang ist der Benutzer noch nicht authentifiziert, so dass er nichts auslesen kann. Der Request geht an den FilterSecurityInterceptor. Die Aufgabe dieses Servlet-Filters ist es, nur solche HTTP-Requests durchzulassen, die nicht gegen die Sicherheitsregeln verstoßen. Da keine Authentication

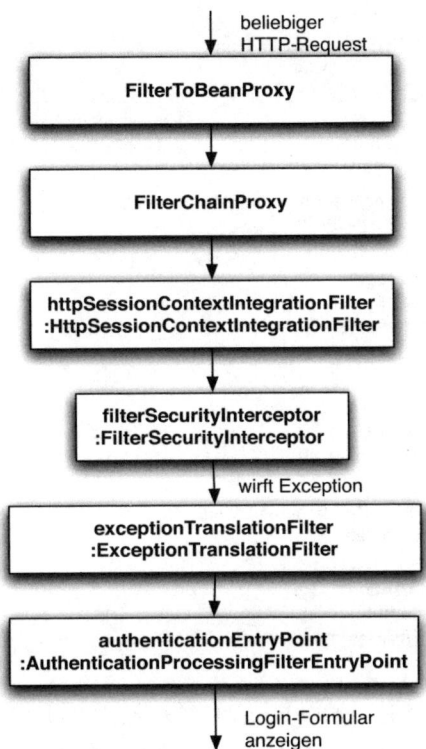

Abb. 8–3

*Die Filter beim
ersten Request*

vorhanden ist, wird eine `AuthenticationCreditalsNotFoundException`
geworfen. Sie wird vom ExceptionTranslationFilter gefangen, der ein
Login-Formular zur Anzeige bringt, in der die Authentifiziertungsda-
ten eingegeben werden können. Im Beispiel sind dies Benutzername
und Passwort. Damit ist der erste HTTP-Request bearbeitet.

Der Nutzer kann nun seinen Benutzernamen und sein Passwort
eingeben. Der nächste HTTP-Request kommt also von dem Login-
Formular (Abbildung 8–4). Er wird vom `AuthenticationProcessing-`
`Filter` abgefangen, der die Informationen an den `ProviderManager` weitergibt. Dieser befragt die verschiedenen `AuthenticationProvider`
(Abbildung 8–1). Im Beispiel gibt es nur einen: den `DaoAuthentication-`
`Provider`. Er verwaltet alle `UserDetailsServices`. Im Beispiel gibt es
auch hier nur einen, nämlich den `InMemoryDaoImpl`, der die Angaben
überprüft und im Erfolgsfall eine `Authentication` mit den Rechten des
Nutzers erstellt. Zum Abschluss wird die `Authentication` vom `HttpSes-`
`sionContextIntegrationFilter` in der HTTP-Session gespeichert.

*Zweiter Request:
Authentication erzeugen*

Beim nächsten Request ist also in der HTTP-Session eine `Authenti-`
`cation` gespeichert. Übrigens gibt es auch verschiedene Implementierungen des `RememberMeServices`-Interfaces, mit dem man die Authentifizierung auch über HTTP-Sessions hinweg dauerhaft z. B. in Cookies

Authentifizierter Request

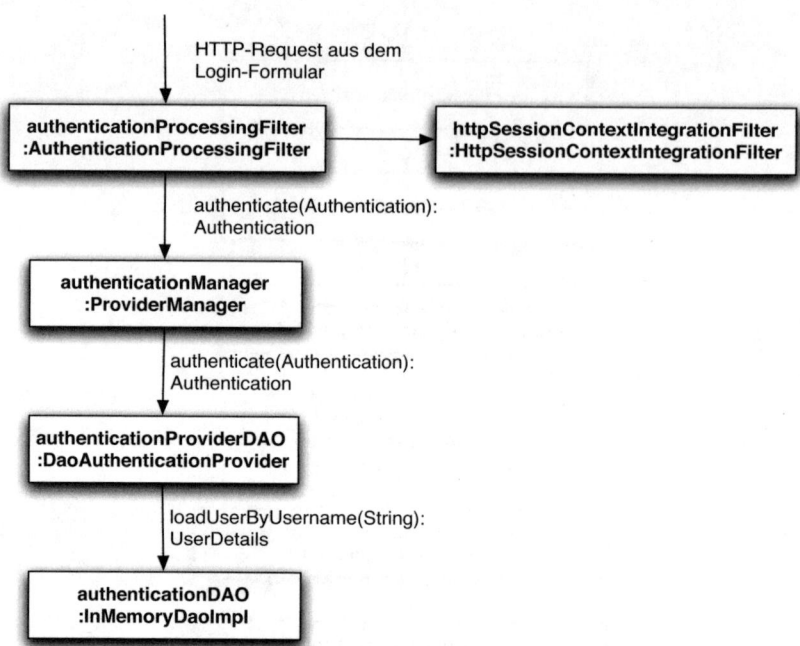

Abb. 8–4
*Der Weg des zweiten
Requests mit Username
und Passwort des Nutzers*

speichern kann. Wie Abbildung 8–5 zeigt, wird die `Authentication` durch den `HttpSessionContextIntegrationFilter` aus der HTTP-Session ausgelesen und an einen `ThreadLocal` gebunden. Durch diesen `ThreadLocal` steht die `Authentication` im gesamten Bearbeitungs-Thread zur Verfügung. Der `FilterSecurityInterceptor` überprüft dann die `Authentication`. Das Vorgehen für die Überprüfung entspricht dem Vorgehen beim Erstellen der Authentifizierung.

Autorisierung

Nun muss der `FilterSecurityInterceptor` entscheiden, ob die gewünschte Operation ausgeführt werden darf (Autorisierung). Dafür stehen in der erzeugten `Authentication` die `GrantedAuthorities` bereit, die zur Abbildung der Rollen verwendet werden. Diese Information wird dem `accessDecisionManager` zusammen mit Informationen über das Objekt, auf das zugegriffen werden soll, vorgelegt. Er holt sich von allen `AccessDecisionVotern` eine Stimme ab. Im vorliegenden Fall gibt es nur einen, nämlich den `RoleVoter`. Abhängig von der Entscheidung des `RoleVoters` lässt der `FilterSecurityInterceptor` die Anfrage durch oder verwehrt den Zugriff.

Geschäftslogik sichern

Die bisher implementierten Sicherheitsvorkehrungen dienen nur zur Absicherung der Webschicht. Im Allgemeinen will man jedoch auch auf der Ebene der Geschäftslogik Sicherheit implementieren. Dadurch hat man nicht nur eine zweite Ebene, in der man die Sicherheit der Anwendung gewährleisten kann, sondern man kann auch fein-

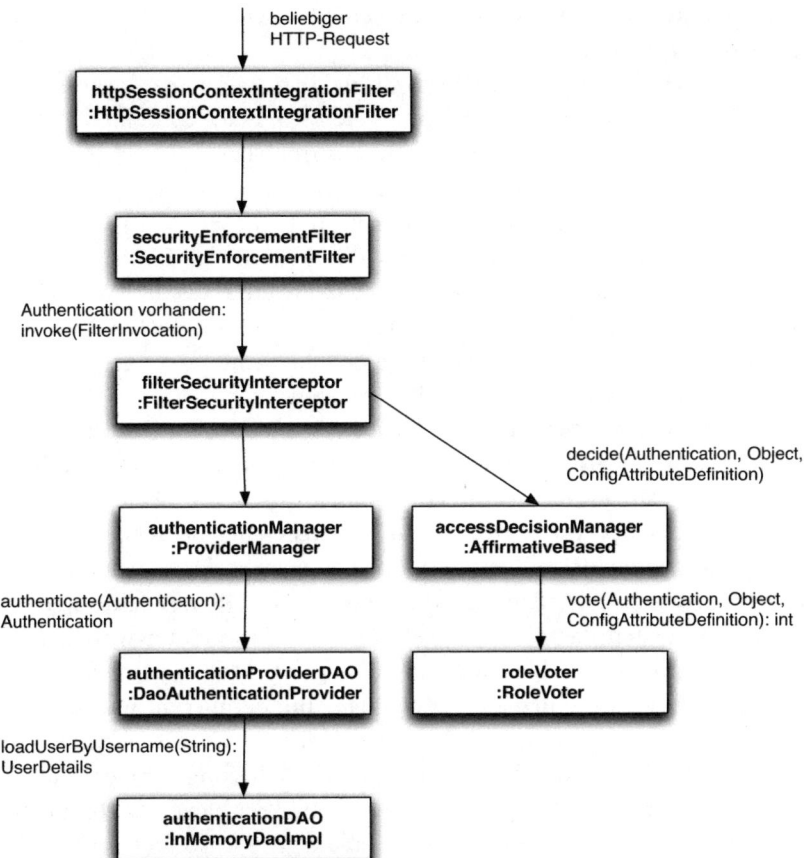

Abb. 8–5

HTTP-Request mit Authentication in der HTTP-Session

granularere Rechte verteilen. So kann eine Anforderung sein, dass Nutzer nur die eigenen Daten sehen können und nicht die anderer Nutzer. Dazu ist es notwendig, den Zugriff auf bestimmte Objektinstanzen für bestimmte Benutzer zu unterbinden.

Der erste Ansatz, mit dem man eine solche Funktionalität implementieren kann, wäre ein eigener `AccessDecisionVoter`, der mit einem eigenen Algorithmus für oder gegen einen Zugriff stimmt. Diese Implementierungsvariante ist zwar machbar, gibt aber nur recht grobgranulare Möglichkeiten zur Kontrolle des Zugriffs. Man kann den Zugriff auf ein Objekt zwar verbieten oder erlauben, aber man kann nicht den Zugriff auf bestimmte Zugriffsarten (z. B. nur Lesen) einschränken. Dazu müsste man mehrere `AccessDecisionVoter` implementieren oder sich ein komplexeres Rechtesystem einfallen lassen.

Als Lösung bietet Acegi ein Vorgehen mit Access Control Lists (ACLs), in denen die Zugriffsrechte für Benutzer hinterlegt sind. Dabei wird für jeden Nutzer und jede Ressource hinterlegt, welche Aktionen

Access Control Lists

erlaubt sind. Auf diese Weise ist also eine fein granulare Regelung der Zugriffsrechte möglich.

Acegi verwendet für die Verwaltung von ACLs das AclProvider-Interface. Normalerweise werden die ACLs in einer Datenbank abgelegt. Dafür bieten sich die Klassen JdbcDaoImpl bzw. JdbcExtendedDao-Impl an, die das AclProvider-Interface implementieren. Sie verwalten in einer recht komplexen Datenbankstruktur beliebige ACLs. Das Problem bei diesem Vorgehen ist, dass die Anzahl der Einträge in die ACLs recht groß werden kann: Sie ist das Produkt aus der Anzahl der Benutzer, der Anzahl der Objekte und der Anzahl der Rechte. Eine solche Datenmenge will man im Allgemeinen nicht mehr im Rahmen einer Benutzerverwaltung manuell verwalten.

AclProvider selbst implementieren

ACLs können aber eine gute Basis für die Implementierung individueller Sicherheitsrichtlinien sein. Im Rahmen der Beispielanwendung ist z. B. ein viel einfacherer Ansatz möglich: Es ist lediglich gefordert, dass Benutzer nur Daten von Kunden bearbeiten und sehen können, deren Nachname ihrem Benutzernamen entspricht. Das ist eine vereinfachte Umsetzung der Anforderung, dass ein Kunde nur seine eigenen Daten bearbeiten darf. Für die geforderte Funktionalität wäre die zu pflegende Datenbasis bei ACLs unnötig groß: Man müsste für jedes Konto und jeden Benutzer die Zugriffsrechte definieren, und nur bei einigen wenigen Benutzern und Konten wäre der Zugriff erlaubt. Vor allem wären diese Daten keine sinnvolle Modellierung der eigentlichen Sicherheitsrichtlinie. Es bietet sich an, statt komplexer ACLs in der Datenbank diese Anforderung durch eine eigene Implementierung des AclProvider-Interfaces abzudecken, die ACL-Einträge dynamisch erzeugt. Das wäre dann auch eine direkte Umsetzung der Sicherheitsrichtlinie.

Listing 8–6
Implementierung des AclProviders

```java
public class KundeAclProvider implements AclProvider {

  public AclEntry[] getAcls(Object domainInstance) {
    return new AclEntry[] { new SimpleAclEntry() };
  }

  public AclEntry[] getAcls(Object domainInstance,
    Authentication authentication) {
    Kunde kunde = (Kunde) domainInstance;
    String username = ((UserDetails)
     authentication.getPrincipal()).getUsername();
    if (username.equalsIgnoreCase(kunde.getName())) {
      SimpleAclEntry result = new SimpleAclEntry();
      result.setMask(
       SimpleAclEntry.READ_WRITE_CREATE_DELETE);
```

```
    return new AclEntry[] { result };
  } else {
    return getAcls(domainInstance);
  }
}

public boolean supports(Object domainInstance) {
  return domainInstance.getClass().
    equals(Kunde.class);
}

}
```

Die Implementierung in Listing 8–6 definiert durch die supports()-Methode, dass sie ACLs für Kunde-Objekte anbietet. Es gibt zwei Implementierungen der getAcls()-Methode: Im ersten Fall wird nur die Kunde-Instanz übergeben. Hier wird keine Zugriffsberechtigung zurückgegeben, da man nicht entscheiden kann, ob die Kunde-Instanz diejenige ist, die der Nutzer verwenden darf. Wird hingegen auch der Nutzer als Teil der Authentication übergeben, wird ein Vergleich zwischen dem Benutzernamen und dem Namen des Kunden durchgeführt und es werden je nach Ausgang die vollen Rechte eingeräumt oder keine. Somit werden dynamisch passende ACLs für einen Benutzer erstellt und man kann so komplexe Sicherheitsregeln wie hier den benutzerabhängigen Zugriff implementieren.

Noch ein Hinweis zu den ACL-Einträgen: Acegi ist hier sehr flexibel. Es können beliebige Klassen verwendet werden, die das leere Interface AclEntry implementieren. Für die meisten Anwendungsfälle ist die vordefinierte SimpleAclEntry-Klasse allerdings ausreichend. Sie erlaubt eine Differenzierung der Rechte nach Lesen, Schreiben, Erzeugen und Löschen.

ACL-Einträge

```
<bean id="kundeAclProvider"
  class="security.KundeAclProvider"/>

<bean id="aclProviderManager"
  class="….AclProviderManager">
  <property name="providers">
    <list>
      <ref local="kundeAclProvider"/>
    </list>
  </property>
</bean>
```

Listing 8–7
Konfiguration zum Limitieren des schreibenden Zugriffs auf Kunden

```xml
<bean id="SimpleAclEntry.WRITE"
 class="….FieldRetrievingFactoryBean">
  <property name="staticField"
   value="….SimpleAclEntry.WRITE"/>
</bean>

<bean id="SimpleAclEntry.READ"
 class="….FieldRetrievingFactoryBean">
  <property name="staticField"
   value="….SimpleAclEntry.READ"/>
</bean>

<bean id="aclKundeWriteVoter"
 class="….BasicAclEntryVoter">
  <property name="processConfigAttribute"
   value="ACL_KUNDE_WRITE" />
  <property name="processDomainObjectClass"
   value="businessobjects.Kunde"/>
  <property name="aclManager"
   ref="aclProviderManager"/>
  <property name="requirePermission">
    <list>
      <ref local="SimpleAclEntry.WRITE"/>
    </list>
  </property>
</bean>

<bean id="aclAccessDecisionManager"
 class="….AffirmativeBased">
  <property name="decisionVoters">
    <list>
      <ref local="aclKundeWriteVoter"/>
      <ref local="roleVoter"/>
    </list>
  </property>
</bean>
```

Listing 8–7 zeigt die Konfiguration, um den Zugriff auf Instanzen der Klasse Kunde mit ACLs einzuschränken. Zunächst wird die eigene Acl-Provider-Implementierung aus der KundeAclProvider-Klasse eingerichtet. Auch für die ACLs gibt es mit dem AclProviderManager eine Klasse, die verschiedene AclProvider koordiniert. Die aclProviderManager-Spring-Bean ist also dafür zuständig, für ein bestimmtes Objekt und einen bestimmten Benutzer eine ACL aus den Ergebnissen der einzelnen AclProvider zu erzeugen. Im vorliegenden Fall existiert jedoch nur ein AclProvider, so dass die Aufgabe trivial ist.

Um bei einem Objekt zu entscheiden, ob der Benutzer darauf zugreifen darf, wird das schon bekannte Prinzip der AccessDecisionVoter verwendet. Für die ACLs wird der BasicAclEntryVoter verwendet. Er wird so konfiguriert, dass er nur für die Klasse Kunde zuständig sein soll. Der BasicAclEntryVoter hat eine Referenz auf den AclProviderManager, so dass er für einen Benutzer und ein Objekt die ACL ermitteln kann. Wenn in der ACL der Wert SimpleAclEntry.WRITE enthalten ist, stimmt er dafür, dass der Benutzer das Recht ACL_KUNDE_WRITE bekommen soll. Die Spring-Beans SimpleAclEntry.READ und SimpleAclEntry.WRITE werden verwendet, um die durch eine Konstante im Quellcode definierte Zahl für die entsprechenden Rechte in der Spring-Konfiguration verwenden zu können.

ACL-basierte
AccessDecisionVoter

Damit bietet die aclKundeWriteVoter-Spring-Bean also die Möglichkeit, anhand der ACL einem Benutzer das Recht ACL_KUNDE_WRITE zu geben oder zu verwehren. Die aclAccessDecisionManager-Spring-Bean befragt zusätzlich die schon bekannte roleVoter-Spring-Bean. Dadurch kann der Zugriff sowohl durch Rollen als auch durch ACLs kontrolliert werden. Nun muss nur noch festgelegt werden, welche Rechte für den Zugriff auf die Methoden in der Geschäftslogik notwendig sind.

```
<bean id="kundeSecurityInterceptor"
 class="….MethodSecurityInterceptor">
  <property name="authenticationManager"
   ref="authenticationManager"/>
  <property name="afterInvocationManager"
   ref="afterInvocationManager" />
  <property name="accessDecisionManager"
   ref="aclAccessDecisionManager"/>
  <property name="objectDefinitionSource">
    <value>
     dao.IKundeDAO.update=ACL_KUNDE_WRITE
     dao.IKundeDAO.save=ACL_KUNDE_WRITE
     dao.IKundeDAO.getAll=ROLE_USER,AFTER_ACL_COLLECTION_READ
     dao.IKundeDAO.getByID=ROLE_USER,AFTER_ACL_READ
     dao.IKundeDAO.getByName=ROLE_USER,AFTER_ACL_READ
    </value>
  </property>
</bean>
```

Listing 8–8
Konfiguration des
Interceptors

Dazu wird mit der in Listing 8–8 gezeigten Spring-Konfiguration ein Interceptor definiert, der die Aufrufe an die kundeDAO-Spring-Bean mit Hilfe eines nicht dargestellten Advisors (Abschnitt 3.4) abfängt. Der Interceptor erfüllt dieselbe Rolle wie der FilterSecurityInterceptor aus der Webanwendung, setzt aber in der Spring-Geschäftslogik an. Er

Der Interceptor

hat eine Referenz auf den `authenticationManager` und die `aclAccessDe-cisionManager`-Spring-Bean, mit denen er Authentifizierung und Autorisierung sicherstellen kann. Für die einzelnen Methoden werden die zum Zugriff notwendigen Rechte definiert. Das können Rollen, ACL-Einträge oder eine Kombination aus beidem sein.

Mit der hier gezeigten Konfiguration werden die Einstellungen für die Sicherheitsattribute zentral am Interceptor definiert. Hinter den Kulissen wird dabei der Property `objectDefinitionSource` eine `Method-DefinitionMap` zugewiesen. Die Umwandlung der Konfiguration in eine solche `MethodDefinitionMap` erfolgt durch einen passenden `Property-Editor`.

Alternativ ist es auch möglich, Jakarta Commons Attributes oder JDK-1.5-Annotationen zu verwenden. Dazu muss man lediglich eine andere `objectDefinitionSource` verwenden.

Listing 8–9
Konfiguration für die
Verwendung von Jakarta
Commons Attributes

```
<bean id="attributes" class="….CommonsAttributes"/>
<bean id="objectDefinitionSource"
 class="….MethodDefinitionAttributes">
  <property name="attributes" ref="attributes"/>
</bean>
<bean id="kundeSecurityInterceptor"
 class="….MethodSecurityInterceptor">

  …

  <property name="objectDefinitionSource"
   ref="objectDefinitionSource"/>
</bean>
```

Dies wird in Listing 8–9 gezeigt. Dort werden Jakarta Commons Attributes verwendet. Der dazugehörige Code findet sich in Listing 8–10. Er stellt die schon bekannte Konfiguration dar, nur eben direkt an der Implementierung der Methode.

Listing 8–10
Konfiguration mit Jakarta
Commons Attributes

```
public interface IKundeDAO {
  …

  /**
   * @@SecurityConfig(ROLE_USER)
   * @@SecurityConfig(AFTER_ACL_READ)
   */
  List getAll();
}
```

Die Alternative sind JDK-1.5-Annotationen: In diesem Fall muss man statt der Klasse `CommonsAttributes` die Klasse `SecurityAnnotationAttributes` für die Spring-Bean `attributes` nutzen. Listing 8–11 zeigt den dazu passenden Code mit einer JDK-1.5-Annotation. Die Sicherheitseinstellungen werden dabei als ein Array von Strings an die Annotation übergeben.

```
public interface IKundeDAO {

…

  @Secured({"ROLE_USER","AFTER_ACL_READ"})
  List getAll();
}
```

Listing 8–11
Konfiguration mit
JDK-1.5-Annotationen

An dieser Stelle ergibt sich natürlich die Frage, was die Bedeutung von AFTER_ACL_COLLECTION_READ und AFTER_ACL_READ ist. Beim lesenden Zugriff auf die Daten entsteht ein Problem: Man muss die Daten, auf die der Benutzer keinen Zugriff haben soll, aus den Ergebnissen der Methodenaufrufe entfernen. Genau hier kommen die beiden Attribute zum Einsatz: Sie markieren Methoden so, dass dort die Ergebnisse einen Filter durchlaufen. So können Daten, auf die der Benutzer keinen Zugriff haben soll, aus der Ergebnismenge entfernt werden.

Datenfilter

```
<bean id="afterInvocationManager"
 class="….AfterInvocationProviderManager">
  <property name="providers">
    <list>
      <ref local="afterAclRead"/>
      <ref local="afterAclCollectionRead"/>
    </list>
  </property>
</bean>


<bean id="afterAclCollectionRead"
 class="….BasicAclEntryAfterInvocationCollectionFilteringProvider">
  <property name="aclManager"
   ref="aclProviderManager"/>
  <property name="requirePermission">
    <list>
      <ref local="SimpleAclEntry.READ"/>
    </list>
  </property>
</bean>


<bean id="afterAclRead"
 class="….BasicAclEntryAfterInvocationProvider">
  <property name="aclManager"
   ref="aclProviderManager"/>
  <property name="requirePermission">
    <list>
```

Listing 8–12
Konfiguration zum Filtern
der Ergebnisse

```
      <ref local="SimpleAclEntry.READ"/>
    </list>
  </property>
</bean>
```

Dazu sind noch weitere Spring-Beans notwendig, die man in Listing 8–12 sehen kann. Bei der `afterAclCollectionRead`- und der `afterAcl-Read`-Spring-Bean wird jeweils definiert, dass man Leserechte haben muss, damit ein Objekt in der Ergebnismenge auftauchen darf. Der `AfterInvocationProviderManager` fasst die beiden Spring-Beans zusammen und wird durch den `MethodSecurityInterceptor` angesprochen. Dieser Interceptor wird gegebenenfalls Objekte, auf die ein Benutzer keinen Zugriff haben soll, aus den Methodenergebnissen entfernen. Das kann natürlich Probleme aufwerfen, wenn die Ergebnismengen recht groß sind. So würde eine Anfrage, die normalerweise alle Kunden zurückgibt, zwar nur noch den erlaubten Kunden zurückgeben, aber auf eine sehr ineffiziente Art und Weise: Sie würde erst alle Kunden aus der Datenbank auslesen, um dann alle bis auf die erlaubten auszufiltern. Gegebenenfalls muss man also hier andere Möglichkeiten z. B. durch zusätzliche Aspekte schaffen.

Sicherheit ohne Codeänderungen

Wie man sieht, kann man mit Acegi ohne Änderungen am eigentlichen Code den Sicherheitsaspekt der Anwendung implementieren. Man kann nicht nur einfach einzelne URLs in einer Webanwendung absichern, sondern auch in die eigentliche Programmlogik eingreifen. Rollenbasierte Zugriffsrechte sind genauso möglich wie ACLs. Dadurch kann man sogar Sicherheitsregeln implementieren, die dem Benutzer nur den Zugriff auf eigene Daten erlauben, ohne dass man dazu den eigentlichen Code ändern müsste.

Acegi-Integrations-möglichkeiten

Acegi hat zahlreiche Möglichkeiten zur Integration anderer Sicherheitssysteme. Dazu zählen X.509-basierte Public-Key-Systeme und alle über JAAS [JAAS] zugreifbaren Systeme. Interessant ist auch die Integration des Yale Central Authentication Systems [CAS], weil so mit freier Software eine Single-sign-on-Lösung für Webanwendungen implementierbar ist. Auch ist eine Integration mit Server-Umgebungen wie Resin, Jetty, Tomcat oder JBoss möglich. Außerdem kann man mit Acegi auch eine auf JCaptcha [JCaptcha] basierende Authentifizierung verwenden. Dabei muss der Benutzer eine Zeichenkette eingeben, die auf einem Bild verfremdet dargestellt wird. Dadurch kann man automatische Systeme von der systematischen Erzeugung von Benutzerberechtigungen auf Websites abhalten: Solche Systeme können die Zeichenketten nicht identifizieren.

Tipp

Man kann Acegi auch ohne Spring verwenden. Es gibt sogar ein Werkzeug, das eine web.xml-Datei mit Sicherheitseinstellungen in eine Acegi-Konfiguration konvertiert. Acegi ist nämlich von Spring unabhängig: Die eigentlichen Mechanismen zum Absichern einer Webanwendung sind als Servlet-Filter implementiert und dadurch in jeder Anwendung verwendbar, die auf Servlets basiert. Im Hintergrund ist zwar Spring aktiv, um Acegi zu konfigurieren, aber die Anwendung selber ist von Spring und Acegi unabhängig. Natürlich verzichtet man dann auf die Möglichkeit, Geschäftslogik-Objekte durch Acegi abzusichern. Aber auch dort kann man ohne Spring auskommen, indem man AspectJ statt Spring AOP verwendet.

8.3   JMS-Integration

Verteilte Systeme verwenden häufig asynchrone Kommunikationsmechanismen. Ein Methodenaufruf, wie man ihn aus der objektorientierten Programmierung kennt, ist synchron: Ein anderes Objekt wird aufgerufen, und man wartet auf das Ergebnis. Bei asynchroner Kommunikation hingegen wird eine Nachricht losgeschickt, und man wartet nicht mehr auf ein Ergebnis. Die Bearbeitung erfolgt also asynchron zum Ablauf im Sender.

Gerade in verteilten Systemen verursacht synchrone Kommunikation Probleme, da dadurch die Latenzzeit in den Netzwerken auf die Performance durchschlägt. Bei asynchroner Kommunikation hingegen kann man eine Nachricht losschicken und anschließend weitermachen, so dass die Zeit, bis die Nachricht beim Ziel ankommt, keine so große Rolle spielt. Außerdem kann man bei asynchroner Kommunikation besser mit der Unzuverlässigkeit der Netzwerke umgehen: Die Nachrichten können gespeichert werden, und bei einer Netzwerkstörung kann man die Nachricht erneut übertragen. Ansynchrone Kommunikation begünstigt also die gerade für verteilte Systeme wichtige Entkoppelung. Allerdings gibt es auch Nachteile: Man kann nicht direkt einen Wert an den Aufrufer zurückgeben. Dazu muss man eine Antwort zurückschicken, und das bedeutet, dass auch der ursprüngliche Sender ein Empfänger für solche Rückantworten werden muss.

Nachteile synchroner Kommunikation in verteilten Systemen

In Java-EE-Systemen steht für die Implementierung asynchroner Kommunikation die JMS-API (JMS = Java Messaging Service) [JMS] bereit. Sie unterscheidet zwei Arten von Kommunikation: Bei Queues wird eine Punkt-zu-Punkt-Kommunikation realisiert. Man kommuniziert also asynchron mit einer konkreten Instanz. Anders bei Topics: Hier können sich beliebig viele anonyme Objekte bei einer Topic als Empfänger registrieren, und alle bekommen dann die Nachrichten zugestellt. Man spricht auch von Publish/Subscribe-Kommunikation.

Was ist JMS?

Zur Verwendung dieser beiden Konzepte muss man in JMS sehr unterschiedliche APIs benutzen. Vor allem im JMS-1.0.2-Standard ist die Verwendung einer Topic ganz anders als die Verwendung einer Queue. In JMS 1.1 wurde `Destination` als Oberklasse für Topic und Queue eingeführt. Spring nimmt diese Idee auf und vereinheitlicht die Benutzung noch weiter.

Dazu wird das schon von den anderen APIs bekannte TEMPLATE-Pattern (Abschnitt 4.4.1) implementiert. Konkret ist es in den Klassen `JmsTemplate` für JMS 1.1 und `JmsTemplate102` für JMS 1.0.2 implementiert. Die Auswahl, welcher Kommunikationsmechanismus verwendet wird, kann man durch die Property `pubSubDomain` vornehmen. Standardmäßig ist sie `false`, so dass eine Queue und damit die Punkt-zu-Punkt-Kommunikation verwendet wird. Wenn sie `true` ist, wird Publish/Subscribe verwendet, also das anonyme Versenden der Nachrichten an mehrere Empfänger.

JmsTemplate: Vorteile Neben der Vereinheitlichung von Topics und Queues räumen die `JmsTemplates` entsprechend dem TEMPLATE-Pattern natürlich die Ressourcen, die zur Verwendung der JMS-API notwendig sind, wieder sauber auf. Auch wird die Konvertierung von technischen Exceptions in `RuntimeExceptions` entsprechend dem EXCEPTION ÜBERSETZER-Pattern implementiert. Die auftretenden Fehler werden dabei in `JmsExceptions` und die dazu gehörenden Subklassen umgewandelt. Die Subklassen-Hierarchie ist recht umfangreich, so dass man gezielt durch Angabe eines passenden Typs von Exception im `catch` auf bestimmte Fehlersituationen reagieren kann.

Listing 8–13
Konfiguration eines
JmsTemplates

```
<beans>
  <bean id="jmsFactory"
    class="org.activemq.pool.PooledConnectionFactory">
    <property name="connectionFactory">
      <bean class="….ActiveMQConnectionFactory">
        <property name="brokerURL"
          value="tcp://localhost:61616"/>
      </bean>
    </property>
  </bean>

  <bean id="jmsTemplate"
    class="org.springframework.jms.core.JmsTemplate">
    <property name="connectionFactory"
      ref="jmsFactory"/>
    <property name="defaultDestinationName"
      value="EineJMSQueue"/>
    <property name="messageConverter">
```

```
    <bean class="….SimpleMessageConverter" />
  </property>
</bean>

</beans>
```

Listing 8–13 zeigt die Konfiguration eines JmsTemplates. Man muss das JmsTemplate mit einer Referenz auf eine JMS-ConnectionFactory versorgen. Im vorliegenden Beispiel wird dazu eine Implementierung von ActiveMQ [ActiveMQ] verwendet. Diese JMS-Implementierung ist auch Teil des Apache-Geronimo-Application-Servers [Geronimo].

Konfiguration im Beispiel

Eine ConnectionFactory kann mehrere unterschiedliche Queues oder Topics verwalten. Normalerweise verwendet das JmsTemplate dynamische Destinations, legt also die Queues bzw. Topics erst zur Laufzeit an. Der Name der Destination definiert die defaultDestinationName-Property.

> Läuft der Code in einem Java-EE-Application-Server, sind die Ressourcen für JMS typischerweise im JNDI-Namenssystem abgelegt. Dieses Verfahren wurde in Abschnitt 2.6.2 schon für DataSources näher erläutert. Die ConnectionFactory wird dann nicht direkt erzeugt, sondern durch eine JndiObjectFactoryBean oder durch das jee:jndi-lookup-Element aus dem JNDI-System ausgelesen. Ebenfalls würde man die Destination dort hinterlegen. Soll nicht eine dynamische Destination angelegt werden, sondern soll eine feste Destination aus dem JNDI-Kontext ausgelesen werden, dann muss man der destinationResolver-Property des JmsTemplate einen JndiDestinationResolver zuweisen und passend konfigurieren.

Tipp

Im Code ist die Verwendung des JmsTemplates verhältnismäßig einfach. Listing 8–14 zeigt den notwendigen Code. Es gibt zwei unterschiedliche Ansätze: Beim ersten Ansatz übergibt man ein Objekt, das das Interface MessageCreator implementiert. Dieses Interface definiert die Methode createMessage(), der die JMS-Session übergeben wird. Mit dieser Session kann man eine Nachricht eines geeigneten Typs erzeugen. JMS unterscheidet nämlich unterschiedliche Arten von Nachrichten wie Textnachrichten oder Nachrichten, die Objekte enthalten.

Verwendung im Code

Natürlich ist dieser Ansatz recht aufwändig, da man eine eigene Klasse implementieren muss, nur um eine Nachricht zu verschicken. Das Verschicken einer Nachricht ist aber auch mit einem einzigen Aufruf der Methode convertAndSend() möglich, wie ebenfalls in Listing 8–14 gezeigt. Dabei wird ein MessageConverter zur Konvertierung der Nachricht verwendet. In der Konfiguration (Listing 8–13) wurde dem JmsTemplate ein SimpleMessageConverter zugewiesen. Er wird dazu

Objekte konvertieren und versenden

verwendet, die übergebenen Objekte in einen passenden Nachrichten-typ umzuwandeln. Bei dem hier verwendeten String wäre das eine TextMessage.

```
JmsTemplate jmsTemplate= (JmsTemplate)
  applicationContext.getBean("jmsTemplate");
jmsTemplate.send(new MessageCreator() {
  public Message createMessage(Session session)
   throws JMSException {
    return session.createTextMessage(
      "Dies ist eine JMS TextMessage");
   }
});
jmsTemplate.convertAndSend("Noch eine TextMessage");
```

Man kann bei der send()-Methode auch eine andere Destination oder den Namen einer anderen Destination übergeben, wenn man nicht die in der Konfiguration vorgegebene Destination verwenden will. Außerdem kann man einen MessagePostProcessor übergeben, der z. B. JMS-Header setzen kann.

Nachrichten empfangen

Zum Empfangen einer Nachricht kann man die receive()-Methode aufrufen. Das Ergebnis ist eine JMS-Message bzw. eine Subklasse. Bei receiveAndConvert() wird die Nachricht durch den konfigurierten MessageConverter zu einem Objekt konvertiert. Beispielsweise wird aus einer TextMessage wieder ein String. Außerdem bietet JMS die Möglichkeit, Nachrichten anhand bestimmter Metainformationen zu selektieren. Auch hier bietet das JmsTemplate eine Unterstützung: Es hat die Methoden receiveSelected() bzw. receiveSelectedAndConvert(), denen man einen Ausdruck zum Selektieren von JMS-Nachrichten übergeben kann.

Low-Level JMS

Neben diesen weitgehend vereinfachten Varianten kann man über die execute()-Methode dem JmsTemplate ein Objekt übergeben, das das Interface SessionCallback bzw. ProducerCallback implementiert. Dieses Callback-Objekt wird mit der JMS-Session oder dem JMS-Producer als Parameter aufgerufen, so dass die gesamte Mächtigkeit, aber auch die gesamte Komplexität der JMS-Schnittstelle dem Entwickler offen stehen. Außerdem hat das JmsTemplate zahlreiche weitere Properties wie timeToLive oder priority, die die Benutzung weiterer JMS-Features eröffnen.

> JMS hat ebenfalls eine Unterstützung für Transaktionen. Bei einem Roll-
> back werden alle Nachrichten seit dem letzten Commit nicht übertragen,
> so dass der Message-Empfänger sich so verhält, als hätten die JMS-Aktio-
> nen in der Transaktion nicht stattgefunden. Um diese Transaktionen in das
> Spring-Transaktionsframework zu integrieren, gibt es den JmsTransac-
> tionManager. In einem Java-EE-Application-Server bietet der JtaTransac-
> tionManager (Listing 6–18) Zugriff auf die zentrale Transaktion des Applica-
> tion-Servers, die sich auf alle transaktionalen Ressourcen und damit auch
> auf JMS auswirkt. Spring bietet die TransactionAwareConnectionFacto-
> ryProxy, mit der man eine JMS-Connection um Synchronisation mit einer
> JMS-ConnectionFactory erweitern kann, wenn man die Property synchedLo-
> calTransactionAllowed auf true setzt. Dabei wird bei einem Rollback der
> Spring-Transaktion die JMS-Transaktion ebenfalls zurückgerollt.

Tipp

Der JMS-Support in Spring geht etwas großzügig mit Ressourcen um.
Diesbezüglich lohnt sich ein Blick auf [Str05]. Wenn man JMS in
einem Application-Server mit Ressource Pooling verwendet, gibt es im
Allgemeinen keine Probleme.

Ressourcen-Knappheit?

Außerdem fehlt eine Möglichkeit, eine größere Anzahl an Mes-
sage-Empfängern zu konfigurieren, um Ausfallsicherheit und Skalierbarkeit einer JMS-Anwendung zu ermöglichen. Dazu kann man Message Driven Bean aus dem EJB-Standard verwenden (Abschnitt 6.5). In
Spring sind aber auch solche Funktionalitäten integriert, und zwar in
den Message-Listener-Container. Sie bieten eine Umgebung an, in der
JMS-Connections längere Zeit gehalten werden und in der mehrere
Anfragen parallel verarbeitet werden können. Dazu werden Objekte
verwendet, die das MessageListener-Interface implementieren. Dieses
Interface ist Teil der JMS-API und definiert die Methode onMessage(),
die mit der JMS-Message als Parameter aufgerufen wird. Spring definiert außerdem das SessionAwareMessageListener-Interface, bei dem
der onMessage()-Methode neben der Message auch eine Session übergeben wird. Listing 8–15 zeigt eine einfache Implementierung. Ein solches Objekt kann man in einem Message-Listener-Container laufen
lassen, der sich um das Thread-Handling und einen effizienten
Umgang mit JMS-Ressourcen kümmert.

MessageListenerContainer in Spring

```
public class MyMessageListener
  implements SessionAwareMessageListener {

  public void onMessage(Message message,
    Session session) throws JMSException {
    System.out.println(message);
  }

}
```

Listing 8–15
Einfache Implemen-
tierung eines Session-
AwareMessageListeners

Ein Blick auf Listing 8–15 zeigt, dass die implementierte Klasse kein echtes POJO ist, weil sie ein JMS-spezifisches Interface implementiert. Im Prinzip könnte man genauso gut eine Methode auf einem beliebigen Spring-Bean aufrufen, statt dass man ein solches Interface implementiert. Dadurch würde die Implementierung vollständig unabhängig von der Technologie werden. Genau das ist im `MessageListenerAdapter` implementiert. Die Klasse implementiert das `MessageListener`-Interface, aber Aufrufe werden an ein Spring-Bean weitergereicht. Ein Beispiel für die Verwendung zeigt Listing 8–16.

Listing 8–16
Verwendung des
MessageListenerAdapters

```
<bean id="messageListener"
  class="….MessageListenerAdapter">
  <constructor-arg>
    <bean class="jmsadaptor.MessageHandler" />
  </constructor-arg>
  <property name="defaultListenerMethod"
    value="handleJMSMessage" />
</bean>
```

Die Spring-Bean, die durch den `MessageListenerAdapter` über JMS zugreifbar gemacht werden soll, wird entweder als `constructor-arg` übergeben oder der Property `delegate` zugewiesen. Normalerweise wird bei diesem Spring-Bean die Methode `handleMessage` aufgerufen. Mit der Property `defaultListenerMethod` kann man auch eine andere Methode auswählen. Der Inhalt der JMS-Message wird extrahiert und gegebenenfalls umgewandelt, so dass der Empfänger einer JMS-`TextMessage` beispielsweise in der Implementierung der Methode einfach einen `String` als Parameter übernehmen kann. Die Methode kann übrigens auch ein Ergebnis zurückgeben, das dann an die reply-to-Destination der JMS-Nachricht zurückgeschickt wird. Man kann auch eine Destination der `defaultResponseDestination`-Property zuweisen oder die Property `defaultResponseQueueName` oder `defaultResponseTopicName` richtig setzen.

Eine Alternative ist die Verwendung des EXPORTER-Pattern, das bereits in Abschnitt 6.2.1 erläutert wurde. Mit JMS kann man es ebenfalls verwenden. Im Gegensatz zu den anderen Integrationsmöglichkeiten für JMS wird in diesem Fall synchrone Kommunikation verwendet, es wird also eine Nachricht über JMS mit dem Methodenaufruf losgeschickt, dann wartet der Client auf das Ergebnis. Der Server bearbeitet die JMS-Nachricht, leitet sie durch einen Methodenaufruf an ein Spring-Bean weiter und das Ergebnis des Methodenaufrufs wird dann an den Client zurückgeschickt. JMS wird dabei vollständig transparent. Auf Client-Seite muss man lediglich das erwartete Interface, die zu verwendende `ConnectionFactory` und den Namen der zu verwendenden Queue bei der Konfigration des `JmsInvokerProxyFactoryBeans` angeben (Listing 8–17).

```
<bean id="kundeDAO"
 class="….JmsInvokerProxyFactoryBean">
  <property name="serviceInterface"
   value="dao.IKundeDAO" />
  <property name="connectionFactory"
   ref="connectionFactory" />
  <property name="queueName" value="A" />
</bean>
```

Listing 8–17
Konfiguration des
JmsInvokerProxyFactory-
Beans

Auf der Server-Seite muss man eine Referenz auf den Spring-Bean, der exportiert werden soll, angeben und das zu exportierende Interface. Dabei wird der `JmsInvokerServiceExporter` verwendet, der, wie schon die anderen Spring-Beans auf der Server-Seite, ein `MessageListener` ist (Listing 8–18).

```
<bean id="messageListener"
 class="….JmsInvokerServiceExporter">
  <property name="service">
    <bean class="jmsexporter.KundeDAO" />
  </property>
  <property name="serviceInterface"
   value="dao.IKundeDAO" />
</bean>
```

Listing 8–18
Konfiguration des
JmsInvokerService-
Exporter

Es gibt also verschiedene `MessageListener`, die auf unterschiedliche Art und Weise die Komplexität von JMS verstecken. Alternativ kann man das Interface auch selbst implementieren.

Um solche `MessageListener` zu betreiben, benötigt man einen Message-Listener-Container. Die einfachste Variante der Message-Listener-Container heißt naheliegenderweise `SimpleMessageListenerContainer`. Intern werden JMS-`MessageConsumer` erzeugt, denen jeweils der Message`Listener` zugewiesen wird. Eine entsprechende Konfiguration zeigt Listing 8–19.

Der einfachste Container:
SimpleMessageListenerCon
tainer

```
<beans>

  <bean id="connectionFactory"
   class="….JndiObjectFactoryBean">
    <property name="expectedType"
     value="javax.jms.QueueConnectionFactory" />
    <property name="jndiName" value="ConnectionFactory" />
    <property name="jndiTemplate" ref="jndiTemplate" />
    <property name="resourceRef" value="false" />
  </bean>
```

Listing 8–19
Konfiguration mit einem
SimpleMessageListener-
Container

```
<bean id="jmsContainer"
 class="….SimpleMessageListenerContainer">
  <property name="concurrentConsumers" value="6" />
  <property name="connectionFactory"
   ref="jmsFactory" />
  <property name="destinationName"
   value="EineJMSQueue" />
  <property name="messageListener">
    <bean class="springjmspojo.MyMessageListener" />
  </property>
</bean>

</beans>
```

Wie man sieht, kann man die Anzahl der parallel aktiven Empfänger mit concurrentConsumers festlegen. Das entspricht auch der Anzahl laufender Threads. Ansonsten kann man die Destination entweder direkt oder wie hier gezeigt durch den Namen referenzieren, wie dies auch bei JMSTemplates möglich ist. Schließlich gibt man noch den messageListener an.

DefaultMessageListener-Container mit Transaktionssteuerung

Mit dem SimpleMessageListenerContainer hat man keine Möglichkeit, Transaktionen zu steuern. Das ist mit dem DefaultMessageListenerContainer möglich, dem man ein TransactionTemplate oder einen PlatformTransactionManager zuweisen kann. So ist eine Integration in ein beliebiges Transaktionssystem möglich. Im Fehlerfall wird dann die Transaktion zurückgerollt.

Parallelität durch TaskExecutor

Außerdem kann dem DefaultMessageListenerContainer auch ein TaskExecutor zugewiesen werden. Er ist eine Abstraktion über verschiedene Möglichkeiten, eine Aufgabe auszuführen. Einem TaskExecutor wird ein Objekt übergeben, das das Interface Runnable implementiert. Am einfachsten ist es natürlich, es synchron im gleichen Thread auszuführen (SyncTaskExecutor), was aber nur für Tests sinnvoll ist – in anderen Szenarien werden die Aufgaben eher parallel in anderen Threads abgearbeitet. So kann z. B. asynchron im Hintergrund für jede Aufgabe ein neuer Thread erzeugt werden (SimpleAsyncTaskExecutor), oder es kann ein Thread-Pool verwendet werden, wodurch das recht teure Erzeugen neuer Threads verhindert wird. Spring unterstützt den SimpleThreadPool aus dem Quartz-Framework durch den SimpleThreadPoolTaskExecutor und der ThreadPoolTaskExecutor verwendet den ThreadPoolExecutor aus dem JDK, der aber erst seit JDK 1.5 zur Verfügung steht. Durch den ConcurrentTaskExecutor können auch andere Executor aus dem JDK 1.5 genutzt werden und mit dem TimerTaskExecutor auch der JDK 1.5 Timer. Übrigens bietet das JDK neben Thread-Pools auch Funktionalitäten zum Aufbau von

Warteschlangen oder Eingriffsmöglichkeiten beim Erzeugen neuer Threads, so dass ingesamt ein sehr mächtiges System für das Management von Thread auf Java-SE-Umgebungen zur Verfügung steht.

Besonders interessant ist außerdem der `WorkManagerTaskExecutor`, der einen CommonJ WorkManager verwendet. Dieser Standard definiert, wie man in einem Application-Server auf einen Thread-Pool zugreifen kann, der durch den Application-Server verwaltet wird. Dadurch kann man auch in einem Application-Server, der diesen Standard unterstützt (z. B. BEA Weblogic und IBM WebSphere) Anwendungen mit mehreren Threads laufen lassen, während normalerweise eigenes Thread-Handling in Java-EE-Umgebungen verboten ist. Außerdem kann man die Thread-Pools mit Mitteln des Application-Servers managen.

Durch die `TaskExecutor` hat man im JMS-Umfeld verschiedene Möglichkeiten, parallele Ausführungen von JMS-Nachrichten zu konfigurieren. Beim `DefaultMessageListenerContainer` ist allerdings zu beachten, dass er die Threads für die gesamte Lebenszeit belegt, so dass ein Thread-Pooling nur wenig Sinn macht: Die Threads sind für die gesamte Lebenszeit belegt, so dass sie für den Pool und für andere Aufgaben nicht zur Verfügung stehen. Ein wichtiger Vorteil der `TaskExecutor` ist, dass man einen CommonJ Workmanager integrieren kann, der parallele Abarbeitung auch in einer Java-EE-Umgebung erlaubt. Mit Hilfe der `TaskExecutor` kann man also Thread-Handling im Allgemeinen und insbesondere für JMS lösen, so dass man sehr einfach einen JMS-Server laufen lassen kann, der mit mehreren Threads arbeitet – und zwar auch in einer Java-SE-Umgebung. Durch Rekonfiguration kann derselbe Code dann auf einem Java-EE-Server laufen, sofern er die CommonJ-WorkManager-Spezifikation unterstützt. Offen sind Optimierungen bei der Verwendung von JMS-Sessions.

Mit dem `ServerSessionMessageListenerContainer` steht jedoch eine Implementierung zur Verfügung, die das Erzeugen der JMS-Session an eine andere Spring-Bean delegiert. Diese Spring-Bean wird der Property `serverSessionFactory` zugewiesen. Die Vorgabe ist eine `Simple-ServerSessionFactory`, die bei jeder Ausführung eines Message-Listeners eine neue JMS-Session erzeugt. Wenn man jedoch stattdessen eine `CommonsPoolServerSessionFactory` verwendet, werden die JMS-Sessions in einem Pool gehalten und wiederverwendet. Dadurch können viele `MessageListener` mit wenigen Sessions auskommen, und vor allem erspart man sich den Aufwand für das Erzeugen und Schließen der JMS-Sessions, so dass man wesentlich effizienter mit Ressourcen umgehen kann.

Der ServerSession-MessageListenerContainer

Durch diese Features hat man also eine breite Auswahl an Features, mit denen man skalierbare JMS-basierte Lösungen entwickeln kann.

8.4   Java Connector Architecture (JCA)

Mit der Java Connector Architecture (JCA) [JCA] steht in Java-EE-Systemen eine standardisierte Möglichkeit zur Integration von Host-Anwendungen oder von Standardsoftware zur Verfügung. Der wichtigste Vorteil ist, dass der Konnektor standardisiert auf Dienste des Java-EE-Servers wie z. B. Transaktionen zugreifen kann, so dass die Konnektoren in jeder Java-EE-Umgebung funktionieren. Dazu dient das Service Provider Interface (SPI). Die Anwendung kommuniziert mit dem Konnektor über das Common Client Interface (CCI), das von jedem Konnektor zur Verfügung gestellt werden sollte, aber nicht unbedingt vorhanden sein muss.

Dieser Abschnitt soll einen Eindruck davon vermitteln, wie auch bei JCA die Spring-Prinzipien verwendet werden, um eine API für den Entwickler einfacher handhabbar zu machen. Die dabei verwendeten Prinzipien finden sich in jeder von Spring unterstützten API wieder und sollten daher inzwischen bekannt sein.

CciTemplate   Zentrale Klasse ist wieder eine Implementierung des TEMPLATE-Patterns: Das `CciTemplate` dient dazu, das Aufräumen der CCI-Ressourcen sicherzustellen und implementiert auch das EXCEPTION ÜBER-SETZER-Pattern, so dass die Exceptions aus der CCI-API in `RuntimeExceptions` umgewandelt werden. Diese Exceptions erben übrigens auch von den `DataAccessExceptions`, die sonst für die Persistenz-APIs genutzt werden.

Ein `CciTemplate` kann man unter Angabe einer `ConnectionFactory` selbst erzeugen oder man erbt von der Klasse `CciDaoSupport`, in der ein solches TEMPLATE vorbereitet ist. Normalerweise würde man die dafür notwendige `ConnectionFactory` aus dem JNDI-Namenssystem des Application-Servers lesen, aber mit der Klasse `LocalConnectionFactoryBean` aus dem Spring-Framework kann man aus dem JCA-ConnectionManager direkt eine `ConnectionFactory` erzeugen. Dadurch kann man die Anwendung durch Änderung der Spring-Konfiguration in einer Java-SE-Umgebung laufen lassen, allerdings ohne die Integration des JCA-Connectors in die dann nicht vorhandene Security- und Transaktions-Infrastruktur. Außerdem bietet Spring Möglichkeiten, die `ConnectionSpec` aus der JCA-API zu verwenden, um die `Connections` zu konfigurieren, und man kann auch die gesamte Anwendung mit nur einer Verbindung laufen lassen.

Das `CciTemplate` bietet in der Schnittstelle eine `execute()`-Methode an, die eine `InteractionSpec` und einen `Record` übernimmt. Das sind Interfaces, die Daten für einen CCI-Aufruf definieren und beschreiben, was mit diesen Daten gemacht werden soll. Alternativ bietet Spring die Interfaces `InteractionCallback` und `ConnectionCallback`, die mit einer Interaktion bzw. einer Verbindung aus der CCI-API aufgerufen werden. Dadurch kann man auch auf diese Schnittstellen der CCI-API in seinem eigenen Code zugreifen, ohne die Vorteile des `CciTemplates` zu verlieren.

Parameter und Ergebnisse von JCA-Aufrufen werden durch Records dargestellt. Beim Auslesen der Ergebnisse kann man mit dem `RecordExtractor` aus den Records andere Objekte erzeugen und für die Parameter mit dem `RecordCreator` einen Record mit Hilfe der ihm übergebenen `RecordFactory` erzeugen. Auch hier gilt, dass Spring die Ressourcen bereitstellt und aufräumt, so dass der Entwickler sich damit nicht beschäftigen muss.

Records verwenden

Eine weitere Möglichkeit ist, nur eine Klasse zu implementieren, die sowohl das Erzeugen von Parametern als auch die Umwandlung der Ergebnisse in Objekte implementiert. Dazu muss man von `MappingRecordOperations` ableiten. An Instanzen dieser Klasse kann man direkt `execute()` aufrufen, man benötigt also kein `CciTemplate` mehr.

Eine Integration der Transaktionen ist mit dem `JtaTransactionManager` möglich, da sich die JCA-Transaktionen in die JTA-Umgebung des Application-Servers integrieren müssen.

Wie man sieht, ist die Integration einer API leicht aus dem TEMPLATE- und dem EXCEPTION ÜBERSETZER-Pattern ableitbar. Dazu gesellen sich für die Implementierung des TEMPLATE-Patterns noch einige Interfaces, die Klassen die Möglichkeit geben, sich mit bestimmten Ressourcen aufrufen zu lassen, statt diese selbst zu erzeugen. Gerade bei JCA ergeben sich ohne Spring auch für einfache Aktionen oft sehr viele Methodenaufrufe, die zudem eher einem prozeduralem Ansatz folgen. Mit der Spring-Unterstützung wird die API deutlich einfacher handhabbar.

8.5   E-Mail-Unterstützung

Bei Enterprise-Anwendungen wird das Versenden von E-Mails häufig z. B. als Bestätigung einer Bestellung oder für das Versenden sonstiger Nachrichten verwendet. Dafür bietet Java die JavaMail-Schnittstelle [JavaMail] an. Auch die Benutzung dieser API wird durch Spring vereinfacht.

Text-Mails
Zunächst kann man einfache Text-Mails verschicken. Dazu gibt es die Klasse `SimpleMailMessage` mit den dazugehörigen Properties. Man kann Instanzen dieser Klasse erzeugen, mit den Daten für die Mail versehen und anschließend einem `MailSender` zum Verschicken übergeben.

Listing 8–20
Verschicken einer
einfachen Textnachricht

```
SimpleMailMessage msg = new
  SimplE-MailMessage(mailMessage);
msg.setTo("info@spring-buch.de");
msg.setText("test");
mailSender.send(msg);
```

In Listing 8–20 kann man dies im Java-Code verfolgen. Neben den hier gesetzten Properties hat die `SimpleMailMessage` auch Properties für die typischen Felder einer E-Mail wie `bcc`, `cc`, `from`, `replyTo` oder `subject`.

Das MailSender-Interface
und die
Implementierungen
Die eigentliche Funktionalität wird natürlich von der Implementierung des `MailSender`-Interfaces bereitgestellt. Dazu bietet Spring die Klasse `JavaMailSenderImpl` auf Basis von JavaMail an. An Instanzen dieser Klasse kann man Properties wie `host`, `password` und `port` setzen. Eine Alternative ist die `CosMailSenderImpl`, die in den O'Reilly-Servlet-Klassen enthalten ist [COS]. Sie basiert auf der Implementierung der `MailMessage` von Jason Hunter. Hier kann man allerdings nur den Host einstellen, und auch die `replyTo`- und `sentDate`-Felder der `SimpleMailMessage` dürfen nicht gesetzt sein. Neben dieser Vereinheitlichung zweier APIs implementieren die Klassen auch das EXCEPTION ÜBERSETZER-Pattern: Die checked-Exceptions aus der zugrunde liegenden API werden in `RuntimeExceptions` umgewandelt, so dass sie nur noch optional behandelt werden müssen.

MIME-E-Mails
Bisher war die Rede nur von einfachen Textnachrichten. Will man komplexere E-Mail-Nachrichten erzeugen, kann man dazu MIME (Multimedia Internet Message Extension) verwenden. MIME wird allerdings nur von der `JavaMailSenderImpl` unterstützt. Diese Klasse implementiert nämlich auch das `JavaMailSender`-Interface, in dem die für MIME notwendigen Methoden enthalten sind.

Um eine MIME-E-Mail zu verschicken, gibt es unterschiedliche Möglichkeiten. Man kann mit der `createMimeMessage()` aus dem `JavaMailSender`-Interface eine `MimeMessage` erzeugen und sie mit `send()` verschicken. Eine weitere Möglichkeit ist die Implementierung des `MimeMessagePreparator`-Interfaces. Die Verwendung zeigt Listing 8–21. Hier wird eine anonyme Inner Class zur Implementierung des Interfaces verwendet.

```
mailSender.send(new MimeMessagePreparator() {
  public void prepare(MimeMessage mimeMessage)
   throws Exception {
    mimeMessage.setFrom(
     new InternetAddress("info@spring-buch.de"));
    mimeMessage.setRecipient(Message.RecipientType.TO,
     new InternetAddress("wolff"));
    mimeMessage.setText("MIME test");
  }
});
```

Listing 8–21
MIME-Mail mit
MimeMessagePreparator
erzeugen

Wenn man sich den Code näher ansieht, wird deutlich, dass es noch recht unangenehme Seiten der JavaMail-API gibt. So muss man den InternetAddress-Wrapper für die E-Mail-Adresse verwenden, und die Empfänger werden mit der recht gewöhnungsbedürftigen setRecipient()-Methode festgelegt.

Spring hat sich als Ziel gesetzt, APIs deutlich zu vereinfachen, und bietet auch für das hier gezeigte Problem eine Lösung: Man kann die MimeMessage an einen MimeMessageHelper übergeben. Der Helper bietet eine deutlich einfachere Schnittstelle.

Der MimeMessageHelper

```
mailSender.send(new MimeMessagePreparator() {
  public void prepare(MimeMessage mimeMessage)
   throws Exception {
    MimeMessageHelper mimeMessageHelper =
     new MimeMessageHelper(mimeMessage);
    mimeMessageHelper.setFrom("info@spring-buch.de");
    mimeMessageHelper.setTo("wolff");
    mimeMessageHelper.setText("MIME test");
  }
});
```

Listing 8–22
Verschicken einer MIME-
Mail mit dem
MimeMessageHelper

An eine solche MIME-Mail kann man mit addAttachment() auch ein Bild oder ein Dokument anfügen. Dabei kann man das Dokument als InputStreamSource, was eine Oberklasse aller Spring-Resources ist, oder als File übergeben.

Wie man sieht, bietet auch beim Verschicken von E-Mails die Verwendung der Spring-Schnittstellen eine deutliche Vereinfachung gegenüber den sonst üblichen APIs. Die Spring-Abstraktionen erleichtern das Entwickeln erheblich und führen durch die optimierte Fehlerbehandlung auch zu stabileren Anwendungen.

8.6   Zeitgesteuerte Aufgaben

In Geschäftsanwendungen möchte man oft zu einem bestimmten Zeitpunkt eine Aktion ausführen. Solche Anforderungen sind sehr häufig Teil von Geschäftsprozessen, und auch ohne Computerunterstützung gibt es z. B. mit der Wiedervorlage ein ähnliches Prozedere.

Zeitgesteuerte Aufgaben selbst implementieren?

In einer Java-Anwendung kann man eine solche Funktionalität extern lösen, indem man z. B. in einer Unix-Umgebung das cron-Dienstprogramm verwendet. Mit diesem Programm ist es möglich, einen Prozess zu bestimmten Zeiten aufrufen zu lassen. Sollen jedoch alle Funktionalitäten in derselben Anwendung abgedeckt werden und will man daher so etwas in Java selbst entwickeln, stellt sich die Aufgabe als nicht trivial dar. Man muss die Aktionen möglichst genau zu den geplanten Zeitpunkten ausführen und man sollte z. B. dafür sorgen, dass die geplanten Aktionen auch noch ausgeführt werden, wenn das System zwischenzeitlich neu gestartet werden musste.

CommonJ-Unterstützung

Neben den hier vorgestellten Möglichkeiten, die auf dem JDK-Timer und dem Quartz-Framework basieren, gibt es seit Spring 2.0 eine Unterstützung für die CommonJ-API. Sie wird von BEA Weblogic ab Version 9.0 und IBM Websphere ab Version 6.0 angeboten. Mit dieser API kann man in einem Application-Server Aufgaben parallel ausführen lassen oder zu einem bestimmten Zeitpunkt starten. Die Spring-Integration findet sich im Package `org.springframework.scheduling.commonj`.

8.6.1   JDK-Timer

Eine recht einfache Implementierung für zeitgesteuerte Aufgaben ist mit Hilfe der im JDK enthaltenen Timer möglich. Diese haben zwar nur wenige Features, sind dafür aber in jeder Java-Umgebung ohne zusätzliche Bibliotheken verfügbar. Ein wesentlicher Nachteil der JDK-Timer ist die fehlende Persistenz, so dass die bereits geplanten Aufgaben nach einem Neustart des Systems verloren gehen. Außerdem sind keine komplexen Scheduling-Funktionalitäten vorhanden, die z. B. die Ausführung nur an bestimmten Wochentagen erlauben würden. Auch werden alle JDK-Timer in einem Thread verwaltet, der die einzelnen Ereignisse abarbeitet. Daher kann er also auch nur begrenzt mehrere Aktionen parallel ausführen.

Spring-Unterstützung

Spring bietet für den JDK-Timer eine Unterstützung, so dass man nur in der Spring-Konfiguration einige Spring-Beans einrichtet und anschließend die Jobs ohne weitere Programmierung ausgeführt werden.

```
<beans>
  <bean id="beispiel"
    class="….MethodInvokingTimerTaskFactoryBean">
    <property name="targetObject">
      <bean class="springtimer.ABean"/>
    </property>
    <property name="targetMethod" value="doIt"/>
  </bean>

  <bean id="scheduledTask1"
    class="….ScheduledTimerTask">
    <property name="timerTask" ref="beispiel"/>
    <property name="delay"  value="10000"/>
    <property name="period" value="5000"/>
  </bean>

  <bean id="scheduledTask2"
    class="….ScheduledTimerTask">
    <property name="timerTask">
      <bean class="springtimer.ATimerTask"/>
    </property>
    <property name="delay"  value="7500"/>
    <property name="period" value="5000"/>
  </bean>

  <bean id="timerFactory"
    class="….TimerFactoryBean">
    <property name="scheduledTimerTasks">
      <list>
        <ref bean="scheduledTask1"/>
        <ref bean="scheduledTask2"/>
      </list>
    </property>
    <property name="daemon" value="false" />
  </bean>

</beans>
```

Listing 8–23
Konfiguration mit
JDK-Timern.
Die Zeitangaben sind
jeweils in Millisekunden.

Listing 8–23 zeigt eine mögliche Konfiguration. Die Spring-Bean bei-spiel dient dazu, ein normales Java-Objekt so einzupacken, dass es mit JDK-Timern ansprechbar ist. Dazu wird die Klasse MethodInvo-kingTimerTaskFactoryBean aus dem Spring-Framework verwendet. Dort muss man das targetObject und die targetMethod setzen.

Normale Objekte
verpacken

Anschließend muss man noch eine Spring-Bean vom Typ Schedu-ledTimerTask definieren, wie es die Spring-Bean scheduledTask1 zeigt.

Schedules

Dort kann man mit delay die Zeit bis zum ersten Aufruf und mit period die Zeit zwischen zwei Aufrufen einstellen. Mit der Boolean Property fixedRate kann man wählen, dass die Ausführungen jeweils relativ zum Zeitpunkt der ersten Ausführung stattfinden. Dadurch wird sich im Mittel eine konstante Rate von Ausführungen ergeben, auch wenn das System z. B. durch Garbage Collection für einige Zeit stillsteht. Nach einem solchen Ereignis können durchaus zwei Ausführungen sehr kurz hintereinander stattfinden. Ohne Änderungen an der Konfiguration orientiert sich der Ausführungszeitpunkt an der jeweils letzten Ausführung. Daher würde ein Systemstillstand nicht durch mehrere, kurz hintereinander stattfindende Aufrufe ausgeglichen werden. Dafür werden die Abstände zwischen den Ausführungen nach Möglichkeit konstant gehalten.

TimerTask-
Implementierungen

Die Spring-Bean scheduledTask2 zeigt, wie man einen Job ansprechen kann, der das TimerTask-Interface implementiert. Hier muss man das Objekt nicht noch einpacken, sondern man kann das Objekt direkt ansprechen. Es implementiert in der run()-Methode die auszuführenden Funktionalitäten. Spring bietet auch die Klasse DelegatingTimerTask, mit der man die Ausführung an ein Objekt delegieren kann, welches das Runnable-Interface implementiert. Dieses Interface wird auch für die Definition von Threads verwendet.

TimerFactoryBean arbeitet
die Jobs ab.

Schließlich muss man noch die TimerFactoryBean konfigurieren. Diese übernimmt in der scheduledTimerTasks-Property die auszuführenden Jobs. Mit der Property daemon kann man auswählen, ob der Thread zur Ausführung der Jobs ein Daemon sein soll oder nicht. Wenn er als Daemon konfiguriert ist, wird die JVM auch dann beendet, falls der Thread noch aktiv ist. In einem Application-Server ist das sinnvoll, da man ihn sonst mit den üblichen Methoden möglicherweise nicht mehr herunterfahren kann. Im vorliegenden Fall baut der Haupt-Thread in der Java-SE-Umgebung nur eine Umgebung auf und beendet sich dann. Würde man hier einen Daemon-Thread verwenden, würde die Anwendung also nach dem Aufbau der Objekte beendet werden. Letztendlich würde nie ein Job ausgeführt werden. Daher muss der Thread für den JDK-Timer hier als normaler Thread konfiguriert werden.

8.6.2   Quartz

Eine Alternative zum JDK-Timer stellt das Quartz-Framework [Quartz] dar, das Spring ebenfalls integriert. Es bietet verschiedene Vorteile wie einen Persistenzmechanismus, mit dem auch Systemneustarts den Jobs nichts anhaben können. Außerdem sind komplexere

Scheduling-Möglichkeiten vorhanden. Es gibt auch eine Cluster-Lösung, in der sich mehrere Rechner die Last für die Bearbeitung der Aufträge teilen können.

Listing 8–24
Konfiguration mit Quartz

```xml
<beans>
  <bean id="beispielJobDetailBean"
   class="….JobDetailBean">
    <property name="jobClass" value="AJobDetailBean"/>
    <property name="jobDataAsMap">
      <map>
        <entry key="value" value="42"/>
      </map>
    </property>
  </bean>

  <bean id="beispielBean"
    class="….MethodInvokingJobDetailFactoryBean">
    <property name="targetObject">
      <bean class="springtimer.ABean"/>
    </property>
    <property name="targetMethod" value="doIt"/>
  </bean>

  <bean id="simpleTrigger"
    class="….SimpleTriggerBean">
    <property name="jobDetail"
     ref="beispielJobDetailBean"/>
    <property name="startDelay"     value="10000"/>
    <property name="repeatInterval" value="5000"/>
  </bean>

  <bean id="cronTrigger"
   class="….CronTriggerBean">
    <property name="jobDetail" ref="beispielBean"/>
    <property name="cronExpression"
     value="05 * * * * ?"/>
  </bean>

  <bean class="….SchedulerFactoryBean">
    <property name="triggers">
      <list>
        <ref local="cronTrigger"/>
        <ref local="simpleTrigger"/>
      </list>
    </property>
  </bean>
</beans>
```

Listing 8–24 zeigt die Konfiguration einiger Jobs mit Quartz. Die Spring-Bean beispielJobDetailBean ist eine Instanz der Klasse JobDetailBean. Mit dieser Klasse kann man einen Job für Quartz konfigurieren. In diesem Fall wird die Klasse des Jobs angegeben und Werte, die dieser Job per Dependency Injection gesetzt bekommen soll. Die Implementierung muss von der Spring-Klasse QuartzJobBean erben, die wiederum von JobDetail aus dem Quartz-Framework erbt.

Listing 8–25
Implementierung eines
Quartz-Jobs

```
public class AJobDetailBean extends QuartzJobBean {

  private int value;

  protected void executeInternal(
    JobExecutionContext context)
    throws JobExecutionException {
      System.out.println(new Date()+" value "+value);
  }

  public int getValue() {
    return value;
  }

  public void setValue(int value) {
    this.value = value;
  }

}
```

In Listing 8–25 kann man die Implementierung des Jobs sehen. Der Wert für die Property value wird per Dependency Injection gesetzt. Man muss in der Methode executeInternal() die Logik des Jobs implementieren. Dort bekommt man im JobExecutionContext auch weitere Informationen über die Jobausführung, die Quartz zur Verfügung stellt.

Spring-Bean-Methoden
als Jobs verwenden

Spring bietet durch die Klasse MethodInvokingJobDetailFactoryBean auch die Möglichkeit, als Job eine Methode ausführen zu lassen, ohne dass die verwendete Spring-Bean von Quartz abhängt. Dazu muss man nur die Property targetObject und targetMethod geeignet setzen. Soll eine statische Methode aufgerufen werden, muss man statt targetObject targetClass setzen. Alternativ kann man in diesem Fall auch die Property staticMethod setzen, die den kompletten Pfad der Klasse und den Namen der Methode in einem String enthalten muss. Im Listing wird bei der beispielBean dieses Verfahren verwendet.

Parallelität bei Quartz

Übrigens verwendet Quartz ein Modell, in dem mehrere parallele Aufrufe aus verschiedenen Jobs auf ein Objekt möglich sind. Die

Objekte müssen also thread-safe sein und außerdem zustandslos. Falls dies nicht der Fall ist, kann man bei der MethodInvokingJobDetailFactoryBean dieses Modell durch Setzen der concurrent-Property auf false abschalten. Wenn man den Job selbst implementiert, also von Quartz-JobBean erbt, kann man dieses Verhalten durch Implementierung des leeren Interfaces StatefulJob erreichen.

Die Konfiguration zeigt zwei verschiedene Scheduler: Der Cron-Trigger kann mit einem Format, das dem cron-Unix-Programm entliehen ist, definieren, wann ein Job ausgeführt werden soll. Dort kann man einen bestimmten Wochentag, ein bestimmtes Datum und eine bestimmte Zeit auswählen. Da auch jeweils Wild-Cards möglich sind, kann man so recht komplexe Bedingungen für die Ausführung eines Jobs festlegen. Der Ausdruck wird der Property cronExpression zugewiesen. Man muss nur noch die Property jobDetail auf ein geeignetes Objekt zeigen lassen.

Quartz-Scheduler

Alternativ kann man auch die SimpleTriggerBean verwenden. Im Beispiel werden nur die beiden Properties startDelay und repeatInterval verwendet. Die verwendete Spring-Klasse erbt von SimpleTrigger aus dem Quartz-Framework. Die Klasse bietet noch weitere Einstellungsmöglichkeiten.

Schließlich muss noch die SchedulerFactoryBean instanziiert werden, bei der man alle Trigger registrieren muss. Auch hier gibt es noch weitere Möglichkeiten, auf die Konfiguration von Quartz Einfluss zu nehmen.

Abarbeitung der Jobs

Die Spring-Integration umfasst noch die Klassen LocalDataSourceJobStore, um Spring-DataSources und das damit verbundene Transaktions-Handling für die Speicherung von Jobs in Quartz zu verwenden. Mit dem ResourceJobSchedulingDataProcessor kann man das Spring-Ressource-Modell (Abschnitt 2.9.1) in Quartz integrieren.

Um die Anwendung zu starten und das Scheduling zu aktivieren, reicht die Initialisierung des ApplicationContext. Danach laufen die Prozesse.

8.7 Spring OSGi

OSGi [OSGi] ist ein offener Standard, der ein Komponentenmodell auf Basis von Java definiert. Ursprünglich wurde er vor allem im Embedded-Bereich genutzt, aber mittlerweile wird er in vielen verschiedenen Bereichen verwendet. Eine der wichtigsten Anwendungen, die auf OSGi aufsetzen, ist sicher die Eclipse-Plattform die mit Hilfe von OSGi die verschiedenen Plug-ins verwaltet. Sie hat sich zum Beispiel zur Entwicklung von Rich-Client-Anwendungen etabliert [EclipseRCP].

Was ist OSGi?

Technisch bietet OSGi folgende Features:

- Durch die Modularisierung von Anwendungen in JAR-Dateien oder Verzeichnisse ist festgelegt, wie man einzelne Komponenten deployen und ausliefern kann. Sie entsprechen jeweils einem OSGi-Bundle.
- Die Bundles können individuell heruntergefahren werden, neu gestartet werden, man kann sie einzeln updaten oder installieren. Diese Features machen OSGi vor allem auch in Hochverfügbar-keits-Szenarien interessant, weil die Anwendungen nicht vollstän-dig ausfallen, wenn nur einzelne Teile aktualisiert oder neu gestar-tet werden müssen. OSGi ist außerdem recht flexibel: Man kann in einer OSGi-Runtime z.B. auch durchaus einen Webserver laufen lassen. Zum Administrieren bietet eine OSGi-Implementierung eine geeignete Benutzeroberfläche. Die OSGi-Implementierung Equinox [Equinox-OSGi], auf dem Eclipse basiert, hat z.B. eine Konsole, in der man Befehle für diese Funktionen eingeben kann. Bei der Knopflerfish-OSGi-Implementierung gibt es die Knopfler-fish-Konsole, mit der man auch entfernte Rechner mit einer OSGi-Umgebung administrieren kann [Knopflerfish].
- Die Bundles können Java-Packages importieren oder exportieren und andere als private deklarieren. Auch kann ein Bundle ein gan-zes anderes Bundle importieren. Durch Eingriffe in die Class-Loa-ding-Mechanismen von Java ist es ausgeschlossen, dass ein anderes Bundle auf die privaten Klassen eines Bundles zugreift. Das Kon-zept der Unterscheidung in öffentliche und private Anteile ist natürlich auf Ebene der Java-Klassen ebenfalls vorhanden, aber nur durch die Ausweitung auf ganze Klassen kann man auch größere System sinnvoll modularisieren. Die notwendigen Einstel-lungen werden in der Datei /META-INF/MANIFEST.MF festgelegt. Lis-ting 8–26 zeigt ein Beispiel.
- Es gibt in OSGi eine Service-Registry, in die sich Services registrie-ren können, die dann anderen Bundles zur Verfügung stehen. Die Services müssen dabei keine speziellen OSGi-Interfaces implemen-tieren und sind damit sehr leichtgewichtig und einfach testbar.
- Java-Klassen haben keine Versionen. OSGi definiert für die expor-tierten und importierten Packages und für die Bundles ein Versi-ons-Konzept, mit dem dieses Feature zur Java-Plattform hinzuge-fügt wird. Dadurch ist z.B. auch eine schrittweise Migration zu einer neuen Version möglich, indem man das Bundle mit der alten Version noch so lange laufen lässt, wie es noch genutzt wird. Paral-lel kann schon die neue Version verwendet werden. Nur mit einem

solchen Versionierungskonzept kann man größere Softwaresysteme wirklich änderbar und dadurch wartbar machen.

```
Bundle-Version: 1.0
Bundle-SymbolicName: de.springbuch.springbuchosgi
Bundle-Name: de.springbuch.springbuchosgi
Export-Package: de.springbuch;version:=2.0.0
Bundle-ClassPath: ., target/classes/
Import-Package: org.apache.log4j, org.apache.log4j.xml
```

Listing 8–26
Beispiel für ein
MANIFEST.MF aus einem
OSGi-Bundle

OSGi stellt also ein Komponentenmodell zur Verfügung, das sich an grobgranularen Bundles als Komponenten orientiert. Spring hat ebenfalls ein Komponentenmodell, das aber wesentlich feingranularer ist, weil es sich an Java-Klassen orientiert. Daher können sich Spring und OSGi gut ergänzen: Man baut die Anwendung auf Basis des grobgranularen OSGi-Komponentenmodells auf und die OSGi-Bundles verwenden intern Spring zur Strukturierung der Bundles. Außerdem kann man natürlich andere Features von Spring innerhalb einer OSGi-Anwendung verwenden.

> Spring OSGi befindet sich zur Zeit noch in der Entwicklung, so dass die finale Version sich von dem hier vorgestellten unterscheiden kann. Hinweise finden sich auf der Webseite zum Buch unter http://www.springbuch.de/

Hinweis

Eine Integration zwischen Spring und OSGi wird im Spring-OSGi-Projekt realisiert [SpringOSGi]. Die erste Frage ist, wie man innerhalb eines OSGi-Bundles einen Spring-ApplicationContext initialisieren kann. Dazu kann man in dem OSGi-Bundle – das ja letztendlich nur eine JAR-Datei oder ein Verzeichnis ist – im Verzeichnis /META-INF/spring Dateien mit der Extension .xml anlegen. Diese Dateien werden beim Aufbau des ApplicationContext im OSGi-Bundle automatisch ausgewertet. Genau genommen ist das Erzeugen des ApplicationContext eine Aufgabe des org.springframework.osgi.extender-Bundles. Um also einen Spring-ApplicationContext in einem OSGi-Bundle verwenden zu können, muss man lediglich das OSGi-Extender-Bundle installieren und dann die Spring-Konfigurationen in dem dafür vorgesehenen Verzeichnis ablegen – der Rest funktioniert automatisch.

Offen ist die Frage, wie man mit Spring OSGi-Services definiert, die ja im Prinzip die Schnittstelle eines Bundles nach außen darstellen. Innerhalb eines ApplicationContext kann man Spring-Beans als OSGi-Services exportieren. Das ist genau dasselbe Prinzip, wie es für JMX (Abschnitt 8.8) und die verschiedenen Netzwerk-Protokolle verwendet

wird (Kapitel 6). Allerdings werden für OSGi EXPORTER und PROXY
nicht explizit konfiguriert, sondern es wird ein eigener XML-Name-
space verwendet. Eine beispielhafte Konfiguration zeigt Listing 8–27.
Es wird der osgi-Namespace verwendet und durch das osgi:service-
Element wird festgelegt, welcher Service exportiert werden soll. Man
kann so also eine Anwendung in verschiedene Bundles aufteilen und
definieren, welche Spring-Beans zu OSGi-Services werden sollen. Sie
legen die Schnittstelle des Bundles nach außen fest.

Listing 8–27
Export einer Spring-Bean
als OSGi-Service

```
<?xml version="1.0" encoding="UTF-8"?>
<beans
  xmlns="http://www.springframework.org/schema/beans"
  xmlns:xsi="http://www.w3.org/2001/XMLSchema-instance"
  xmlns:osgi="http://www.springframework.org/schema/osgi"
  xsi:schemaLocation="
  http://www.springframework.org/schema/beans
    http://www.springframework.org/schema/beans/spring-beans-2.0.xsd
  http://www.springframework.org/schema/osgi
    http://www.springframework.org/schema/osgi/spring-osgi.xsd">

  <osgi:service id="bestellenServiceOsgi"
    ref="bestellen"
    interface="de.springbuch.IBestellungBusinessProcess" />

</beans>
```

Umgekehrt muss es natürlich auch eine Möglichkeit geben, OSGi-Services von anderen Bundles zu importieren. Dazu gibt es im osgi-Namespace das osgi:reference-Element. Listing 8–28 zeigt ein Beispiel:
Man definiert das benötigte Interface und die Kardinalität. Es kann
nämlich mehrere Services geben, die dasselbe Interface implementieren. Entsprechend gibt es dann eine Referenz mit dem Typ des Interface, wie im Beispiel bei der Spring-Bean bestellenService, oder auf
eine Collection solcher Interfaces, wie bei der Spring-Bean listeners.

Listing 8–28
Beispiel für den Import
eines OSGi-Service

```
<osgi:reference id="bestellenService"
  interface="de.springbuch.IBestellungBusinessProcess"
  timeout="3000"/>

<osgi:reference id="listeners"
  interface="EventListener"
  cardinality="0..n"/>

<bean id="myBean" class="SomeClass">
  <property name="bestellen" ref="messageService"/>
  <property name="eventListeners" ref="listeners"/>
</bean>
```

Services unterscheiden sich von Spring-Beans nicht nur durch die Kardinalität, sondern auch dadurch, dass sie heruntergefahren werden können. Wird der Service heruntergefahren und dann trotzdem aufgerufen, wird von Spring OSGi eine ServiceUnavailableException geworfen. Diese Exception erbt von RuntimeException, so dass man sie nicht fangen muss. Das entspricht dem Prinzip, technische Exceptions als RuntimeException zu implementieren. Mit dem timeout-Attribut, wie es in Listing 8–28 für die bestellenService-Bean definiert wurde, kann man festlegen, wie lange Spring OSGi darauf wartet, dass der Service wieder zur Verfügung steht, bevor die Exception geworfen wird. So kann ein Update von Teilen der Anwendung vorgenommen werden, ohne dass man die ganze Anwendung stoppen müsste.

Es gibt auch die Möglichkeit, sich beim Ausfall des Services informieren zu lassen. So kann man mit osgi:listener einen Bean registrieren, die beim Ausfall des Service aufgerufen wird. Sie muss entweder das Interface TargetSourceLifecycleListener implementieren, das Methoden definiert, die beim Ausfall und beim erneuten Starten des Services aufgerufen werden. Alternativ kann man auch einfach mit dem bind-method-Attribut und dem unbind-method-Attribut die Namen der Methoden festlegen, die aufgerufen werden sollen (Listing 8–29).

```
<osgi:reference id="bestellenService"
 interface="de.springbuch.IBestellungBusinessProcess" >
  <osgi:listener ref="bestellenAusgefallenBean"/>
  <osgi:listener ref="bestellenAusgefallenBean"
    bind-method="serviceAusgefallen"
    unbind-method="serviceWiederDa"/>
</osgi:reference>
```

Listing 8–29

Listener für das Hochfahren und Runterfahren von Services

Damit sind die wesentlichen Funktionen der Spring-OSGi-Integration erläutert. Darüber hinaus gibt es noch einige interessante Funktionen:

- Man kann sich mit Hilfe eines Maven-Archetypes recht einfach ein Gerüst für eine Spring-OSGi-Komponente anlegen lassen.
- Durch die ConfigurableBundleCreatorTests kann man Spring-OSGi-Bundles in einer JUnit-Umgebung testen, ohne dabei einen OSGi-Container konfigurieren zu müssen.
- Zugriffe auf Ressourcen aus dem OSGi-Container sind möglich. Dazu kann man eine Ressource mit dem bundle:-Präfix versehen.
- Zugriff auf den BundleContext ist für jeden Spring-Bean möglich, die BundleContextAware implementiert. Dadurch bekommt man umfangreichen Zugriff auf die Features des OSGi-Containers.
- Es gibt eine Schnittstelle, um mit dem OSGi-Configuration-Admin-Service auch Einstellung für Spring-Beans verwalten zu können.

Spring und OSGi ergänzen sich also recht gut. Vor allem fügt OSGi zu Spring Features hinzu, die für den zuverlässigen Betrieb von Anwendungen notwendig sind, da man die Bundles einzeln starten, stoppen und updaten kann. Außerdem wird durch die Bundles möglich, Anwendungen weiter zu modularisieren. Und naürlich kann man innerhalb einer OSGi-Anwendung die Integration der verschiedenen APIs nutzen die Spring anbietet – z. B. im Bereich Transaktionen, Persistenz oder Remoting. Spring OSGi ist daher sicher eine Technologie, die in Zukunft noch sehr interessant werden wird.

8.8   Management: JMX

Mit der Java Management Extension (JMX) [JMX] ist es möglich, Java-Anwendungen zu managen. Man kann dafür vorgesehene Teile einer Java-Anwendung dynamisch überwachen und Konfigurationen ändern.

JMX und MBeans   Dazu werden MBeans verwendet. MBeans sind eigentlich normale Java-Objekte. Das Management der Anwendung besteht aus dem Aufrufen von Methoden auf den MBeans und dem Auslesen oder Setzen von Properties. Es gibt darüber hinaus einige JMX-spezifischen Schnittstellen z. B. zum Verschicken von Benachrichtigungen.

Diese Features sind eigentlich unspektakulär. Das Interessante ist, dass die JMX-Schnittstellen über andere Systeme wie SNMP (Simple Network Management Protocol) zur Verfügung gestellt werden können. Dadurch ist eine Integration in ein unternehmensweites Management möglich. Die MBeans müssen sich dazu an einem MBeanServer anmelden, damit sie durch das JMX-System zugreifbar sind.

Tipp | In JDK 1.5 ist eine JMX-Integration vorhanden, die sehr einfach aktiviert werden kann. Dazu muss man die Java-Anwendung nur mit der Option `-Dcom.sun.management.jmxremote` starten. Anschließend kann man mit dem Befehl `jconsole` eine Konsole starten, die Zugriff auf die MBeans in der Anwendung bietet. In JDK 1.5 sind auch Informationen über die JVM über JMX zugreifbar, so dass man bei jeder Java-Anwendung einige MBeans sieht, in JDK 1.6 sind sogar noch weitere hinzugekommen. Die meisten Application- und Webserver enthalten eine eigene Management-Umgebung, mit der man auf die MBeans zugreifen kann, die auf dem Server laufen.

Spring bietet für JMX eine Integration an, die das EXPORTER-Pattern (Abschnitt 6.2.1) verwendet, um eine Spring-Bean als MBean über JMX zur Verfügung zu stellen. Als Demonstration soll hier ein Zähler aus der Klasse `JmxCounter` dienen, der durch Quartz (Abschnitt

Quartz) regelmäßig erhöht wird. Der Wert soll über JMX abfragbar sein. Die Spring-Bean muss also über JMX exportiert werden. Dazu ist eine Konfiguration notwendig, wie sie Listing 8–30 beispielhaft zeigt.

```
<beans>
  <bean id="counter" class="springjmx.JmxCounter"/>

  <bean id="counterJobDetailJmxExporter"
   class="….MBeanExporter">
    <property name="beans">
      <map>
        <entry key="springbuch:name=counterJobDetail"
         value-ref="counter" />
      </map>
    </property>
    <property name="server" ref="mbeanServer"/>
    <property name="assembler">
      <bean
          class="….InterfaceBasedMBeanInfoAssembler"/>
    </property>
  </bean>

  <bean id="mbeanServer"
    class="….MBeanServerFactoryBean">
    <property name="locateExistingServerIfPossible"
     value="true"/>
  </bean>

</beans>
```

Listing 8–30

Ausschnitt aus der Spring-Konfiguration zum Export über JMX

Der MBeanExporter ist die Implementierung des EXPORTER-Patterns für JMX. Im beans-Attribut übergibt man eine Map, die für jeden JMX-Namen eine Spring-Bean enthält, die über JMX exportiert werden soll. Ohne weitere Einstellungen wird bei diesem Export die komplette Schnittstelle der Spring-Bean exportiert.

Wenn man die über JMX zugreifbaren Funktionalitäten einschränken will, kann man der Property assembler des MBeanExporters eine Implementierung des MBeanInfoAssembler-Interfaces zuweisen. Ohne weitere Konfiguration wird der SimpleReflectiveMBeanInfoAssembler verwendet, der die vollständige Schnittstelle exportiert. Man kann aber den Zugriff auch einschränken, so dass nicht alle Methoden über JMX zugreifbar sind. Dazu dient z. B. der MethodNameBasedMBeanInfoAssembler, mit dem man die exportierten Methoden einzeln anhand der Namen festlegen kann. Eine Alternative ist der InterfaceBasedMBeanInfoAssembler, bei dem alle Methoden exportiert werden, die in

Exportierte

Funktionalitäten definieren

einem Interface definiert sind. Dabei werden alle von dem Objekt implementierten Interfaces in Betracht gezogen, aber man kann dies auch einschränken. Diese Variante wird im vorliegenden Beispiel verwendet, so dass nur die Methoden zum Auslesen des Zählers und zum Erhöhen des Zählers über JMX zugreifbar sind, da diese Teil der Implementierung eines Interfaces sind. Der `MetadataMBeanInfoAssembler` schießlich verwendet Metadaten in Form von JDK-1.5-Annotationen oder Jakarta Commons Attributes. Dadurch kann man die JMX-Schnittstelle der Spring-Bean direkt im Sourcecode der Spring-Bean definieren.

MBeanServer festlegen

Wenn man auf diese Weise definiert hat, welche Eigenschaften exportiert werden sollen, muss man natürlich auch noch konfigurieren, welcher `MBeanServer` verwendet werden soll, um die Spring-Beans zu exportieren. Dazu dient die server-Property, mit der man den zu verwendenden `MBeanServer` festlegen kann. Auf die Registrierung am `MBeanServer` und das Entfernen aus der Registrierung kann man auch reagieren. Dafür muss man das `MBeanExporterListener`-Interface implementieren und sich beim `MBeanExporter` registrieren.

Zugriff auf MBeans

Natürlich ist es mit Spring auch möglich, auf vorhandene MBeans zuzugreifen. Dazu wird das Proxy-Pattern verwendet. Durch die Konfiguration einer `MBeanProxyFactoryBean` kann man also auf eine MBean so zugreifen, als ob es eine normale Spring-Bean wäre. Eine solche Konfiguration für die Bean zur Verwaltung des Speichers in der JVM zeigt Listing 8–31.

Listing 8–31
Konfiguration zum Zugriff
auf eine MBean

```
<beans>
  <bean id="memoryMXBean"
   class="….MBeanProxyFactoryBean" >
    <property name="server" ref="mbeanServer"/>
    <property name="proxyInterface"
     value="java.lang.management.MemoryMXBean" />
    <property name="objectName">
      <value>java.lang:type=Memory</value>
    </property>
  </bean>

  <bean id="mbeanServer">…</bean>

</beans>
```

Wie man sieht, muss man hier eine Referenz auf den `MBeanServer` erzeugen, das erwartete Interface festlegen und schließlich den Namen der MBean konfigurieren. Danach steht die MBean wie jede andere Spring-Bean auch zur Verfügung, und die exportierten Funktionalitäten können verwendet werden. Aufpassen muss man nur, wenn an der Schnittstelle der MBean nicht primitive Datentypen verwendet werden, weil diese durch JMX anders repräsentiert werden.

Übrigens kann man JMX auch über das Netzwerk betreiben. Dazu *JMX im Netz* steht die `ConnectorServiceBean` bereit, die einen `MBeanServer` über das Netzwerk zugreifbar macht. Will man MBeans eines solchen Servers benutzen, gibt es dafür die `MBeanServerConnectionFactoryBean`, die man zum Erzeugen eines passenden `MBeanServers` in der Spring-Konfiguration verwenden kann.

8.9 Performance

Primär wird die Performance gerade einer Enterprise-Anwendung meistens von der Datenbank und dem damit verbundenen Caching beeinflusst. Daher kann man auf der Java-Ebene nicht mehr sehr viel gewinnen, sondern man muss den Zugriff auf die Datenbank optimieren.

Auf solche Situationen kann man am besten dadurch reagieren, *Persistenzmechanismen* dass man einen passenden Persistenzmechanismus wählt. Spring bietet hier von der vollen Mächtigkeit mit JDBC über das etwas komfortablere iBATIS bis hin zu verschiedenen O/R-Mappern eine breite Auswahl an Lösungen an. Eine weitere Möglichkeit ist, dass man die Anwendung in Bezug auf die Persistenz so änderbar hält, dass man leicht Optimierungen durchführen kann. Gerade bei der Verwendung von O/R-Mappern (Abschnitte 5.6 und 5.8) kann man durch die Abstraktion von der Datenbank Optimierungen auf Ebene der SQL-Anfragen durchführen, ohne dass man den Java-Code ändern muss, indem man den O/R-Mapper anders konfiguriert. Neben den Caches in der Persistenzschicht ist es außerdem denkbar, auf verschiedenen Ebenen mit Hilfe von Spring AOP Caches zu integrieren, so dass Zugriffe auf die Datenbank vermieden werden können. Dafür bietet das Spring-Modules-Projekt Unterstützung (Abschnitt 9.3). Ingesamt bietet die Verwendung von Spring Vorteile, weil die Flexibilität von Spring zusätzliche Optimierungen auch spät in der Entwicklung möglich macht.

Eine wichtige Basis des Spring-Frameworks ist natürlich Depen- *Dependency Injection* dency Injection. Der Einfluss auf die Performance ist allerdings gering. Der Aufbau des Objektnetzes ist zwar aufwändig, aber dieser Aufwand fällt nur einmal beim Starten der Anwendung an. Der Start kann insbesondere lange dauern, wenn viele Klassen mit CGLIB generiert werden müssen.

Ansonsten sind die Performance-Auswirkungen eher positiv: Ein typisches Design einer Spring-Anwendung besteht aus einem durch Dependency Injection erzeugten Objektnetz, in dem die Spring-Beans Dienste erbringen und als SINGLETONS konfiguriert sind. Das ist auch in einer Enterprise-Umgebung mit vielen parallelen Anfragen noch tragfähig, da die Dienste oft sowieso mehrere Threads parallel abarbeiten können: Sie bekommen alle wesentlichen Informationen als Parameter geliefert und liefern die Ergebnisse als Rückgabewert der Methoden. Die meisten Daten sind also sowieso im Stack gespeichert und daher an den Thread gebunden. Daher sind die Spring-Beans meistens thread-safe. Nur beim Zugriff auf Instanzvariablen und bei nicht thread-sicheren Bibliotheken muss man aufpassen.

Dieses Verfahren führt zu recht wenigen Objekten in der Anwendung, so dass keine überflüssigen Garbage Collections laufen. Vor allem wird auf diesem Weg das Objekt-Pooling vermieden, dass z. B. Stateless Session Beans bei EJB verwenden. Der Grund für das Objekt-Pooling ist nämlich, dass das Stateless-Session-Bean-Programmiermodell dem Programmierer garantiert, dass er sich um Threads nicht kümmern muss, so dass in jeder Instanz nur ein Thread laufen darf. Das ist jedoch – wie oben diskutiert – meistens nicht notwendig. Mit Spring kann man also dafür sorgen, dass man den Overhead für das Pooling nur in Kauf nehmen muss, wenn man Pooling tatsächlich benötigt. Dieser Overhead fällt sonst bei jedem Methodenaufruf an, da jeweils ein Objekt aus dem Pool herausgenommen werden muss. Zusammengefasst ist also das Spring-Modell durch den Fokus auf SIN-GLETONS und die optionale Verwendung von Pooling nicht nur flexibel, sondern auch effizient. Sollte Pooling dennoch für einzelne Dienste nötig sein, kann man durch eine Änderung der Konfiguration die Spring-Bean entsprechend anpassen (Abschnitt 3.6.3).

Aspektorientierte Programmierung

Eine weitere wichtige Grundlage einer Spring-Architektur ist aspektorientierte Programmierung. Man kann aus der Beschreibung in Kapitel 3 entnehmen, dass dabei bei den Methodenaufrufen ein nicht unerheblicher Overhead anfällt. Zum Messen dieses Overheads kann man einen Open-Source-Benchmark verwenden [AOPBenchmark]. Die auf der Webseite angegebenen Daten sind noch für Spring 1.1.3, aber es ist recht leicht, eine neuere Spring-Implementierung in den Test zu integrieren.

Eine interessante Frage ist natürlich, wie Spring AOP und AspectJ in Bezug auf die Performance abschneiden. Eine recht eindrucksvolle Antwort gibt Abbildung 8–6. Wie man deutlich sieht, ist AspectJ um Größenordnungen schneller als Spring AOP. Abbildung 8–6 zeigt nur einen Ausschnitt aus allen Benchmarks, bei denen einfache Advices getetet werden. Lediglich im letzten Test werden Advices verwendet, die auf das Zielobjekt und die Parameter zugreifen. Allerdings sind die Ergebnisse für alle Tests sehr ähnlich, und auch die im Web veröffentlichten Werte zeigen dieselbe Tendenz. Obwohl Performance-Messungen also ein komplexes und schwer beherrschbares Feld sind, sind die Ergebnisse sehr eindeutig. Man kann also mit Sicherheit davon ausgehen, dass AspectJ Spring AOP in Bezug auf Performance deutlich überlegen ist.

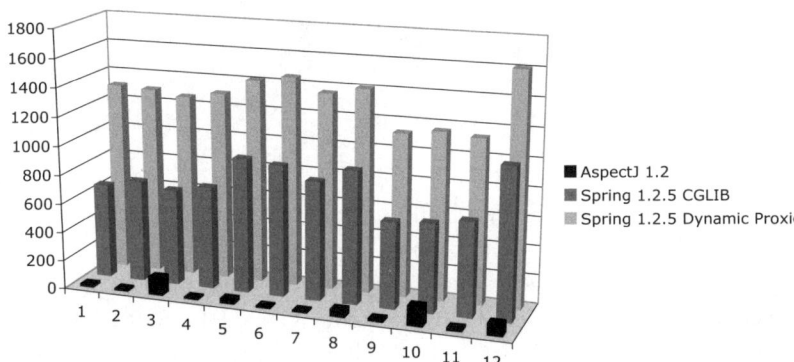

Abb. 8–6

Performance von Spring AOP und AspectJ im Vergleich. Gezeigt werden die Nanosekunden pro Aufruf. Test auf PowerBook G4 1,5 GHz, 1,25 GB RAM, Mac OS X 10.4.3, Java 1.5.0_02

Bei Spring werden Aspekte vor allem eingesetzt, um komplexe Funktionalitäten aufzurufen. Dazu zählen Transaktionen, Sicherheit oder Tracing. Also sollte der Overhead des AOP-Methodenaufrufs gering sein im Vergleich zu der Zeit, die zur Bearbeitung der Logik des Aspekts notwendig ist. Das Starten einer Transaktion, das Überprüfen einer Benutzerberechtigung oder das Schreiben in eine Log-Datei wird sicher wesentlich mehr Zeit in Anspruch nehmen als der Overhead eines AOP-Methodenaufrufs.

Zur Illustration wurde ein recht einfacher Benchmark entwickelt: Es wird 100.000-mal eine Trace-Nachricht beim Eintritt in eine Methode und beim Verlassen einer Methode ausgegeben. Diese wird mit log4j in eine Log-Datei geschrieben. Die Anwendung wird auf drei unterschiedliche Weisen realisiert: Mit einem Log-Aufruf in der Methode selbst, mit dem `CustomizableTraceInterceptor` (Abschnitt 3.4.2) und mit AspectJ.

Tracing als Beispiel

Abbildung 8–8 zeigt das Ergebnis: Das selbst geschriebene Tracing dauert 5671 ms. Mit Spring AOP unter der Verwendung von Dynamic Proxys dauert es 6405 ms und mit Spring AOP unter Verwendung von CGLIB dauert es 6291 ms. Mit AspectJ sind es 5917 ms. Wie man sieht, ergibt sich also bei nicht trivialen Aspekten durch die Verwendung von AspectJ ein praktisch vernachlässigbarer PerformanceNachteil. Aber selbst mit Spring AOP ist der Overhead durchaus ver-

Abb. 8–7
Zeit für den Tracing-AOP-
Test in Millisekunden

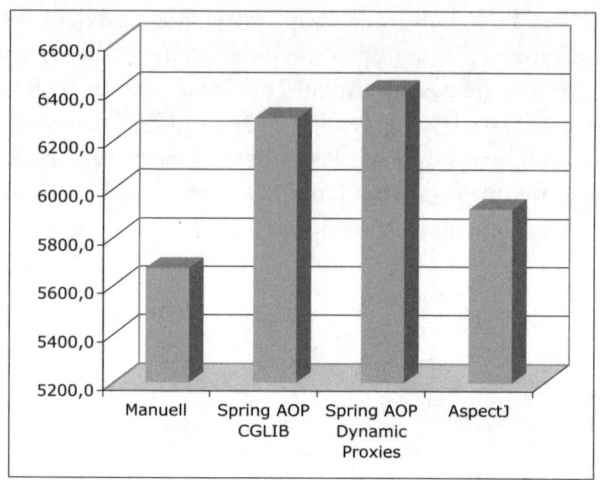

tretbar, weil er gering im Vergleich zu der Zeit ist, die für die eigentliche Funktionalität verbraucht wird.

Um die Ergebnisse richtig zu interpretieren, muss man darauf hinweisen, dass die verwendete Plattform (Mac OS X 10.4.8, 2 GHz Intel Core Duo Prozessor, JDK 1.5.0-07-87) kaum vergleichbar ist mit einer Produktionsumgebung, die typischerweise mehrere Prozessoren anderer Typen umfasst und ein anderes Betriebssystem verwendet. Daher können die Ergebnisse nur einen groben Eindruck davon geben, wie die tatsächlichen Verhältnisse sind. Auch die verwendete JVM kann entscheidenden Einfluss auf die Performance haben.

Tracing mit Pointcut-
Informationen

Der verwendete Tracing-Aspekt ist eine unrealistische Implementierung, da er immer dieselbe Trace-Nachricht ausgibt. Wenn man das Tracing in der Praxis verwenden will, muss man die aufgerufene Klasse und Methode loggen. Dazu muss man die Informationen über den Pointcut ausgeben.

Abb. 8–8
Zeit für den Tracing-
AOP-Test mit Ausgabe
der Klasse und Methode
in Millisekunden

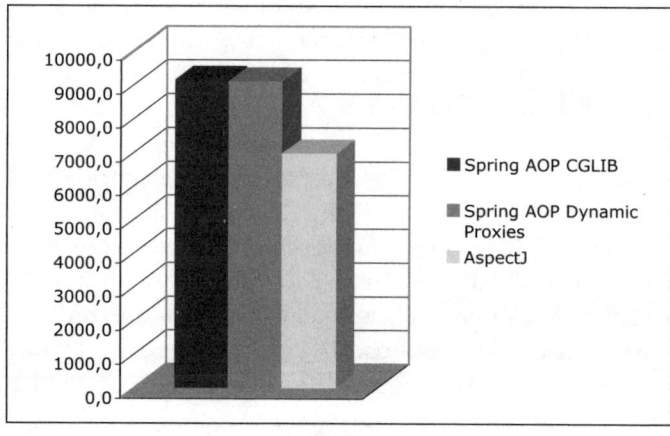

Die für 100.000 Trace-Nachrichten benötigte Zeit zeigt Abbildung 8–8. Eine manuelle Implementierung ist hier nicht sinnvoll, da man die Informationen nicht dynamisch ermitteln würde, sondern als konstanten String mit ausgeben würde. Für das Tracing mit Informationen über den Pointcut benötigt AspectJ 6967 ms, Spring AOP mit Dynamic Proxies 9088 ms und Spring AOP mit CGLIB 9129 ms. Die zusätzliche Zeit wird dafür verbraucht, die Informationen über den Join-Point zu ermitteln.

> Die hier gezeigten Benchmarks kann man auch leicht selbst ausführen. Dazu muss man nur unter der angegebenen URL den AOP-Benchmark [AOPBenchmark] herunterladen. Modifikationen zur Verwendung der aktuellen Spring-Version sind ebenfalls recht einfach. Den hier gezeigten Benchmark kann man auf der Website zum Buch http://www.spring-buch.de/ herunterladen. Dadurch kann man einen Eindruck von der Performance auf der eigenen Systemkonfiguration bekommen. Aber wie schon gesagt ist die Untersuchung von Performance ein kompliziertes Unterfangen.

Tipp

Die Implementierung von Tracing mit AOP hat noch einen Vorteil: Es gibt keinen Overhead, wenn das Tracing nicht aktiv ist, während der konventionelle Tracing-Code immer ausgeführt wird. Selbst wenn kein Tracing aktiviert ist, muss er immer noch feststellen, dass er nichts tun muss. So betrachtet ist die Aspekt-Lösung von der Performance her günstiger, denn in der Produktionsumgebung wird man das Tracing deaktivieren. Grundsätzlich sollte man sich jedoch fragen, was das größere Problem ist: ein Tracing-Aufruf, der – wenn er überhaupt aktiv ist – 0,005 ms oder 0,006 ms dauert, oder überall im Code verstreuter Tracing-Code beziehungsweise gar kein Tracing. Zumal man mit Spring dann auch noch die Möglichkeit hat, neben dem Tracing z. B. auch noch Performance-Werte zu erheben.

Die Frage nach der Alternative kann man sich bei Transaktionen und Sicherheit auch stellen. Die Alternative in diesem Bereich ist natürlich die Verwendung von EJBs. Dazu gibt es in [JH04] eine interessante Untersuchung, die zeigt, dass der Transaktionsmanager eines Application-Servers mit Spring AOP performanter verwendet werden kann als mit der EJB-Container. Die etablierte Variante der Transaktionsbehandlung mit EJBs ist also nicht nur weniger flexibel als Spring AOP, sondern auch noch von der Performance her schlechter. Der Preis, den man für den Einsatz von Spring AOP zahlen muss, ist also nicht so hoch wie jener für konkurrierende Lösungen.

EJB als Alternative

8.10 Fazit

Gerade im Bereich der Enterprise-Anwendungen hat Spring große Stärken. Eine wichtige Innovation ist dabei sicher die Unterstützung von OSGi im Spring-OSGi-Projekt. Andere wichtige APIs sind JMS, JMX, JavaMail, Quartz oder JDK-Timer. Außerdem deckt das Acegi-Framework, das auf Spring aufbaut, den Bereich der Sicherheit ab. Erst dadurch kann eine auf Spring basierende Anwendung alle typischen Anforderungen an eine Enterprise-Anwendung erfüllen. Im Abschnitt über Performance sollte deutlich geworden sein, dass auch aus dieser Perspektive Spring eine gute Lösung darstellt.

9 Andere Spring-Projekte

9.1 Übersicht

Spring ist eine Grundlagentechnologie. Merkmal einer solchen Technologie ist, dass es andere Systeme gibt, die Spring erweitern oder darauf aufsetzen. Um solche Projekte geht es in diesem Kapitel. Zunächst werden einige Entwicklungswerkzeuge vorgestellt. Der Abschnitt 9.3 beschäftigt sich dann mit den Spring Modules, einer Sammlung von Spring-Unterstützungen für verschiedene APIs.

9.2 Entwicklungswerkzeuge

Die Entwicklung mit Spring kann natürlich mit speziellen Werkzeugen unterstützt werden. In diesem Abschnitt werden zwei Beispiele solcher Werkzeuge näher erläutert.

Dabei wird vor allem das Bearbeiten der Spring-Konfiguration unterstützt. Man muss allerdings vorweg schicken, dass bereits ein guter XML-Editor mit einer Unterstützung für DTDs oder XML-Schemas für Spring 2.0 gute Dienste leisten kann. So ist es nämlich möglich, die Gültigkeit einer Spring-Konfiguration bereits im Editor zu überprüfen, und auch Codevervollständigung ist durch die Angaben in der DTD bzw. im XML-Schema zumindest auf der Ebene der XML-Elemente und XML-Attribute möglich. Außerdem bieten viele IDEs z. B. bei Umbenennen der Klasse ein Refactoring an, das auch XML-Dateien nach dem vollständigen Klassennamen durchsuchen kann und gegebenenfalls den Namen ersetzt.

9.2.1 Spring-IDE

Dennoch wäre eine Unterstützung für das Verifizieren und Vervollständigen der Klassennamen und Properties in der Spring-Konfiguration wünschenswert.

Spring-IDE-Ansatz   Genau an dieser Stelle setzt die Spring-IDE [Spring IDE] an: Sie ist ein Plugin für Eclipse zur einfachen Verwaltung von Spring-Konfigurationsdateien. Dazu integriert die Spring-IDE einen Builder in Eclipse. Eigentlich sind Builder typischerweise Compiler, aber bei der Spring-IDE durchsucht der Builder nur die Spring-Konfigurationen nach verschiedenen Problemen. Da auch der Java-Sourcecode in Eclipse vorhanden ist, kann man z. B. überprüfen, ob die in der Spring-Konfiguration definierten Properties und Klassen tatsächlich im Code definiert sind.

Verwendung   Nach der auf der Spring-IDE-Website beschriebenen Installation steht im Kontextmenü eines Eclipse-Projekts der Eintrag »Add Spring Project Nature« zur Verfügung. Nachdem man diesen Punkt ausgewählt hat, wird das Projekt der Spring-IDE bekannt gemacht. Dies zeigt sich an dem »S« am Projekt-Icon.

Wenn man »Windows / Show View / Other« auswählt, findet man im Dialog unter »Spring IDE« auch den »Beans Explorer«. Diesen kann man in der Eclipse-Workbench platzieren. In der View erscheinen alle Projekte mit einer »Spring Project Nature«. Das Kontextmenü des Projekts in der Spring-View hat nur den Eintrag »Properties«, und dort kann man die Spring-Konfigurationsdateien auswählen. Diese werden auch im Spring-Beans-Explorer angezeigt. Wenn man die Dateien editiert, werden sie nach dem Speichern durch die Spring-IDE wie oben dargestellt z. B. auf fehlende Properties überprüft. Dies ist bereits eine deutliche Vereinfachung bei der Entwicklung mit Spring. Außerdem werden auch die Punkte innerhalb des Programmcodes hervorgehoben, an denen Spring-Aspekte ansetzen. Das ist bei der Arbeit mit Aspekten ein nicht zu unterschätzender Vorteil, da es einen recht guten Eindruck davon vermittelt, was in dem System tatsächlich vor sich geht.

Modularisierte   Da Spring-Konfigurationen meistens modularisiert sind, muss es
Konfigurationen   in der Spring-IDE auch eine Möglichkeit geben, Konfigurationen zu
bearbeiten   definieren, die aus mehreren Konfigurationsdateien bestehen. Ein typisches Beispiel ist eine Webanwendung, in der es die allgemeine Konfigurationsdatei (meistens `applicationContext.xml`) und spezielle Konfigurationsdateien für die einzelnen Servlets gibt (Abschnitt 6.3). Wenn man diese isoliert in der Spring-IDE bearbeitet, fehlen in der Konfiguration des Servlets natürlich die Spring-Beans aus dem `applicationContext.xml`, so dass Fehler in der Konfiguration angezeigt werden, die nicht vorhanden sind. Daher kann man in der Spring-IDE Config Sets definieren, die mehrere Dateien umfassen. Dazu kann man im Spring-Beans-Explorer mit dem schon bekannten Eintrag »Properties« aus dem Kontextmenü des Spring-Projekts einen Dialog aufrufen. Wenn man dort das »Config Sets«-Tab auswählt, kann man hier neue Config

Sets mit dem »New«-Button erzeugen. Danach kann man die zusammengehörenden Konfigurationsdateien aussuchen.

Die Spring-IDE bietet auch die Möglichkeit, sich einen Überblick über eine Konfiguration zu verschaffen. Dazu kann man sich die Spring-XML-Datei grafisch darstellen lassen, indem man im Spring-Beans-View eine Konfigurationsdatei auswählt und im Kontextmenü »Show Graph« anklickt.

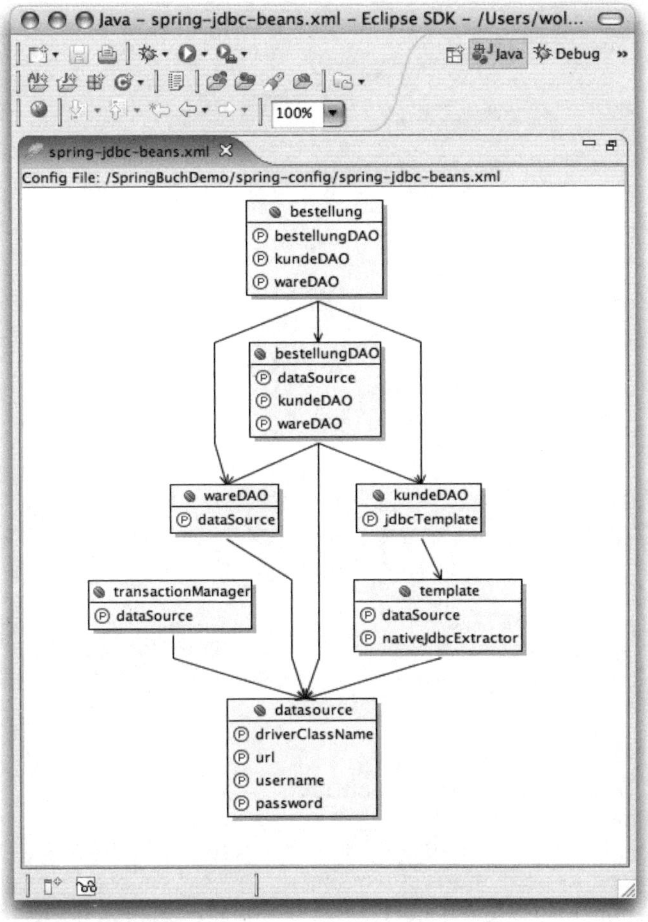

Grafische Darstellung

Abb. 9–1
Spring-Konfiguration in der Spring-IDE-Ansicht

Das Ergebnis zeigt Abbildung 9–1: Man sieht hier, welche Spring-Beans Referenzen auf welche anderen Spring-Beans haben, so dass man einen Eindruck von dem Aufbau des Objektnetzes in der Anwendung bekommt. Diese Darstellung ist nicht UML-konform, was aber in der Praxis kein Nachteil ist, da sie intuitiv verständlich ist. Allerdings erkennt die Spring-IDE keine Beziehungen zwischen Spring-Beans, die durch Autowiring zustande kommen.

Ebenfalls ist es möglich, Spring-Web-Flow-Abläufe grafisch darzustellen und zu editieren. Dies zeigt Abbildung 9–2. Dadurch kann man auf einem recht intuitiven Weg die Abfolge von Aktionen in einer Webanwendung konfigurieren.

Abb. 9–2
Spring-Web-Flow-Editor
der Spring-IDE

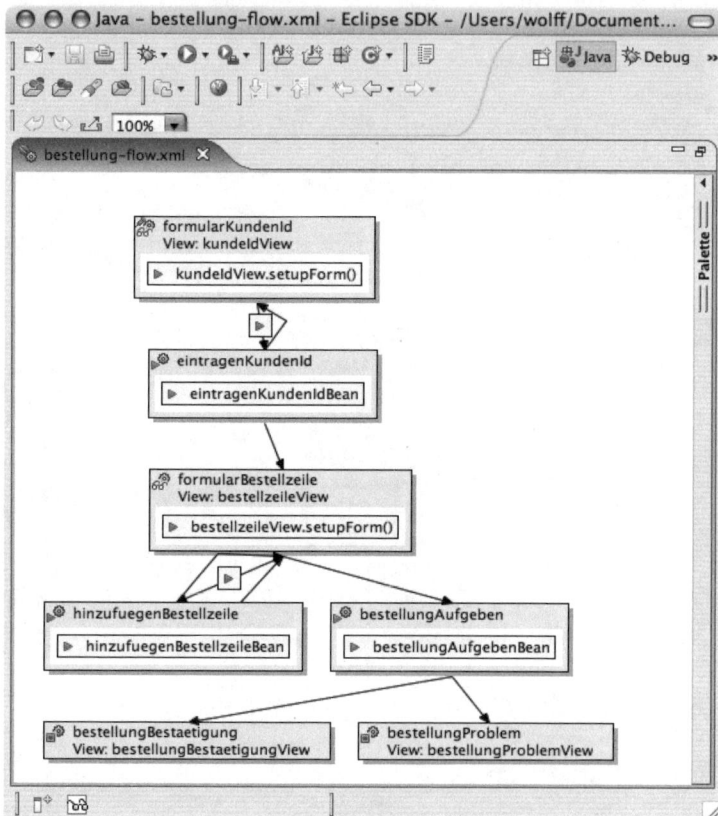

9.2.2   Dokumentieren mit BeanDoc

BeanDoc [BeanDoc] ist ein anderes Werkzeug zur Unterstützung des Entwicklers: Es erstellt aus einem Spring-Projekt eine Dokumentation. Dazu gehört vor allem eine Übersicht über die verwendeten Beans. Diese Übersicht für die Konfiguration `spring-jdbc-beans.xml` aus dem Beispielanwendung zeigt Abbildung 9–3.

Außerdem erzeugt BeanDoc HTML-Dateien, die für jede Bean die Spring-Konfiguration darstellen, also z. B. ob die Bean ein Singleton ist und welche anderen Beans von ihr abhängen. BeanDoc ist in Ant integrierbar, so dass man die Dokumentation z. B. als Teil des nächtlichen Builds erzeugen lassen kann.

Um BeanDoc nutzen zu können, muss man nach dem Herunterladen mit `ant dist` die Anwendung zunächst kompilieren. Außerdem sollte man vorher Graphviz [Graphviz] installiert haben. Dieses Paket wird benutzt, um aus der Bean-Konfiguration die Graphen zu erzeugen. Man kann BeanDoc zwar auch ohne Graphviz verwenden, verliert aber die Funktionalität zur grafischen Anzeige der Konfiguration.

Installation

Abb. 9–3
*Die Konfigurationsdatei
jdbc-beans.xml, wie sie
BeanDoc zeigt*

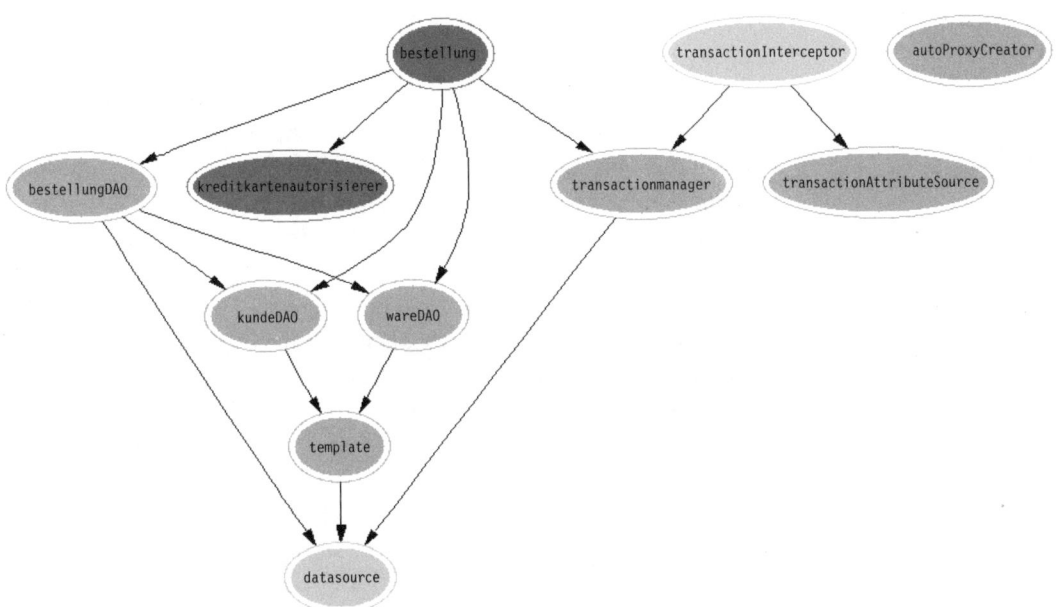

Alle wesentlichen Einstellungen für die Generierung durch BeanDoc werden in einer Properties-Datei gemacht. Dort ist definiert, welche Spring-Konfigurationsdatei eingelesen werden soll und in welchen Verzeichnissen die Dokumente erzeugt werden sollen. Außerdem kann man hier Einfluss auf die Farben und das Layout des Graphen nehmen.

Man kann BeanDoc über die Kommandozeile starten und die Properties-Datei als Parameter übergeben. Eine andere Möglichkeit ist ein Ant-Task, der die gleiche Funktionalität hat und bei dem man gegebenenfalls auch Quelldatei und Zielverzeichnis überschreiben kann. Bei der Verwendung von Ant muss man allerdings darauf achten, dass BeanDoc nicht nur im Klassenpfad des Ant-Targets, sondern auch im Klassenpfad von Ant selber stehen muss.

In der Beispielanwendung findet sich ein `beandoc.properties` und zwei Shell-Skripte (`runbeandoc-ant.sh` und `runbeandoc-cli.sh`), die den Aufruf von BeanDoc mit und ohne Ant zeigen.

Startmöglichkeiten

9.3   Spring Modules

Das Spring-Modules-Projekt [SpringModules] hat sich zum Ziel gesetzt, für verschiedene Java-Bibliotheken eine Integration in Spring anzubieten. Dadurch kann das Spring-Framework den Entwickler auch in Bereichen unterstützen, die durch das Kern-Spring-Framework nicht abgedeckt werden.

Spring Modules bietet Unterstützung für folgende Frameworks:

- Ant: Ant ist ein Build-Tool, das die Kompilierung und das Zusammenstellen von auslieferbaren Ressourcen wie WAR- oder JAR-Dateien koordiniert. Ant ist in Java geschrieben und mit der Integration aus dem Spring-Modules-Projekt kann man auch innerhalb eigener Ant-Erweiterungen Spring nutzen.

- Hivemind: Dieses Apache-Projekt beschäftigt sich damit, eine Implementierung für Dependency Injection zu entwickeln. Es ist die Grundlage für viele andere Apache-Projekte. Mit Spring Modules kann man Hivemind Services auch in Spring-Anwendungen verwenden. So kann man also auch solche Dienste in Spring verwenden, die nur von einer Hivemind-Umgebung zur Verfügung gestellt werden.

- Rule Engines: Solche Bibliotheken können genutzt werden, um Regeln (z. B. Geschäftsregeln) zu modellieren und für Java-Anwendungen verfügbar zu machen. Dabei kommt der JSR-94-Standard zum Einsatz. Konkret werden Drools, Jess und Ilog JRules unterstützt. Auch hier kommt wieder das TEMPLATE-Pattern und das EXCEPTION ÜBERSETZER-Pattern zum Einsatz, um die Benutzung der APIs zu vereinfachen.

- Eine Unterstützung für die Commons Validators wird ebenfalls angeboten. Diese Bibliothek unterstützt den Entwickler dabei, Validierungen zu implementieren. Dabei werden die Regeln in einer XML-Datei abgelegt. Die XML-Datei kann dazu verwendet werden, Validierungen in Webframeworks wie Struts oder aber direkt auf dem Webclient mit JavaScript vorzunehmen. So muss man die Validierung nur einmal formulieren, kann sie aber auf Client und Server ausführen lassen. Mit Spring Modules wird dieses Verfahren in das Spring-MVC-Validierungskonzept (Abschnitt 7.4) integriert.

- Ebenfalls in den Bereich der Validierung gehört die Unterstützung von Valang (Validation Language). Sie erlaubt die Formulierung von Validierungsbedingungen mit einer eigenen Sprache, die in das Spring-Validierungskonzept integriert ist.

- Eine weitere Möglichkeit zur Validierung bietet das Bean Validation Framework. Es verwendet eine Kombination aus Java-Klassen und einer XML-Konfiguration.
- Durch Flux kann man Jobs schedulen, es werden Workflows unterstützt und es bietet auch eine Business Process Managemenent Engine.
- Verschiedene JavaSpaces-Implementierungen wie die Open-Source-Implementierung Blitz oder die kommerzielle Implementierung GigaSpaces werden unterstützt. JavaSpaces stellt eine API bereit, mit der man in einen Space Objekte einfügen und lesen kann. Dieser Space ist verteilt, das bedeutet, mehrere Rechner im Netz können auf ihn zugreifen. Das ist eine einfache, elegante und leistungsfähige Möglichkeit, verteilte Anwendungen zu implementieren. GigaSpaces geht noch weiter und bietet z. B. eine JMS-Implementierung und eine Implementierung einer JDBC-Datenbank, die beide auf der JavaSpaces-Technologie basieren.
- Lucene ist eine Open-Source-Engine zum Indizieren und Durchsuchen von Texten. Die Integration in Spring bietet eine Vereinfachung u.a. durch TEMPLATES und die Möglichkeit zur Konfiguration von Lucene mit Hilfe von Spring.
- Mit OSWorkflow können Workflows abgebildet werden. Die Bibliothek bietet die Möglichkeit, einen Workflow in einer XML-Datei darzustellen. Man kann einzelne Schritte in Java implementieren. Durch die Integration in Spring kann man hinter einer Spring-MVC-Anwendung eine OSWorkflow-Engine legen.
- jBPM zielt auf den Bereich des Business Process Managements, das mit Workflows eng verwandt ist. Die Integration in Spring Modules bietet zum einen eine Implementierung eines TEMPLATES und zum anderen Zugriff auf Spring-Beans von einem jBPM-Workflow aus.
- JSR-170 konforme Content-Repositories werden ebenfalls unterstützt. JSR-170 ist ein Standard, der den Zugriff auf solche Content-Repositories regelt. Das Projekt JackRabbit der Apache Foundation implementiert ein solches Content-Repository. Eine andere unterstützte Implementierung ist Jeceira. Technisch entspricht die Integration der Integration der verschiedene O/R-Mapper, wie sie in Kapitel 5 erläutert wurde. Eine Unterstützung der angebotenen Transaktionen existiert ebenfalls.
- Der O/R-Mapper OJB [OJB] des Apache-Projekts wird in den Spring-Modules unterstützt. Die Integration entspricht denselben Prinzipien wie die Integration der anderen O/R-Mapper in Spring. Auch die OJB-Integration war ursprünglich auch in Spring selbst

enthalten, ist aber mittlerweile in das Spring-Modules-Projekt gewandert.

▪ Mit O/R Broker integriert Spring Modules eine Alternativ zu iBATIS (Abschnitt 5.5). O/R Broker ist ebenfalls eine Persistenz-Technologie, bei der man den Zugriff auf die Datenbank direkt mit SQL implementiert.

▪ Im Bereich Caching werden verschiedene Lösungen angeboten. Sie können genutzt werden, um Spring-Beans um Caches zu erweitern. Dafür stehen Produkte wie EHCache, JCS, JBoss Cache und OSCache zur Verfügung. Die grundlegende Idee ist, dass man mit Spring AOP die Methodenaufrufe abfängt und sich das Ergebnis des ersten Methodenaufrufs merkt. Bei späteren Aufrufen wird nicht mehr die eigentliche Methode aufgerufen, sondern es wird der Cache befragt. Um dies zu erreichen, kann man einzelne Spring-Beans mit einem `CacheProxyFactoryBean` um einen Cache ergänzen. Das Vorgehen ist analog zu den `ProxyFactoryBean` aus Spring AOP. Alternativ kann man die Spring-Beans mit Commons Attributes oder JDK-1.5-Annotationen markieren. Schließlich gibt es einen `MethodInterceptor`, mit dem man Caching durch Mittel von Spring AOP konfigurieren kann.

▪ Mit Commons Configuration kann man aus verschiedenen Daten-quellen Konfigurationsdaten laden. Mit der Spring-Integration kann man aus Datenquellen, die Jakarta Commons Configuration unterstützen, Properties auslesen und sie z. B. mit einem `Property-PlaceholderConfigurer` (Abschnitt 2.10.6) in die Spring-Konfigura-tion integrieren.

▪ Mit Spring MVC extra bietet das Spring-Modules-Projekt einige zusätzliche Features für Spring MVC an. Dazu zählen vor allem Klassen zum Vereinfachen des Editieren von Objekten mit Hilfe von `PropertyEditors` und eine View, mit der man Inhalte als RSS-Feed ausgeben kann.

▪ Mit dem XT-Framework steht eine Unterstützung für die in [Eva03] dargestellte Technik des Domain Driven Design bereit. Dazu zählen Klassen zum dynamischen Hinzufügen von Interfaces zu Objekten oder die Unterstützung von Notifications auf Basis der Spring-Event-Mechanismen. Ein weiteres Beispiel sind Specifi-cations. Das sind Prädikate über Objekte, mit denen man Regeln oder Validierungen implementieren kann. Ebenfalls wird auf Basis dieses Frameworks AJAX unterstützt. Mit AJAX (Asynchronous JavaScript And XML) werden Weboberflächen erstellt, bei denen der HTML-Code durch eingebettetes JavaScript geändert wird. Sie sind dadurch dynamischer als klassische HTML-Oberflächen.

Das Spring-Modules-Projekt ist im Moment noch im Fluss, so dass man gut daran tut, einen Blick auf die aktuelle Version zu werfen. Einige der Features werden auch durch die Beispiele in der Dokumentation leicht verständlich.

9.4   Fazit

Durch die hier vorgestellten Bibliotheken und Frameworks werden die Einsatzmöglichkeiten von Spring wesentlich erweitert. Vor allem mit Spring Modules werden viele weitere Frameworks in Spring integriert. Eine wesentliche Hilfe bei der Entwicklung mit Spring sind sicher die Werkzeuge wie die Spring-IDE oder BeanDoc.

Diese Projekte geben einen Eindruck davon, was man auf Spring als Basis aufbauen kann. Dieser Bereich wird in Zukunft sicher noch viele weitere interessante Projekte hervorbringen, so dass der Wert der Spring-Plattform auch in Zukunft zunehmen wird. Spring ist auf dem Weg zu einer breiten Anwendungsplattform, die auf dem Spring-Framework basiert und viele verschiedene weitere Frameworks umfasst.

10 Fazit: Was bringt's?

Nach dem Studium des Buchs sollte klar geworden sein, dass mit Spring eine umfassende Lösung für die Entwicklung von Java-Anwendungen sowohl im Java-SE- als auch im Java-EE-Bereich zur Verfügung steht. Dabei sollten die drei wesentlichen Prinzipien, die bereits in Abschnitt 1.2 erwähnt wurden, deutlich geworden sein:

Noch einmal: Die drei Prinzipien

1. Für sehr viele APIs gibt es in Spring vereinfachte Abstraktionen. Im Buch wurden in den verschiedenen Kapiteln unter anderem die Unterstützung für JTA, JDBC, iBATIS, Hibernate, JDO, TopLink, OJB, RMI, EJB, Axis, JMS, JCA, JavaMail, Quartz und JMX vorgestellt. Die Schnittstellen von Spring sind wesentlich eleganter und einfacher als die direkte Verwendung der APIs.
2. Dependency Injection kann für die Konfiguration von Objektnetzen verwendet werden. Wie wichtig diese Möglichkeit ist, sollte schon daran deutlich geworden sein, dass viele Features nur durch eine passende Konfiguration ermöglicht werden. Vor allem hilft Dependency Injection bei der Konfiguration der Anwendung. Im Code entstehen leicht testbare Klassen mit definierten Abhängigkeiten zur Umgebung.
3. Aspektorientierte Programmierung steht nicht nur im Mittelpunkt eines eigenen Kapitels, sondern bildet die Grundlage für viele weitere Features wie die Verwaltung von Transaktionen oder das Acegi-Sicherheitsframework. Da Spring AOP und AspectJ anfangen zusammenzuwachsen, sind hier in der Zukunft noch weitere interessante Entwicklungen zu erwarten.

In diesem Zusammenhang spricht man auch vom Spring-Dreieck (siehe Abbildung 10–1): In der Mitte stehen einfache Java-Objekte. Diese werden durch Dependency Injection vernetzt. Mit AOP werden sie um bestimmte Aspekte ergänzt. Und schließlich kommunizieren sie mit den anderen APIs mit Hilfe der API-Abstraktion, die ebenfalls in Spring enthalten ist.

Abb. 10–1
Das Spring-Dreieck

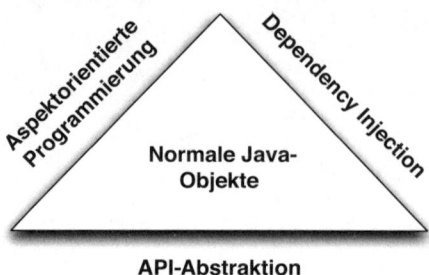

Es gibt keine andere Lösung, die in den drei Bereichen eine ähnliche Mächtigkeit erreicht. Java EE 5 beispielsweise hat keine Vereinfachung der APIs, bietet Dependency Injection nur für Java-EE-Artefakte wie EJBs oder Servlets und hat keine echte Unterstützung für aspektorientierte Programmierung.

Die Bedeutung von Spring

Durch die konsequente Nutzung dieser drei Prinzipien ermöglicht Spring das, was Java eigentlich verspricht: Einfache Implementierung von objektorientierten Anwendungen, die auch Enterprise-Anforderungen gerecht werden. Spring ist also eine Basistechnologie, und zwar eine der wichtigsten im Java-Bereich. Dementsprechend gibt es mit Acegi oder Spring Web Flow auch schon Frameworks, die auf diese Basis aufsetzen.

Für die Zukunft kann man davon ausgehen, dass es immer mehr Open-Source-Lösungen geben wird, die auf Spring aufsetzen. Und Spring selber wird sich auch sicherlich weiterentwickeln. Dabei lassen die in diesem Buch vorgestellten Patterns wie EXCEPTION ÜBERSETZER, TEMPLATE, EXPORTER oder PROXY erkennen, wie die Integration anderer APIs aussehen kann.

Durch Spring wird Java auch in Zukunft eine interessante Plattform für die Entwicklung individueller Geschäftsanwendungen sein.

Wie setze ich es um?

Bei der überwältigenden Vielfalt an Features, die Spring bietet, stellt sich natürlich die Frage, wie man Spring in ein existierendes Projekt einführen kann. Dazu sollte man sich zunächst fragen, welche Probleme man mit dem Spring-Framework im Projekt lösen kann. Die Antwort auf diese Frage kann sehr unterschiedlich sein: Wenn man z. B. viel JDBC-Code hat, kann es sinnvoll sein, die Spring-JDBC-Abstraktion einzuführen. Da die Entwicklung von JDBC-Code ohne Spring nicht sehr sinnvoll ist, wird dieses Vorgehen sogar recht häufig gewählt.

Hat man Probleme, die Anwendung gut zu strukturieren, zu konfigurieren und zu testen, kann es sinnvoll sein, sie auf Dependency Injection umzustellen. Springs Dependency-Injection-Implementierung hat dabei auch einige Vorteile, weil vorhandene Factories in Spring integrierbar sind und durch Konstruktor-, Setter- und Methoden-Dependency-Injection auch eine breite Auswahl an Techniken zur Verfügung steht, um vorhandenen Code mit Spring zu integrieren.

Da die verschiedenen Teile von Spring unabhängig voneinander einsetzbar sind, kann man im Rahmen einer Migration den Teil des Frameworks zuerst einführen, bei dem man sich die größten Vorteile mit dem kleinsten Aufwand verspricht. Gerade diese Möglichkeit macht Spring leicht adaptierbar und ermöglicht eine schrittweise Einführung, was das Risiko vermindert und auch ein allmähliches Erlernen ermöglicht.

Zum Abschluss ein Hinweis: Spring ist ein sehr umfassender Werkzeugkasten, aber eben nur ein Werkzeugkasten. Wie bei jedem Werkzeug kann man auch die Werkzeuge aus diesem Kasten richtig oder falsch verwenden. Das Ziel dieses Buchs ist es, die Verwendung der Werkzeuge zu erläutern. Der nächste Schritt ist, sich einen Überblick darüber zu verschaffen, wie man eine Anwendung mit diesen Werkzeugen implementieren kann. Dies betrifft Fragestellungen aus dem Design und der Architektur von Anwendungen. Gute Ansatzpunkte für Fragestellungen aus diesem Bereich sind z. B. [Fow02, Eva03] oder [BMRSS96]. Typischerweise werden Konzepte in diesen Bereichen als Patterns beschrieben, so dass sich auch andere Werke aus dem Pattern-Bereich anbieten.

Die nächste Lektüre ...

Bibliografie

[**Acegi**] http://acegisecurity.sourceforge.net/
Dieses Framework setzt auf Spring auf und ergänzt es um Features für die Implementierung von Sicherheitsaspekten. Man kann Acegi nicht nur für Spring-Anwendungen verwenden, sondern kann es auch dazu einsetzen, eine beliebige Java-Anwendung oder Webanwendung ohne Änderungen am Code abzusichern.

[**ActiveMQ**] http://www.activemq.org/
ActiveMQ ist eine Open-Source-JMS-Implementierung, die Teil des Geronimo-Application-Servers ist, aber auch alleine verwendet werden kann. Sie bietet umfangreiche Features wie eine Unterstützung von JCA, Persistenz mit JDBC und eine gute Integration in Spring.

[**ACM01**] D. Alur, J. Crupi, D. Malks:
Core J2EE Patterns: Best Practices and Design Strategies, Prentice Hall, 2001
Eine Sammlung der Patterns, die man (leider?) beherrschen muss, um Java-EE-Anwendungen zu entwickeln.

[**Alb06**] M. Albari:
Java EE 5, Spring 2 and AspectJ 5: dependency injection magics
http://www.jroller.com/page/malbari?entry=javaee_5_spring_2_and
In diesem Artikel wird die Integration von EJB 3 mit Spring näher beleuchtet.

[**AOPAlliance**] http://aopalliance.sourceforge.net/
Das Ziel der AOP Alliance ist, Schnittstellen zu definieren, die es einem ermöglichen, Advices in verschiedenen AOP-Implementierungen unverändert zu nutzen. Dabei wird eine Mindestmenge an Features definiert, die alle Aspekt-Implementierungen anbieten müssen.

[AOPBenchmark] http://docs.codehaus.org/display/AW/AOP+Benchmark
Dieser Benchmark für aspektorientierte Programmierung ist eigentlich ein Ergebnis des Aspectwerkz-Projekts, testet aber viele unterschiedliche AOP-Implementierungen. Dadurch gibt der Benchmark einen Hinweis darauf, mit welchem Overhead man rechnen muss.

[AppFuse] https://appfuse.dev.java.net/
Mit AppFuse kann man recht einfach ein Projektskelett für Spring-Anwendungen mit Integration verschiedener Technologien erstellen. Daher ist AppFuse ein guter Startpunkt für die Entwicklung einer Spring-Anwendung.

[Aurora] http://www.auroramvc.org/
Dieses MVC-Framework bietet eine Weiterentwicklung von Spring MVC.

[Axis] http://ws.apache.org/axis/
Axis ist eine der am weitesten verbreiteten Technologien für die Unterstützung von Web Services mit Java. Neben Java wird auch C++ unterstützt. Axis ist eine Open-Source-Bibliothek und wird im Rahmen des Apache-Projekts weiterentwickelt.

[BeanDoc] http://springframework.sourceforge.net/beandoc/
Dieses Werkzeug stellt eine Möglichkeit dar, um sich eine Dokumentation über die Spring-Beans in einer Anwendung erzeugen zu lassen. BeanDoc kann z. B. in den Build-Prozess integriert werden, um – ähnlich wie JavaDoc – eine Online-Dokumentation über ein Spring-Projekt zu erzeugen.

[Bel04] Abhijit Belapurkar:
Use continuations to develop complex Web applications
http://www-128.ibm.com/developerworks/java/library/j-contin.html
Dieser Artikel führt in den Bereich der Continuations ein und zeigt, wie sie die Entwicklung von Webanwendungen vereinfachen.

[BHRS07] R. Beeger, A. Haase, S. Roock, S. Sanitz:
Hibernate – Persistenz in Java-Systemen mit Hibernate und der Java-Persistence API, 2. Auflage, dpunkt.verlag, 2007
Dieses Buch gibt eine umfassende Einführung in den O/R-Mapper Hibernate, der sich mittlerweile als Standard im Java-Bereich etabliert hat.

[Blo00] Jeremy Blosser:
Explore the Dynamic Proxy API, JavaWorld, 2000
http://www.javaworld.com/javaworld/jw-11-2000/jw-1110-
proxy.html
Der Artikel zeigt, wie man Dynamic Proxies implementieren kann
und legt auch einige Ideen dar, die bereits auf eine Verwendung von
Dynamic Proxies für die Implementierung von Aspekten hinweisen.

[BMRSS96] F. Buschmann, R. Meunier, H. Rohnert, P. Sommerlad,
M. Stal:
Pattern-Oriented Software Architecture, John Wiley & Sons, 1996
Eines der ersten und wesentlichen Werke über Patterns, die auf der
Ebene der Architektur der Anwendung ansetzen. Aus diesem Grund
ist es eine gute Übersicht über verschiedene mögliche Architekturen
von Softwaresystemen.

[Böh05] Oliver Böhm:
Aspektorientierte Programmierung mit AspectJ, dpunkt.verlag, 2005
Dieses Buch gibt einen umfassenden Einblick in die aspektorientierte
Programmierung mit AspectJ.

[Burlap] http://www.caucho.com/burlap/
Die Burlap-Bibliothek verwendet ein eigenes, nicht standardisiertes
Datenformat für verteilte Kommunikation mit Hilfe von HTTP. Dazu
wird eine vereinfachte Untermenge von XML verwendet.

[C2Wiki] http://www.c2.com/cgi/wiki?WelcomeVisitors
Das erste Wiki und gleichzeitig der Ort, an dem Patterns geboren
wurden. Auch sonst finden sich hier sehr viele interessante Informationen zur Softwareentwicklung und es kommen auch ständig neue
hinzu.

[CAS] http://www.yale.edu/tp/cas
Der Yale Central Authentication Service bietet die Möglichkeit eines
Single Sign-ons über verschiedene Webanwendungen hinweg. Der
Benutzer gibt sein Passwort und seinen Benutzernamen nur einmal
ein, und anschließend kann er alle Webanwendungen verwenden. Der
Dienst kann auch von Webanwendungen verwendet werden, die keinen Zugang zu den eigentlichen Authentifizierungs-Informationen
haben sollen, aber dennoch Authentifizierungen durchführen können
müssen.

[COS] http://servlets.com/cos
Unter dieser URL finden sich einige Hilfsklassen, die einem im Bereich der Entwicklung von Servlets zur Seite stehen können.

[DOM] http://www.w3.org/DOM/
DOM ist der Standard für den Zugriff auf XML-Daten. Allerdings ist er sprachunabhängig in der Schnittstellensprache CORBA IDL definiert. Dadurch ist die API teilweise schwierig handhabbar.

[Easymock] http://www.easymock.org/
Das Easymock-Framework ist eine gute Lösung, wenn es darum geht, Mocks für Unit-Tests zu erzeugen.

[EclipseRCP] http://eclipse.org/rcp/
Ursprünglich war es ein Eintrag in der Eclipse-Bug-Datenbank: Warum kann man nicht Eclipse einfach als Basis für »normale« GUI-Anwendungen verwenden? Mittlerweile ist dies möglich, und zwar durch das Eclipse Rich Client Project (RCP).

[EJB] Ed Roman, Rima Patel Sriganesh, Gerald Brose:
Mastering Enterprise JavaBeans, 3rd Edition, Wiley, 2004
Ältere Versionen unter:
http://www.theserverside.com/books/wiley/masteringEJB/index.tss
Dieses Buch steht stellvertretend für die verschiedenen Werke, die es als Einführung in die EJB-Technologie gibt. Es bietet einen umfassenden, praxisorientierten Einstieg in EJB.

[Eva03] Eric Evans:
Domain-Driven Design, Addison-Wesley Longman, 2003
In diesem Buch beschreibt Eric Evans einige wesentliche Techniken für die Entwicklung von objektorientierten Systemen. Dabei fokussiert er vor allem darauf, wie man fachliche Konzepte sinnvoll im Code implementieren kann.

[Equinox] https://equinox.dev.java.net/
Equinox ist eine einfachere Variante von AppFuse [AppFuse] und bietet ebenfalls ein Skelett für ein Spring-basiertes Projekt.

[Equinox-OSGi] http://www.eclipse.org/equinox/
Diese OSGi-Implementierung stellt die Basis für die Eclipse-Plattform dar, die nicht nur für die Entwicklung von Entwicklungswerkzeugen genutzt wird.

[Fit] http://fit.c2.com/
Mit Fit kann man Akzeptanztests als HTML-Seiten entwerfen. Dahinter stehen Java-Klassen, die mit den Daten aus der HTML-Seite gefüttert werden und die tatsächlichen Ergebnisse der Tests mit den erwarteten vergleichen. Fit ist ein Kommandozeilen-Werkzeug. Die HTML-Seiten können mit Office-Anwendungen wie Word, Excel usw. erstellt werden.

[FitNesse] http://www.FitNesse.org
Eines der wichtigsten Tools für die Entwicklung von Akzeptanztests. Man editiert Seiten in einem Wiki, die durch ein Testframework ausgeführt werden können. Wesentlicher Unterschied zu Fit ist die Verwendung des Wiki-Ansatzes.

[FOP] http://xmlgraphics.apache.org/fop/
FOP steht für Formatting Objects Processor. Dieses Framework bietet Möglichkeiten an, um XML-Datenstrukturen in andere Darstellungen wie beispielsweise PDF zu konvertieren. Dabei wird der XSL-FO-Standard verwendet, der zur Formatierung von XML-Daten dient.

[Fow99] Martin Fowler:
Refactoring: Improving the Design of Existing Code, Addison-Wesley, 1999
In diesem Buch erläutert Martin Fowler, welche Merkmale auf schlechten Code schließen lassen und wie man den Code so modifizieren kann, dass er ein besseres Design hat, ohne dabei die Funktionsfähigkeit zu gefährden.

[Fow02] Martin Fowler et al:
Patterns of Enterprise Application Architecture, Addison-Wesley, 2002
Dieses Buch enthält eine sehr lesenswerte Sammlung von Patterns für die Entwicklung von Enterprise-Systemen. Dazu zählen z. B. neben Persistenzansätzen auch der Umgang mit Zustandsinformationen. Dieses Buch sollte jeder gelesen haben, der große Enterprise-Systeme entwickeln will.

[Fow04] http://martinfowler.com/articles/injection.html
Dieser Artikel von Martin Fowler setzt sich mit dem Ausdruck »Inversion of Control« auseinander: Der Begriff ist nicht gut gewählt, da alle Frameworks die Kontrolle übernehmen und die Objekte der Entwickler aufrufen. Zur besseren Unterscheidung wird die Bezeichnung

»Dependency Injection« für das z. B. in Spring implementierte Konzept vorgeschlagen.

[**Freemarker**] http://freemarker.sourceforge.net/
Die Template-Sprache Freemarker dient dazu, Textschablonen zu definieren, mit denen man dynamisch Texte erzeugen kann. Insbesondere ist es so möglich, dynamisch Webseiten zu erzeugen.

[**Geronimo**] http://geronimo.apache.org/
Geronimo ist ein Open-Source-Application-Server nach dem Java-EE-Standard. Er integriert dazu zahlreiche andere Open-Source-Projekte wie ActiveMQ für JMS, OpenEJB für EJB oder Tomcat für den Webserver-Bereich.

[**GHJV94**] E. Gamma, R. Helm, R. Johnson, J. Vlissides:
Design Patterns – Elements of Reusable Object-Oriented Software, Addison-Wesley, 1994
Eines der wichtigsten Bücher im Bereich Softwareentwicklung der 90er Jahre. Es hat den Begriff »Pattern« in der Softwareentwicklung etabliert.

[**Graphviz**] http://www.research.att.com/sw/tools/graphviz/
Diese Grafik-Bibliothek kann man verwenden, um Abbildungen generieren zu lassen. Sie ist zwar das Ergebnis eines Open-Source-Projekts, aber leider nicht in Java geschrieben, so dass man hier noch einen C-Compiler bemühen muss.

[**Hessian**] http://caucho.com/hessian/index.xtp
Dieses Protokoll verwendet wie Burlap eine einfache Serialisierung, aber mit einer binären Kodierung. Der Transport der Daten findet über HTTP statt.

[**Hillside**] http://hillside.net/patterns/definition.html
Eine Webseite, auf der man umfangreiche Informationen zum Einsatz von Patterns in der Softwareentwicklung findet.

[**HJMW04**] A. Holubek, R. Jansen, R. Munsky, E. Wolff:
Java-Persistenz Strategien, Software & Support, 2004
Dieses Buch gibt einen Überblick über verschiedene APIs, die für die Implementierung von Persistenz in Java-Systemen eingesetzt werden können. Dazu zählen JDBC, JDO und EJBs. Die zusammenhängende Beschreibung unterschiedlicher Technologien macht das Buch lesenswert.

[Hotspot] http://java.sun.com/docs/hotspot/PerformanceFAQ.html
Hier werden Konzepte für die Performance-Optimierung von Hotspot
JVMs dargestellt.

[HT03] Andrew Hunt, David Thomas:
Der Pragmatische Programmierer, Hanser, 2003
Dieses Werk erläutert, wie ein Programmierer denken sollte, und es
legt einige Regeln fest, um ein besserer Entwickler zu werden. Dabei
geht es nicht um konkrete Programmiertechniken, sondern eher um
Verhaltensweisen und grundlegende Verhaltensmuster.

[iBATIS] http://ibatis.apache.org/
Mit diesem Framework kann man direkt SQL-Anfragen implementieren, ohne dabei mit den Details der JDBC-Schnittstelle belastet zu
werden: Man kann die SQL-Anfragen einfach in einer Datei ablegen
und im Code verwenden. Das Framework bietet außerdem Features
wie Caching oder das Nachladen von Daten (Lazy Loading).

[iText] http://www.lowagie.com/iText/
Diese Bibliothek kann dazu verwendet werden, in einem Java-Pro-
gramm PDF-Dateien zu erzeugen.

[JAAS] http://java.sun.com/products/jaas/
Der Java Authentication and Authorization Service bietet eine standardisierte Schnittstelle zur Integration von Authentifizierungssyste-
men in Java und auch die Möglichkeit zur Autorisierung der Benutzer
für einzelne Aktionen.

[JasperReports] http://jasperreports.sourceforge.net/
Mit dieser Bibliothek kann man mit Java Reports generieren, also
strukturierte Darstellungen von Daten, z. B. aus einer Datenbank oder
von Auszügen solcher Daten. Dabei bietet JasperReports verschiedene
Ausgabeformate wie PDF, Excel oder HTML an.

[JAMon] http://www.jamonapi.com/
JAMon ist eine Bibliothek für das Performance-Monitoring von Java-
Anwendungen.

[JavaMail] http://java.sun.com/products/javamail/
Mit dieser Schnittstelle kann man aus Java-Anwendungen heraus
E-Mails verschicken und auf E-Mail-Postfächer zugreifen.

[JAXB] http://java.sun.com/webservices/jaxb/
Diese API erlaubt einen einfachen Zugriff auf XML-Datenstrukturen von Java aus. Aus XML Schemas können Java-Klassen generiert werden, die recht einfach mit Daten aus XML-Dokumenten gefüllt werden können. Dadurch arbeitet man nur auf Java-Objekten und nicht mehr auf den XML-Strukturen.

[JCA] http://java.sun.com/j2ee/connector/
Der JCA-Standard definiert, wie Adapter für Legacy-Systeme und Standard-Software implementieren kann, die sich in die Sicherheits- und Transaktionsinfrastrukur eines Application-Servers integrieren. Durch die Standardisierung kann man einen JCA-Adapter in jedem Java-EE-Application-Server einsetzten.

[JCaptcha] http://jcaptcha.sf.net/
Dieses Framework verwendet generierte Bilder, in denen eine Zeichenkette zu erkennen ist, um menschliche Benutzer von Computerprogrammen zu unterscheiden. Dadurch kann man z. B. verhindern, dass sich Skripte automatisch auf einer Webseite registrieren.

[JDOM] http://www.jdom.org/
Da DOM recht komplex in der Handhabung ist, bietet JDOM eine Alternative für die Verarbeitung und Generierung von XML-Daten mit Java.

[JH04] Rod Johnson, Jürgen Höller:
J2EE Development without EJB, wrox, 2004
In diesem Buch findet sich eine ausführliche Darstellung, warum man Java EE nur ohne EJB 2.1 verwenden sollte. Als Alternative wird das Spring-Framework vorgestellt.

[JMS] http://java.sun.com/products/jms/
Der Java Messaging Service ergänzt Java EE um die Möglichkeit, asynchrone Kommunikation im Netzwerk durch das Verschicken von Nachrichten zu implementieren. Dabei wird sowohl die Kommunikation mit einem bestimmten Empfänger unterstützt als auch die anonyme Kommunikation mit einer Bus-Struktur.

[JMX] http://java.sun.com/products/JavaManagement/
Die Java Management Extension ermöglicht es, Java-Anwendungen zu überwachen und zu administrieren. Dadurch ist es recht einfach möglich, von Java aus Informationen und Schnittstellen für Systeme wie SNMP (Simple Network Management Protocol) anzubieten.

[JSF] http://www.jcp.org/en/jsr/detail?id=127
JavaServer Faces oder kurz JSF ist ein Standard für die Unterstützung von Web-Frontends in Java. JSF ist nicht nur im Rahmen des Java Community Process standardisiert, sondern auch ein Teil von Java EE 5. JSF setzt auf Komponenten für die Oberfläche, hinter der Java-Beans die Logik implementieren.

[JSF-Spring] http://jsf-spring.sourceforge.net/
Spring bietet von Haus aus eine Integration von JSF. Allerdings kann man dadurch nur in JSF-Anwendungen Spring-Beans integrieren. JSF-Spring unterstützt auch den umgekehrten Fall, also die Integration von JSF-Beans in Spring. Außerdem ist auch eine Integration von JSF-Views in Spring-MVC-Anwendungen möglich.

[JSP] http://java.sun.com/products/jsp/
JavaServer Pages sind eine Technologie, mit der man dynamische Webseiten erzeugen kann. Im Wesentlichen definiert man eine HTML-Seite und hat dabei zusätzliche Elemente zur Auswahl, die z. B. den Zugriff auf Variablen aus Request und Response ermöglichen. Man kann sogar Java-Code in eine JSP-Seite integrieren und so die volle Mächtigkeit von Java verwenden. Die JSPs werden in Java umgewandelt und schließlich als kompilierte Java Servlets ausgeführt.

[JSTL] http://jakarta.apache.org/taglibs/doc/standard-doc/intro.html
Die JSP Standard Tag Library definiert Elemente, die man in JSPs einsetzen kann, um dort einfache Logik zu implementieren.

[JUnit] http://www.junit.org/
Der Standard für Unit-Tests im Bereich Java.

[Jo02] R. Johnson:
Expert One-to-One J2EE Design and Development, Wrox, 2002
Dieses Buch ist nicht nur eines der Standardwerke über Java EE, sondern beschreibt vor allem das Framework, das später Spring wurde, und die Prinzipien dahinter.

[Knopflerfish] http://www.knopflerfish.org/
Knopflerfish ist eine Open-Source-OSGi-Plattform.

[Lin05] J. Link:
Softwaretests mit JUnit – Techniken der testgetriebenen Entwicklung (zweite Auflage), dpunkt.verlag, 2005
Dieses Buch gibt eine umfassende Einführung in den Bereich der testgetriebenen Entwicklung, nicht nur mit JUnit.

[Mar02] Floyd Marinescu:
EJB Design Patterns – Advanced Patterns, Processes, and Idioms, Wiley, 2002
In diesem Werk finden sich unter anderem die typischerweise in EJB-Systemen verwendeten Patterns. Aus der heutigen Sicht wirken sie eher wie Work-arounds, um mit den Schwächen von EJB umgehen zu können. Für reine EJB-Projekte ohne Spring aber auf jeden Fall eine Pflichtlektüre.

[OJB] http://db.apache.org/ojb/
Im Rahmen des Apache-OJB-Projekts entsteht ein Open-Source-O/R-Mapper, der als Besonderheit die Unterstützung von JDO, ODMG und einer eigenen PersistenceBroker-Schnittstelle mitbringt.

[OSGi] http://www.osgi.org/
Der OSGi-Standard definiert ein Komponentenmodell, das auf Java basiert. Ursprünglich war es eher für den Embedded-Bereich gedacht, aber es löst allgemeine Probleme z. B. im Bereich Class-Loading, so dass es mittlerweile die Basis verschiedener Projekte wie z. B. der Eclipse-Entwicklungsumgebung ist.

[PicoContainer] http://www.picocontainer.org/
Diese Dependency-Injection-Lösung zeichnet sich vor allem dadurch aus, dass sie sehr klein und sehr einfach ist. Dafür muss man Abstriche in der Mächtigkeit machen.

[Pitchfork] http://www.interface21.com/pitchfork/
Das Pitchfork-Projekt implementiert einen EJB-3-Container auf Basis des Spring-Frameworks. Dadurch kann auch diese API mit Spring genutzt werden und Spring z. B. für Tests von EJB-3-Anwendungen ohne Application-Server verwendet werden. Außerdem ist dieses Projekt die Basis für die EJB-3-Implementierung im BEA WebLogic Server.

[PJWT05] A. Piper, R. Johnson, C. Wall, N. Tran:
Spring Integration with WebLogic Server
http://dev2dev.bea.com/pub/a/2005/09/spring_integration_weblogic_server.html
Dieser Artikel beschreibt die Integration des Spring-Frameworks in den BEA-Weblogic-Application-Server. Dabei wird auf die technischen Möglichkeiten und die Vorteile von Spring gegenüber anderen Java-EE-Programmiermodellen eingegangen.

[POI] http://jakarta.apache.org/poi/index.html
Diese Library erlaubt die Erzeugung und das Einlesen von Dateien im
Format der verschiedenen Microsoft-Office-Produkte. Man kann die
Bibliothek also verwenden, um Dateien zu erzeugen, die vom Benut-
zer in den gewohnten Microsoft-Produkten bearbeitet werden kön-
nen.

[Quartz] http://www.opensymphony.com/quartz
Mit Quartz kann man Java-Funktionalitäten zu bestimmten festgeleg-
ten Zeitpunkten aufrufen. Das hört sich zunächst trivial an, wird aber
kompliziert, wenn man die Ausführung auch nach Systemabstürzen
garantieren muss oder die Jobs im Cluster ausgeführt werden sollen.

[SAX] http://www.saxproject.org/
Die Simple API for XML bietet einen Zugriff auf XML-Dokumente.
Das Dokument wird geparst und bei jedem XML-Element wird ein
Event ausgelöst, den die Logik dann bearbeiten muss. Dadurch entste-
hen keine großen Datenstrukturen im Speicher, sondern es wird nur
jeweils das aktuelle Element gehalten.

[Shale] http://struts.apache.org/shale/index.html
Shale ist ein recht neuer Ansatz für die Entwicklung von Webanwen-
dungen. Es basiert auf JSF, integriert auch Spring und die Ansätze von
Struts.

[SOAP] http://www.w3.org/TR/SOAP/
SOAP ist ein standardisiertes Protokoll für den Austausch von Web-
Services-Aufrufen mit XML als Datenrepräsentation und typischer-
weise HTTP als Kommunikationsprotokoll.

[Spring] http://www.springframework.org/
Die Website zum Spring-Framework. Dort kann man es herunterladen
und findet auch sonst viele Informationen darüber.

[SpringFitNess] http://spring-fitnesse.dev.java.net/
Mit dieser Bibliothek ist es möglich, Spring in das FitNesse-Tool für
Akzeptanztests zu integrieren. Dadurch kann man auch für solche
Tests die automatische Konfigurierung von Spring nutzen.

[SpringIDE] http://www.springide.org/
Die Spring-IDE ist ein Plugin für Eclipse, mit dem man Spring-Konfigurationen verhältnismäßig einfach bearbeiten kann. Es bietet Checks

zum Finden von Schreibfehlern und eine grafische Repräsentation der Spring-Konfiguration. Dadurch erleichtert es die tägliche Arbeit mit Spring erheblich.

[SpringModules] https://springmodules.dev.java.net/
Dieses Projekt versieht einige bestehende Bibliotheken mit Schnittstellen für Spring. Dadurch können sie mit einer vereinfachten, Spring entsprechenden API angesprochen werden.

[Spring.NET] http://www.springframework.net/
Neben dem Spring-Framework für Java gibt es auch eine Implementierung für die .NET-Plattform von Microsoft. Da Java und .NET sich konzeptionell nicht sehr voneinander unterscheiden, kann man auch bei der .NET-Version die wesentlichen Elemente von Spring leicht wiederfinden.

[SpringOSGi] http://www.springframework.org/osgi/
Dieses Projekt implementiert eine Integration von OSGi und Spring, so dass man das feingranulare Spring-Komponentenmodell mit dem eher grobgranularen OSGi-Komponentenmodell zusammen verwenden kann.

[SpringRichClient] http://www.springframework.org/spring-rcp
Aufbauend auf Spring, Swing und einigen anderen Bibliotheken bietet dieses Framework Möglichkeiten an, um Rich-Client-Anwendungen zu schreiben. Dabei werden auch hier die Grundlagen von Spring wie z. B. Dependency Injection genutzt.

[SpringWebFlow] http://www.springframework.org/webflow
Mit Spring Web Flow können Abläufe auf Websites unmittelbar als solche modelliert werden. Dabei sind die Implementierungsdetails zunächst nicht relevant. Spring Web Flow kann in Spring-MVC-Anwendungen und auch in Struts-Anwendungen integriert werden.

[SpringWebServices] http://www.springframework.org/spring-ws
Dieses Projekt stellt eine Unterstützung für Web Services bereit, die sich nicht nur gut in das Spring-Framework integriert, sondern auch Contract First und die Integration verschiedener XML-Technologien in den Mittelpunkt stellt.

[Str05] http://radio.weblogs.com/0112098/2005/11/23.html#a543
In diesem Blog-Beitrag werden einige typische Probleme mit der JMS-Implementierung in Spring erläutert und gleichzeitig Abhilfen dargestellt. Es geht vor allem darum, dass die Spring-JMS-Implementierung

oft Verbindungen auf- und abbaut. Dies hat allerdings nur Performance-Nachteile zur Folge, wenn kein Ressourcen-Pooling z. B. in einem Application-Server verwendet wird.

[Struts] http://struts.apache.org/
Struts war eine der ersten Bibliotheken für Java, die eine umfassende Lösung für die Implementierung von Webanwendungen darstellte. Dadurch wurde die Implementierung von Anwendungen nach dem MVC-Muster deutlich vereinfacht.

[Tapestry] http://jakarta.apache.org/tapestry/
Tapestry ist ein Ansatz für die Implementierung von Webanwendungen mit Java, bei der die Webseiten direkt Java-Komponenten verwenden.

[TCLL03] B. Tate, M. Clark, B. Lee, P. Linskey:
Bitter EJB, Manning, 2003
Ein ganzes Buch über die Probleme mit EJB, schon fast als Abrechnung zu bezeichnen. Meistens sind es jedoch konstruktive Ansätze, die zeigen, wie man trotz EJB erfolgreich sein kann. Bezieht sich auf den damals aktuellen Stand EJB 2.0.

[Tiles] http://struts.apache.org/userGuide/dev_tiles.html
Mit diesem Ansatz, der ursprünglich für Struts gedacht war, kann man eine Webseite aus verschiedenen so genannten Tiles zusammensetzen. Dadurch wird z. B. bei Portalen die Komposition von Seiten deutlich vereinfacht.

[TopLink]
http://www.oracle.com/technology/products/ias/toplink/index.html
TopLink ist ein lange am Markt eingeführter O/R-Mapper, der bereits in zahlreichen Projekten eingesetzt worden ist. Er wird von der Firma Oracle vertrieben.

[Velocity] http://jakarta.apache.org/velocity/index.html
Dies ist eine Bibliothek, die Textschablonen verwalten kann, in die dynamisch Inhalte eingefügt werden können. Dies kann z. B. für die dynamische Generierung von Webseiten genutzt werden.

[VSW02] M. Völter, A. Schmid, E. Wolff:
Server Component Patterns – Component Infrastructures Illustrated with EJB, Wiley, 2002

Dieses Buch stellt die grundlegenden Mechanismen von Komponenteninfrastrukturen als Patterns dar, die anhand von CCM (CORBA Component Model), EJB und COM+ erläutert werden.

[WebWork] http://www.opensymphony.com/webwork/
Dieses Framework unterstützt die Implementierung von Webanwendungen mit Java. Bemerkenswert ist vor allem, dass es selbst eine Integration in Spring anbietet.

[Wes05] F. Westphal:
Testgetriebene Entwicklung mit JUnit & Fit, dpunkt.verlag, 2005
Dieses Buch gibt eine umfassende Darstellung der verschiedenen Techniken zum Testen von Anwendungen. Dabei werden Unit-Tests, Akzeptanztests und testgetriebene Entwicklung ausführlich erläutert.

[Wol03] E. Wolff:
EJB – Und jetzt?, Java Magazin 11/2003
Der Artikel zeigt einige Schwächen von EJB und vergleicht Ansätze, mit ihnen umzugehen.

[Wo03a] E. Wolff:
Wie speichert man Daten? — CMP und JDO im Vergleich, Java Magazin 04/03, S. 24ff
Dieser Artikel zieht einen Vergleich zwischen Entity Beans nach dem EJB-2.1-Programmiermodell und JDO als einem Beispiel für einen O/R-Mapper. Dabei zeigt sich, dass JDO wesentlich eleganter ist als Entity Beans. Diese Erkenntnis lässt sich auch auf die anderen von Spring unterstützten O/R-Mapper übertragen.

[WSDL] http://www.w3.org/TR/wsdl
Die Web Services Description Language legt einen Standard fest, mit dem Schnittstellen für Web Services ausgetauscht werden können. Das ist vor allem nützlich, wenn man einen Web Service mit einer Technologie implementieren will und mit einer anderen Technologie auf ihn zugreifen will, da WSDL plattformunabhängig ist.

[XDoclet] http://xdoclet.sf.net/
Mit dem XDoclet Generator lässt sich das Leben mit EJB erträglicher gestalten, da es aus der Implementierung der Beans und den Einstellungen in den Quelldateien die übrigen Artefakte wie die verschiedenen Interfaces und den Deployment Descriptor erzeugen kann.

[XDocletSpringEJB] http://www.jochnet.de/html/spring_ejb.shtml
Da die mit XDoclet mitgelieferten Code-Templates von einer EJB-Implementierung ausgehen, die direkt von den Klassen aus der EJB-Infrastruktur erbt, kommt man mit XDoclet bei den von Spring vorgeschlagenen Basisklassen nicht weiter. Hier helfen die unter dieser URL erhältlichen Code-Templates.

[XFire] http://xfire.codehaus.org/
XFire ist ein alternativer Ansatz zur Implementierung von SOAP Web Services, unter anderem mit Spring. Dabei steht vor allem die leichtere Nutzbarkeit im Fokus.

[XMLSchema] http://www.w3.org/XML/Schema
Mit XML Schema kann man definieren, wie ein XML-Dokument aussehen darf. Dazu gibt es ein umfangreiches Typsystem, das man zur Definition gültiger XML-Strukturen verwenden kann.

[XUL] http://www.mozilla.org/projects/xul/
Dieses XML-Format dient zur Definition von Benutzeroberflächen. Es wird in den verschiedenen Softwareprodukten aus dem Mozilla-Projekt wie z. B. Firefox verwendet.

[XPath] http://www.w3.org/TR/xpath
Mit XPath ist es möglich, Teile eines XML-Dokuments zu selektieren.

[XSLT] http://www.w3.org/TR/xslt
XSLT dient zur Konvertierung von XML-Daten in andere Formate. Die Regeln dafür werden in Stylesheets definiert.

Stichwortverzeichnis

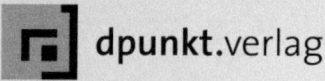

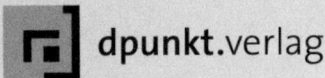

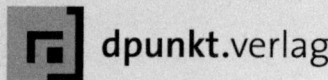

2., aktualisierte Auflage, 2007,
512 Seiten, Broschur
€ 46,00 (D)
ISBN 978-3-89864-427-3

Berthold Daum

Rich-Client-Entwicklung mit Eclipse 3.2

Anwendungen entwickeln
mit der Rich Client Platform

2., aktualisierte Auflage

Dieses Buch beschreibt, wie man auf Basis der
Eclipse Rich Client Platform (RCP) Rich Clients
für Webanwendungen mit Java und Eclipse
entwickelt. Behandelt werden RCP-Grund-
lagen (RCP-Architektur, Plugin-Entwicklung,
RCP-Entwicklung, Produkte installieren und
aktualisieren), Benutzeroberflächen für Rich
Clients (SWT, JFace, Forms API, XUL), Persistenz
(relationale Datenbanken, Hibernate, objektorientierte Datenbanken, Prevayler), Zusatz-
komponenten und Fremdsoftware (BIRT, GEF,
OpenOffice) sowie Synchronisation und
Administration (SyncML, servergesteuerte
Konfiguration).

Die 2. Auflage wurde komplett auf die Eclipse-
Version 3.2 aktualisiert. Neu hinzugekommen
ist die Erstellung von Berichten in Rich-Client-
Anwendungen mit Hilfe von BIRT.

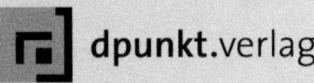

Ringstraße 19 · 69115 Heidelberg
fon 0 62 21/14 83 40
fax 0 62 21/14 83 99
e-mail hallo@dpunkt.de
http://www.dpunkt.de

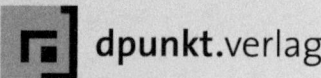

Software Engineering Radio

The Podcast for Professional Software Developers

a new episode every 10 days

http://se-radio.net

Tutorials
on development, architecture, processes, and languages

Interviews
with industry experts such as Grady Booch, Guy Steele, Doug Schmidt, Steve Vinoski or Gregor Kiczales